国际商会第 739E 号出版物

DOCDEX 裁决汇编 2009—2012

国际商会专家关于跟单信用证、托收及见索即付保函的裁决

[英] 盖瑞·考利尔　[美] 荣·卡茨　编

中国国际商会/国际商会中国国家委员会　组织翻译

INTERNATIONAL CHAMBER OF COMMERCE

中国国际商会

CHINA INTERNATIONAL CHAMBER OF COMMERCE

对外经济贸易大学出版社
中国·北京

图书在版编目（CIP）数据

DOCDEX 裁决汇编：2009～2012：国际商会专家关于跟单信用证、托收及见索即付保函的裁决：中文、英文 /（英）考利尔，（美）卡茨编；中国国际商会 / 国际商会中国国家委员会组织翻译. —北京：对外经济贸易大学出版社，2017. 1

ISBN 978-7-5663-1569-4

Ⅰ. ①D… Ⅱ. ①考… ②卡… ③中… Ⅲ. ①信用证-国际结算-汉、英 Ⅳ. ①F830. 73

中国版本图书馆 CIP 数据核字（2016）第 058044 号

著作权合同登记号
图字：01-2016-5413

DOCDEX 裁决汇编 2009—2012

国际商会专家关于跟单信用证、
托收及见索即付保函的裁决

［英］盖瑞·考利尔 ［美］荣·卡茨 **编**
中国国际商会/国际商会中国国家委员会 **组织翻译**
责任编辑：汪 洋 郭 巍

对外经济贸易大学出版社
北京市朝阳区惠新东街 10 号 邮政编码：100029
邮购电话：010-64492338 发行部电话：010-64492342
网址：http://www.uibep.com E-mail：uibep@126.com

北京华创印务有限公司印装 新华书店经销
成品尺寸：210mm×297mm 27. 5 印张 758 千字
2017 年 1 月北京第 1 版 2017 年 1 月第 1 次印刷

ISBN 978-7-5663-1569-4
印数：0 001-3 000 册 定价：88. 00 元

2012 年 10 月出版

国际商会服务机构
出版部
33-43 avenue du President Wilson
75116 巴黎
法国

国际商会第 739E 号出版物
ISBN: 978-92-842-0174-7

翻译： 徐 珺、贾 浩、陈 强、张兆杰、申丽珍
译审： 中国银行国际结算单证处理中心专家小组

《DOCDEX 裁决汇编 2009—2012 国际商会专家关于跟单信用证、托收及见索即付保函的裁决》中文版序言

ICC DOCDEX 规则（国际商会跟单金融产品争议专家解决规则）于 1997 年 10 月起实施。至 2015 年，DOCDEX 规则已裁决了 150 起跟单金融产品争议案件。因其处理时间短、效率高、花费少，DOCDEX 已成为众多银行和企业在法院判决、仲裁之外解决贸易金融纠纷的首选。

本书对 2009—2012 年间 DOCDEX 案件进行了梳理，帮助读者全面、深入地掌握 DOCDEX 规则和争议解决方式。随着中外交流合作日益频繁，希望中文译本能够让更多国内的业内人士和相关从业人员更加深入、全面地了解，通过案例学习，掌握国际商会相关规则在纷繁复杂的贸易金融实务中的具体运用。

值得一提的是，DOCDEX 最新修订版于 2015 年 5 月 1 日正式出版，其适用范围扩大到贸易贷款、银团贷款、议付工具、风险参贷等国际商会银行规则尚未覆盖到的领域，制定了标准化处理流程，提高了争端解决的透明度和处理效率。新规则的执行将进一步提升 DOCDEX 规则在国际社会的认可度和利用率。今后国际商会中国国家委员会（ICC China）将继续引进国际商会关于 DOCDEX 和其他规则惯例的出版物，以飨国内读者。

本书的翻译出版得到了国际商会中国国家委员会银行委员会专家组成员的大力支持。尤其是中国银行徐珺、申丽珍、贾浩，中信银行陈强，中国农业银行张兆杰承担了大量的翻译工作；中国银行国际结算单证处理中心专家小组承担了译审工作。在此，我谨代表中国国际商会（CCOIC）和国际商会中国国家委员会，向国际商会中国国家委员会银行委员会主任委员单位中国银行以及各位专家对本书的翻译出版所付出的辛勤努力，表示衷心感谢。

希望本书能为各位读者的实践工作提供有效指导。

中国国际商会
国际商会中国国家委员会　秘书长

前　　言

跟单金融产品争议专家解决（DOCDEX）机制由国际商会（ICC）于 1997 年创立。该机制旨在响应对低成本及快速解决信用证纠纷的需求。国际商会是发展该机制的自然之选，因为其出台了 UCP（跟单信用证统一惯例）这一全球接受的约束信用证实务的规则，该规则生效以来已逾 70 年。之后，2002 年 DOCDEX 规则的修改允许国际商会专家组也可以在国际商会《托收统一规则》（URC）及其《见索即付保函统一规则》（URDG）的基础上裁决案例。

在 DOCDEX 机制下，国际商会专家中心指定三位专家组成国际商会专家组来提供基于争议当事人提交的单据的裁决。裁决通常在 30～60 天的合理时间内宣布。除非当事人愿意，DOCDEX 裁决不具有法律效力，且对各方当事人不具有约束力，但是如果当事人之后决定诉诸法庭，则裁决可以作为证据。而且，如果一方当事人拥有对其有利的 DOCDEX 裁决，那么另一方可能会决定根本不去进行法律诉讼。

本书是国际商会出版的系列 DOCDEX 裁决的第三部。自 2008 年以来的以往出版物主要侧重于与 UCP 500 有关的裁决，即现行的 UCP 600 以前的版本。本书包括更多的针对 UCP 600 的裁决，并与 DOCDEX 规则的广泛授权保持一致，还包括与 UCP 500、UCP 222（1962 年起生效）、URC 522 及 URDG 458 有关的案例。我们期待下一本书也包含基于 2010 年生效的 URDG 758 的案例。

DOCDEX 自启动以来，历经 15 年，裁决了逾 110 个案例，证实了其价值。得益于 DOCDEX 流程的实务人员已经认可其务实、高效且价格合理的特点。涉及提及的一系列国际商会规则的纠纷双方，将视 DOCDEX 为一种快捷且高性价比的纠纷解决方式。

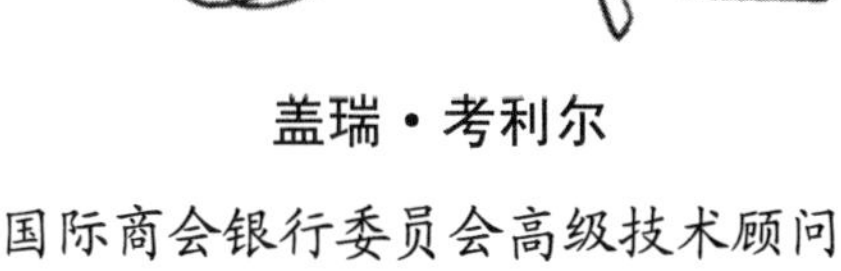

盖瑞 · 考利尔

国际商会银行委员会高级技术顾问

2012 年 10 月

目　录

---

① 译者注：“Out of”在英文中可以是“在……范围之外”的意思，也可以是“从……中”的意思，需结合上下文理解。由于该措辞是本案争议点，为避免先入为主，此处未翻译为“在跟单信用证之外支付”或者“从跟单信用证以内支付”，而是采取保留英文原文表述的方式。

① 编辑注：英文原文为“18（d）”，但对外经济贸易大学徐进亮教授认为英文有误，应为“18（c）”。

DOCDEX 第 278 号裁决

UCP 500 第 14（d）（ii）条，第 14（e）条和第 13（b）条；第 14 条

答辩人放单给开证申请人的事实是否使之必须支付跟单信用证的超支金额？放单给申请人的指示是否清晰准确？当信用证项下支款超过信用证允许的金额时，答辩人对不符单据的处理是否正确？

当事人

发起人：A 公司

答辩人：I 银行和 P 银行

陈述概要

07.03.1999

I 银行开立一份金额为 1 795 314.70 美元、受益人为 A 公司的跟单信用证。该跟单信用证受 UCP 500 约束（通过 SWIFT 电文 MT 700 格式发送）。

18.03.1999

I 银行发出一份电传，声明除了金额、数量、货物描述、效期、提单和产地证外，所交单据即可接受。

23.03.1999

P 银行（非信用证指定银行）向 I 银行寄单，金额为 2 058 863.70 美元。

寄单面函除了显示支款金额（2 058 863.70 美元）外，还包括以下声明："仅当贵行授权我行兑用该笔跟单信用证时，贵行方可使用单据。"

寄单面函随附一份 A 公司致 I 银行的信函，内容包括："请贵行将单据释放给收件人[开证申请人名称]，唯一条件是贵行［I 银行］向［P 银行］出具不可撤销的书面付款确认，承诺如下：

1）

- ［船名］　　1 258 071.50 美元
- ［船名］　　171 320.00 美元
- 额外款项　　263 549.00 美元

总金额　1999 年 8 月 3 日到期　1 719 940.50 美元[①]

① 译者注：原文如此。第一部分金额明细累计与总金额不相等。

2）

- ［船名］ 169 478.40 美元 1999 年 6 月 19 日到期

3）

- ［船名］ 169 444.40 美元 1999 年 7 月 29 日到期[1]

单据须作为［原文照述］一套包括所有 3/3 正本提单进行保管［原文照述]，贵行向我司出具付款确认后方可释放。”

01.04.1999

I 银行电传通知 P 银行“已将金额为 1 795 314.70 美元的被接受的不符单据转交开证申请人”。电传还提到“超支金额，即 263 549.00 美元，根据申请人指示及其与受益人约定将由申请人证外支付，我行不承担任何责任”。电传结尾如下：“根据开证申请人要求，请通过加押电文向我行确认受益人同意上述安排，以便开证申请人作好档案记录。”

08.04.1999–12.02.2004

I 银行与 P 银行/A 公司发生多次函电交涉，其中：

- P 银行/A 公司认为，单据只能凭发票全款释放—或退回所交单据。
- I 银行认为，它只承担跟单信用证金额的付款责任，即，不承担超支金额 263 549.00 美元的付款责任，超支部分应由 A 公司和申请人协商解决。
- 从提交给专家组审查的单据来看，货物可能已凭 I 银行出具的银行保函于信用证开立前释放给开证申请人。但此事没有得到 I 银行的证实。

待裁决问题

<u>主要问题：</u>

I 银行放单给开证申请人的事实是否使之必须支付显示在交单人面函上的跟单信用证的超支金额？

<u>次要问题：</u>

问题 1：向 I 银行发出的指示

向 I 银行发出的向开证申请人放单的指示是否清晰准确？

问题 2：I 银行对不符单据的处理

信用证项下支款超过了信用证金额，因此单据存在不符点。I 银行是否按照 UCP 500 有关规定正确地处理了不符单据？

分析和裁决

次要问题 1：向 I 银行发出的指示

P 银行的寄单面函及 A 公司给 I 银行的信函中均显示了 I 银行只能在支付 2 058 863.70 美元的条件下放

---

① 译者注：原文如此。三项金额累计与上文支款总金额不相等。

单的指示。

P 银行寄单面函上显示的随附单据如下：

- ［A 公司］致贵行的信函
- 根据不同要求制作的四套单据

专家组认为，A 公司的信函构成 P 银行寄单面函的一部分。A 公司的信函内容和 P 银行寄单面函的内容明确指示单据只能在支付 2 058 863.70 美元的条件下放给开证申请人。

<u>对次要问题 1 的裁决</u>：I 银行在处理单据时应遵照 P 银行寄单面函及 A 公司信函上的指示。

次要问题 2：I 银行对不符单据的处理

I 银行没有义务支付大于跟单信用证金额的款项，有权选择根据 UCP 500 第 14 条和第 13（b）条拒绝接受单据。

UCP 500 第 14（d）（ii）条明确规定："……通知必须说明银行凭以拒绝接受单据的全部不符点，并说明单据已代为保管听候处理，或已退交单人。"

I 银行没有拒付，而实际上于 1999 年 4 月 1 日接受了单据。这样一来，I 银行（根据 UCP 500 第 14（e）条）无权宣称单据与信用证条款不符，并因此应于相应到期日支付全部金额，即 2 058 863.70 美元——包括超支部分的 263 549.00 美元。

<u>对次要问题 2 的裁决</u>：既然 I 银行没有根据 UCP 500 第 14 条和第 13（b）条拒绝接受单据，那么它应承担到期支付全额的责任。

最终裁决

根据所提供的单据证据及上述分析，专家组认为 I 银行应当遵守 P 银行寄单面函及随附的 A 公司信函上的指示。在这方面，根据 UCP 500 规定，I 银行要么拒绝接受单据，要么同意接受单据并于到期日支付 2 058 863.70 美元的全额款项。

由于 I 银行未能按照交单银行指示行事，所以 I 银行应承担到期支付全额的责任，包括超支部分的 263 549.00 美元。

结论

DOCDEX 专家组的结论一致。

DOCDEX 第 279 号裁决

该裁决被撤回。

DOCDEX 第 280 号裁决

UCP 600 第 14（a）和（c）条，第 16（a）和（c）条

在充分了解本争议全部细节的情况下，银行委员会 TA 657 意见的“分析与结论”是否依然适用？答辩人以（1）迟交单和（2）发票显示“payment out of this documentary credit[①]”为由拒绝承付三笔支款是否有效？

当事人

发起人：F 银行

答辩人：A 银行

共同：（“当事人”）

背景及交易

1. 2007 年 6 月 7 日，答辩人开立了一笔不可撤销跟单信用证（下称“信用证”），编号为 12345，金额为 155 000 欧元，申请人为 I 国的 G 公司（下称“申请人”），受益人为 N 国的 P 公司（下称“受益人”）。本案发起人为该证的兑用银行及保兑银行。信用证效期为 2008 年 10 月 31 日，失效地点为 N 国，兑用银行为发起人，期限为即期和延期付款混合期限。最迟装运期为 2007 年 10 月 31 日，随后延至 2007 年 12 月 5 日。货物由 N 国/F 国运往 I 国。允许分批装运。

2. 信用证规定兑用情况如下：

（1）凭发票即期支付 23 250 欧元（预付款）；

（2）CMR 日后 30 天远期支付 93 000 欧元；

（3）凭 G 公司及最终用户（P 公司）签署的“正值佣金证明”支付 23 250 欧元，但不迟于 2008 年 9 月 30 日；

（4）CMR 日后 12 个月远期支付 15 500 欧元。

3. 信用证要求提交下列单据：

（1）签署的商业发票一式三份；

（2）装箱单一式两份；

（3）国际货运单 CMR 显示运费到付，发运给开证申请人。

4. 详细的交易步骤

（1）2007 年 6 月 21 日——金额为 23 250 欧元的发票被提交给发起人。答辩人于 2007 年 6 月 26 日支

① 译者注：“Out of”在英文中可以是“在……范围之外”的意思，也可以是“从……中”的意思，需结合上下文理解。由于该措辞是本案争议点，为避免先入为主，此处未翻译为“在跟单信用证之外支付”或者“从跟单信用证以内支付”，而是采取保留英文原文表述的方式。

付了上述款项。

（2）2007 年 10 月 19 日——发起人收到一张金额为 48 000 欧元的商业发票、一张装箱单和一张国际货运单 CMR。答辩人于 2007 年 11 月 12 日支付了上述款项。

（3）2007 年 11 月 30 日——发起人收到一张金额为 45 000 欧元的商业发票、一张装箱单和一张国际货运单 CMR，答辩人以单据不符为由拒付。就所提交的 CMR 是否不符的问题向国际商会银行技术与惯例委员会征询官方意见，结论为不符。

（4）2008 年 5 月 30 日——发起人收到三张商业发票，金额分别为 23 250 欧元、7 500 欧元以及 8 000 欧元。单据于 2008 年 6 月 3 日提交给答辩人。2008 年 6 月 9 日，发起人收到拒付通知，声称单据不符，不符点如下：

—迟交单；
—发票显示“payment out of this documentary credit”。

问题

发起人请求 DOCDEX 裁决：

1. 在充分了解本争议全部细节的情况下，银行委员会 TA.657 意见草案的“分析与结论”是否依然适用？

2. 答辩人以下列不符点拒绝承付 23 250 欧元、8 000 欧元以及 7 500 欧元的有效性：

—迟交单；
—发票证明“payment out of this documentary credit”。

发起人的主张

发起人在 2008 年 10 月 15 日的申请中坚持：

1. 答辩人没有在它的拒付通知中提出“正值佣金证明”未提交，由于上述原因，答辩人应被视为同意对发生在 2008 年 9 月 30 日后的付款请求，无须要求提交该单据。

2. SWIFT 电传 MT 700 48 场关于 CMR 日后 15 天内交单的规定仅适用于 46A 场所列单据及 93 000 欧元的延期付款。因此，第一个不符点不成立。

3. 答辩人认为受益人在金额为 23 250 欧元、7 500 欧元以及 8 000 欧元的发票中显示的“Out of this documentary credit”表示发票金额在跟单信用证之外索取。发起人声称不应如此理解，应理解为发票金额在信用证项下支取，因此不符点不成立。

答辩人的答复

答辩人在 2008 年 11 月 11 日的答复中声称：

1. 尽管收到的发票显示“Out of this documentary credit”，但在征得开证申请人同意后，答辩人于 2007

年 6 月 26 日支付了 23 250 欧元预付款。

2. 尽管发票显示“Out of this documentary credit”以及 CMR 22 场没有加盖 P 公司印章，但在征得开证申请人同意后，答辩人于 CMR 日后 30 天远期到期支付了 48 000 欧元。

3. 答辩人之所以拒绝支付 45 000 欧元的余款，是因为相关发票显示“Out of this documentary credit”以及 CMR 16 场显示的承运人（S 公司）与 23 场“无法证明为 S 公司代理”（C 公司）不一致、更改处没有副签及没有显示重量。申请人没有接受上述不符点。

4. 答辩人之所以拒绝凭“G 公司及最终用户（P 公司）签署的正值佣金证明，但不迟于 2008 年 9 月 30 日”的条件支付 23 250 欧元，是因为相关发票显示“Out of this documentary credit”。申请人没有接受上述不符点。

5. 答辩人之所以拒绝于 CMR 日期后 12 个月支付远期 15 500 欧元，是因为相关发票显示“Out of this documentary credit”。申请人没有接受上述不符点。

6. 另外，答辩人坚持：

- “Out of this documentary credit”表示这些发票不适用于该信用证。因此，该措辞不可能包含相反意思，“在信用证项下且从信用证总金额中支取”的论点不符合逻辑。
- UCP 600 第 14（a）条规定，审单须“仅基于单据本身”，第 16（a）条规定银行“确定交单不符时，可以拒绝承付或议付”。[专家备注：由于该信用证适用于 UCP 500，所以推断答辩人引述的是 UCP 500 第 14（b）条]。
- UCP 600 第 16（b）条规定，开证行“可以自行决定联系申请人放弃不符点”。因此，支付了 23 250 欧元和 48 000 欧元，但没有支付后续款项。[专家备注：再次推断答辩人引述的是 UCP 500 第 14（c）条]。
- 至于与 CMR 有关的不符点，发起人在 2008 年 4 月 1 日的 SWIFT 电文里“同意接受不符点”，但同时通知答辩人，它已向 N 国国际商会申请出具官方意见。

答辩人没有具体回应发起人关于“迟交单”这一不符点的意见。

基于上述情况，答辩人的观点是“不符点有效对抗发起人”，并正式请求根据国际商会跟单信用证争议解决专家规则第 3.2.3 条作出 DOCDEX 裁决。

当事人提交的单据

发起人提交的单据（所有单据为副本）

（1）附件 1——发起人收到的 12345 号跟单信用证 SWIFT 副本。

（2）附件 2——发起人收到的信用证第一次修改 SWIFT 副本。

（3）附件 3——国际商会 2008 年 5 月 5 日出具的编号为出版物 470/TA.657 的草案意见副本。对 N 国国际商会提出的咨询给出的结论与分析，由政策与商务惯例部门编辑。

（4）附件 4——P 公司发票，出具日 2008 年 5 月 21 日、编号 6789 JM、总金额 155 000 欧元，注明“付款：按照 2007 年 6 月 7 日开立、编号 12345、金额 155 000 欧元的不可撤销跟单信用证的规定。在上述跟单信用证项下：23 250 欧元凭 G 公司及最终用户（P 公司）签署的正值佣金证明支付，但不迟于 2008 年 9 月 30 日，即于 2008 年 9 月 30 日到期”。

（5）附件 5——P 公司发票，出具日 2008 年 5 月 21 日、编号 6789 JM、总金额 155 000 欧元，注明“付款：按照 2007 年 6 月 7 日开立、编号 12345、金额 155 000 欧元的不可撤销跟单信用证的规定。在上述跟单信用证项下：15 500 欧元中的 7 500 欧元应于装运桥式天秤的 CMR 出具日（2007 年 11 月 28 日）后 12 个月支付，即于 2008 年 11 月 28 日到期”。

（6）附件 6——P 公司发票，出具日 2008 年 5 月 21 日、编号 6789 JM、总金额 155 000 欧元，注明“付款：按照 2007 年 6 月 7 日开立、编号 012345、金额 155 000 欧元的不可撤销跟单信用证的规定。/在上述跟单信用证项下：15 500 欧元中的 8 000 欧元应于装运 ABS 料斗秤的 CMR 出具日（2007 年 12 月 10 日）后 12 个月支付，即于 2008 年 12 月 10 日到期”。

（7）附件 7——答辩人于 2008 年 6 月 11 日出具的拒付通知 SWIFT 副本，确认收到发起人于 2008 年 6 月 3 日出具的寄单面函，金额为 23 250 欧元/8 000 欧元/7 500 欧元，注明“由于存在以下不符点，单据被拒绝接受：迟交单/发票证明 PAYMENT OUT OF THIS DOC. CREDIT”。

答辩人提交的单据（所有单据为副本）

（1）附件 1——跟单信用证的 SWIFT 副本。

（2）附件 2——P 公司发票，出具日 2007 年 6 月 15 日、编号 6789.JM、总金额 155 000 欧元，注明“付款：按照 2007 年 6 月 7 日开立、编号 12345、金额 155 000 欧元的不可撤销跟单信用证的规定。在上述跟单信用证项下：23 250 欧元作为预付款凭发票即期支付”。

（3）附件 3——P 公司发票，出具日 2007 年 10 月 16 日、编号 4567.JM、总金额 155 000 欧元，注明“付款：按照 2007 年 6 月 7 日开立、编号 12345、金额 155 000 欧元的不可撤销跟单信用证的规定。在上述跟单信用证项下：48 000 欧元于装运 ABS 料斗秤的 CMR 出具日后 30 天支付”。

（4）附件 4——CMR 16 场显示 S 公司为承运人/23 场显示 E 公司作为承运人签字/4 场显示 N 国和 2007 年 10 月 12 日为装运地和装运日。

（5）附件 5——P 公司发票，出具日 2007 年 11 月 22 日、编号 3456 JM、总金额 155 000 欧元，注明“付款：按照 2007 年 6 月 7 日开立、编号 12345、金额 155 000 欧元的不可撤销跟单信用证的规定。在上述编号为 12345 的跟单信用证项下：45 000 欧元于装运桥式天秤的 CMR 出具日后 30 天支付”。

（6）附件 6——CMR 16 场显示 S 公司为承运人/23 场显示 C 公司作为承运人签字/4 场显示 F 国和 2007 年 11 月 28 日为装运地和装运日；日期的“28”有更改，但没有核准。

（7）附件 7——与发起人提供的附件 4 相同——编号为 6789 JM 的发票。

（8）附件 8——与发起人提供的附件 6 相同——编号为 6789 JM 的发票。

（9）附件 9——与发起人提供的附件 5 相同——编号为 6789 JM 的发票。

（10）附件 10——答辩人收到的由发起人于 2008 年 7 月 16 日发出的反驳不符点的 SWIFT 电文。

分析

在充分了解本争议全部细节的情况下，草拟的 TA 657 意见中的“分析与结论”是否有效？

DOCDEX 专家组希望先行说明的是，发起人作为附件 3 附送的 TA 657 草案意见已于 2008 年 10 月 24 日巴黎年会上被修订，官方意见 TA 657rev 于 2008 年 11 月 3 日通过国际商会出版物 470/1110 最终修订版被采纳并发布。根据该修订版本，第二个不符点被视为无效。而第一个不符点的结论没变，被确认为 CMR 拒付有效的不符点。

国际商会银行委员会官方意见描述了咨询提到的具体事实和问题。DOCDEX 专家组无权决定银行委员会采纳的意见是否正确。DOCDEX 专家组将以当事人所提交的证据及随附单据为基础作出裁决。在这种情况下，DOCDEX 专家组不认为本案当事人所提交的证据改变了 TA 657rev 官方意见被采纳所基于的事实。

答辩人以下列不符点拒绝承付 23 250 欧元、8 000 欧元以及 7 500 欧元的有效性：
—迟交单；
—发票显示 payment out of this documentary credit

DOCDEX 专家组认为，尽管该信用证条款本可以写得更明确些，但答辩人对这三笔支款中的两笔（23 250 欧元和 8 000 欧元）的拒付是错误的，对第三笔 7 500 欧元支款的拒付则是正确的。

本信用证是混合期限付款信用证。典型的混合信用证要求信用证金额在不同的到期日分批支取。就手上这个案子，专家组估计与 CMR 一同提交并包含两个信用证到期日（CMR 日后 30 天和 12 个月）的发票金额为 108 500 欧元（93 000 欧元和 15 500 欧元的合计）——或者是分批装运下分别出具。如果真是这样，答辩人应在接受单据时承担于规定到期日付款的责任。然而，事实并非如此，毫无疑问地，由于信用证，尤其是 45A 场，规定不明确，受益人选择分六次交单：

- 预付款单据，已支付且不属于提交给 DOCDEX 裁决的争议；
- 48 000 欧元单据（93 000 欧元的第一部分），已支付且不属于提交给 DOCDEX 裁决的争议；
- 45 000 欧元单据（93 000 欧元的剩余部分），因 CMR 存在不符点拒付，也不属于提交给 DOCDEX 裁决的争议；
- 23 250 欧元单据，因迟交单拒付；
- 8 000 欧元单据，因迟交单拒付；及
- 7 500 欧元单据，因迟交单拒付。

最后三次交单是本次提交给 DOCDEX 裁决的争议的问题。

答辩人分别、独立地处理了上述六套交单。DOCDEX 专家组认为答辩人应将 48 000 欧元单据和后续 8 000 欧元单据作合并处理（实际上是 56 000 欧元的一次交单），而 45 000 欧元单据也应与后续 7 500 欧元单据作合并处理（实际上是 52 500 欧元的一次交单）。答辩人没有因发票金额仅为 48 000 欧元而对 48 000

欧元单据提出拒付，导致受益人为了获得余款，不得不日后出具与之前提交的 CMR 独立的另一张金额为 8 000 欧元的发票。相应地，答辩人既然已经接受了 CMR 并承付了第一次支款 48 000 欧元，那么它就不能随后拒付与上述 CMR 关联的金额为 8 000 欧元的发票，因为这是由于它没有在 CMR 交单时提出有效不符点造成的。

上述推理同样适用于凭正值佣金证明支付 23 250 欧元的支款。尽管未提交的正值佣金证明不是运输单据，但以迟交单为由拒付上述支款是不正确的。

第三次支取 7 500 欧元的情况不同。该支款的确与因 CMR 存在不符点而遭到拒付的 45 000 欧元单据有关。DOCDEX 专家组认为答辩人从一开始就没有收到相符交单，因此既没有产生延期支付 7 500 欧元的付款责任，也不可能被到期索偿。答辩人错误地发出迟交单的拒付通知是多余的，并不能将发起人不存在的权利转变为存在的权利。

至于出现在受益人提交的发票上的“out of this documentary credit”的声明，DOCDEX 专家组已根据信用证和证下提交的前后关联进行了考量，并裁定，据此用语的真实构词关系，该声明不能解读为证外提交发票或答辩人一方没有义务。DOCDEX 专家组因此裁决，发票是在信用证项下提交，不能单独以“payment out of this documentary credit”的声明作为拒付理由。

结论

DOCDEX 专家组一致裁决，当事人提交的证据不能改变 TA 657rev 官方意见的基础事实。

DOCDEX 专家组一致裁决，答辩人以迟交单为由拒绝支付 23 250 欧元及 8 000 欧元的行为是错误的。因此，答辩人有义务向发起人支付上述款项。相比之下，答辩人没有义务支付 7 500 欧元，因为在提交包括存在不符点的 CMR 在内的单据时没有产生延期付款责任。

DOCDEX 第 281 号裁决

UCP 600 第 31（b）条；第 3 条和第 16 条

用来计算价格的日期是每套所交提单的实际“提单日期”吗？信用证中关于自“任何港口”装运的规定是否为允许提交数套显示不同提单日期的提单提供了可能？发票上的货物描述与信用证提及的货物描述一致吗？

当事人：

发起人：A 银行
答辩人：I 银行

背景

发起人是 I 银行开立的跟单信用证的通知行、保兑和指定银行。该信用证指定 A 银行提单日后 30 天延期付款。该证通过 SWIFT MT 700 电文开立，适用 UCP 600（2007 年 11 月 12 日开立，SWIFT 40E 场显示“UCP 最新版本”）。

A 银行接受了受益人提交的金额为 13 401 233.70 美元的单据并向 I 银行索偿，但 I 银行一共只偿付了 A 银行 12 988 745.50 美元，即少付了 412 488.20 美元。

交单包括两份提单，日期分别是 2007 年 11 月 6 日和 2007 年 11 月 13 日。

答辩人答复了该要求，并提供了理由。专家们没有要求提供补充单据。

陈述概要

12.11.2007

I 银行开立了一份金额为 14 000 000 美元的跟单信用证。信用证的货物描述为：“涉及：一批 180 燃料油（……），用于船舶加油返销，数量为 25 200～26 000 公吨（由 X 公司——即申请人确定），于 2007 年 11 月下半月交货，CIF 塞得港。

价格：CIF 塞得港：每公吨等于提单当日普氏欧洲市场含硫量 3.5%货物‘CIF 地中海热亚那-拉瓦拉’报价的 CIF 最高价。

前一个报价和后一个报价（三个报价）加 28.69 美元/公吨升水。

如果提单［日期］为非报价日，则使用前一个报价和后一个报价（两个报价）。”

信用证进一步规定（SWIFT 47A 场附加条款 K）：“信用证金额可根据上述价格条款上升下降［原文］，无须我行修改信用证。”

15.11.2007

A 银行向 I 银行发送以下电文，内容如下：“我行已通知该跟单信用证并加保。”

28.11.2007

I 银行向 A 银行发送电文（通过 SWIFT MT 799 电文），内容如下：“应我行客户要求，我行提请贵行注意信用证项下发运的货物金额为 12 988 745.50 美元并应与所有信用证条款相符。”

30.11.2007

A 银行答复如下：“兹复贵行于 2007 年 11 月 28 日向我行发送的 SWIFT MT 799 电文，我行至今为止尚未收到单据，因此将忽略贵行在上述电传中提及的金额，我们不会将该电文视作一份信用证修改。该笔跟单信用证金额为 14 000 000 美元并根据 47A 场附加条款 K 规定的价格条款进行浮动。我行已对该证加具保兑，很显然，我行在使用时将非常仔细地审核单据。”

11.12.2007

A 银行通过快递交单给 I 银行，金额为 13 401 233.70 美元，同时通过 SWIFT MT 754 电文索偿相同金额，起息日为 2007 年 12 月 13 日。

13.12.2007

I 银行向 A 银行发送以下电文（SWIFT MT 799 电文）：“关于贵行 2007 年 12 月 11 日的 MT 754 电文，已指示（XXX）通过（YYY）贷记贵行账户 12 988 145.50 美元，根据［X 公司——即开证申请人］的通知，提单日期为 2007 年 11 月 13 日，因此金额按提单日，即 2007 年 11 月 13 日以及信用证规定的价格条款‘引文起 CIF 地中海热亚那——提单日——引文止’进行计算。到期日也是按照装运日期，即 2007 年 11 月 13 日计算。”

14.12.2007—22.05.2008

A 银行与 I 银行就此多次交换意见，但未能达成共识。它们各自的主要观点如下：

I 银行的观点

- 装运日一定是 2007 年 11 月 13 日，因为 UCP 600 第 31（b）条规定：“如果交单由数套运输单据构成，其中最晚的一个发运日将被视为发运日。”据此，2007 年 11 月 13 日是信用证价格条款规定的定价日。
- 信用证的价格条款（属于货物描述部分）使用单数（而不是复数）来表示“提单日”——表示只有一个日期可以用来确定价格。由于单据已被接受，A 银行支付了较小的金额，所以按照 UCP 600 第 16 条规定，没有拒付单据。

A 银行的观点

- 运输的装运港不同，提单日不同，因此价格（与普氏相关）应按对应的提单日和信用证价格条款计算每批对应数量的价格。
- UCP 600 第 31（b）条不适用——该条款的目的是用来确认同一次交单项下包含数套运输单据时的装运日期。
- 使用单数来表示“提单日”是毫无意义的，因为 UCP 600 第 3 条规定“单数词形包含复数含义，复数词形包含单数含义。”
- I 银行没有按照 UCP 600 第 16 条规定拒付——即声明单价计算和商业发票金额中存在的［所谓的］不符点。
- 2007 年 11 月 28 日发出的 SWIFT 电文不能视作跟单信用证修改。

待裁决问题

A 银行索偿 13 401 233.70 美元，但 I 银行只支付了 12 988 745.50 美元。I 银行是否有权从索偿金额中扣除 412 488.20 美元的差额。

分析

有主张说，根据 UCP 600 第 31（b）条，数套运输单据中最晚的一个发运日（即 2007 年 11 月 13 日）必须用来确定发运日期，从而用来计算支款的单价和金额。

该条款的目的是用来确定“发运日”，即用于核实货物是否按照信用证要求及时发运或单据是否在交单期内提交。UCP 600 没有包括某种商品价格以“提单日”为基础的情形；因此，应根据信用证条款确定。

专家组因此得出结论，根据信用证条款，用于计算价格的日期是每套所提交的提单的实际的“提单日期”。

<u>用单式表示的提单日期</u>

第 3 条规定指的是 UCP 600 的条款，不一定扩展到跟单信用证或所提交的单据。

信用证规定从“任何港口”运至“埃及塞得港”，禁止“分批装运”。通过规定“任何港口”装运，信用证为允许提交数套——显示不同提单日期的提单提供了可能。因此，I 银行应意识到单据可能包含数套显示不同提单日期的提单。

因此，“提单日期”不能一概而论，而表明必须只有一个。

<u>没有按照 UCP 600 第 16 条规定发出正式拒付。</u>

从往来函电中很清楚地看到，I 银行接受了单据，因此它在证下的责任是承付该笔款项。唯一的不同意

见是关于支款金额。如果I银行的观点是商业发票的金额与信用证条款不符，它应该就此原因出具拒付通知。

没有按照 UCP 600 第 16 条规定正式拒付单据并支付了部分索偿金额，I 银行无权声称单据与信用证条款不符，因此有责任全额偿付 A 银行。

没有作出修改

I 银行通过自由格式电文（SWIFT MT 799）的形式告知允许支取的金额，而不是通过信用证修改。因此，该电文不能被视作对信用证的修改，单据是否相符应当根据原信用证内容确定。

浮动条款分析

在跟单信用证中使用浮动条款经常引发问题。根据 UCP 600 第 14（a）条，银行应能够“……审核单据，并仅基于单据本身确定其是否在表面上构成相符交单”。银行不可能审核外部来源，例如普氏报价，来确定是否相符交单。

该笔信用证浮动条款为：“信用证金额可根据上述价格条款上升下降［原文］，无须我行改证。”上述语句应被视作自动的和无限制的，且在任何情况下，不应根据开证申请人声明来确定支取金额。

作为货物描述的一部分，价格计算公式应根据提交的发票确定。

发票上的货物描述与信用证上的货物描述一致。

裁决

单据与信用证相符，支取金额显然在信用证允许的范围内。鉴此，I 银行应承担信用证项下全额偿付 A 银行索偿金额，也就是 13 401 233.70 美元的义务。

DOCDEX 专家组意见一致。

DOCDEX 第 282 号裁决

UCP 600 第 16 条；第 14（b）条，第 16（c）（i）条，第 16（c）（iii）条，第 16（f）条和第 7（b）条

信用证项下提交的 FCR 是否不符？受益人是否要求开证行授权其在提交不符单据后提交修改单据？当开证行的拒付通知与 UCP 600 第 16（c）（i）及第 16（c）（iii）条规定不符时，开证行是否有权要求退还已偿付答辩人的款项，包括利息？

当事人

发起人：S 公司（申请人）与 S 银行（开证行）

答辩人：A 银行（通知及指定银行）

本次裁决项下单据仅由发起人提供。本次裁决是在没有收到答辩人答复的情况下作出的。

背景

- 跟单信用证遵循 UCP 600，于 2008 年 8 月 8 日开立；
- 开证行及申请人：发起人；
- 通知及指定银行：答辩人；
- 兑用方式：在答辩人处兑用，即期付款；
- 金额：7 200 000.00 欧元，上下浮动 5%；
- 有效地点及日期：2008 年 9 月 20 日答辩人所在地；
- 形式：不可撤销；
- 保兑："允许加保"，答辩人没有加保；
- 单据要求（SWIFT MT 700 电文，46A 场）（部分）：

原文引述：

"1. 由 N 公司不迟于 2008 年 8 月 30 日签发的货运代理收据 FCR 一份正本和一份副本，声明以下内容：

（5 条与本案无关）

（第 6 条）

由货运代理签字盖章……在签发本 FCR 时应适当地注明签字人的名字与职务。"

- 交单期限：FCR 日后 21 天但不得迟于信用证效期；
- 给付款行的指示（SWIFT MT 700 电文，78 场）：

"一俟收到贵行加押电传确认贵行已承付相符交单并于同日通过快递寄送单据至我行地址（注明快递空

运单号码及日期），我行将承担根据贵行指示偿付贵行的责任，起息日根据贵行指示为四个欧洲/巴黎银行工作日。”

本案概要

- 2008 年 8 月 8 日，开证行开立跟单信用证。
- 2008 年 9 月 10 日，开证行收到答辩人通过 SWIFT 电文发来的索偿电，金额为 7 199 870.40 欧元，证明单据与信用证条款相符并索偿，起息日为 2008 年 9 月 16 日。
- 2008 年 9 月 11 日，开证行收到单据。
- 2008 年 9 月 16 日，开证行根据答辩人之前的相符索偿向答辩人付款。
- 2008 年 9 月 17 日，开证行审单发现 FCR 存在一个不符点，即 FCR 没有注明签字人的名字与职务，与信用证的具体规定不符。同日，通过 SWIFT MT 799 电文将该不符点通知答辩人并通过传真通知申请人。

开证行发给答辩人的 MT 799 电文内容如下：

“79：兹通知贵行，我行审单发现下列不符点并已通知申请人：FCR 没有注明人员名字与职务。我行等待申请人指示。此致。”

- 2008 年 9 月 18 日，开证行通知答辩人，它保留要求退款的权利。
- 2008 年 9 月 19 日，答辩人答复开证行（1）受益人可以提交一份新的 FCR；（2）等候开证行指示提交一份新的 FCR。同日，开证行通知答辩人，申请人拒绝接受单据，要求答辩人提供退单指示并要求退还 2008 年 9 月 16 日支付给答辩人的款项。
- 2008 年 9 月 24 日，开证行收到一份答辩人交来的新的 FCR，面函日期为 2008 年 9 月 19 日，答辩人在面函上证明新的 FCR 是在信用证效期内提交的。
- 2008 年 9 月 25 日，开证行通过 SWIFT MT 799 电文再次要求退款并索要利息。另外，开证行称新的 FCR 仍然不符，因为它没有注明签字人的职务，在签字人旁边显示的“操作”对应的是部门，不是职务。
- 2008 年 9 月 25 日，开证行将 2008 年 9 月 11 日收到的单据及 2008 年 9 月 24 日收到的 FCR 退还答辩人。
- 2008 年 9 月 29 日，答辩人通过 SWIFT MT 799 电文通知开证行，拒绝退款要求，并通知开证行，受益人愿意支付 2008 年 9 月 16 日（付款日）至 2008 年 9 月 19 日（新的 FCR 交单日）的后期利息。
- 2008 年 9 月 30 日，开证行通过 SWIFT MT 799 电文通知答辩人，根据 UCP 600 第 16 条规定，它坚持：（1）所提交的单据存在不符点；（2）申请人没有放弃不符点；（3）开证行有权要求退还已偿付款项并索要利息。
- 2008 年 10 月 1 日，开证行收到答辩人寄回的单据及 SWIFT 电文，电文中答辩人坚持受益人有权在信用证效期内提交修改单据。
- 2008 年 10 月 1 日，开证行答复，没有要求提交新的单据，并且，无论如何，新的 FCR 仍然存在不符点。
- 2008 年 10 月 2 日，开证行第二次将单据退还答辩人。

在 2008 年 10 月期间，开证行和答辩人交换了几份电文，双方均坚持各自的观点。

待裁决问题

证下提交的 FCR 是否不符？

受益人是否要求开证行授权其在提交不符单据后提交修改单据？

开证行是否有权要求退还已偿付答辩人的款项并索要利息？

分析

不符点

开证行于 2008 年 9 月 11 日收到单据，于 2008 年 9 月 16 日偿付。审单发生在 2008 年 9 月 17 日合理工作时间内（根据 UCP 600 第 14（b）条规定），发现以下不符点："FCR 没有注明人员名字与职务。"该不符点对应上述 MT 700 46A 场的规定（见上文"背景"的原文引述）。所提交的 FCR 有信用证规定的货运代理（N 公司）签字盖章，但没有显示签字人的名字和职务。FCR 存在不符点。修改后的 FCR 满足信用证规定显示签字人名字的要求，但没有按照信用证的要求显示签字人的职务。在没有其他任何说明的情况下，"操作"一词不能被视作签字人的职务。修改后的 FCR 仍然存在不符点。

受益人提交修改单据的权利①

受益人有权在信用证效期内及/或最迟交单期内提交修改单据以修正任何不符点。受益人有权提交一份修改的 FCR，无须开证行授权，答辩人亦无须请求开证行在这方面给予授权。

开证行要求退款的权利

开证行作为开立由指定银行（答辩人）兑用的跟单信用证的出具人，当指定银行承付相符交单并将单据转给开证行之后，开证行即承担偿付该指定银行的责任。（根据 UCP 600 第 7（c）条规定）。

本案跟单信用证允许电索。因此，开证行在审单前按照它开出的 MT 700 78 场的规定恰当地支付了答辩人的偿付要求。但是，开证行于 2008 年 9 月 17 日通过 MT 799 电文发出的拒付通知不符合 UCP 600 第 16（c）条的要求。准确地说，该通知没有声明开证行拒付接受单据，违反了第 16（c）（i）条规定，也没有声明第 16（c）（iii）条中列举的四个选项中的一项。因此，适用第 16（f）条，"开证行……无权宣称交单不符。"

上述分析同样适用于开证行于 2008 年 9 月 25 日通过 MT 799 电文向答辩人发出的第二份"拒付"通知。开证行的拒付通知符合第 16（c）（ii）条和（c）（iii）条的规定，但不符合第 16（c）（i）条的规定，即没有明确注明该银行拒付。第 16（f）条同样适用这份"拒付"通知。

结论

根据上述"分析"，本案专家组裁决开证行无权宣称交单不符。开证行无权要求返还已偿付给指定行的款项及利息。

专家组达成对该项裁决的一致意见。

① 此行之前的五行，即原文自"Decision...至 This is a unanimous Decision"属于印刷错误，误将 DOCDEX 第 281 号裁决的结论再次插入此案例中，故不再翻译。

DOCDEX 第 283 号裁决

URC 522 第 1（c）条，第 1（a）条和第 4（a）（i）条

在答辩人所辩称的托收项下货款已按合同双方以往接受的习惯直接预付给委托人的情况下，答辩人（代收行）接受了托收是否就意味着同意按照 URC 522 及托收指示条款行事？

当事人

发起人：D 银行
答辩人：T 银行

背景及交易

委托人通过发起人，即寄单行，提交六套单据给代收行（答辩人），遵循 URC 522，总金额为 511 331.16 美元。托收指示显示代收行凭付款交单。每套提交的单据均包括一整套空白抬头提单（除了一套显示买方为收货人）。

对于上述托收——尽管几次催收——代收行既没有向寄单行支付，也没有退回单据。根据船公司提供的信息，买方已提取（部分）货物。

问题

代收行（答辩人）既没有向寄单行支付，也没有提供不付款的通知，是否应承担支付所提交单据金额的责任？答辩人已接受托收面函上规定的托收指示条款。该托收明确规定遵循 URC 522。

发起人的主张

发起人认为答辩人没有遵照托收指示行事：

1） 没有向寄单行汇款及/或；
2） 没有收到款项就将托收单据释放给付款人及/或；
3） 没有将托收单据退回寄单行。

答辩人的答复

答辩人争辩道，托收项下货款已根据合同双方，即委托人和付款人以往接受的习惯直接预付给委托人。

当事人提交的单据

发起人提交的单据

- 2008 年 11 月 12 日发起人向巴黎国际商会国际专家中心申请根据国际商会第 811 号出版物国际商会 DOCDEX 规则作出 DOCDEX 裁决的函，声明特别提到：
- 申请函及寄送给答辩人的所有单据副本；及
- 发起人对本次争议的概括描述；
- 六套托收单据副本（包括提单），包括相关托收指示；
- 逾期声明；
- 寄单行（发起人）向代收行（答辩人）发出的 SWIFT 电文（催收）副本。

答辩人提交的单据

1. 答辩人对发起人要求 DOCDEX 裁决的回应；

2. 付款人出具的书面证词；

3. 电汇副本；

4. 付款人预付声明。

分析

委托人委托其银行（发起人）处理过多笔跟单托收业务。

发起人向答辩人寄送单据，附带托收指示。托收指示明确显示托收遵循 URC 522，声明“凭付款放单给付款人”。

URC 522 第 1（c）条规定：“无论出于何种原因，银行如果决定不办理它收到的托收或任何有关指示，就必须无延误地以电信方式或，如不可能，则以其他快捷的方式通知向其发出托收或指示的一方。”

本案中没有证据证明答辩人发出了此类通知和/或退回了单据。根据 URC 522 第 1（a）条，答辩人因此在总体上受 URC 522 的约束。

答辩人提及买卖双方之前处理双方贸易关系和支付习惯的做法与第 4（a）（i）条的规定相抵触——“所有托收单据必须附带托收指示，注明该项托收遵循 URC 522，并且给出*完整且准确的指示*。银行只被允许根据托收指示中的条款和本规则行事。”［重点强调］

从单据上，没有证据显示答辩人释放了提单或以任何其他方式协助买方获取货物。专家希望强调的是，没有退回单据导致答辩人承担相应的付款责任。

没有证据证明，代收行通过任何方式获得了寄单行就该笔托收项下无偿放单给付款人的授权。代收行声称付款人已经通过汇款方式预付相关货物/单据款项，据说是付款人与委托人之间由来已久的习惯。然而，即使这些款项已被支付，它们是在托收交易之外支付的，对代收行在相关托收项下的责任/义务没有影响。除非代收行已向寄单行提出并获得明确的授权，否则前者无权在未收到托收项下款项的情况下放单给付款人。URC 不仅是对委托人有利的工具，还是保护其他当事人（即银行）的重要工具，尤其是在办理了融资的时候。

结论

答辩人（代收行）接受了托收就意味着同意按照 URC 522 及托收指示条款行事。

答辩人没有退回单据或无偿放单都违反了 URC 522、托收指示和国际银行惯例。因此，答辩人应承担付款责任（加上合理利息及费用）。

指定的专家达成一致裁决。

DOCDEX 第 284 号裁决

UCP 600 第 22（a）条和（a）（i）条；ISBP 681 第 118 段

提单签字是否不符合 UCP 600 第 22（a）条及 ISBP 681 第 118 段的适用规定？

当事人

发起人：I 银行
答辩人：A 银行（两家分行）

背景及交易

答辩人于 2008 年 9 月 25 日开立一笔信用证，金额为 5 985 000.00 美元，允许上下浮动 10%。信用证遵循 UCP 600，自由议付。要求提交的其中一份单据是全套“清洁已装船”提单，空白抬头，空白背书，注明“运费按照租船合同支付”，通知申请人。租船提单可接受。

2008 年 10 月 16 日，发起人根据信用证规定向答辩人提交金额为 5 911 794.52 美元的单据。交单包括全套“清洁已装船”租船提单。提交的租船提单的签署方式如下：

“签字
代表船长 P 及/或以船长 P 的名义
D 船船长
代表 S 公司
（手签）
作为代理”

该单据已经手签。除了预先印就的“代表船长 P 及/或以船长 P 的名义，D 船船长”外，“作为代理的 S 公司”的名称为手工盖章。

答辩人于 2008 年 10 月 27 日拒付单据，声称所提交的租船提单不符。答辩人在拒付通知中注明“提单上的签字未明确注明签字人身份以及代表谁签字。与 UCP 600 第 22A 条不符。”

发起人于 2008 年 10 月 28 日发送 SWIFT 电文反驳，称提单上的签字完全符合 UCP 600 第 22（a）（i）条的规定。

答辩人坚持提单上的签字与 UCP 600 第 22（a）条不符，没有作出承兑通知以及到期支付的承诺。

问题

发起人主张，租船提单符合信用证条款、UCP 600 相关规定以及国际标准银行实务。

答辩人拒绝接受单据，理由是租船提单不符合 UCP 600 相关规定以及国际标准银行实务。

提单上的签字是否不符合 UCP 600 第 22（a）条以及 ISBP 第 118 段（国际商会第 681 号出版物）的相关规定？

当事人提交的单据

<u>发起人提交的单据</u>

（1）答辩人发出的 SWIFT 电文 MT 700，日期为 2008 年 9 月 25 日；

（2）发起人给受益人的跟单信用证通知，日期为 2008 年 9 月 25 日；

（3）所述租船提单复印件（正反面）；

（4）答辩人向发起人发出的 SWIFT MT 799 电文（拒付通知），日期为 2008 年 10 月 27 日，因所谓不符点拒绝接受发起人提交的单据；

（5）发起人向答辩人发出的 SWIFT MT 799 电文，日期为 2008 年 10 月 28 日，反驳答辩人提出的所谓不符点并要求立即接受。

<u>答辩人提交的单据</u>

（1）答辩人发出的 SWIFT MT 700 电文，日期为 2008 年 9 月 25 日；

（2）所述租船提单复印件（正反面）；

（3）答辩人向发起人发出的 SWIFT MT 799 电文（拒付通知），日期为 2008 年 10 月 27 日，因所谓不符点拒绝接受发起人提交的单据；

（4）答辩人向发起人发出的 SWIFT MT 799 电文，日期为 2008 年 11 月 7 日，坚持不符点成立，并提出协助劝说申请人与其贸易伙伴作进一步协商。

分析

提单上的签字是否不符合 UCP 600 第 22（a）条以及 ISBP 第 118 段（国际商会第 681 号出版物）的相关规定？

信用证允许提交租船提单。第 22（a）（i）条规定："表明其受租船合同约束的提单（租船提单），无论名称如何，必须看似有船长或其具名代理，或船东或其具名代理，或租船人或其具名代理签署。

船长、船东、租船人或代理的任何签字必须表明其船长、船东、租船人或代理的身份。

代理签字必须表明其系代表船长、船东还是租船人签字。

代理代表船东或租船人签字时必须注明船东或租船人的名称。”

ISBP 第 118 段（国际商会第 681 号出版物）规定：

“正本租船合同提单必须按 UCP 600 第 22（a）（i）条规定的方式签署。

a. 如果船长、租船人或船东签署租船合同提单，则签字处必须注明‘船长’‘租船人’或‘船东’身份。

b. 如果有代理代表船长、租船人或船东签署租船合同提单，则签字处必须注明其作为船长、租船人或船东的代理身份。在此情况下，无须注明船长姓名，但必须显示租船人或船东的名称。”

租船合同提单由 S 公司作为 D 船船长、船长 P 的代理手签。代表公司签字的人是公司职员。“代表及/或以某公司名义”的措辞是一种由该公司有权签字人签署单据的常见方式。代表公司的签字被视作那家公司的签名。DOCDEX 规则 8.3.4 也同样使用类似的表述。

在租船合同提单的表面，S 公司作为船长代理签署了单据。这与 UCP 600 第 22（a）（i）条关于代理签字必须表明其系代表船长签字的规定相符。

结论

答辩人声称，审单员无法合理地从租船合同提单表面确定租船合同提单的签发人。我们不同意。

根据上述分析，很明显地，S 公司作为船长代理签发了租船合同提单。

综上所述，所提交的租船合同提单符合 UCP 600 第 22（a）（i）条以及 ISBP 第 118 段（国际商会第 681 号出版物）的相关规定。

答辩人提出的不符点不成立。

该裁决意见一致。

DOCDEX 第 285 号裁决

UCP 600 杂项

下列声称的不符点是否成立：商业发票的缮制没有以理论重量作为基础；装箱单：没有显示总的理论重量；受益人证明：提及保险单或证明，而不仅仅是其中之一；工厂测试证明：没有显示抗拉值

当事人

发起人：L 公司
答辩人：B 银行

与待裁决问题相关的陈述概要

答辩人开立了一笔不可撤销信用证，遵循 UCP 600。发起人（受益人）交单。答辩人（开证行）提出五个不符点并拒付。发起人对不符点提出质疑。答辩人放弃了第三个不符点，但坚持第一、二、四、五个不符点，并将单据退回交单人。发起人认为单据与信用证相符。

发起人咨询下列（开证行提出的）不符点是否成立：

1. 商业发票没有以理论重量作为基础；

2. 装箱单：没有显示总理论重量；

3. 单据七受益人证明：提及保险单或证明，而不仅仅是其中之一；

以及

4. 工厂测试证明：没有显示抗拉值。

备注：上述编号及下文编号与发起人咨询一致，因为第三个不符点已被开证行撤回。

答辩人没有向 DOCDEX 提交答复。

问题的断定及以此为由作出的裁决

1. <u>不符点——商业发票没有以理论重量为基础。</u>

信用证规定：受益人签署的商业发票一正两副，以理论重量为基础，显示每个尺码的板数及总数。

提交给 DOCDEX 的发票副本情况如下：

发票号：12345

发票号：6789

每张发票都有一个“每个尺码的理论重量”的栏位，显示用于计算每份发票的重量、单价和总金额的数据。

这不是不符点。

2. 不符点——装箱单：没有显示总理论重量

信用证规定：详细的装箱单一正两副，按批出具，显示钢铁的级别、尺码、板数、每个尺码的理论重量以及总量。

信用证没有明确规定“总重量”一词的确切意思。因此，从这一条款的措辞来看，不清楚是要理论重量的合计，还是要计算后的理论总重量。

另外，当每个尺码的理论重量能够实现计算每个尺码的吨重，从而计算出装运的总吨重的目的时，理论总重量毫无实际意义，因为用上述总量乘以总板数（467）并不能得出计算结果。由于每板尺寸有自己的理论重量，各不相同，如果这样，就像以理论重量为基础试图把苹果的重量加到梨子的重量上得出总重量一样毫无意义。

提交给 DOCDEX 的两份装箱单副本与对应的商业发票一致，每份包含一个以计算后的理论重量为基础得出的“总”重量，并与商业发票一致。

这不是不符点。

3. 不符点——单据七受益人证明：提及保险单或证明，而不仅仅是其中之一

信用证规定：受益人证明，证明下列单据已于提单日后五个工作日传真至××××××（注：DCODEX 专家组删除了相关信息，因为收件人名称及传真号码与本案争议无关且非争议当事人）：商业发票、提单、装箱单、FORM A 产地证、工厂检验证明、制造证明以及保险单或证明。

提交给 DOCDEX 的受益人证明准确地包含了上述信用证规定的所有信息。开证行提出的所谓不符点来自最后的单据要求“保险单或证明”，而开证行认为应该只能提及其中之一种单据。信用证没有规定受益人明确寄送的单据是何种格式。

这不是不符点。

4. 不符点——工厂检验证明：没有显示抗拉值。

信用证规定：一套工厂测试证明一正三副，由每批制造商出具，根据 EN 101112 包括 CE-SIGN，另在

工厂测试证明上显示在零下 20 摄氏度下的 14 项指标和抗拉值和冲击测试情况。

抗拉值是抗拉强度数值。材料的抗拉强度数值是该种材料可承受的最大拉力。提交给 DOCDEX 的工厂测试证明包括三页，编号为：2468/A。证明包含一个“T.S.”栏位，数据已填妥。证明的第三页显示了解释：“T.S.=抗拉强度”。

这不是不符点。

裁决

根据信用证条款、UCP 600 及国际标准银行实务，答辩人提出的不符点不成立。交单相符，答辩人没有理由拒付。因此，答辩人应承担信用证项下承付责任。

DOCDEX 专家组的裁决意见一致。

DOCDEX 第 286 号裁决

UCP 600 第 16（c）（iii）条，第 14（e）条和第 18（c）条；ISBP 第 58 段和 59 段

材质是否与信用证描述相符；保险证明是否过期；汇票是否在信用证过期后议付？

当事人

发起人：C 银行（保兑行）
答辩人：U 银行（开证行）

背景及交易

- 2008 年 9 月 13 日，答辩人开立跟单信用证（“信用证”），遵循 UCP 600，2008 年 10 月 21 日在 S 国到期。信用证规定 S 国任何银行议付，汇票期限为提单日后 180 天。
- 2008 年 9 月 13 日，信用证发生修改（第一次修改）——增额及其他。
- 2008 年 9 月 30 日，信用证发生修改（第二次修改）——发起人加具保兑。
- 2008 年 10 月 24 日，发起人议付单据。发起人在给答辩人的面函上确认于信用证效期及提单日后 21 天内收到单据。
- 2008 年 10 月 24 日，答辩人要求发起人确认议付日期以及寄送证下单据的日期。
- 2008 年 10 月 27 日（周一），发起人答复于 10 月 24 日议付并于 10 月 27 日通过 DHL 快递公司及航空挂号信方式寄单。
- 2008 年 10 月 31 日，答辩人发出一份 SWIFT 电文 MT 750，并于 2008 年 11 月 3 日发出一份 MT 999（拒付通知）列明三个不符点：

— “寄送的材质与信用证描述不符。
—保险单证明过期。
—汇票在信用证过期后议付。”

- 2008 年 11 月 3 日，发起人反驳不符点。
- 自此日起，双方往复了数次 SWIFT 电文，每份都坚持各自的观点。
- 2008 年 11 月 7 日，答辩人通知已别无选择只好退单。
- 2008 年 11 月 7 日，发起人反对不符点通知/拒付单据以及退单。
- 2008 年 11 月 14 日，发起人于 11 月 10 日收到单据后重复之前的电文内容，并要求答辩人承担由于退单导致货物滞港所产生的所有费用和开支。

问题

发起人：

- 通知答辩人，反对不符点通知/拒绝接受单据；
- 驳斥退单及由此引起的后果；
- 寻求国际商会 DOCDEX 裁决答辩人的拒付是否正当以及答辩人是否遵守 UCP 600 的规定。

发起人的主张

在 2008 年 11 月 28 日给国际商会的请求中，发起人声明：

1. 它于 2008 年 10 月 24 日议付了相符单据，金额为 415 537.63 美元，到期日为 2009 年 3 月 26 日。

2. 它确认于信用证效期及提单日后 21 天内收到单据。单据于 2008 年 10 月 27 日寄出。

3. 它反对不符点通知全部内容，指出该通知违反了 UCP 600 第 16（c）（iii）条。

发起人进一步说明：

- 不符点（1）：发票/货物描述与信用证规定的货物描述、UCP 600 第 18（c）条或 ISBP 第 681 号出版物第 58 段和 59 段完全没有矛盾。
- 不符点（2）：保险证明完全符合信用证条款。
- 不符点（3）：单据是在信用证效期及提单日后 21 天内收到的。
  议付发生在 2008 年 10 月 24 日，（由于单据邮寄时间安排/时间已截止）单据于 2008 年 10 月 27 日寄出。

发起人要求加押 SWIFT 电文确认到期支付款项。声称答辩人无权退回相符单据并要求答辩人承担由于退单导致货物滞港所产生的所有费用和开支。发起人还声称代答辩人保管单据，如同正确提交的单据已提交到答辩人的柜台并归其所有。它还声称，如果收不到答辩人的加押承兑通知，将请求国际商会 DOCDEX 裁决，并保留采取法律行动的权利，要求答辩人承担所有开支和利息损失（2008 年 11 月 10 日）。

答辩人的答复

答辩人在 11 月 10 日后没有与发起人交涉，即没有对关于发起人要求提交国际商会 DOCDEX 裁决作出答复。

答辩人向发起人发送 MT 799 SWIFT 电文，要求发起人确认议付日期及寄送证下单据的日期。2008 年 10 月 30 日收到单据。

在收单后的第二个银行工作日，答辩人通过 MT 999 SWIFT 电文列明以下不符点：

“1）寄送的材质与信用证描述不符。

2）保险单证明过期。

3）汇票在信用证过期后议付。”

注：一份 MT 999 以 MT 750 形式发送。

MT 750 SWIFT 不符点通知随后于 2008 年 11 月 4 日发给发起人，再次声明同样的不符点。另一份于 2008 年 11 月 6 日发出。

在 2008 年 11 月 6 日发出的 SWIFT 电文中，答辩人：

a）提请发起人参照 UCP 600 第 14（e）条注意 MT 700 45A 场的货物描述，同时反驳发起人“单据描述/显示的货物与信用证描述/规定完全相符”的论点；及

b）提及议付的最大期限为装船日后 21 天（9 月 27 日+5 天），与 UCP 600 第 14（b）条规定的议付期限不符。

注意：应予注意：答辩人的答复中没有提及“保险单证明过期”这一所谓不符点。

在 11 月 7 日的 SWIFT 电文中，答辩人声称：“由于我们没有收到对我行 2008 年 11 月 6 日的 MT 799 电文的任何答复，且申请人不愿接受不符点单据，所以我们别无选择，只好退单。”

在 11 月 8 日的函件中，答辩人将单据退回发起人。

当事人提交的单据

发起人提交的单据（均为副本）

- 2008 年 11 月 28 日，请求国际商会国际专家中心提供 DOCDEX 裁决；
- 2008 年 9 月 13 日，开立跟单信用证；
- 2008 年 9 月 23 日，第一次信用证修改；
- 2008 年 9 月 26 日，信用证及第一次修改通知；
- 2008 年 9 月 30 日，第二次信用证修改，包括保兑要求；
- 2008 年 10 月 1 日，第二次信用证修改及信用证保兑通知；
- 2008 年 10 月 24 日，保兑行（发起人）面函确认于信用证效期及提单日后 21 天内收到单据并要求到期偿付（2009 年 3 月 26 日，415 537.63 美元），附带单据（14 份）；
- 2008 年 10 月 24 日，开证行（本案答辩人）通过 MT 799，要求提供议付日期及寄单日期；
- 2008 年 10 月 27 日，发起人答复：10 月 24 日议付，10 月 27 日寄单，于信用证效期及提单日后 21 天内收到单据；
- 2008 年 10 月 30 日，敦豪派送详情查询结果；
- 2008 年 10 月 31 日，答辩人的 MT 999（用作 MT 750）声明三个不符点：“1）寄送的材质与信用证描述不符；2）保险单证书过期；3）汇票在信用证过期后议付”；
- 2008 年 11 月 3 日，发起人的 MT 799 反驳不符点通知全部内容；
- 2008 年 11 月 4 日，答辩人的 MT 750 不符点通知（重复）；
- 2008 年 11 月 6 日，发起人的 MT 799 详细说明反驳拒付的理由；
- 2008 年 11 月 6 日，答辩人的 MT 750 不符点通知（重复）；
- 2008 年 11 月 6 日，发起人的 MT 799 重复 2008 年 11 月 3 日的 SWIFT 电文内容；

- 2008 年 11 月 6 日，答辩人的 MT 799 重复不符点 1）和 3）；
- 2008 年 11 月 7 日，发起人的 MT 799 反驳不符点 1）和 3）；
- 2008 年 11 月 7 日，答辩人的 MT 799 通知退单；
- 2008 年 11 月 7 日，发起人的 MT 799 强烈驳斥不符点/拒付通知，反对退回相符单据；
- 2008 年 11 月 8 日，答辩人的退单面函；
- 2008 年 11 月 14 日，发起人的 MT 799 反驳不符点/拒付通知，提请答辩人需承担延误卸货可能产生的开支、滞期或任何其他费用的责任。
- 2008 年 11 月 17 日，发起人的 MT 799，内容与上一份 2008 年 11 月 14 日的电文相同，但增加了希望收到承兑通知及到期偿付确认，否则将寻求国际商会 DOCDEX 裁决并保留采取法律行动要求答辩人承担开支及利息损失的权利。

<u>答辩人提交的单据</u>

答辩人没有提交单据。自 2008 年 11 月 7 日起，似乎就没有发送给答辩人或从答辩人处收到任何交涉函电。国际商会国际专家中心（中心）没有收到答辩人关于参与本次 DOCDEX 裁决的答复。

分析和结论

从所提交的单据来看，情况如下：发起人 2008 年 10 月 24 日面函确认于信用证效期及提单日后 21 天内收单。

疑问：答辩人提出的不符点是否正确有效？让我们一起来思考答辩人（于 2008 年 10 月 31 日通过 MT 999——用作 MT 750——使用 72 场及 77A 场，而非 MT 734 作为拒付格式）提出的这三个不符点。

1. “<u>寄送的材质与信用证描述不符</u>”

答辩人没有说明哪个单据不符。由于对发票的相符检查比其他单据更严格，因此我们先来审核发票。

我们的观点：货物描述（显示在发票上的）与信用证细节相符（检验指标在信用证规定的浮动范围内）。没有不符点（一致裁决）。

2. “<u>保险单证书过期</u>”

该不符点首先由答辩人提出（2008 年 10 月 31 日），然后遭到发起人反驳（2008 年 11 月 3 日）。答辩人（自 2008 年 11 月 6 日）没再提及该不符点。

我们的观点：保险单据措辞准确并符合信用证条款。没有不符点（一致裁决）。

3. “<u>汇票在信用证过期后议付</u>”

事实是：发起人在 10 月 24 日面函上声明：“我行确认于信用证效期及提单日后 21 天内收单。”答辩人于 10 月 24 日要求（通过 SWIFT MT 799 电文）：“请通过 SWIFT 回电向我行确认上述信用证项下议付日期及寄单日期。”

发起人 10 月 27 日答复："请注意，我行于 2008 年 10 月 24 日议付……单据于 2008 年 10 月 27 日通过敦豪快递公司和航空挂号信方式寄出。提单日期为 2008 年 9 月 27 日。我行确认于信用证效期及提单日后 21 天内收单。"

事情的来龙去脉：

提单日期（装船日期）	2008 年 9 月 27 日	
根据 48 场（MT 700）的要求，交单的最迟日期	2008 年 10 月 18 日	
当天为 S 国周六（银行停止营业）	2008 年 10 月 18 日	周六
受益人向发起人交单的日期	2008 年 10 月 20 日	周一
发起人有至多五个银行工作日审单：直至=>	2008 年 10 月 27 日	
发起人 10 月 24 日面函：我行已议付单据并在 10 月 27 日 SWIFT 电文中提及	2008 年 10 月 24 日 2008 年 10 月 27 日	周五 周一
发起人通知（在同一份 SWIFT 电文中）于 10 月 27 日寄单	2008 年 10 月 27 日	
DHL 派送详情查询结果：寄单日期	2008 年 10 月 27 日	
DHL 派送详情查询结果：派单日期	2008 年 10 月 31 日	下午 1:52

评论

- 提单日期（装船日期）9 月 27 日+21 天=2008 年 10 月 18 日。
- 发起人在 11 月 7 日的 SWIFT MT 799 电文中声明："提单日期为 2008 年 9 月 27 日……交单期：提单日后 21 天：2008 年 10 月 18 日为周六，非银行工作日，根据 UCP 600 第 29 a 条顺延至下一个银行工作日（2008 年 10 月 20 日）。"答辩人没有提出异议，也没有作为问题提出。
- 2008 年 10 月 24 日，答辩人要求："请通过 SWIFT 回电向我行确认议付日期及寄单日期。"答辩人从未提出要求确认交单日期。
- 发起人于 2008 年 10 月 27 日答复："我行于 2008 年 10 月 24 日议付……单据于 2008 年 10 月 27 日寄出……"

结论

关于第三个所谓不符点的裁决：单据于效期及最迟交单期内提交，因此允许在信用证效期及最迟交单期后办理议付。没有不符点（大多数意见）。

鉴此，答辩人必须于到期日 2009 年 3 月 26 日支付 415 537.63 美元。

DOCDEX 第 287 号裁决

UCP 600 第 14（d）条及第 20（a）（i）条

根据 UCP 600 第 14 条，保险单上的船名是否与其他单据（提单和发票）不符；装运单据（包括汇票）显示的银行名称是否与信用证不同；银行是否能够判断谁是合格的提单签发人？

当事人

发起人：D 银行，J 国
答辩人：J 银行，K 国

背景

D 银行在 J 国的分行（发起人）是跟单信用证项下交单行，单据金额为 97 857.76 美元，开证行为 J 银行（答辩人）。跟单信用证通过 SWIFT MT 700 电文开立，遵循 UCP 600（于 2008 年 9 月 23 日开立，在 SWIFT 电文 40E 场显示“UCP 最新版本”字样）。答辩人拒绝了单据。

答辩人没有答复本裁决申请。专家们没有要求提供补充单据。

陈述概要

2008 年 9 月 23 日

答辩人开立一笔跟单信用证，金额为 97 656.13 美元（上下浮动（%）03/03）。

通知行是发起人，信用证规定“自由议付”。

2008 年 10 月 14 日

受益人向发起人交单。发起人给答辩人的寄单面函的日期为同一天。

2008 年 10 月 24 日

答辩人拒绝单据，提出以下不符点：

1. 根据 UCP 600 第 14 条规定，保险单上的船名与其他单据（提单和发票）不符。

2. 装运单据（包括汇票）显示的我行名称与信用证不符。

3. 根据 UCP 600 第 20 条规定，正本提单必须按规定格式签署，但此提单可以由承运人或代理签署，因此我行无法判断谁是合格的提单签发人。

<u>2008 年 10 月 27 日</u>

发起人答复答辩人，声明不同意所述不符点。

<u>2008 年 11 月 4 日</u>

答辩人向发起人发出 SWIFT MT 799 电文，坚持不符点。

引述的不符点

<u>一号不符点</u>

根据 UCP 600 第 14 条规定，保险单上的船名与其他单据（提单和发票）不符。

事实

船名在下列单据中显示如下：

- 提单（海运船只栏位）：“A 819W 船”
- 提单（装船栏位）：“A V.819W 船”
- 发票：“A 819W 船”
- 保单：“A 船”

发起人的观点：

“保险［单］明确表明船名为 A 船，与提单完全吻合。”

发起人还引述 UCP 600 第 14（d）条：“单据中的数据……无须与……任何其他要求的单据或信用证中的数据等同一致，但不得矛盾。”

答辩人的观点：

“保险单上的船名是‘A 船’，但提单上显示的船名是‘A 819W 船’，装船批注的船名是‘A V.819W 船’”。

<u>二号不符点</u>

装运单据（包括汇票）显示的我行名称与信用证不符。

事实

银行（答辩人）名称在下列单据中显示如下：

跟单信用证（42D 场）：J 银行，S，K 国

汇票：J 银行，S 市，K 国

发票：J 银行，S 市，K 国

发起人的观点

“请注意，单据显示银行名称为 J 银行，S 市，K 国，与信用证条款完全一致。”

答辩人的观点：

“42D 场注明我行名称为‘J 银行有限公司，S’，与装运单据（发票、汇票）的银行名称‘J 银行，S 市’完全不同。”

（注意：答辩人的观点中提到银行名称中包含“有限公司”是不正确的。银行名称已在之前予以说明。）

三号不符点

根据 UCP 600 第 20 条下的信用证，正本提单必须按规定格式签署，但此提单可以由承运人或代理签署，因此我行无法判断谁是合格的提单签发人。

事实

提单上有三处显示承运人及/或代理：

- 在右上角（与公司标识一起）：“S 公司商人海运有限公司，作为承运人”

- 在提单中间：“由下列人员签发及签署
S 公司 X 有限公司
作为承运人代理
S 公司商人海运有限公司
作为承运人”

- 在签字栏位（右下方）：

“S 公司 X 有限公司
作为以下公司代理
S 公司商人海运有限公司
[签字]
………………
作为承运人”

发起人的观点

提单由 S 公司 X 有限公司作为 S 公司商人海运有限公司的代理签署。

注意，S 公司商人海运有限公司在右上角正对提单号码下方显示为承运人。

答辩人的观点

“我方无法确定该提单是由 S 公司 X 有限公司作为 S 公司商人海运有限公司的代理或作为承运人签发及签署。提单手签上方的文字显示它是作为代理签发及签署，但在下方又显示是作为承运人签发及签署。我行无法判断谁是合格的有权修改该单据的签发人和签字人。”

待裁决的问题

发起人提交的单据是否构成相符交单？

分析

一号不符点：

装载货物的船名是 A 船。附加的“V.819W”或“819W”显然是具体船只的航次。

专家意见是，这不会对货物装载于哪艘船造成任何混淆。

对 UCP 600 第 14（d）条的引用（发起人提及）是正确的。增加航次号码不会造成数据矛盾。

这不是一个有效的不符点。

二号不符点：

专家意见是，跟单信用证中的银行名称与单据没有矛盾。这对汇票的付款人而言非常重要。汇票的出具明显与跟单信用证相符。

这不是一个有效的不符点。

三号不符点：

提单的签署受 UCP 600 第 20（a）（i）条的约束，相关规定是：

“提单，无论名称如何，必须看似：
显示承运人名称，并由下列人员签署：
- 承运人或其具名代理，或者
- 船长或其具名代理。

承运人、船长或代理的任何签字必须标明其承运人、船长或代理的身份。
代理的任何签字必须标明其系代表承运人还是船长签字。”

提单明确显示了承运人名称，因为“S 公司商人海运有限公司”在单据右上角与公司标识一起显示，并标明为承运人。

专家意见是，提单签署意向是明确的——尤其是结合上述抬头来看，即，“[由下列人员签署] S 公司 X 有限公司代理 S 公司商人海运有限公司［作为］承运人”（括号为附加）。

专家的结论是，上述签署符合 UCP 600 第 20（a）（i）条的规定。

这不是一个有效的不符点。

裁决

根据上述分析，专家裁决是相符交单，答辩人必须相应承付。

本裁决意见一致。

DOCDEX 第 288 号裁决

UCP 600 杂项

凭某方指示为抬头的提单是否只能由提单“收货人”栏中的那方背书；当开证行所开立的信用证中的条款存在只能由开证行背书的不同寻常之处时，开证行是否有义务撤回拒付并立即支付信用证款项及滞期费？

当事人

发起人：E 公司
答辩人：T 银行（第一答辩人）
V 银行（第二答辩人）

背景及交易

发起人通过其银行（第一答辩人）交单议付，金额为 93 960 美元。交单包括全套（3/3）凭 V 银行指示的已装船海运提单，注明“运费预付”，通知申请人。这些都完全符合信用证要求。

信用证还注明提单须“空白背书”，提单没有显示。

问题

开证行（第二答辩人）拒付，提出的“不符点”是提单没有按信用证要求空白背书。

发起人的主张

发起人认为，根据信用证条款，第二答辩人拒付毫无理由，并要求第二答辩人支付发票金额（93 960 美元）加上滞期费和国际商会 DOCDEX 裁决费（5 000 美元）。

答辩人的答复

答辩人没有对上述问题或主张给予答复。

当事人提交的单据

发起人提交的单据

—发起人于 2008 年 12 月 30 日向巴黎国际商会国际专家中心提出根据国际商会第 811 号出版物国际商会 DOCDEX 规则作出 DOCDEX 裁决的申请，其中包括：

—申请裁决书副本及提交给答辩人的全部单据以及

—发起人对本次争议的概述；

—V 银行（第二答辩人）根据 UCP 600 开立的编号为 ABC123 的跟单信用证副本和 T 银行（第一答辩人）的通知书；

—提交给 T 银行（第一答辩人）的几套单据（包括争议提单）包括相关面函的所有副本；以及

—第二答辩人与第一答辩人就拒付问题进行的往来函电副本。

<u>答辩人提交的单据</u>

没有收到答辩人的意见或单据。

分析

发起人委托第一答辩人议付上述信用证项下交单。单据被第二答辩人拒付，理由是以开证行为抬头的提单没有空白背书（信用证如此规定）。第一答辩人在一份 SWIFT 电文中表示强烈反对。

发起人声称联系过第一答辩人，第一答辩人建议发起人给予 5%～10%折扣，发起人接受了这一建议。后来，折扣要求提高到 30%，发起人无法接受。

以凭某方指示为抬头的提单只能由提单“收货人”栏位中的那方背书。只有当提单以凭托运人指示为抬头时，托运人才能够在提交信用证项下单据前作空白背书。

第二答辩人在信用证中规定提单须以凭开证行指示为抬头并由受益人空白背书的行为，违反了开证行必须承担信用证措辞和内容以及所有细节必须准确使之可操作的责任的原则。需要强调的是，跟单信用证是付款工具，不是拒付工具。无论不准确的表述是有意为之，还是无心之失，开证行的这一责任居首。

必须补充的是，根据提单内容，只有开证行能够对提单作空白背书。

T 银行（第一答辩人）的通知书证明受益人被要求仔细审核条款；然而，对一个细节的“忽略”，尤其是一个逻辑上无法执行的细节，是完全可以理解的，受益人不应遭到指责。

结论

在开证中加列只能由开证行背书的变相的不同寻常条款时，开证行（第二答辩人）必须撤回拒付并立即支付信用证款项及滞期费。

第二答辩人没有理由拒绝单据，必须支付索偿款项。

指定专家达成一致的裁决意见。

DOCDEX 第 289 号裁决

该裁决被撤回。

DOCDEX 第 290 号裁决

UCP 600 第 14（d）条和 14（a）条；ISBP 681 第 25 段

商业发票、装箱单和质量证书上的错误——颠倒了信用证所要求的运输路线顺序——是否可以作为打字错误予以接受，以及这些单据是否符合 UCP 600 第 14（d）条和 ISBP 681（2007 修订版）第 25 段的适用条款？

当事人

发起人：W 银行
答辩人：C 银行

背景及交易

答辩人于 2008 年 10 月 13 日开立了一份金额为 2 332 500.00 美元的不可撤销信用证，该证允许 10%的溢短装，适用 UCP 600 并规定任何银行可对 100%发票金额票期为见单 90 天的汇票予以议付，允许部分发运和转运。在证的 44A 场，规定了接管地为“韩国釜山”，44B 场规定了最终目的地为“中国青岛”。该证要求提交下列单据：

1. 三份经签署的商业发票正本和副本，显示信用证号和合同号 ABC123；
2. 全套 3/3（包含三份正本和两份不可转让的副本）清洁已装船海运提单，标注“运费预付”，抬头做成凭指定，空白背书，被通知方为申请人并注明其全称和地址；
3. 三份由受益人出具的装箱单/重量单正本和副本，注明数量/毛净重；
4. 质量证明，一份正本一份副本，由 X 先生出具，并随附其护照副本；
5. R 国或 K 国出具的产地证，一份正本一份副本；
6. R 国或 K 国机构出具的健康证。

发起人向答辩人提交了支款金额 831 952.99 美元的单据，遭答辩人拒付。在 2008 年 11 月 11 日的拒付通知中答辩人写道：“发票/装箱单/质量证明中的装运港和最终目的地与信用证的不同”“代你方持有单据，并听候指示”。

商业发票和装箱单上都显示装运港为“中国青岛”，最终目的地为“韩国釜山”。质量证明上显示装运港为“中国青岛”。这些内容明显与信用证条款不符。

发起人在 2008 年 11 月 13 日的 SWIFT 电文中辩称商业发票、装箱单以及质量证明中的错误不过只是打字错误，不能被视为不符点。商业发票中显示的价格术语“CNF 中国青岛”以及提单中的内容被作为支持该观点的佐证。此外，ISBP（国际商会第 645 号出版物［原文照述］）第 25 段也被引以为据：“一个误拼或打字错误，只要不影响到其所在某一词语或句子的意思，就不致使单据不符。”

答辩人在 2008 年 11 月 14 日的 SWIFT 电文答复中仍重申其观点，认为单据不符。

问题

发起人认为单据没有不符，商业发票、装箱单和质量证明上的不符内容仅为打字错误，不足以影响单据的整个内容。

答辩人拒付单据，其理由是商业发票、装箱单和质量证明上所显示的装运港和目的港与信用证条款不相符，此为实质性不符点而不是错拼或打字错误。

商业发票、装箱单和质量证明中的此类错误是否是打字错误？单据是否符合 UCP 600 第 14（d）条要求以及 ISBP（2007 修订版）第 25 段要求？

当事人提供的单据

发起人提供的单据

（1）答辩人 2008 年 10 月 13 日发出的 SWIFT MT 700 电文；
（2）商业发票复印件；
（3）不可转让提单复印件；
（4）装箱单/重量单复印件；
（5）质量证明复印件；
（6）X 先生 K 国护照复印件；
（7）产地证复印件；
（8）健康证复印件。

答辩人提供的单据

（1）答辩人 2008 年 10 月 13 日发出的 SWIFT MT 700 电文；
（2）发起人 2008 年 10 月 31 日交单面函复印件；
（3）金额 831 952.99 美元的汇票复印件；
（4）商业发票复印件；
（5）正本提单复印件；
（6）装箱单/重量单复印件；
（7）质量证明复印件；
（8）X 先生 K 国护照复印件；
（9）产地证复印件；
（10）健康证复印件；
（11）2008 年 11 月 11 日答辩人发给发起人的 SWIFT MT 734 电文，以所述不符点为由拒付交单；
（12）2008 年 10 月 13 日发起人发给答辩人的 SWIFT MT 799 电文，认为所述不符点仅为打字错误并要求答辩人撤回不符点；
（13）2008 年 11 月 14 日答辩人发给发起人的 SWIFT MT 799 电文，坚持认为单据不符；
（14）2008 年 11 月 17 日发起人发给答辩人的 SWIFT MT 799 电文，声称国际商会银行委员会技术顾问对该问题给出了对己方有利的意见；

（15）2008 年 11 月 20 日发起人发给答辩人的 SWIFT MT 799 电文，询问单据是否已被接受；

（16）2008 年 11 月 20 日答辩人发给发起人的 SWIFT MT 799 电文，重申单据不符并声称从船公司处得知提单为虚假提单，并进而表示如在三个日历日内未收到任何指示单据将被退回；

（17）2008 年 11 月 21 日发起人发给答辩人的 SWIFT MT 799 电文，宣称单据没有不符并请求立即付款；

（18）2008 年 11 月 27 日答辩人发给发起人的 SWIFT MT 799 电文，告知青岛海事法院已发出止付令；

（19）双方之间其他五份 SWIFT MT 799 电文，发报日期依次分别为 2008 年 12 月 1 日、2008 年 12 月 5 日、2008 年 12 月 10 日、2008 年 12 月 11 日和 2008 年 12 月 19 日；

（20）2008 年 11 月 26 日青岛海事法院签发的止付令复印件（中文）；

（21）2008 年 11 月 7 日船公司出具的声明复印件，声明提单并非为虚假提单。

分析

所涉问题为商业发票、装箱单和质量证明中的错误是否可被接受为打字错误？单据是否符合 UCP 600 第 14（d）条要求以及 ISBP（2007 修订版）第 25 段要求？

信用证要求货物自韩国釜山发运至中国青岛，但商业发票和装箱单的表面却都显示装运港（预先印就的栏位）为“中国青岛”，最终目的地（预先印就的栏位）为“韩国釜山”。质量证明显示装运港为“中国青岛”。这些都明显与信用证不符。这些错误把信用证所要求的运输路线顺序颠倒了。

UCP 600 第 14（d）条规定：“单据中的数据，在与信用证、单据本身以及国际标准银行实务参照解读时，无须与该单据本身中的数据、任何其他要求的单据或信用证中的数据等同一致，但不得矛盾。”

或可抗辩的是运输单据——提单正确地显示了信用证所要求的运输路线，因而这样显见的错误应该予以忽略，而且，商业发票和装箱单上并未要求显示运输的路线。正如发起人所称，商业发票上也正确显示了价格术语 CNF［CFR］中国青岛，因而错误不足以影响单据的整个内容。发起人进而提出，由于未影响其在某一词语或句子中的意思，此错误仅为拼写错误。

商业发票上的错误是否与信用证条款相矛盾呢？发起人的主张认为，尽管装运港显示为中国青岛以及最终目的地显示为韩国釜山，但是商业发票中的价格术语正确地显示为“CNF［CFR］中国青岛”。根据 UCP 600 第 14（d）条，单据中的数据无须与该单据本身以及信用证中的数据等同一致，但不得矛盾。但商业发票显示了装运港（预先印就的栏位）为青岛，最终目的地（预先印就的栏位）为釜山。

商业发票上虽然无须显示运输路线，但如果显示就不得与信用证的内容相矛盾。显然，商业发票中显示的运输路线与贸易术语 CNF［CFR］青岛相矛盾。而且，除了商业发票，装箱单和质量证明也都显示了与信用证相矛盾的运输路线。质量证明显示装运港为中国青岛，而非韩国釜山。

这样的错误是否是“印刷”性质的错误呢？ISBP（2007 修订版）第 25 段规定：“如果拼写或打印错误并不影响单词或其所在句子的含义，则不构成单据不符。例如，在货物描述中用‘mashine’表示‘machine’（机器），用‘fountan pen’表示‘fountain pen’（钢笔），或用‘modle’表示‘model’（型号）都不会导致不符。但是，将‘model 321’（型号 321）写成‘model 123’（型号 123）则不应视为打字错误，而应是不符点。”

“typography”在字典里被解释为“一种印制艺术”或“印制物的式样与外形”。因此，可见该词并不表示词语的“内容”或“意思”。ISBP（2007 修订版）已对此作了阐述，强调了所涉及词语的意思必须明确，不得另有所解。比如，不能接受把“London”（伦敦）错写成“Lisbon”（里斯本），但可以接受“London”（伦敦）被错写成“Londn”。

虽然可以抗辩说，单据的缮制者是因为注意力不集中、疏忽或不够敬业而把港口/地点写错了位置，但是我们需要阐明的问题是审单者是否应被寄望甚或被要求自问事实是否确实如此或者是否单据的缮制者其实确是想要描述正确的地点。这将要求他们去揣度或假想缮制者的意图。如此一来无异于捅了马蜂窝，已超出我们就该案所能作出的认定，也超出了 ISBP（2007 修订版）第 25 段规定的内容和其所体现的大原则了。

毫无疑问的是在该案中装运港和最终目的地是完全不同的港口，也是真实存在的地点，这就不能说是由错误拼写或打字错误造成的词语上的不同。就所讨论的“打字”错误而言，只能说该打字错误是把正确的词语写在了错误的地方。这似乎扩大了第 25 段规定的适用范围，涉及一个该规定并未涵括的情况。如果涵括该情况，这将由此形成先例，从而产生重大的且可能是始料不及的后果和纷争。而且，这种错误也确实改变了其所在句子的意思。鉴于此，很难基于 ISBP（2007 修订版）第 25 段的规定来支持或认定所涉单据的可接受性。

结论

发起人主张错误是打字错误，因而单据没有不符。

我们不同意。

如上所析，商业发票、装箱单和质量证明中的错误构成与信用证条款之间的不一致，这是明确的。由此我们认为，在答辩人的拒付通知里仅指出了相关的单据仅与信用证不同，但显然此实质性的明确的不一致构成了不符点，这使得答辩人有权根据 UCP 600 第 14（d）条拒付。

审单人员仅负责审核单据是否符合相关信用证条款要求，这是被普遍认可的银行实务。UCP 600 第 14（a）条规定：“按指定行事的指定银行、保兑行（如有）及开证行须审核交单，并仅基于单据本身确定其是否在表面上构成相符交单。”

不指望审单人员对提交给他们的单据以外的东西作任何调查。任何关于货物从出口国家到进口国家的运输信息显然都是非常重要的，而该案中所涉的对港口的识别也就变得至关重要了。总而言之，根据 UCP 600 第 14（d）条和 ISBP（2007）修订版，单据与信用证条款不相符。

答辩人提出的不符点成立。

本裁决为一致意见。

DOCDEX 第 291 号裁决

UCP 600 第 7（c）条和 15（a）条；第 1 条

议付行是否有义务对不同信用证下不同时间提交的仓单号进行核验，以确保仓单未曾在任何其他的信用证下提交？议付行未能察觉正本仓单曾经在不同时间不同信用证下提交过，是否构成相关议付行为中的恶意或欺诈？如果提交的单据构成相符交单并且已被开证行正常承兑，即使相关仓单之前已在其他信用证下被提交而该议付行未察觉，议付行是否也有权根据 UCP 600 第 7（c）条获得开证行的偿付？

当事人

发起人：A 银行（议付行）

答辩人：E 银行

备注：与本意见相关的单据仅由发起人提供。答辩人未介入本意见的出具。

背景

- 两份适用 UCP 600 的跟单信用证分别于 2008 年 7 月 31 日和 2008 年 9 月 11 日在答辩人的指示下由同一家开证行开出，答辩人为申请人银行；
- 两份信用证均为自由议付；
- 金额：2 905 000 美元 +/– 1%和 1 380 000 美元 +/– 2%；
- 两份信用证下的汇票：见票后 90 天；
- 有效地和有效期：上海，2008 年 9 月 20 日和上海，2008 年 10 月 30 日；
- 格式：不可撤销；
- 保兑：“没有”；
- 两份信用证都允许部分发货（尽管第二份信用证中没有特别对此规定）；

要求提交的单据（其中包括）：

<u>第一份信用证：</u>

“5. 正本仓单，日期不迟于 2008 年 8 月 10 日”

<u>第二份信用证：</u>

“5. 正本仓单，由（名称和地址）出具，日期不迟于 2008 年 9 月 30 日”

案情概要

- 在 8 月 7 日、9 月 17 和 22 日，发起人分别议付了三套单据，并将单据寄给开证行索偿。

- 在 8 月 12 日、9 月 23 和 24 日，开证行分别向发起人发出电文，表示接受各套单据并确认了偿付的到期日。
- 过了一段时间后（期间发起人没有提交任何单据），答辩人宣称在该两份信用证下提交的仓单曾经在其他银行开立的远期信用证下提交给发起人做过议付。因此，发起人应该知晓仓单被重复交单。基于此，答辩人认为发起人恶意议付单据，因而无权获得开证行的偿付。

发起人提请的咨询

1. 议付行是否有责任对不同信用证下不同时间提交的仓单进行核验，以确保仓单未曾在任何其他的信用证下提交？

2. 议付行未能察觉正本仓单曾经在不同时间不同信用证下提交过，是否构成相关议付行为中的恶意或欺诈？

3. 如果提交的单据构成相符交单并且已被开证行正常承兑，即使相关仓单之前已在其他信用证下被提交而该议付行未察觉，议付行是否也有权根据 UCP 600 第 7（c）条获得开证行的偿付？

分析

一般性陈述：根据“国际商会跟单金融产品争议专家解决规则”第一条，DOCDEX 的仲裁范围是与“适用国际商会跟单信用证统一惯例（UCP）的跟单信用证以及对 UCP 和/或国际商会跟单信用证下银行间偿付统一规则（URR）的适用”相关的任何争议。

因此，本专家组并无权判定与上述规则及跟单信用证国际标准银行实务（ISBP）无关事宜中的责任问题。

UCP、信用证或国际标准银行实务中都没有任何规定或条款要求议付行须核验信用证下提交的每一份单据。UCP 600 第 34 条规定：“银行对任何单据的形式、充分性、内容真实性，虚假性或法律效力概不负责……”。更何况发起人表明其对相关信用证下的可能的欺诈并不知情。

没有任何 UCP 条款规定善意/恶意或欺诈事宜。善意或恶意或者某一行为是否涉嫌欺诈的认定问题是事实认定问题，是需要法院根据适用法律作个案裁决的。

发起人申诉其索偿权而提供的证据是三份开证行承兑的电文和三套提交给开证行的单据。基于上述证据，UCP 600 第 15（a）条将予以适用。该条规定：“当开证行确定交单相符时必须承付。”因而，开证行——根据 UCP 600 第 7（c）条（“指定银行承付或议付相符交单并将单据转给开证行之后，开证行即承担偿付该指定银行的责任”）——明确地承诺了在见单后 90 天偿付指定银行。

结论

基于上述分析，专家组认为开证行必须在到期日偿付发起人。

判定发起人在议付时是否知晓同一份仓单曾在其他信用证下提交，以及如果知晓是否如被指控的那样是恶意行事，已超出专家组的权能范围。然而，专家组将坚持在上述“分析”中第二段（译者注：不含“一般性陈述”）中所表述的立场。

专家组主席陈述

本裁决为一致意见。

DOCDEX 第 292 号裁决

UCP 600 第 14（e）条；ISBP 681 第 108 和 58 段

信用证中的货物描述是否与提单上的货物描述相互矛盾？

当事人

发起人：T 银行
答辩人：H 银行

背景及交易

答辩人经由 SWIFT 开立一份适用 UCP 600 的不可撤销信用证。受益人通过发起人向答辩人提交单据。答辩人以一个单独不符点为由对交单予以拒付："提单上的货物描述与发票和信用证的不同"。在发起人和答辩人的往来函电中援引了国际标准银行实务（ISBP）（国际商会第 681 号出版物）第 108 段，发起人则进一步强调了 UCP 600 第 14（e）条的适用。

发起人认为信用证中的货物描述无须全部复制到每一份单据中去，因为答辩人的信用证并未要求货物描述必须完整地在每一份单据中予以显示，同时还援引了 UCP 600 第 14（e）条以及 ISBP 681 第 58 段。

答辩人在其与发起人往来的电文中表述道："我们的信用证特别规定了不锈钢带缝边卷材（STAINLESS STEEL COIL SLITTED EDGE），但提单上仅显示为不锈钢（STAINLESS STEEL），没有显示出信用证所要求的内容。"

所有本案供参考的信息均由发起人提供。答辩人未同意介入本案仲裁。

问题

开证行提出的不符点，即"提单上的货物描述与发票和信用证上的不同"是否成立？

<u>作出的裁决</u>

信用证由答辩人经由 SWIFT 开立。45A 场（货物描述和/或服务）为："PRIME QUALITY AISI 304 STAINLESS STEEL COIL SLITTED EDGE CIF KUCHING, SARAWAK"。

46 场对提单的要求为："提单抬头为凭（答辩人）指示，通知上述（原文照述）申请人，注明运费已付。"

提单上显示：

“发货人装运、清点和封装”

3×20 英尺集装箱据称含装：

8 捆

不锈钢（STAINLESS STEEL）

分析

UCP 600 第 14（e）条规定：“除商业发票外，其他单据中的货物、服务或履约行为的描述，如果有的话，可使用与信用证中的描述不矛盾的概括性用语。”

《国际标准银行实务》（ISBP）（国际商会第 681 号出版物）第 108 段规定：“提单上的货物描述可以使用与信用证规定不矛盾的货物统称。”

《国际标准银行实务》（ISBP）（国际商会第 681 号出版物）第 58 段规定：“发票中的货物、服务或履约行为的描述必须与信用证规定的一致，但并不要求镜像一致。”

裁决

无论 UCP 600、《国际标准银行实务》还是信用证都没有要求提单上的货物描述必须与信用证和发票中显示的一样。

UCP 600 第 14（e）条以及 ISBP 第 108 段规定很明确，如果货物描述显示在提单上，可为统称。

提单上可以仅显示货物的统称。“不锈钢（STAINLESS STEEL）”即为这种统称，并且信用证和发票上显示的“Prime quality Aisi 304 stainless steel coil slitted edge”与提单上显示的“stainless steel”之间不存在相互矛盾之处（“Prime quality Aisi 304”是对品质的一种描述，而“coil slitted edge”则可以说是钢材成型的一种规格）。

注：发起人进一步注意到 ISBP 第 58 段（如上所述）与其立场吻合。因之与发票相关，故无须提及。争议中的单据是提单。

结论

根据信用证条款、UCP 600 和国际标准银行实务，答辩人提出的不符点不成立。在这一问题上单据相符。因而，答辩人须履行其在信用证下的付款责任。

本裁决为 DOCDEX 专家组一致意见。

DOCDEX 第 293 号裁决

ISBP 681 第 9 和 55 段

一式两联的汇票其第一联没有任何更正之处，其第二联上若有更正是否必须要有对该更正的证实；该证实是否有效，如有效，更正者的签名旁是否必须显示受益人名称？

当事人

发起人：M 银行（指定银行）
答辩人：A 银行（开证行）

背景及交易

开证行通过 MT 700 开立了一份不可撤销信用证（“信用证”），受益人在 T 国。信用证适用 UCP 600，自由议付。在该 MT 700 的 42C 场，开证行要求提交即期汇票，汇票的付款人为开证行。之后，信用证修改汇票期限为见票后 30 天。信用证及其修改都通过指定银行通知受益人。

受益人向指定银行提交了含见票后 30 天的汇票的单据。指定银行经审核认为交单相符，将单据和汇票寄给开证行承兑。开证行审核了汇票和单据后发现与信用证条款不符。开证行在 UCP 规定的时间内通过 MT 799 发给指定银行拒付通知，告知以下不符点：

（1）受益人的传真副本没有显示合同号；

（2）保险单/证明没有注明理赔代理；以及

（3）汇票上的修改未经出票人证实。

开证行在该 MT 799 中表明其代为持有单据，相关风险由指定银行承担。

收到开证行的拒付通知后，指定银行在交单期内向开证行提交了修改的单据。修改的单据包括受益人的传真副本、保险单据和新的汇票。收到修改的单据后开证行在 UCP 规定的时间内通过 MT 799 又发给指定银行拒付通知，告知以下不符点：（1）在第二联汇票上的修改（更正）未经出票人证实。

开证行在该 MT 799 中表明其代为持有单据，相关风险由指定银行承担。

提交给开证行的经修改的汇票为一式两联，即汇票第一联和汇票第二联。汇票按照信用证条款缮制，虽信用证条款没有要求，但显示了提单日期。两联汇票均由名为［X 先生］的人作为受益人的授权签字人签署。

根据发起人提供的汇票副本来看，第二联汇票上的提单日期有一处更正，紧挨更正处有一个签名和一个注明“更正”字样的小圆章。和该更正章相连的签名和签署汇票的一样，都是受益人的授权签字人［X 先生］的签名。第一联汇票上没有任何更正。

开证行认为该更正没有按照国际标准银行实务要求进行证实。开证行特别指出，没有证据表明更正是根据 ISBP 国际商会第 681 号出版物第 9 和 55 段规定经受益人（即汇票出票人）证实的。指定银行不接受开证行对 ISBP 的解释，并认为开证行的拒付是不合理的，因为开证行可以接受第一联汇票，其上并未有任何更正，而对第二联汇票可予以忽略，因为有了第一联第二联就没了用场。

由于开证行坚持其立场，指定银行又寄给开证行一套汇票。开证行以交单超过了交单期为由拒绝了第三套汇票。

待裁决问题

1. 开证行是否有义务审核受益人出具的汇票，以确定其与信用证条款相符？

2. 修改后的汇票第二联上的更正是否需要证实？

3. 如果需要证实，那么更正旁边的［X 先生］的签名是否满足了证实的要求，或该证实是否必须包含出票人（即受益人）的名称？

4. 开证行的拒付是否有理？

分析

问题 1：

开证行有义务审核审核受益人出具的汇票，来确定其与信用证条款相符，比如票期是否与信用证条款相符。

问题 2：

ISBP 国际商会第 681 号出版物第 55 段规定：“汇票如有更正和更改，必须看似经出票人证实。”

鉴于此，汇票上的任何更正均需经出票人证实。但是，由于汇票为一式两联并且第一联上没有更正，故第二联在此情况下已无用途，因而第二联也就无须证实了。

问题 3：

汇票上更正的证实必须包括出票人的签名或小签以及出票人名称。但是，由于受益人（出票人）出具的汇票是由受益人的授权签字人［X 先生］签署的，且第二联汇票的更正也是由［X 先生］证实的，所以毫无疑问更正是经出票人证实的。因而，在此特定情形下，受益人的名称无须和［X 先生］的签名一起显示来证实更正。

问题 4：

开证行拒付是不合理的，因为第一联汇票是相符的，没有任何更正；故第二联汇票在这种特定情况下并无用处。即使要求审核第二联汇票，其上对更正的证实也是与国际标准银行实务相符的，理由如问题 3 中所述。

结论

所论之汇票没有不符点，开证行必须履行其责任接受汇票，并通过指定银行向受益人付款，包括支付相应延期利息。

该裁决为 DOCDEX 专家组一致意见。

DOCDEX 第 294 号裁决

该裁决被撤回。

DOCDEX 第 295 号裁决

该裁决被撤回。

DOCDEX 第 296 号裁决

UCP 600 第 16 条；第 16（c），16（c）（ii），16（c）（iii），16（f），17（c），17（d），14（e），14（f），14（d）条；ISBP 681 第 184 和 41 段

基于开证行在拒付通知中提出的不符点以及在随后电文中对之加以进一步澄清，发起人的交单是否构成相符交单？开证行的拒付通知是否为有效通知？

当事人

发起人：H 银行
答辩人：P 银行

背景及交易

H 银行（发起人）作为交单人在 P 银行（答辩人）开立的跟单信用证下提交了金额为 8 891 478.90 美元的单据。

该跟单信用证通过 SWIFT MT 700 电文开立，适用 UCP 600（于 2008 年 7 月 17 日开立，其 40E 场注明了“UCP 最新版本”字样）。

该跟单信用证分别于（1）2008 年 7 月 26 日、（2）2008 年 8 月 11 日、（3）2008 年 9 月 12 日和（4）2008 年 10 月 13 日做了四次修改。

本专家组对受益人是否已表示其对修改的接受尚不清楚。但是，由于争议中的交单符合跟单信用证及其修改，故所有四份修改均视为被接受。

交单被答辩人拒付。

本案中收到一份法院“止付令”，在此裁决中将不予考虑。

答辩人对仲裁请求未予答复。专家组没有要求提供任何补充材料。

陈述概要

2008 年 8 月 17 日

答辩人开出金额为 11 440 000.00 美元的跟单信用证，允许 10%溢短装。之后，金额被改为 9 300 000.00 美元，不允许超支但允许 10%短支。修改（第四份）后跟单信用证为在发起人处兑付，汇票受票人为发起

人，票期为议付日后 180 天。

2008 年 10 月 21 日

该日为发起人向答辩人交单的交单面函日期。答辩人予以拒付，通知了七个不符点（详见下文）。

2008 年 11 月 2 日

发起人答复答辩人，不同意所述不符点。

2008 年 11 月 7 日

答辩人发给发起人一份 SWIFT MT 799 电文：

- 接受发起人关于第二个不符点的抗辩；

- 关于第一个不符点，答辩人声明："在贵方交单面函中没有说明是部分装运。"尽管发起人认为该表述表明答辩人接受抗辩，认为该不符点无效（2009 年 11 月 12 日的 SWIFT MT 799 电文）[①]，但专家组认为该表述实际的意图仍然含糊不清。

其余不符点答辩人予以坚持。

2008 年 11 月 12 日

发起人也坚持自己的抗辩理由并敦促答辩人确认到期偿付，并告知开证行如果再不确认偿付将采取法律行动。

2008 年 11 月 12 日

答辩人将单据退回给发起人，并发 SWIFT 电文告知，同时声明其已收到法院签发的"止付令"。

待裁决问题

a. 基于开证行在拒付通知中提出的不符点以及在随后电文中对之加以进一步澄清，发起人的交单是否构成相符交单？

b. 开证行的拒付通知是否为有效通知？

分析

拒付通知

答辩人使用了 SWIFT 电文 MT 734 格式发出了拒付通知，具体内容如下：

① 译者注：此处原文写的是"发起人"而不是"答辩人"接受，显然不合逻辑，故译文按照意思正确的逻辑进行了修正，特此说明。

“77J：在你行寄来单据中我行发现如下不符点与证不符：

1. 2.00×1 230 毫米尺寸项下的货物数量出现未超过 10%的短装，与信用证 45A 场[①]不符。
2. 商业发票未标注‘正本’和‘副本’，与信用证 46A 场第二条不符。
3. 工厂检验证明中钢材等级与信用证 46A 场第四条不符。
4. 显示的“CU-0.08PCT MAX”与 46A 场第四条不符。
5. 明细装箱单中钢材等级与信用证 46A 场第七条不符。
6. 产地证未显示收货人为［答辩人］，与 46A 场第六条不符。
7. 46A 场第五条要求提交的受益人声明未随正本单据提交。

77B：/我行对单据予以拒付

//单据代为持有，你行承担相应//风险和责任。”

开证行对收到的证下单据予以拒付时，其必须按照 UCP 600 第 16 条中所要求的如下原则行事：

- 必须发出“单独通知”（UCP 600 第 16（c）条），即只有一次机会拒付，并正确拒付。
- 该通知必须明确表明银行拒绝承付或议付。
- 该通知必须表明银行拒付所依据的每一个不符点。这就要求必须列明每一个不符点，且表述完整、具体。
- 该通知必须说明单据的处置情况，即开证行是如何处置单据的。UCP 600 第 16（c）（iii）条规定了开证行的四种处置方式：

a）银行留存单据听候交单人的进一步指示；或

b）开证行留存单据直到其从申请人处接到放弃不符点的通知并同意接受该放弃，或其同意接受对不符点的放弃之前从交单人处收到其进一步指示；
或

c）银行将退回单据；或

d）银行将按之前从交单人处获得的指示处理。

如果开证行（或保兑行）未能按照 UCP 600 第 16 条行事，则无权宣称交单不符，从而必须承担承付责任，尽管单据可能包含不符点（参看 UCP 600 第 16（f）条）。

本裁决中，拒付通知在两个方面没满足上述要求：

1）没有表明单据的处置情况，仅表述为“我行拒付单据。单据代为持有，你行承担相应风险和责任。”非上述四种方式中的一种（没有明确是适用方式 a）还是方式 b））。

2）不符点 3、4、5 和 6 的措辞并未基于信用证要求。拒付通知虽然交代了具体的不符细节，即与信用

---

① 编辑注：此处对应的英文原文为“clause no 45A of the L/C terms”，但原文表述有误，译文正确。

证 46A 场（“单据要求”）条款不符，但是该 46A 场条款并未对导致不符点的相关内容做任何要求（比如所谓的关于工厂检验证明的第四个不符点：钢材的等级“与信用证 46A 场第四条”不符，但该第四条只要求：“工厂检验证明，两份正本和两份副本”）。此外，不符点 3、4、5 仅泛泛而指，不完整也不明确，从拒付通知中不清楚开证行认为何处与信用证要求相矛盾。（将在下文对每个不符点的分析中做具体阐述）

鉴于此，拒付通知有缺陷，即根据 UCP 600 第 16 条认定无效。因而，根据第 16（f）条开证行无权宣称交单不符，从而必须承担承付责任。

所引述的不符点：

不符点 1：

“2.00×1 230 毫米尺寸项下的货物数量出现未超过 10%的短装，与信用证 45A 场条款不符。”

跟单信用证要求 2.00×1 230 毫米尺寸项下出运货物 500 公吨。实际出运（根据发票）405.06 公吨。跟单信用证允许货物短装不超 10%，但不允许超装。跟单信用证允许货物部分出运。既然允许部分出运，其中某一尺寸项下的部分出运也是允许的。因此不符点不成立。

不符点 2：

“商业发票［未］标注‘正本’和‘副本’，与信用证 46A 场第二条不符。”

答辩人之后接受了发起人的抗辩，认为该不符点不成立。但我们仍按照规则作如下分析：

跟单信用证要求提交“经签署的商业发票，两份正本和三份副本……”。根据 UCP 600 第 17（c）条，跟单信用证要求提交的单据将被视为正本，只要其：

i. 单据看似由出单人书写、打字、穿孔或盖章；或

ii. 单据看似使用出单人的原始信纸出具；或

iii. 单据声明其为正本单据，除非该声明看似不适用于提交的单据。

提交的发票是使用受益人的信纸出具，并由受益人签署，——即符合正本单据的要求。至于副本单据，UCP 600 或国际标准银行实务都未要求副本必须明确注明其为副本。银行可以视非正本的单据皆为副本。即使信用证要求副本，提交正本也可以接受，除非信用证对此明确予以禁止（UCP 600 第 17（d）条）。信用证条款没有明确地对 UCP 600 第 17 条的适用予以修改。由此，该不符点无效。

不符点 3：

“工厂检验证明中钢材等级与信用证 46A 场第四条不符。”

46A 场第四条为：“工厂检验证明，两份正本两份副本”，没有要求“钢材等级”显示在工厂检验证明上。跟单信用证中的货物描述包含下述内容：“钢材等级——SAE 1006 acc to ASTM A 568/1998”。证明上显示的

是："钢材等级 SAE 1006"。除发票以外其他单据中的货物描述可以使用统称，只要不与证中货物描述矛盾即可（UCP 600 第 14（e））。未显示"acc to ASTM A 568/1998"并不构成跟单信用证与工厂检验证明中货物描述之间的矛盾。另外，不符点的表述也不够完整、明确，这也不符合 UCP 600 第 16（c）条要求。基于上述原因该不符点不成立。

不符点 4：

"显示的'CU-0.08PCT MAX'与 46A 场第四条不符。"

拒付通知没有表明这个不符点涉及的单据。而且，该不符点表述也不够完整、明确。具体所指不清楚。46A 场第四条要求提交"工厂检验证明，两份正本和两份副本"，并未要求在工厂检验证明上显示 CU 的百分比。CU 的百分比是跟单信用证 45A 场货物描述中关于化学成分的部分内容。

跟单信用证中对化学成分的表述如下：

"C- 0.06 PCT MAX, CU PLUS CR PLUS NI MAX 0.20 PCT. AL-0.02-0.07 PCT
MN-0.30 PCT MAX., SI-0.03PCT MAX.P-0.025PCT MAX.S-0.025 PCT MAX.
CU-0.08 PCT N-70 PPM MAX. 1 SET OF SAMPLES FOR TEST TO BE TAKEN
FROM EACH BATCH AS PER GOST 7566-94, THICKNESS IS NOMINAL.
DIMENSION TOLERANCE SPEC. ASTM A 568/1998. EDGE CONDITION
UNTRIMMED (MILLEEDGE) COIL WEIGHT 11-19 MT MAX"。

工厂检验证明中对化学成分的表述如下：

"C- 0.06 % MAX,
CU + CR + NI MAX – 0.20 %,
AL-0.02-0.07 %
MN-0.30 % MAX,
SI-0.03 % MAX,
P-0.025 % MAX,
S-0.025 % MAX.
CU-0.08 % MAX,
N-70 PPM MAX.
1 SET OF SAMPLES FOR TEST TAKEN FROM EACH BATCH AS PER GOST 7566-94"。

可以看出工厂检验证明上比跟单信用证所要求的在"CU-0.08%"后多加了一个"max"（最大）。如前所述，该不符点的表述意思并不明确。但是（根据 2008 年 11 月 7 日的 SWIFT MT 799 电文）估计开证行是意图表示信用证与发票上所要求的"化学成分"与工厂检验证明上所显示的"化学成分"相互矛盾，专家组对该不符点的判定意见如下：

UCP 600 第 14（e）条规定："除商业发票外，其他单据中的货物、服务或履约行为的描述，如果有的话，可使用与信用证中的描述不矛盾的概括性用语。"本案中工厂检验证明上显示了货物描述。跟单信用证中规定的化学成分内容非常具体，"max"（最大）一词多次跟在化学术语之后。那么作为审单人员，可以说在缺乏特定专业知识的情况下，多出“max”（最大）一词将被视为与跟单信用证和发票中的货物描述相矛盾。

但上述结论并不能改变拒付通知不够明确的事实。该不符点的表述没有表明该不符点是针对哪个单据，并且表述也不完整、明确。因此，根据第 16（c）条该不符点无效。

基于上述原因该不符点不成立。

不符点 5：

“明细装箱单中钢材等级与信用证 46A 场第七条不符。”

46A 场第七条规定：“卷材装箱单明细中显示卷材的毛/净重，两份正本两份副本”。没有要求在装箱单上显示“钢材等级”。跟单信用证中的货物描述包括如下表述：“钢材等级– SAE 1006 acc to ASTM A 568/1998”。装箱单上显示的是“钢材等级– SAE 1006”。除商业发票外，其他单据中的货物描述可使用与信用证中的描述不矛盾的概括性用语。（UCP 600 第 14（e）条）。未显示“acc to ASTM A 568/1998”并不构成跟单信用证与装箱单上货物描述之间的矛盾。而且，根据第 16（c）条该不符点的表述也不够完整、明确，故也是无效的。

基于上述原因该不符点不成立。

不符点 6：

“产地证未显示收货人为［答辩人］，与 46A 场第六条不符。”

46A 场第六条规定：“由商会出具的产地证，显示原产地为乌克兰，一份正本两份副本。”之后修改为：“由工厂出具的产地证，显示原产地为哈萨克斯坦，一份正本两份副本。”

产地证上显示的收货人为“致相关方（To whom it may concern）”。跟单信用证中并未要求产地证上的收货人栏位必须填写某一方。UCP 600 第 14（f）条规定：“如果信用证要求提交运输单据、保险单据或者商业发票之外的单据，却未规定出单人或其数据内容，则只要提交的单据内容看似满足所要求单据的功能，且其他方面符合第 14（d）条，银行将接受该单据。”

因此，当跟单信用证中未要求产地证的收货人栏位如何填写时，就不能要求收货人必须显示为某一方。

专家组认为提单显示收货人为答辩人，答辩人可能是想表示提单收货人与产地证收货人相互矛盾（尽管不符点未表述清楚）。但这里需要注意，“致相关方”与特定方名称（此案中为答辩人）之间并不存在相互矛盾之处。该产地证也符合国际商会第 681 号出版物第 184 段国际标准银行实务的要求。

基于上述原因该不符点不成立。

不符点 7：

“46A 场第五条要求提交的受益人声明未随正本单据提交。”

46A 场第五条规定："受益人声明，表明货物品质、数量和包装符合信用证要求，并与销售合同［合同号码和日期］和客户信息［客户信息号码和日期］严格相符"。

根据发起人陈述及随附于 DOCDEX 意见申请的单据副本，发起人提交了一份"受益人证明"。该单据包含以下内容："我方兹说明货物质量、数量和包装符合信用证要求，并与销售合同［合同号码和日期］、形式发票［形式发票的号码和日期］和客户信息［客户信息号码和日期］严格相符。"

发起人的交单面函上显示："受益人证明 02"。答辩人在退回单据的面函上显示："受益人证明 02"。

基于此，可以认定受益人证明作为交单的一部分已为答辩人收到。

ISBP（《关于审核跟单信用证项下单据的国际标准银行实务》，国际商会第 681 号出版物）第 41 段规定："单据可以使用信用证要求的名称或相似名称，或无名称。例如，信用证要求'装箱单'，名为'装箱记录'，'装箱和重量单'或无名称的载有装箱细节的单据也可满足该要求。单据内容必须看似符合所要求单据的功能。"

UCP 600 第 14（f）条也规定："如果信用证要求提交运输单据、保险单据或商业发票之外的单据，却未规定出单人或其数据内容，则只要提交的单据内容看似满足所要求单据的功能，且其他方面符合第 14（d）条，银行将接受该单据。"

基于上述条款，可以确定"受益人证明"与"受益人声明"类同。由于提交的"受益人证明"满足了跟单信用证所要求的功能，该证明必须视为符合"受益人声明"的要求而予以接受。

基于上述原因该不符点不成立。

裁决

基于上述分析，结论如下：

a. 除了工厂检验证明上显示的有关 CU 的内容（"CU-0.08% max"）（参见关于不符点 4 的分析）之外，其他开证行在拒付通知中所表述的以及在其后的电文中进行阐述的不符点所涉及的单据都与信用证条款相符。但是必须注意的是，专家据以作出结论的开证行的澄清内容由于是拒付之后另行提供的，因而在判断开证行拒付通知有效性时必须予以忽略不予考虑。

b. 答辩人的拒付通知在形式和事实上均无效：

i. 未按 UCP 600 第 16（c）条要求表明单据的处置情况

ii. 不符点 3、4 和 5 的表述也不够明确具体，即未符合 UCP 600 第 16（c）（ii）条的要求。

因此，根据 UCP 600 第 16（f）条，答辩人无权宣称交单不符。因此，答辩人必须承担对发起人的偿付责任。

此为一致裁决意见。

DOCDEX 第 297 号裁决

UCP 600 第 2，14 和 16 条；第 7（c）条

开证行就指定银行行事身份问题提出大量质疑，并基于受益人提交的同一份仓单在其他银行开立的信用证下重复提交这一事实向法院申请止付，在没有获得止付的情况下，开证行是否有责任偿付指定银行支取金额及从到期日至付款日的延付利息？

当事人

发起人：Z 银行（指定银行）
答辩人：A 银行（开证行）

背景及交易

开证行通过 MT 700 开立了两份不可撤销信用证（“信用证”）。信用证受益人分别在香港和英格兰。两份信用证均适用 UCP 600。第一份信用证规定可在 C 国任何银行议付，第二份信用证则规定可在任何银行议付。在 MT 700 电文的 42C 场，开证行要求提交期限为见票后 90 天的汇票，汇票付款人为开证行。

受益人向指定银行提交了包含见票后 90 天汇票的单据。指定银行认为交单相符，分别于 2008 年 8 月 15 日和 2008 年 9 月 22 日将单据和汇票寄给开证行要求承兑。寄送单据之后，在收到开证行承兑通知之前，指定银行对该两套单据进行议付，分别于 2008 年 8 月 18 日和 2008 年 9 月 23 日将款项提前支付给受益人。2008 年 8 月 21 日和 2008 年 9 月 24 日开证行通过 MT 799 通知指定银行其已承兑汇票，到期日分别在 2008 年 11 月 17 日和 2008 年 12 月 22 日。

对于承兑到期日在 2008 年 11 月 17 日的汇票，开证行于 2008 年 11 月 17 日发给指定银行一份 MT 799 电文，声称单据中提交的仓单和其他银行持有的仓单相同，因而，其将对该重复仓单事宜进行调查后方能对汇票进行解付。开证行没有提出欺诈指控，也没有告知指定银行其是基于法院止付令而不能对承兑汇票予以解付。虽然指定银行一再要求，但开证行始终未予解付承兑汇票。

对于承兑到期日在 2008 年 12 月 22 日的汇票，开证行于 2008 年 12 月 4 日通知指定银行信用证申请人已申请止付令禁止其对该套单据付款。申请止付令的理由是受益人提交的同一份仓单在 C 国其他银行开立的信用证下重复提交。基于此，开证行至今未予解付承兑汇票。

待裁决问题

1. 根据 UCP 600 该指定银行是否是本案信用证下的议付行？
2. 该指定银行提前支付给受益人的款项属于贴现、出口信贷还是福费廷项下款项？

3. 指定银行和受益人之间的沉默保兑/不公开无追索权融资安排（包括针对开证行付款风险的无追索权融资）是否会损害指定银行（作为议付行）对开证行的索偿权？

4. 指定银行，即被指定议付行，是否有义务审核本案信用证下提交的仓单被仓储公司重复签发或拆分签发（split）？

5. 指定银行，即被指定议付行，是否有义务审核申请人和受益人由相同股东控制？

6. UCP 600 是否要求议付款项必须来自于指定银行的自有资金？指定银行内部的资金安排是否会损害其议付行地位？

7. 在开证行接受提交的汇票及/或单据之前，指定银行向受益人支付议付款项是否违背 UCP 600？

8. UCP 600 是否要求信用证所要求提交的单据只能由受益人缮制并提交？

9. 若本案信用证要求提交副本单据（即非正本），那么指定银行能否接受通过传真发过来的副本单据？

10. 当被指定的议付银行实际已议付了单据，但在其交单面函上并未对此明确说明，这样是否违背 UCP 600？交单面函上没有这样的说明是否使得开证行对指定银行的付款责任得以解除，或者是否使得指定银行的议付行地位丧失？

11. 根据 UCP 600，开证行发出的加押 SWIFT 承兑电文是否构成其对提交单据的接受以及其在到期日对指定银行的付款责任？

分析

1. 根据 UCP 600 该指定银行是否是本案信用证下的议付行？UCP 600 第 2 条规定了以下定义：

"**议付**指指定银行在相符交单下，在其应获偿付的银行工作日当天或之前向受益人预付或同意预付款项，从而购买汇票（其付款人为指定银行以外的其他银行）及/或单据的行为。

指定银行指信用证可在其处兑用的银行，如信用证可在任一银行兑用，则任何银行均为指定银行。

相符交单指与信用证条款、本惯例的相关适用条款以及国际标准银行实务一致的交单。"

基于以下原因，本案信用证中的指定银行是 UCP 600 下的议付行：

——信用证为自由议付信用证，故指定银行即为本案信用证下的指定银行；

——指定银行是在开证行对其偿付之前，即在开证行作为付款人的已承兑远期汇票到期日之前付款给受益人的；

——指定银行在每一份信用证下提交的都是相符单据，因为开证行没有向该指定银行提出交单中的任何不符点。

2. 该指定银行提前支付给受益人的款项属于贴现、出口信贷还是福费廷项下款项？

根据指定银行出具给受益人的付款通知来看，预付款项是议付款项。在每次交单项下都收取了议付费。

3. 指定银行和受益人之间的沉默保兑/不公开无追索权融资安排（包括针对开证行付款风险的无追索权融资）是否会损害指定银行（作为议付行）对开证行的索偿权？

指定银行和受益人之间的沉默保兑/不公开无追索权融资安排是信用证条款之外的安排，故完全不会影响或改变开证行对信用证项下已予议付的指定银行的偿付责任。

4. 指定银行，即被指定议付行，是否有义务审核本案信用证下提交的仓单曾被仓储公司重复签发或拆分签发？

根据 UCP 600 第 14 条，按指定行事的指定银行须审核交单，并仅基于单据本身确定其是否在表面上构成相符交单。因而，指定银行没有义务审核是否仓单被仓储公司重复签发或拆分签发。

5. 指定银行，即被指定议付行，是否有义务审核申请人和受益人由相同股东控制？

UCP 没有要求议付行去识别申请人与受益人之间的关系。

6. UCP 600 是否要求议付款项必须来自于指定银行的自有资金？指定银行内部的资金安排是否会损害其议付行地位？

UCP 600 没有要求议付款项必须来自于指定银行的自有资金。指定银行内部的资金安排不会损害其议付行地位。

7. 在开证行接受提交的汇票及/或单据之前，指定银行向受益人支付议付款项是否违背 UCP 600？

不会。在远期信用证项下，议付行可以在开证行接受提交的汇票及/或单据之前或之后向受益人预付款项。但是，只有当向受益人预付的行为发生在收到开证行偿付之前时，议付行才能获得议付行地位。

8. UCP 600 是否要求信用证所要求提交的单据只能由受益人缮制并提交？

UCP 600 没有这样的要求。受益人雇佣货代为其提供缮制及/或提交信用证下所要求单据的服务是很普遍的现象。UCP 600 第 2 条将交单人定义为实施交单行为的受益人、银行或其他人，因而，信用证下所要求的单据不是只能由受益人缮制或提交。

9. 若本案中信用证要求提交副本单据（即非正本），那么指定银行能否接受通过传真发过来的副本单据？如果本案信用证要求提交副本而不是正本单据，指定银行可以接受传真发过来的副本单据，因为：本案信用证没有禁止传真交单；

——国际商会关于“对 UCP 500 第 20（b）条项下‘正本’单据的判定的政策说明（国际商会 1999 年 7 月 29 日第 470/871 Rev.号文件）第 4 项写到一份单据如果（i）表面看似通过传真机所制，则其不是正本……”该政策说明在 UCP 600 下依然有效。无论如何，该问题与本案所涉问题完全没有关系，因为开证行没有依据 UCP 600 第 16 条对交单予以拒付。

10. 被指定的议付银行实际已议付了单据，但在其交单面函上并未对此明确说明，这样是否违背 UCP 600？ 交单面函上没有这样的说明是否使得开证行对指定银行的付款责任得以解除，或者是否使得指定银行的议付行地位丧失？

指定银行如果已议付了相符交单，其应该在其交单面函上对此予以明示。但是，未予明示并不违反 UCP 600。指定银行在其交单面函上对其已议付本案信用证这一行为未予明示不会影响其议付行地位，也不会使得开证行的付款责任得以解除，只要其向开证行确认其议付行为即可。

11. 根据 UCP 600，开证行发出的加押 SWIFT 承兑电文是否构成其对提交单据的接受以及其在到期日对指定银行的付款责任？

开证行发出的加押 SWIFT 承兑电文构成其对本案信用证下提交单据的接受以及其在到期日对指定银行的付款责任。开证行的付款责任在 UCP 600 第 7（c）条被明确规定：“指定银行承付或议付相符交单并将单据转给开证行之后，开证行即承担偿付该指定银行的责任……”

结论

除非开证行被（法院）禁止履行其在本案信用证项下的付款责任，否则其有责任偿付指定银行交单金额及从到期日至付款日相应的延付利息。

本裁决为 DOCDEX 专家组一致意见。

DOCDEX 第 298 号裁决

UCP 600 第 8 条；第 8（c），12（b）和 14（f）条

发起人银行是否为信用证下指定银行？发起人其第二保兑行地位是否损害其从答辩人处获得偿付的权利？发起人在信用证失效后八个月但在到期日之前才通知答辩人相符单据已提交并告知付款到期日，该行为是否违反了信用证规定？如果银行要求某一特定行为或条件（包括任何时效时限）必须在某一特定时段内完成或满足，是否必须在信用证中对此予以明确规定？

当事人

发起人：N 银行
答辩人：C 银行

背景

发起人和答辩人所涉纠纷的跟单信用证（“信用证”）内容如下：

- 开证行：I 银行
- 第一通知兼保兑行：C 银行
- 跟单信用证格式：不可撤销，已加保兑
- 开立日期：080813
- 适用规则：UCP、URR 最新版本（即 UCP 600 和 URR725）信用证到期日期和地点：080910，M 市
- 信用证币种和金额：USD29 999 998.09
- 兑付方式：N 银行议付
- 汇票：M 市的 N 银行承兑后 360 天
- 其他条件（47A 场）：（其中包括）

致通知行：

“G/通知行加保，并将信用证通知给 M 市的 N 银行，N 银行可以在受益人要求并由其承担相关费用的情况下加保。”……

“……J 条/所有单据直接由 M 市的 N 银行通过快邮方式直接寄送给 I 银行。”

“M 市 K/银行 N 须向开证行［I 银行］发加押 SWIFT 电文告知寄送快件的情况以及单据的到期日。”

……

“M 市 L/银行 N 须向 C 银行发加押 SWIFT 电文确认提交的单据与信用证条款相符，并告知单据到期日。”（“条件 L”）

保兑指示：保兑

偿付行：A 银行，U 国

1. 2008 年 8 月 14 日信用证通过加押 SWIFT MT 710 电文（“第三方银行跟单信用证的通知”）由 C 银行通知给 N 银行。在该通知（MT 710）中，C 银行告知 N 银行如下信息：

“72 场（‘发报行发给收报行的信息’）：本信用证已由我行加保。请将保兑费 270 200.00 美元支付到我行在 N 市 J 银行的账号 12345 中，费率为 0.9%年率，费期 12 个月。”

2. 2008 年 8 月 19 日 N 银行从受益人处收到信用证项下相符单据，并对金额 29 999 998.09 美元的汇票予以承兑，到期日在 2009 年 8 月 14 日。当日，N 银行：

- 将单据通过 DHL 寄送到 I 银行，并通过加押 SWIFT 电文（MT 799）向其通知了快件信息和到期日；
- 贴现/买入由其承兑的汇票，向受益人支付净款项 28 644 045.16 美元（汇票金额 29 999 998.09 美元扣除其保兑费 137 249.99 美元、处理费 500.00 美元、[贴现]利息 948 002.94 美元和第一保兑行费用 270 200.00 美元）；并
- 按照 C 银行在信用证 72 场中的指示，通过 SWIFT 电文（MT103：“客户贷记转账”）向 C 银行支付 270 200.00 美元，作为 C 银行的保兑费。

3. 在 2009 年 5 月 11 日之前 N 银行一直没有按照条款 L 要求向 C 银行发加押 SWIFT 电文通知。

问题

发起人（即：N 银行）请求就 C 银行是否有权基于以下原因拒绝 N 银行的偿付要求出具 DOCDEX 意见：

C 银行的保兑是以在信用证到期日内收到 N 银行按照信用证 47A-L 场条款要求发送的加押 SWIFT 电文为条件的。鉴于 N 银行未能在信用证到期日内符合条款 L 要求，C 银行的保兑在信用证到期日即 2008 年 9 月 10 日灭失。

发起人的主张

1. 不管是信用证还是 C 银行的保兑中都未要求条款 L 所要求的电文必须在信用证到期日内发出。事实上，就电文何时应发出并未有任何要求，因而电文可以在付款到期日之前的任一时点发出。

2. 相符交单既已提交至指定银行（N 银行），C 银行即根据 UCP 600 第 8 条承担保兑责任。

答辩人的答复

1. 根据通常的行业惯例和国际标准银行实务，如果在信用证到期日 2008 年 9 月 10 日之前没有收到 N 银行已对受益人作出承兑和议付的通知，C 银行将视该信用证和其保兑在到期日灭失。

2. N 银行在信用证到期日后八个月才向 C 银行发出 SWIFT 电文（条款 L 所要求的），既违反了信用证［默示］条款规定，也未遵行通常的行业惯例和国际标准银行实务。

3. C 银行没有义务在信用证过期后接洽 N 银行确认信用证是否已议付。

4. C 银行如果不认为 N 银行将告知与信用证相关的最基本的信息（即证下的相符交单和信用证的到期日）是理所当然之事，则不会对该信用证加具保兑。

5. N 银行未能通知 C 银行其已作为证下第二保兑行行事并无追索权地议付了单据。作为保兑行（亦作为汇票的付款行），N 银行在信用证和 UCP 600 下都对 C 银行没有任何追索权。UCP 600 第 8（C）条规定，保兑行仅对指定银行承担偿付责任，但当议付行/指定银行作为第二保兑行对信用证金额承担付款责任时则不对其承担偿付责任。

裁决

1. <u>N 银行是否为信用证下指定银行？如是，N 银行是否是被指定承兑行或议付行？</u>

信用证 41A 场明确规定了信用证在 N 银行兑付。因而 N 银行是信用证的指定银行。

信用证 42A 和 42C 场明确规定了汇票的付款人为 N 银行，并且票期是 N 银行承兑日后 360 天。因而，毫无疑问 N 银行在信用证下被指定为承兑行。

根据上述条款，信用证应为承兑信用证而非议付信用证。但是，专家组认为该开立上的技术问题并不能损害 N 银行在信用证下作为指定银行根据 UCP 600 第 12（b）条买入其承兑的权利和义务。

2. <u>N 银行其第二保兑行地位是否损害其对 C 银行的索偿权？</u>

第一，C 银行完全知道，除其保兑外开证行还授权 N 银行在受益人要求下加保（见 47A 场——条款 G）。C 银行的保兑担保开证行的付款风险和国家风险在实务中是众所周知的。因而，不管 N 银行是否作为第二保兑行保兑对 C 银行保兑项下的付款责任都没有任何影响。

第二，从受益人处收取了 270 200.00 美元的保兑费（见 72 场），C 银行已不可撤销地承诺自 2008 年 8 月 14 日（即保兑日）起至 2009 年 8 月 14 日（即到期日）止担保开证行的付款风险及国家风险。既然受益人于 2008 年 8 月 19 日已经支付给 C 银行 270 200.00 美元的保兑费，C 银行因此就必须（一收到相符交单）即在到期日向受益人付款，或如本案中偿付指定银行（该指定银行买入了由其承兑的汇票并已向受益人付款）。注意信用证到期日是指受益人可以在证下交单的最晚日期，该日期与保兑行发给指定银行的指示没有任何关系，除非信用证另有规定。

第三，某银行在跟单信用证交易中具备不同的身份职能并不罕见，亦完全合理，比如本案中，N 银行既为被指定承兑行亦为第二保兑行。作为第二保兑行行事时，N 银行答应收到相符交单时向受益人做出无追索权付款。专家组想就此强调一下，指定银行/保兑行与受益人之间的无追索权协议与第一保兑行 C 银行和被指定承兑行 N 银行之间的偿付责任是相互分离相互独立的。

总之，N 银行的第二保兑行地位（被指定承兑行地位之外）不会损害其对保兑行 C 银行的索偿权。没有单据被要求寄给 C 银行，这是在 47A 场——条款 J 中明确规定了的，C 银行在 2008 年 8 月 14 日对信用证加具保兑时对此已予同意。

3. <u>N 银行 2009 年 5 月 11 日（即信用证过期后 8 个月）才通知 C 银行相符单据已提交并告知付款到期日，是否违反了信用证规定？</u>

一般情况下，一旦受益人提交相符单据，开证行及/或保兑行都将承担对受益人的付款责任，或如本案中，在指定银行议付单据并买入其承兑的汇票或其承诺的延期付款责任时，对其承担偿付责任。UCP 600 第 8（c）条规定亦基于此原则。

专家组认同信用证规定了一个额外条件（“条件 L”）专门要求 N 银行作为指定银行和第二保兑行去执行（即 N 银行要发给 C 银行一份加押 SWIFT 电文确认提交的单据相符并告知 C 银行单据的到期日）。该条件与受益人提交单据是否相符没有任何关系。

但是，有一点很清楚、没有任何疑问，开证行和 C 银行都未对上述电文的发送规定任何时限。因而，N 银行有权在到期日之前的任一时点发送该电文。如果一方要求某一特殊条件（包括任何时效时限）在信用证下必须得以满足，其必须予以明确要求，否则自行承担后果，这已是 UCP 和国际银行标准实务下普遍接受的原则。

UCP 600 第 14（f）条规定：“如果信用证要求提交运输单据、保险单据或者商业发票之外的单据，却未规定出单人或其数据内容，则只要提交的单据内容看似满足所要求单据的功能，且其他方面符合第 14（d）条，银行将接受该单据。”

在国际商会银行委员会意见（R 390）中，信用证要求提交一份质量证明，但未规定证明的任何具体内容。提交的证明显示“货物［即肉类产品］不适于人类消费”。该负面标注被认为并不构成拒付的理由，因为信用证对证明的内容没有具体规定。该意见进一步阐述道：“……如果申请人要求银行确保发运货物达到某一标准，信用证就应该含有实际的产品号码，而不是仅要求发票上显示产品号码。<u>银行仅被要求基于单据看起来与信用证中明示的条款表面相符这一事实确定单据是否相符。</u>银行不能基于从机构或申请人处所获信息行事，因为这些信息是或可能是在信用证中的明示要求之外的或与之相互矛盾的……［重点强调］。”

鉴于条件 L 仅要求 N 银行向 C 银行发送 SWIFT 电文而没有一个时限要求，故毋庸置疑该 2009 年 5 月 11 日由 N 银行发给 C 银行的 SWIFT 电文已符合条件 L 要求。信用证中没有条款规定，如果 N 银行未能在信用证到期日或之前发送条件 L 所规定的 SWIFT 电文，C 银行的保兑即将灭失，因此 C 银行必须根据 UCP 600 第 8（c）条对 N 银行承担偿付责任。

而且作为公认的原则，对任何模棱两可之处可能做出对起草方不利的解释，因而，如果对 C 银行而言在信用证到期日或之前从 N 银行获得 SWIFT 电文至关重要，其就应该在条件 L 中规定一个时限，或要求 N 银行在信用证到期日或之前对其作出通知，否则其就必须接受 N 银行 2009 年 5 月 11 日发送的电文。

结论

1. N银行是信用证项下的指定银行，其第二保兑行身份不会损害其对C银行的索偿权。

2. N银行没有违反条件L，因为该条件并未指明任何时限，因而C银行有责任偿付N银行交单金额及迟付利息。

该裁决为 DOCDEX 专家组一致意见。

DOCDEX 第 299 号裁决

UCP 600 第 14，16 和 2 条；第 14（a）和 14（d）条

如果受益人指示保兑行“按原样（as presented）”“待核准（under approval basis）”或“无须审单（without checking documents）”等寄单，是否表示单据应不加审核地寄给开证行？保兑行没有在五个银行营业日的时限内向交单人发出拒付通知，其是否有权在信用证项下对受益人拒付？答辩人是否有义务向发起人议付和支付不符交单？

当事人

发起人：T 公司
答辩人：N 银行

有关待裁决问题的陈述概要

发起人是一份不可撤销信用证的受益人。答辩人是该信用证的保兑行。

发起人认为答辩人未能履行其在 UCP 600 第 14 和 16 条项下作为保兑行的责任，因而丧失抗辩单据为不符单据的权利。

答辩人则抗辩认为发起人的行为以及具体的书面指示已解除了其作为保兑行的责任。

专家组的预先说明

DOCDEX 指派专家已对发起人和答辩人所提供的大量文本材料进行了全面分析，并在着重基于国际商会 DOCDEX 规则、提交的单据和适用的国际商会规则（UCP 600）的基础之上，仔细斟酌了所提供的全部信息，并就此形成意见。发起人和答辩人虽然都提供了多个法律体制下的大量法院判例作为参考，但是根据国际商会 DOCDEX 规则（国际商会第 811 号出版物）第 7.2 条，“指派专家必须完全只基于申请、答复和补充材料，以及跟单信用证和 UCP 及/或 URR、或托收和 URC，或见索即付保函和 URDG 公正地出具其意见。”

指派专家对这些判例不予考虑。本 DOCDEX 裁决是在遵行国际商会 DOCDEX 规则之下作出的。

有关待裁决问题的具体陈述

1. 发起人通过运输代理向答辩人提交“预审单据”。

2. 答辩人通过传真和电话通知发起人“预审单据”中的多个不符点。

3. 货物于2009年2月20日出运。

4. 发起人、其运输代理和答辩人在2月26日或27日开了电话会议讨论不符点事宜，其中至少一个不符点不能修改。有一份要求必须提交的单据是受益人证明，内容是说明（指明具体名称的）单据已经在装船后五天内通过（具名快件）直接寄给申请人，同时还要求提交一份（具名快件）收据的副本。答辩人无法审核该两份单据的“预审单据”，因它们还未生成。

5. 随后，发起人于2月27日寄给答辩人一份信函告知：

“继我们2009年2月27日的电话沟通，请接收从×××-×××公司（货代公司）寄送来的单据，并将单据按原样转寄。如果需要其他信息（原文照述），请随即与我们联系。”

6. 答辩人于3月2日从发起人的货代公司收到单据，并于当日“按原样（as presented）”转寄给开证行，没有审单。

7. 开证行在时限内通知了一个不符点：受益人证明显示的日期早于（具名快件）收据的日期并且晚于信用证要求的时限……，并拒付单据，将单据随后退回。

8. 装运日为2月20日，受益人证明日期为2月26日，快件收据证实单据寄送日期为2月27日，即单据没有在要求的五天内寄出。

发起人咨询的问题

发起人欲就答辩人在信用证条款以及UCP 600项下是否有对发起人议付和付款的责任征询意见。其提出两个具体问题：

1. “保兑行没有依据UCP 600第14条和16条在五个银行营业日的时限内向交单人发出拒付通知，其是否有权在信用证项下对受益人拒付？”

2. “如果不符点被开证行发现后，被保兑行在规定时限内提出，是否构成UCP 600项下的有效不符点？”

专家组对问题的决定

问题：发起人欲就答辩人在信用证条款以及UCP 600项下是否有对发起人议付和付款的责任征询意见。

结论——答辩人没有此责任。

裁决理由

信用证受益人指示指定银行“按原样（as presented）”寄单、“待核准（under approval basis）”寄单或“不审单（without checking documents）”直接寄单等都是惯常的实务。根据国际标准银行实务，所有这些标注均表示单据可以无须审核直接寄给开证行。这通常都发生在提交的单据中有无法修改的不符点时受益人才作此指示。

从发起人提供材料中可以看出，发起人完全清楚其无法满足信用证中的以下条件：

—信用证 46A 场中的单据 4：给申请人和开证行的传真
—信用证 46A 场中的单据 5：受益人证明和（具名快件）收据，证明已将单据寄给申请人

此外，在提及的电话会议中，各方都了解没有任何补救措施，除非收到对原证的修改。

发起人提供了相关证据，其给答辩人的指示：“按原样”寄单。该指示在与答辩人沟通后发出。

根据发起人提供的信息，我们只能认为发起人完全清楚其发出该指示的意图。发起人向答辩人书面发出其最终决定，要求“按原样”寄单。

答辩人没有责任对不符交单向发起人议付或付款。保兑行只对相符交单承担承付或议付责任。这在 UCP 600 如下定义中一目了然：

UCP 600 第 2 条：

“**相符交单**指与信用证条款、本惯例的相关适用条款以及国际标准银行实务一致的交单。”

“**保兑**指保兑行在开证行承诺之外做出的承付或议付相符交单的确定承诺。”

之后，发起人指示答辩人“按原样”寄单，让开证行决定单据是否相符。

1. 问题 1. 保兑行没有在 UCP 600 第 14 和 16 条规定的五个银行营业日的时限内向交单人发出拒付通知，其是否有权在信用证项下对受益人拒付？

问题：是否发起人在其发给答辩人的面函中的指示足以解除答辩人在 UCP 600 第 14 和 16 条项下保兑行的审单以及发送拒付通知的责任，既而使得答辩人不适用作为对其不按第 16 条行事予以救济的排除原则。

结论——答辩人没有议付信用证并向发起人付款的责任，其有权在信用证项下对发起人予以拒付。

裁决理由

发起人在和答辩人大量的电话和传真沟通后，根据其预审单据知晓单据存在会导致拒付的具体不符点，故而向答辩人发出书面指示：“请接收×××–×××公司（具名货代公司）送来的单据，并将之按原样转寄。”

在发起人要求按原样转寄单据的指示下答辩人解除了 UCP 600 第 14（a）条项下的责任。该指示是通常的国际标准银行实务。因此，答辩人根据发起人的书面指示解除了其审单责任，故而也没有违反第 16 条规定。

专家组认为发起人明确的指示使得答辩人审单和通知不符点的责任得以解除。

2. 问题 2. 受益人证明和随附的快件收据显示要求指定单据的寄送日期在提单日后七天，这是否是不符点？

问题：信用证的要求是提交受益人证明和随附的快件收据，显示单据副本已经在提单日后五天内寄给申请人。快件收据显示单据寄送日期为提单日后七天是否是不符点？

结论——是。受益人证明和随附快件收据是不符的。

裁决理由

在 SWIFT 46A 场所通知的信用证中，单据 5 的声明为：

1/3 正本提单和一套前面要求提交的不可转让单据在装船后五天内由（具名的专递公司）直接寄申请人（原文照述）[附受益人证明加（具名专递公司的）收据]。

装船日期为 2 月 20 日。发起人提交的受益人证明日期为 2 月 26 日。发起人提交了（不同的具名专递公司）收据，显示单据寄送日期为 2 月 27 日。

快件收据显示寄送日期为 2 月 27 日，超过了信用证所允许的五天，因而是不符点。而且，根据 UCP 600 第 14（d）条，快件收据的内容与受益人证明中的内容相互矛盾。

单据显然不符。

裁决

本裁决为指定专家一致意见。

DOCDEX 第 300 号裁决

UCP 600 第 16（c）条；ISBP 681 第 39 段

装船批注是否在提单上被单独显示，其是否经提单出具人盖章和签字证实；答辩人发出的 SWIFT MT 799 电文是否是答辩人第二（或第三）份拒付通知中的新不符点，从而违反 UCP 600 第 16（c）条；答辩人没有说明按照 UCP 600 第 16（c）条所要求的四种选择中的哪一种处置单据，其第一份拒付通知是否有效？

当事人

发起人：K 银行
答辩人：M 银行

背景及交易

1. 答辩人开出金额为 178 931.70 美元的信用证，发起人国家的任何银行可议付。

2. 发起人议付了金额为 178 931.70 美元的单据，并将之寄给答辩人。

3. 答辩人在规定时限内拒付了单据，共提出六个不符点。

4. 发起人对不符点有异议，但仍在有效期和交单期内将收到的替换单据寄给答辩人。

5. 答辩人拒付了单据，并将单据退回给发起人。

6. 发起人将单据退回给答辩人，不同意答辩人提出的不符点。

7. 答辩人再次将单据退回。

8. 发起人再次将单据退回给答辩人，并随附面函详细解释其为何不接受。

9. 答辩人再次退回单据，但发起人收到后又将其退回。

10. 2009 年 6 月 24 日（第一次拒付之日）至 2009 年 9 月 16 日，发起人发出最后一份函电之日，答辩人和发起人之间进行了大量的函电交涉（其中包括 2009 年 9 月 7 日由答辩人发出的一份 SWIFT MT 799 电文，下文将详加讨论），这些函电都已作为材料提供给 DOCDEX 据以出具意见。

11. 上述交涉的结果是，六个不符点只剩下一个。

12. 剩下的不符点是（答辩人在其第一份拒付电文中如是表述）：“提单上的装船批注未经出具人签章和签字证实”。

13. 发起人不仅不同意上面 12 中提到的不符点，还认为拒付通知不符合 UCP 600 要求，要求答辩人必须付款。发起人就下述问题征询 DOCDEX 意见。

需 DOCDEX 裁决的问题

1. 提单上显示的装船批注是否符合信用证要求：“已装船日期和实际发运日期附带船名和起运港，批注必须在提单上以单独批注的方式显示，该批注须经出具人的签章和签字证实。”

2. 答辩人于 2009 年 9 月 7 日发出的 SWIFT MT 799 电文是否是答辩人第二（或第三）份拒付通知中的

新不符点，从而违反 UCP 600 第 16（c）条，该款只允许开证行发出一份单独的拒付通知。

3. 答辩人没有说明按照 UCP 600 第 16（c）条所要求的四种选择中的一种处置单据，其第一份拒付通知是否有效？

问题分析与裁决

问题 1

提单上显示的装船批注是否符合信用证要求：“已装船日期和实际发运日期附带船名和起运港，批注必须在提单上以单独批注的方式显示，该批注须经出具人的签章和签字证实。”

根据这一条件，提单上应该包括：

（a）单独的“装船”批注，显示实际发运日期和船名以及装运港；
（b）出具人的签章；和，
（c）出具人的签字。

提出的不符点是：“提单上的装船批注未经出具人签章或签字证实”。

上述不符点的意思很明白，是说提单上包含了装船批注，但没有经出具人签章证实，并且没有经出具人签字证实。换言之，漏了的内容是：（i）出具人的签章和（ii）出具人的签字。

因此，根据答辩人所提出的不符点，专家预想提单上定是漏了这些要素。

专家对照提单副本发现单据是由提单和称为“附页（rider）”的附件组成。提单上显示：

LADEN ON BOARD
THE VESSEL
DATE 10 JUN 2009
BY MR X

随附的附页上显示：

SHIPPED ON BOARD DATE：JUN. 10，2009
ACTUAL DATE OF DISPATCH：JUN. 10，2009
THE NAME OF THE VESSEL：VESSEL H
PORT OF SHIPMENT：CITY B, COUNTRY K

［出具人签章 Stamp of Issuer］

信用证中的条件明确要求必须有一个单独的装船批注，且要经出具人签章和签字证实。

从提单第一页上的内容来看，装船批注内容是不完整的，可以不予考虑。

附页上的内容符合信用证所要求显示的内容。至于是否由出具人签署，不容忽略的是批注中显示了某一手写的笔迹（一个标识符号，可能是一个签字）。只有通过比照提单第一页才可判断出该标识符号看似为显示在提单上的签字。但是，要求的签章肯定没有加盖。

鉴于信用证中的特定要求，专家认为即使考虑可以援引国际商会出版物第 681 号《国际标准银行实务》的第 39 段，“如果要求单据‘签字并盖章’或类似措辞，则单据只要载有签字及签字人的名称，无论该名称是打印、盖章或手写等，均满足该项要求”，也有一个要素即证实方的名称存在缺失。

因此，该不符点有效。

<u>问题 2</u>

答辩人于 2009 年 9 月 7 日发出的 SWIFT MT 799 电文是否是答辩人第二（或第三）份拒付通知中的新不符点，从而违反 UCP 600 第 16（c）条，该条款只允许开证行发出一份单独的拒付通知。

专家认为，从答辩人 2009 年 9 月 7 日发出的冗长的 SWIFT MT 799 电文中可以摘录一段与所要求出具的专家意见相关的内容如下：

“单据若要求经‘签字并签章’，有两个条件必须满足：一是要有符合要求的签字（这一点本案中可视为已符合），二是需要出具人的印章，或打印、手写出出具人（这一点看似没有显示在签字旁边，所以被视为不符）”。

答辩人起初就拒付了单据并正确地使用了 SWIFT MT 734 电文，因而之后使用了引起争论的 MT 799 并不构成第二次或第三次拒付通知。即使答辩人在该电文中最终承认有一个签字，但不清楚该签字是由谁签的亦会引起抗辩。事实是缺失签章。不符点可能会引起争议，但如果其中的某一要素内容表述正确，就不会使得拒付通知无效。

<u>问题 3</u>

答辩人没有说明按照 UCP 600 第 16（c）条所要求的四种选择中的一种处置单据，其第一份拒付通知是否有效。

答辩人使用了 SWIFT MT 734 电文。在 77J 场，显示了不符点清单及一个说明：“根据 UCPDC（2007 修订版）国际商会第 600 号出版物第 16 条，我们在目前阶段拒付单据。”在 77B 场，有一个说明：“同时，单据由我行代你行持有。”

问题 3 适用的相关 UCP 600 规则是第 16（c）条：“该通知必须（此处予以强调）声明：i.银行拒绝承付或议付；及 ii.银行拒绝承付或者议付所依据的每一个不符点；及 iii.a）银行留存单据听候交单人的进一步指示；或 b）开证行留存单据直到其从申请人处接到放弃不符点的通知并同意接受该放弃，或其同意接受对不符点的放弃之前从交单人处收到其进一步指示；或 c）银行将退回单据；或 d）银行将按之前从交单人处获得的指示处理。”

答辩人使用了 SWIFT MT 734 电文；因此，其为一份拒付电文，专家不认为添加的一句话“我们在目前阶段拒付单据”改变了 MT 734 的本身属性。

关于“同时，单据由我行代你行持有”这一说明，其实是答辩人对持有单据的声明，只不过对持有单据的程式进行了界定。UCP 600 并未禁止银行对其持有单据的程式进行界定。答辩人所设定的程式并不是非常值得推荐的，因为如果申请人想要付款，答辩人也乐意放弃不符点将单据释放给申请人，答辩人还必须征得交单人的同意授权才行。

专家们的观点获得了国际商会官方意见第 R774 的支持（2009 年 12 月 3 日修订的 470/TA.699）。

结论

提出的不符点有效，拒付通知符合UCP 600第16条要求。答辩人行为恰当。

该裁决为 DOCDEX 专家组一致意见。

DOCDEX 第 301 号裁决

URDG 458 第 20 条和第 10 条

由于索赔书的措辞未明确说明要求的金额并且没有声明主债务人未履行其在协议下的义务，该索赔是否符合保函要求？在一定天数内发出的对索赔的拒付是否符合 URDG 的规定？

当事人

发起人：S 公司
答辩人：M 银行

背景及交易

2009 年 7 月 14 日，答辩人开立了一份以发起人为受益人的保函，金额为 PLN 110 000（译注：波兰兹罗提），失效日期为 2009 年 10 月 6 日。保函受 URDG 458 约束。由于未能从申请人处收到款项，受益人（发起人）通过其银行在保函项下发起索赔。索赔在 2009 年 9 月 30 日以 SWIFT 电文方式发出。与索赔相关的单据于 2009 年 10 月 1 日以 DHL 寄送至答辩人。2009 年 10 月 2 日，该索赔被拒付。

问题

该索赔是否符合保函要求？

对该索赔的拒付是否符合 URDG 的规定？

发起人的主张

发起人认为其索赔符合保函要求，并声称答辩人于 2009 年 10 月 2 日以受益人头衔与保函不符为由错误地拒付了索赔。发起人的辩称是，那个 SAM 等于：［M 国］Societe Anonyme（M 国股份有限公司）。

发起人认为答辩人直至 2009 年 10 月 9 日才声称未在保函效期内收到所有单据。

答辩人的答复

答辩人认为其在保函效期内未收到有效索赔。

当事人提交的单据：

发起人提交的单据：

1. 答辩人所开立保函的副本；
2. 有关银行保函项下索赔的电邮通信的副本；
3. DHL 查询信息副本；
4. 银行在 2009 年 10 月 27 日致××公司的信函及所附单据的副本；
5. 银行对索赔书上受益人签名的证实书副本；
6. 2009 年 9 月 30 日发给答辩人通知已收到索赔的 MT 199 电文副本；
7. 答辩人于 2009 年 10 月 2 日发送的拒付索赔的 MT 799 存档电文副本；*
8. 2009 年 10 月 6 日发送的有关受益人头衔的 MT 799 存档电文副本；
9. 2009 年 10 月 9 日发送的由于未收到保函所要求的全部单据而通知关闭档案的 MT 799 存档电文副本；
10. 通知答辩人以 DHL 寄单的 MT 799 存档电文副本；
11. 答辩人于 2009 年 10 月 12 日发送的重申索赔与保函条款不符的 MT 799 存档电文副本；
12. 发起人致 M 国经济发展协会（Chambre de Développement Economique）的函件副本。

答辩人提交的单据：

1. 答辩人开立的保函副本；
2. 发起人银行于 2009 年 9 月 30 日通知答辩人已收到索赔书的 MT 199 电文副本；
3. 受益人保函项下索赔书副本；
4. 银行对索赔书上受益人签名的证词副本；
5. 金额为 34 585.88 欧元的未付发票副本；
6. 答辩人于 2009 年 10 月 2 日发送的通知拒付索赔的 MT 799 电文副本；*
7. 发起人银行于 2009 年 10 月 6 日发送的反驳拒付的 MT 799 电文副本；
8. 答辩人于 2009 年 10 月 8 日发送的重申其未收到保函所要求的全部单据的 MT 799 电文副本；
9. 通知答辩人全部单据于 2009 年 10 月 1 日以敦豪寄出的 MT 799 电文副本；
10. 答辩人于 2009 年 10 月 9 日发送的重申其未收到全部单据的 MT 799 电文副本。

*注：带*号的两份单据内容有不一致之处。*

分析

保函条款要求在索赔时须提交以下单据：

- 付款索赔书
- 受益人声明

保函允许以上单据可以做成单个单据或两个单独单据。

保函同时允许索赔可以直接向担保人提交或通过受益人银行以加押 SWIFT 电文提交，在后一种情况下受益人银行须确认其持有正本索赔单据并在 SWIFT 电文中明确援引索赔的措辞，同时确认单据已寄往担保人。

索赔的措辞未明确提及保函要求的金额且未声明主债务人没有履行其在合同项下义务并履行付款责任，以及未按保函要求声明主债务人违约的具体方面。无论如何，由于保函受 URDG 458 约束，应当适用该规则的第 20 条。

专家组不认为受益人的头衔有问题，作为公司法定形式的附加语，不构成不符。

URDG 458 第 10 条规定了担保人审核保函项下索赔的时间并列明担保人拒绝索赔时的职责。担保人应当在合理时间内确定付款或拒绝索赔。国际商会银行委员会已在咨询答复 R 624 中明确合理时间应当不超过三个银行营业日。R 624 的结论中提及：“鉴于适用 URDG 458 的保函按其第 20 条规定要求提交的单据包括一份付款请求，可能的话加上受益人声明，处理单据的合理时间应当在收单后的三个银行工作日内。”本案的拒付通知按照 URDG 规定发出。URDG 没有规定拒付通知的内容。本案中，拒付通知注明交单不完整，尽管未明确提及交单在哪种情况下不完整，该通知符合 URDG 的要求。

结论

该保函项下索赔不符合保函要求，理由如下：

- 受益人提交的索赔书未包含明确的付款索赔意思，也未明确提及保函要求的索赔金额；
- 受益人声明只注明发票未获付款，不能满足保函所要求的注明主债务人未履行合同义务及违约的具体方面。

受益人头衔的问题被认为并不相干。

对索赔的拒付通知符合 URDG 458 的规定。

专家组对本案的裁决意见一致。

附加评论

专家组的裁决是基于答辩人所提交的于 2009 年 10 月 2 日发送的 MT 799 电文的全部内容，该电文提及鉴于收到的单据不完整而予以拒付。

DOCDEX 第 302 号裁决

UCP 500 第 14（d）条和第 14（e）条

保兑行和/或开证行的行为，不论交单行是否知晓，是否超出其控制范围以及通知行/交单行是否对该行为承担责任；保兑行是否应当为开证行的行为承担责任，而不管其是否知晓这些行为

当事人

发起人：T 公司

答辩人：C 银行（通知行/交单行）

N 银行（保兑行）

背景

该 DOCDEX 请求是 DOCDEX 第 271 号裁决的后继问题，可能需要进一步了解背景。

问题

发起人的主张

通知行/交单行应当对发起人承担责任，因为其知晓货物已在信用证效期内经由海运银行保单被交付，且通知行/交单行未能保护发起人的权益。

保兑行也应当对发起人承担责任，因为其知晓开证行在信用证效期内于 2007 年 1 月 23 日开立海运银行担保单，帮助申请人在未提交正本提单的情况下提取货物，导致信用证项下单据失去价值。

答辩人的答复

通知行/交单行提交了答复，重申以下观点：

- 第二通知行不是信用证指定银行，并未得到授权审核单据并确定是否单证相符，不应承担信用证下付款责任；
- 其对开证行和保兑行的行为不承担责任；且
- 其不同意 DOCDEX 裁决对其有法律约束力。

保兑行提交以下答复：

- DOCDEX 第 271 号裁决已确定所提交的单据存在不符点，因此其不承担信用证项下的付款义务；

- 所提交的单据已退回受益人；
- 银行只处理单据，而不处理可能与单据有关的服务或履约行为；
- 其不同意 DOCDEX 裁决对其有法律约束力。

裁决

1. 通知行/交单行是否应当在信用证项下对发起人承担责任？

通知行（同时也是交单行）并未违反 UCP 500 的规定，事实上其做到了勤勉地履行职责。请注意交单行的主要责任是向保兑行提交单据并关注后续付款。保兑行和/或开证行所做的任何行为，不论交单行是否知晓，都完全在其控制范围以外，通知行/交单行对这些行为不承担责任。因此，专家组认为发起人对通知行/交单行的主张不应得到支持。

2. 保兑行是否应当在信用证项下对发起人承担责任？

与此相似，保兑行对开证行采取的任何行为也不承担责任，而不论其是否知晓这些行为。然而，本观点是基于以下假设：保兑行的行为完全符合 UCP 500 规定，从收到交单行提交单据直到将单据原样退回交单行的这段时间内，其一直持有包含正本提单在内的全套单据。如果保兑行在将单据退回交单行前已向任何一方释放单据，其违反了 UCP 500 第 14（d）条并按 UCP 500 第 14（e）条的规定无权拒付单据。

结论

1. DOCDEX 第 271 号裁决已确认开证行应当支付信用证下款项；

2. 通知行/交单行对发起人不承担信用证项下责任；

3. 除非保兑行违反了 UCP 500 第 14（d）条，其对发起人不承担责任。保兑行是否违反 UCP 500 第 14（d）条属于事实问题，不在 DOCDEX 管辖范围内。

该裁决是 DOCDEX 专家组的一致意见。

DOCDEX 第 303 号裁决

UCP 600 第 16（c）（i）和（ii）条和第 20（a）（vi）条

信用证要求提交“全套清洁已装船海运提单”，但提单表明受租船合同约束，UCP 600 第 16（c）（ii）条的规定是否得到满足？“我行拒绝承付”等类似措辞是否必须出现在 MT 734 电文中，从而符合 UCP 600 第 16（c）（i）条要求？

当事人

发起人：I 银行
答辩人：J 公司

说明

本裁决有关文件仅由发起人提交。答辩人未参与本裁决过程。

背景

- 标明“适用 UCP 最新版本”的跟单信用证，开证日期为 2008 年 4 月 25 日，受益人为答辩人；
- 金额：875 000 美元，允许 5%增减幅度；
- 自由议付；
- 汇票：见票后 150 天；
- 截止地点和日期：通知行所在国，2008 年 7 月 11 日；
- 最迟装运日期：2008 年 6 月 20 日；
- 保兑指示：“无须保兑”。

案情概要

- 2008 年 8 月 18 日，信用证截止日期修改为 2008 年 9 月 30 日，最迟装运日期修改为 2008 年 9 月 15 日。
- 2008 年 9 月 12 日，即发起人所称提交单据后的五个银行营业日内，发起人向议付行以 SWIFT MT 734 电文发送一份拒付通知，在 77J 场显示：“AA. 提交了租船提单”，并且在 77B 场显示：“我行保留单据听候处理。”
- 2008 年 9 月 22 日，议付行向发起人发送 SWIFT MT 799 电文，说明单据已于 2008 年 9 月 4 日寄出，但未收到款项。议付行同时要求发起人“联系申请人并告知其是否接受不符点。”
- 2008 年 10 月 1 日，发起人通过敦豪快递将单据退回议付行，并以 SWIFT MT 799 电文通知议付行。

据发起人报告，答辩人随后提出以下反驳意见：

a）MT 734 只是不符点通知，并非拒付通知，因为“我行拒绝承付”这句话并未按照 UCP 600 第 16（c）（i）条要求出现在电文中；

b）MT 734 只是声明“提交了租船提单”，而没有声明与信用证不符的具体不符点；

c）发起人未按 UCP 600 第 14（g）条规定行事，该款规定提交信用证未要求的单据将被不予理会或被退回给交单人。

并且，据发起人报告，答辩人在 C 国的法院起诉发起人并获得胜诉。

发起人提出以下问题：

A. 根据所提交的单据，MT 734 是否符合 UCP 600 第 16（c）条的规定？

B. 尤其是否符合 UCP 600 第 16（c）（ii）条要求？

C.“我行拒绝承付”等类似措辞是否必须出现在 MT 734 电文中从而符合 UCP 600 第 16（c）（i）条要求？

分析

C 国法院判决

按照《国际商会跟单金融产品争议专家解决规则》第 1 条第 1 款规定，DOCDEX 服务“适用于以下相关争议：援引了《国际商会跟单信用证统一惯例》（UCP）的跟单信用证，以及对 UCP 和/或《国际商会跟单信用证项下银行间偿付统一规则》（URR）的应用［……］其目的是根据跟单信用证条款［……］以及所适用的国际商会规则［……］，针对如何解决争议提供独立、公正和迅捷的专家意见（DOCDEX 裁决）。”

因此，专家组对判决不作任何评论，因为这超越了专家组的职责范围。专家组仅回应上述“发起人提出的问题”中的特定问题。

所提交的提单副本（在信头下方的右上角）显示：“与租船合同一并使用”，并且在提单的左下角的一个栏位显示：“运费按 2008 年 8 月 22 日租船合约支付”。这些声明表明货物是以租船方式运输。然而，信用证要求提交“全套清洁已装船海运提单，凭 I 银行指示，注明‘运费预付’并‘通知申请人’”，且信用证未注明租船提单可接受。该提单应按 UCP 600 第 20 条审核。根据 UCP 600 第 20（a）（vi）条（“未表明受租船合同约束”），该单据不可接受。专家组认为不符点成立。发起人在 MT 734 中使用“Charter B/L”而非“Charter Party B/L”不会影响不符点的效力（事实上，向专家组提交的单据并未注明缺省“party”这一单词属于争议的问题。）

UCP 600 第 16（c）（ii）条规定拒付通知“［必须声明］银行拒绝承付或议付所依据的每一个不符点。”通过说明所提交的运输单据因上述原因不被接受，发起人声明交单不符。该不符点构成拒付理由。专家组认为符合 UCP 600 第 16（c）（ii）条的要求。

MT 734 被称为“拒付通知”，其适用范围为：“对不符合跟单信用证条款单据的拒付通知”。银行在跟单信用证业务中不可能将这一电文用于拒付单据以外的用途。由于 MT 734 电文本身拒绝承付或议付的意思明确，使用该电文符合 UCP 600 第 16（c）（i）条的要求。银行在使用 MT 734 电文时无须明确声明拒绝承付或议付。而且，专家组在此强调，根据 UCP 600 第 16（c）条，拒付通知发送给“交单人”，而后者绝大多数情况下都是银行并且完全了解电文的意思。与此相反，为符合 UCP 600 第 16（c）（i）条，如果使用 MT 734 以外的 SWIFT 电文（如 MT 799）向银行发送拒付通知，或者由银行以 SWIFT 以外的方式直接向作为交单人的受益人发送拒付通知，则需要明确声明拒绝承付或议付。

结论

基于以上分析，专家组一致认为发起人行事正确并符合 UCP 600 第 16（c）条规定。

主席声明

专家组对本裁决意见一致。

DOCDEX 第 304 号裁决

UCP 600 第 14（e）条；ISBP 681 第 167 段

如信用证未规定 CMR 应注明交付条款，未注明该条款是否构成不符？CMR 签发日期与该单据其他数据不一致是否构成不符？副本运输单据是否需要签字或需对其上的更正或更改进行证实？单据应当以特定语言出具的特别规定是否禁止使用其他语言或双语？

当事人

发起人：S 银行
答辩人：N 银行

背景

发起人向国际商会争议处理服务机构提交以下单据：

- 由答辩人于 2008 年 9 月 26 日开立的编号为 I/123456/LC/718 的信用证副本，指定银行为发起人，并由发起人按信用证要求进行保兑；
- 信用证修改副本；
- 发起人于 2009 年 6 月 23 日寄往答辩人的交单面函，证明单证相符以及在信用证截止日期内提交单据；
- 答辩人于 2009 年 6 月 25 日发给发起人的 SWIFT MT 799 电文副本，要求发起人通知受益人因单据存在不符，答辩人不予承付并将退回单据；
- 编号为 10512390 的 CMR 副本；
- 编号为 10512484 的 CMR 副本；
- 编号为 10512481 的 CMR 副本；
- 编号为 1876/810/0010/001 的 CMR 副本；
- 编号为 1876/810/0011/001 的 CMR 副本；
- 编号为 1876/810/0017/001 的 CMR 副本；
- 编号为 1876/810/0087/001 的 CMR 副本；
- 出具日期为 2009 年 6 月 12 日的验收证明副本；
- 申请人于 2009 年 6 月 11 日致发起人的信函副本。

问题

作为指定银行和保兑行的发起人，收到受益人交单并确定单证相符后，将单据提交给作为开证行的答辩人。答辩人审核单据后，认为交单不符合信用证条款，存在不符点（见其 2009 年 6 月 25 日 MT 799 电文），拒绝承付并退回单据。

不符点：

1）交付术语既没有在 CMR 单据中货物描述内容部分注明，也没有在 CMR 单据上单独标注。

2）编号为 10512390 的 CMR 看起来出具日期为 2008 年 1 月 27 日，与该单据中其他数据矛盾。

3）除编号为 10512484、10512481 和 10512390 的 CMR 外，其他 CMR 上更正的证实未正确作出，由于更正内容过多，无法确定所有更正都由承运人代理作出。

4）关于设备安装调试的验收证明由双语出具（俄语和英语），与信用证条款不符。

分析

不符点 1

由于信用证未规定 CMR 必须显示交付条款，该等单据在这方面不存在不符（见 UCP 600 第 14(e)条）。

不符点 2

尽管其中一份单据的签发日期为 2008 年 1 月 27 日，从单据本身来看应该是打印错误，该单据另外显示的日期清楚地证明货物由受益人于 2008 年 10 月 27 日交付给承运人。（除此以外，单据的货描部分还提及 2008 年 7 月 11 日的信用证第 2 次修改以及 2008 年 9 月 3 日的第 3 次修改）。再有，其中一个更正章下的原始出具日期可以看出为“2008 年 10 月 27 日”，进一步说明确实是打印错误。

因此，该单据在这方面不构成不符。

不符点 3

关于信用证要求提交复印件副本，ISBP 第 167 段规定：“UCP 第 24 条规定的运输单据副本无须签署，也无须显示正本单据上可能已作出的任何更正或更改的证实。”

因此，该等单据在这方面不构成不符。

不符点 4

单据全部为双语（以俄语和英语出具，所有内容均为双语）。参照国际商会官方意见 R451–2000/01：“一份单据要求以特定语言出具，并不禁止同时使用其他语言或双语，只要信用证要求的信息已清楚地以所要求的语言显示。”

因此，该单据在这方面不构成不符。

结论

答辩人拒付通知中列明的不符点均不成立。因此，2009 年 6 月 23 日提交的由答辩人所开立的编号为 I/123456/LC/718 的信用证项下金额为 4 322 701.83 欧元的单据，要求按信用证 46A 场 A 和 B 项规定的方式付款，构成相符交单，其符合按 UCP 600 所开立信用证的条款要求，开证行应当按 UCP 600 第 7 条的规定对交单进行承付。

本裁决是专家组的一致决定。

DOCDEX 第 305 号裁决

UCP 600 杂项规定

信用证措辞规定发票金额分三期支付，申请人完全控制其中两期的付款时间，付款金额为信用证金额的60%，开证行是否须按信用证全部金额支付保兑行的保兑费用？

当事人

发起人：L 银行
答辩人：T 银行

背景

发起人向国际商会国际专家中心提交以下单据：

程序性资料

证据 A　发起人于 2010 年 4 月 15 日签发的授权书
证据 B　发起人于 2010 年 1 月 20 日向答辩人发送的 SWIFT 电文
证据 C　答辩人于 2010 年 2 月 1 日向发起人发送的 SWIFT 电文
证据 D　发起人于 2010 年 2 月 16 日向答辩人发送的 SWIFT 电文
证据 E　答辩人于 2010 年 2 月 24 日向 LBBW 发送的 SWIFT 电文

实质性资料

证据 1　答辩人于 2008 年 9 月 26 日发送的电子邮件
证据 2　发起人于 2008 年 9 月 29 日发送的电子邮件
证据 3　发起人于 2008 年 10 月 2 日发送的电子邮件
证据 4　于 2008 年 10 月 3 日开立的编号为 56789 的跟单信用证
证据 5　发起人于 2008 年 10 月 8 日发送的 SWIFT 电文
证据 6　答辩人于 2008 年 10 月 13 日发送的 SWIFT 电文
证据 7　发起人于 2008 年 10 月 15 日发送的 SWIFT 电文
证据 8　答辩人于 2008 年 10 月 17 日发送的 SWIFT 电文
证据 9　发起人于 2008 年 10 月 20 日发送的 SWIFT 电文
证据 10　发起人于 2009 年 11 月 19 日寄送的快邮汇函
证据 11　发起人于 2009 年 12 月 8 日向答辩人发送的 SWIFT 电文
证据 12　发起人于 2009 年 12 月 8 日向 W 银行发送的 SWIFT 电文

证据 13　日期为 2009 年 12 月 8 日的快邮汇函
证据 14　日期为 2009 年 12 月 28 日的快邮汇函
证据 15　答辩人于 2009 年 12 月 14 日发送的 SWIFT 电文
证据 16　发起人于 2009 年 12 月 15 日发送的 SWIFT 电文
证据 17　答辩人于 2009 年 12 月 29 日发送的 SWIFT 电文
证据 18　发起人于 2010 年 3 月 16 日发送的 SWIFT 电文
证据 19　显示迄今为止跟单信用证下所有支取和偿付的电子表格，以及发起人对保兑费用的计算

问题

2008 年 10 月 3 日，发起人收到由答辩人开立的编号为 56789 的信用证，金额为 11 389 600.00 欧元，要求发起人加具保兑。发起人将信用证通知受益人并加具保兑，同时通知答辩人，保兑日期据称为 2008 年 10 月 8 日。

信用证包含以下付款条件：

a）发票金额的 40%将于收到与信用证条款严格相符的交单时付款。
b）发票金额的 55%将于申请人接受货物后，凭其进一步指令付款。
c）发票金额的 5%将在按照报告要求完成培训后，凭申请人进一步指令付款。

2008 年 10 月 8 日，答辩人发送了一份信用证修改，将信用证金额增加 1 952 200.00 欧元至 13 341 800.00 欧元。发起人称已于 2009 年（译注：似应为 2008 年）10 月 15 日将信用证修改通知受益人并加具保兑。

发起人就以下意见要求 DOCDEX 给予裁决：

（1）发起人有权对信用证全部金额进行保兑（包括原证金额 11 389 600.00 欧元以及修改后的金额 13 341 800.00 欧元）；
（2）发起人有权每年按信用证全部金额 1.5%的费率根据信用证金额使用比率向答辩人收取保兑费用，信用证原证金额为 11 389 600.00 欧元，修改后的金额为 13 341 800.00 欧元；以及
（3）答辩人应当向发起人支付以下额外的保兑费用：（a）2008 年 10 月 8 日至 2009 年 12 月 31 日期间的费用 148 752.98 欧元；（b）2010 年 1 月 1 日至 2010 年 3 月 9 日期间的费用 22 347.52 欧元；（c）按每年 1.5%的费率对信用证未支取金额 1 334 180.00 欧元收取的保兑费用，期间从 2010 年 3 月 10 日至信用证支取完毕或失效日止。

分析

信用证按基础合同的全部金额开立，并且按 SWIFT MT 700 电文 46A 场规定，信用证并未声明开证行的责任限于仅凭信用证项下交单支付金额的 40%。信用证条款规定剩余 55%和 5%的金额将凭申请人额外指令付款。

根据信用证措辞，尽管申请人完全控制上述部分信用证金额的付款时间，专家们一致认为按信用证规定，当开证行收到申请人指令时必须付款。类似地，鉴于发起人对信用证全部金额进行了保兑，当其收到相符指令时，必须进行承付或议付。但是，专家们认为发起人在保兑前应澄清上述部分信用证金额的支取方

式，因为对由申请人而非受益人控制付款的信用证进行保兑不符合最佳信用证实务。

根据答辩人意见，其似乎认为其在信用证下承担的责任仅为信用证金额的 40%。然而，该意见并未在信用证条款中明确规定。因此，专家们将仅基于信用证措辞作出裁决。

答辩人如果意图在信用证下仅支付发票金额的 40%，应当在信用证中明确规定，或仅就 40%的金额部分开立信用证，同时声明剩余的发票金额将在信用证外支付。

结论

基于信用证格式和内容，发起人有权对信用证全部金额 11 389 600.00 欧元（随后修改至 13 341 800.00 欧元）进行保兑，并按发起人与答辩人之间的协议收取保兑手续费。

本裁决项下专家组意见一致，同意发起人上述（1）、（2）和（3）问题的意见。

DOCDEX 第 306 号裁决

URC 522 第 1（c）条，第 10（a）条和第 19（b）条；第 19 条

如果提示行对已提交的四套单据既未支付又未通知未付款，其是否有责任予以付款；是否有证据表明提示行发送了电文告知其不能处理托收，如果没有，一般来说其是否受 URC 522 约束；托收指示是否被修改为按部分付款交单；提示行未退回托收 A 和 B 项下单据，并且在没有收到四份托收项下全部款项的情况下，释放托收 C 和 D 项下单据的行为，是否违反 URC 522 并有责任付款？

当事人

发起人：P 公司（“委托人”）
答辩人：1）C 银行（“寄单行”）
2）E 银行（“提示行”）
3）S 公司（“付款人”）

背景与交易

委托人通过其银行（寄单行）向提示行提交四套托收单据，金额总计 3 226 211.30 欧元。托收指示表明适用 URC 522，单据由提示行凭付款交单。两套单据各包含 1/3 提单，抬头为凭提示行指示，其余 1/3 提单跟随货物，1/3 提单由委托人留存。另外的两套单据各包含 2/3 提单，抬头也为凭提示行指示，并且其余 1/3 提单跟随货物。

关于提单是否做成凭提示行指定其同意 URC 522 第 10（a）条中的要求，案情描述未提供任何信息。

寄单行通知提示行，对于其中一份托收指示，其客户（委托人）同意付款人可在不同的日期付款，并且对于全部四份托收，委托人同意部分付款。

提示行在不同的日期对至少一份正本提单做成凭付款人指示的背书。寄单行并未授权提示行在付款人未付款或未部分付款的情况下对其释放单据或货物。

尚不清楚提示行背书的提单是托收单据包含的正本提单，还是跟随货物的正本提单。

在四份托收业务中，很明显提示行已将托收 C 和 D 项下单据释放给付款人（译注：原文为 DRAWER 似有误）。提示行未提供托收 A 和 B 项下单据的信息。从已知情况来看，提示行并未退回任何单据。

问题

由于提示行已接受托收面函上列明的托收条款并同意适用 URC 522 约束托收，在其既未付款也未拒绝

单据的情况下，是否有责任对提交的四套单据进行付款？

A. 发起人的主张

发起人声称提示行在以下方面没有遵守托收指示：

a）没有向寄单行支付款项；和/或

b）在付款人未付款的情况下向其释放单据；和/或

c）没有向寄单行退回托收单据。

B. 答辩人 1（寄单行）答复

寄单行声明其已代表发起人向提示行通知有关付款日期的指示。

其进一步声明从未授权提示行在未收到款项的情况下释放单据给付款人。

C. 答辩人 2 和 3（提示行和付款人）

未收到答辩人 2 和 3 的答复。

当事人提交的单据

A. 发起人（委托人）提交的单据

发起人于 2010 年 5 月 25 日向巴黎国际商会国际专家中心请求按《国际商会跟单金融产品争议专家解决规则》（国际商会第 811 号出版物）进行 DOCDEX 裁决，该请求主要声明：

—请求的副本及所有单据均已发送给答辩人；以及

—发起人对纠纷的概述；

—四套托收单据的副本（包含每套单据中的 1/3 提单），包括相关的托收指示；

—寄单行和提示行之间的往来 SWIFT 电文和信函副本。

B. 答辩人 1（寄单行）提交的单据

答辩人 1 对发起人请求 DOCDEX 裁决的答复。

分析

发起人委托寄单行处理各项跟单托收。

寄单行向提示行提交随附托收指示的单据。托收指示清晰表明托收受 URC 522 约束，并声明凭申请人付款交付单据。

URC 522 第 1（c）条规定：“银行如果由于任何原因选择不予办理其收到的托收或相关指示，必须毫不迟延地以电信方式，或如不可能则以其他快速方式通知向其发出托收或者指示的一方。”

没有证据表明提示行发送了上述电文和/或退回单据。因此，按照 URC 522 第 1（a）条，提示行受 URC 522 整体约束。

发起人通过寄单行向提示行发送的关于接受迟付及部分付款的信息，不能被视为对付款交单指示的修改。所适用的 URC 522 第 19 条不允许提示行在没有特别授权的情况下释放单据，而寄单行并未给予提示行该授权。

寄单行声称信息非由其提供，其只是代表发起人提供信息，但这没有区别。

提供的信息并未证实提示行是否将托收 A 和 B 项下的提单释放给付款人。然而，很明显提示行无法退回四套单据中的任何一套，并且其已对四次装运的各一份正本提单进行背书。

专家组在此强调，提示行交付单据的行为使其承担付款责任。

结论

提示行受理收到的托收，表明其同意按 URC 522 及托收指示的条款处理托收业务。因此，提示行仅有权在收到全部款项时释放单据。

由于托收单据未（按 URC 522 要求）退回，不能确定提示行背书的提单是属于托收单据部分还是跟随货物的正本提单。

提示行未退回托收 A 和 B 项下单据，并且在未收到四份托收项下全部款项的情况下释放托收 C 和 D 项下单据，违反了 URC 522 规定，应当承担付款责任。

因此，提示行仅有权在收到全部款项时释放单据。发起人（通过寄单行）通知提示行接受部分付款的事实并不表明对其收到全部付款才释放单据指示的修改（适用 URC 522 第 19（b）条）。

提示行没有理由否认其责任，其必须支付索偿的金额。

指定专家达成一致的裁决意见。

DOCDEX 第 307 号裁决

本裁决已被撤回。

DOCDEX 第 308 号裁决

UCP 600 第 38（i），（b）和（j）条，第 4（a）条，第 12（a）条，第 10（c）条，第 14（b）条和第 16（f）条

如果有证据表明第一受益人发票存在欺诈，但与发起人无关，发起人（第二受益人）是否有权支取已转让信用证下的款项？是否应由法院声明对某一银行的止付令可以延伸适用于同一银行集团的另一成员？开证行在主证项下的对第一受益人的义务是否依然存在？如果第一受益人未能替换或未能更正不符的替换单据，转让行决定使用第二受益人的单据，开证行的责任是否扩展至第二受益人？

当事人

发起人：A 公司（第二受益人）
答辩人：F 银行（答辩人 1）（开证行）
E 银行（答辩人 2）

说明

与本裁决有关的单据仅由发起人提交。本裁决在答辩人 1 或 2 未参与的情况下作出。

背景

- 适用 UCP 600 的可转让跟单信用证，由答辩人 1 于 2008 年 8 月 1 日开立，授权 G 国的 D 银行（转让行）转让信用证；
- 申请人：F 国 F 公司；
- 受益人：G 国 C 公司；
- 金额：4 451 500.00 欧元，允许 10%增减；
- 货物：卷板；
- 兑用方式：指定转让行迟期付款；
- 付款期限：运输单据日期后 60 天；
- 截止地点和日期：G 国，2008 年 10 月 21 日；
- 最迟装运日期：2008 年 9 月 30 日；
- 交单期：21 天；
- 保兑指示：“无须保兑”。

案情概要

2008 年 8 月 7 日，转让行将信用证转让给发起人（第二受益人）并通过发起人银行通知。已转让信用证内容如下：

- 金额：3 765 000 欧元（允许 10%增减），后修改至 3 124 900 欧元（允许 10%增减）；
- 指定转让行迟期付款；
- 付款期限：运输单据日期后 45 天，后修改至 60 天；
- 截止日期和地点：2008 年 10 月 16 日，G 国；
- 最迟装运日期：2008 年 9 月 30 日；
- 交单期：16 天；
- 转让行在已转让信用证 78 场规定：“在我行柜台收到全套与信用证相符单据后，我行将在收到款项后于到期日进行付款。”
- 发起人于 9 月 12 日装运货物。
- 9 月 13 日，已转让信用证金额修改为 3 124 900 欧元（允许 10%增减）。
- 9 月 22 日，发起人银行通过敦豪将单据寄往转让行。支款基于三批装运，分别于同一装船日（9 月 12 日）装运于同一船只，金额合计 3 399 121.74 欧元（在修改后信用证金额 3 124 900 欧元的 10%增幅内）。
- 根据发起人提交的敦豪报告，转让行于 9 月 24 日收到单据。转让行随后替换了发票。根据后来所知，据发起人称，第一受益人替换的其中一份发票显示的单价高于合同中与买方（F 公司）约定的价格。
- 发起人银行于 10 月 10 日向发起人送交其从转让行处收到的电文：“开证行已接受单据：到期日：2008 年 11 月 11 日。我们将在收到开证行款项后付款。”发起人没有收到其他电文。
- 10 月 30 日，船只抵达港口并且货物被交付给申请人。
- 11 月 5 日，应 F 公司申请，F 国法院禁止答辩人 2（而非答辩人 1）在主证项下付款。
- 11 月 11 日，由于法院止付，发起人没有收到款项。

发起人提出的问题

1. 主证的开证行是谁？是答辩人 1 还是答辩人 2？如果答辩人 1 是开证行，它没有收到法院的止付令，是否应当立即在主证下进行付款？

2. 开证行是否与发起人有直接的合约关系？

3. 只是由于 C 公司（第一受益人）单据存在缺陷或欺诈，能否自动影响发起人在已转让信用证下的权益？

4. 即使有证据表明 C 公司的发票存在欺诈，在与发起人无关的情况下，发起人是否有权得到已转让信用证下的付款？

5. 在已转让信用证下，第二受益人通常能否知晓或控制第一受益人的单据？

6. 如果发起人对 C 公司按 UCP 600 第 38（i）条替换的单据没有提出异议，是否意味着 C 公司的交单就被认为是发起人的交单，由此，C 公司的欺诈就被认为是发起人的欺诈？

7. 申请人与第一受益人的合同纠纷是否会影响发起人在已转让信用证下的权益？

8. 申请人与第一受益人关于另一第二受益人货物的合同纠纷是否会影响发起人在已转让信用证下的权益？

9. 申请人（F 公司）（在事先完全知晓其所声称的欺诈的情况下），先接受第一受益人的单据，提取货物后向法院申请主证下的止付令的行为，是否符合正当的商业实务？

F 国法院裁决

按照《国际商会跟单金融产品争议专家解决规则》第 1 条第 1 款规定，DOCDEX 服务“适用于以下相关争议：援引了国际商会《跟单信用证统一惯例》（UCP）的跟单信用证，以及对 UCP 和/或国际商会《跟单信用证项下银行间偿付统一规则》（URR）的应用［……］其目的是根据跟单信用证条款［……］以及所适用的国际商会规则［……］，针对如何解决争议提供独立、公正和迅捷的专家意见（DOCDEX 裁决）。”

因此，专家组对等待判决的案例不作任何评论，仅就解释或澄清跟单信用证实务中的特定问题给予答复。专家组不能对法院独立判决的原则进行干预。

专家组也指出，一般来说，如果欺诈成立，意味着整个合约关系缺乏基本必需的善意。原则上，缺乏善意使合约归于无效。当对欺诈的指控等待判决时，即使权益主张来自旁系合约关系（如与基础商务交易有关的跟单信用证），如欺诈成立，则有可能受其影响而被停止付款。然而，这由法院依个案情况作出决定。

这一立场影响专家组给出的所有意见。

问题 1

附件 1 第 1 页显示 SWIFT MT 700 电文开头出现的开证行为答辩人 1。附件 8 第 1 页为主证开证行发给申请人的确认函，信头为答辩人 2 并以银行集团成员身份签署。附件 8 所列的四份修改电文以相同方式签署并在附件 S1 已转让信用证中提及开证行。看起来答辩人 2（其全名出现在修改电文每一页的底部）是银行集团的成员，该集团也包含答辩人 1。在此情况下，同一集团内不同银行之间的关系取决于当地法律以及双方之间包括集团章程在内的总协议的规定。

至于对银行的止付令是否可延伸适用至其他机构，应当由法院在审查它们的管理和实体关系后作出决定。同样地，如欺诈成立，应当由法院决定欺诈在多大程度上影响答辩人 1，即使其声称是不同的机构。

问题 2

主证或原证由开证行基于申请人与卖方之间的商务合约开立。因此，开证行对第一受益人承担付款责任。通过开立可转让信用证，在转让行同意并协助转让的情况下，开证行接受了第一受益人将全部或部分权益转让给一个或多个第二受益人的可能并承担付款责任（见 UCP 600 第 38（b）条）。

应第一受益人的请求，D 银行作为被授权进行转让的银行，根据第一受益人的指示对信用证进行转让，该指示基于第一受益人与发起人之间的合约关系。

按照信用证条款与 UCP 600 的规定，开证行在主证项下仍然对第一受益人承担责任。然而，这取决于第一受益人提交了替换第二受益人的单据。在未发生替换单据的情况下，如第一受益人未能替换或第一受益人未能更正替换单据中的不符点，转让行决定使用第二受益人的单据，此时开证行的责任扩展至第二受益人。

本案例项下已转让信用证未经保兑，不适用 UCP 600 第 38（j）条规定，这意味着第一受益人没有要求转让行在转让后的信用证兑用地点对第二受益人进行承付或议付。发起人依靠向开证行提交包含第一受益人替换后单据的相符交单，以最终确立开证行的付款义务。

根据交易事实，开证行与第二受益人没有直接关系。该直接的关系不是原则问题，但对单个信用证进行分析时会予以考虑。

最后，第一受益人替换了发起人的发票，并且转让行对第二受益人提交的单据没有给予承付或议付的承诺，按 UCP 600 第 38（i）条规定，不允许开证行直接处理发起人的业务或对其付款。

按照上述 UCP 600 条款，即使发起人提交的单据被开证行接受，开证行与发起人之间也不存在直接的关系。即使开证行知晓转让已发生，它也不知道转让行与第一受益人之间达成的关于金额和其他影响转让的条款，它将向转让行进行付款，由后者按转让请求处理后续付款事宜。

考虑到实际上第一受益人提交了自己的发票以替换发起人的发票，由此开证行处理的不是发起人的单据，即使这些单据与信用证条款相符。

<u>主席声明</u>

对问题 2 的答复是专家组大多数的意见。本答复不影响结论。

<u>问题 3</u>

对有关欺诈的未决诉讼应当由法院确定（见上）。

<u>问题 4</u>

与上述问题 3 的答复相同。

<u>问题 5</u>

通常在已转让信用证下，第二受益人不知道也无法控制第一受益人所替换的单据的内容。尽管从商业角度出发，该替换应当与第一受益人与申请人之间的合同条款完全一致，银行没有义务确保替换后的单据符合上述各方的商务合同的条款，因为银行与申请人及受益人之间的合约关系独立于基础合同。（见 UCP 600 第 4（a）条）

如替换单据与基础合同不符，应当由第一受益人承担全部责任。而且，全套单据应当与主证的条款相符，以得到开证行的付款。

本案中，主证及已转让信用证均规定由 D 银行（指定银行及转让行）兑用，并且主证下交单（替换单据后）及已转让信用证下交单（替换单据前）的两次交单均为相符。

<u>问题 6</u>

根据《国际商会跟单金融产品争议专家解决规则》第 1 条，该问题超出 DOCDEX 服务范围。

问题 7

原则上，当事各方有关商务合同的争议不影响一方或双方在作为不同交易的跟单信用证下的权益。适用 UCP 600 第 4（a）条。然而，对欺诈的指控冻结了一切。见问题 3 的答复。

问题 8

见上。

问题 9

本问题超出 DOCDEX 服务范围，见问题 6。

跟单信用证操作

- 转让

附件 S1 第三页所示的已转让信用证在 78 场规定："在我行柜台收到全套与信用证相符单据后，我行将在收到款项后于到期日进行付款。"指定银行/转让行已表明即使为相符交单，其也决定不按指定银行身份行事，在没有收到款项的情况下，不会对第二受益人承担付款责任。该选择是允许的，因为指定"并未赋予指定银行承付或议付的义务"（见 UCP 600 第 12（a）条），并且除 UCP 的规定外，指定银行已清晰地向第二受益人确认其做法。

- 修改

关于信用证下的四次修改，并未提交有关接受或拒绝的电文。这说明受益人通过提交符合这些修改的单据表明其接受修改，看起来情况就是这样（见 UCP 600 第 10（c）条）。

- 交单

根据开证行的承兑电文，提交的单据与信用证条款相符。三份不同发票总金额为 3 399 121.74 欧元，在修改后的金额之内（3 124 900.00 欧元加上 10%）。三套提单的出具日期和已装船日期相同（9 月 12 日）。同时提交了三份装箱单、原产地证明、确认声明。替换后的单据未提交。无论如何，开证行随后的承兑电文表明交单为相符交单。

- 承兑

关于开证行在收单次日起 5 个工作日接受或拒绝单据的问题（见 UCP 600 第 14（b）条），并没有文件或问题提及。开证行于 9 月 24 日收到单据（根据所提交的敦豪报告），但转让行于 10 月 10 日方收到承兑电文。适用 UCP 600 第 16（f）条。因此，开证行被视为于 9 月 30 日（9 月 27 和 28 日为周六和周日）而非 10 月 10 日接受单据。然而，迟期付款到期日的确定并未受影响，因为其与装运单据的日期（9 月 12 日）有关。

结论

从跟单信用证角度，专家组认为开证行有义务凭相符交单向转让行支付 3 399 121.74 欧元，转让行负责按照转让的条款处理收到的款项。开证行已承兑单据并确认于 2008 年 11 月 11 日到期付款，其必须向交单行履行付款承诺。然而，据本案所称，开证行被法院的止付令禁止付款。一旦止付令解除，开证行应当履行责任并进行付款。

主席声明

本裁决意见一致。

DOCDEX 第 309 号裁决

UCP 600 第 10 条；第 10（a）和（d）条

假如受益人未接受信用证修改，发起人或通知行如未能在交单前将修改通知答辩人，是否会影响后者的保兑责任？UCP 600 第 10 条是否要求受益人或通知行必须在交单前将修改通知保兑行？再次提交单据是否视同发起人接受第一次拒付通知中列明的所有不符点？

当事人

发起人：B 公司
答辩人：S 银行

背景及交易

以下是发起人按时间顺序列出的事件经过：

（a）I 银行（“开证行”）于 2010 年 4 月 29 日通过 SWIFT 开立编号为 23456 的信用证（“信用证”）。信用证受益人为发起人，适用的惯例是“UCP 最新版本”（目前是 UCP 600）。

（b）在信用证中，以下是 SWIFT 电文各场的原始描述：

1）“41A：兑用银行：指定 H（国）C 银行承兑”

2）“45A：货物和/或服务描述：3500 吨初级卷钢，等级：SS400，价格：每公吨 675.00 美元……”

（c）C 银行将信用证通知给发起人。C 银行在通知面函上说明其“只通知信用证，不承担任何责任”。

（d）2010 年 4 月 29 日至 2010 年 5 月 25 日，信用证共修改六次。在三号修改中，SWIFT 41A 场将指定银行修改为答辩人的名称和地址，并指定其议付。

（e）从三号修改开始，开证行要求 C 银行将信用证和所有修改通知给答辩人，由后者加具保兑并通知受益人。

（f）2010 年 4 月 29 日，C 银行将七号修改通知给发起人，该修改将 SWIFT 45A 场列明的单价降至“每公吨 668.00 美元”。发起人声称其已通知 C 银行拒绝接受七号修改。

（g）2010 年 5 月 26 日，C 银行通知答辩人：“现向贵行附上信用证和全部修改，请按 2010 年 5 月 15 日三号修改要求加具保兑……”

（h）据发起人所称，答辩人于2010年6月14日对信用证加具保兑。发起人提交的文件包含向答辩人支付保兑费用的汇出汇款通知。

（i）发起人声称，C银行代表发起人于2010年6月25日将信用证下单据提交给答辩人。C银行在同日向答辩人出具的交单面函上注明"受益人已拒绝2010年6月8日七号修改"。

（j）2010年7月5日，答辩人向C银行发送拒付通知（"第一次拒付通知"），列明以下不符点：

"1. 七号修改没有在交单前按UCP 600第10条规定通知给保兑行（答辩人）。

2. 受益人对七号修改的拒绝没有通知给保兑行。保兑行不知道对七号修改的拒绝是否已通知给开证行，以及开证行是否已将七号修改视为撤销。

3. 发票、装箱单和受益人证明上受益人的签字与汇票上的签字不符。

4. 发票和原产地证明上的船名与提单不符。"

（k）发起人声称，其（发起人）与C银行均不同意第一次拒付通知上所列的不符点，但C银行于2010年7月6日再次提交信用证项下单据。同样地，C银行在同日向答辩人出具的交单面函上注明"受益人已拒绝2010年6月8日七号修改"。C银行同时于2010年7月7日向答辩人发送SWIFT电文，反驳其在第一个拒付通知中所提的不符点。

（l）答辩人于2010年7月7日又向C银行发送拒付通知（"第二次拒付通知"）。在第二次拒付通知中仅列明两个不符点，分别为第一次拒付通知的第一点和第二点。

问题

作为保兑行的答辩人，是否有权依据第二次拒付通知中所列的不符点拒绝接受单据？

当事人提交的单据

A. 发起人提交的单据

——日期为2010年9月30日的DOCDEX裁决请求（共8页）；
——附件1（共5页）——C银行于2010年4月29日给发起人的信用证通知副本；
——附件2（共9页）——编号为1、2、3、4、5、6的信用证修改副本；
——附件3（共1页）——C银行于2010年5月26日要求答辩人加具保兑的通知副本；
——附件4（共1页）——开证行于2010年6月8日开立的信用证第7次修改副本；
——附件5（共2页）——C银行于2010年5月31日通知答辩人保兑以及支付保兑费用的通知副本；
——附件6（共5页）——C银行于2010年6月25日向答辩人提交的单据副本；
——附件7（共1页）——C银行于2010年6月25日向答辩人出具的交单面函副本；
——附件8（共1页）——答辩人第一次拒付通知副本；
——附件9（共1页）——C银行于2010年7月6日向答辩人出具的交单面函副本；

——附件 10（共 2 页）——C 银行于 2010 年 7 月 7 日向答辩人发送的 SWIFT 电文副本；

——附件 11（共 1 页）——答辩人第二次拒付通知副本；

——附件 12（共 2 页）——C 银行于 2010 年 7 月 16 日通知开证行及答辩人发起人拒绝接受七号修改的通知副本；

——附件 13（共 2 页）——C 银行通知发起人已收到开证行的付款并计算利息损失的通知副本。

B. 答辩人提交的单据

2010 年 10 月 15 日出具的对 DOCDEX 裁决请求的答复（共 3 页）。

分析

信用证受 UCP 600 约束并指定答辩人议付，答辩人同时也是保兑行（自接受三号修改后）。2010 年 6 月 25 日，C 银行代表发起人向答辩人提交信用证项下单据。2010 年 7 月 5 日，答辩人出具第一次拒付通知，列明四个不符点。C 银行于 2010 年 7 月 6 日再次提交单据。答辩人于 2010 年 7 月 7 日出具第二次拒付通知，仅再次提及第一次拒付通知中所列的第一和第二个不符点。

问题在于答辩人拒绝议付的两个不符点是否有效？

第一不符点

“答辩人作为保兑行，没有在交单前收到开立七号修改的通知。”

第二不符点

“受益人对七号修改的拒绝没有通知给作为保兑行的答辩人。答辩人不知道对七号修改的拒绝是否已通知给开证行，以及开证行是否已将七号修改视为已撤销。”

答辩人在第一次和第二次拒付通知中均声称，根据 UCP 600 第 10 条，其有权在交单前得到开立七号修改的通知。

在对发起人于 2010 年 10 月 15 日出具的 DOCDEX 请求的答复中，答辩人提到七号修改于 2010 年 6 月 8 日开立，并且其已于 2010 年 6 月 15 日对信用证及一至六号修改加具保兑。答辩人在其答复中还声称：

a. 受益人（发起人）对第一次拒付通知中第三和第四个不符点进行改正，并通过 C 银行再次提交单据的事实表明其已接受相关的不符点。

b. 根据三号修改，信用证及所有的修改应通知给作为保兑行的答辩人。发起人和/或作为通知行的 C 银行有义务在答辩人于 2010 年 6 月 15 日加具保兑前，将七号修改（出具日期为 2010 年 6 月 8 日）通知给答辩人。

c. 按照 UCP 600 第 10（d）条的规定：“通知修改的银行应将任何接受或拒绝的通知转告发出修改的银行。”答辩人声称 C 银行作为通知行，有义务将拒绝修改的通知转告开证行，仅将拒绝修改的通知转告保兑行不能满足要求。C 银行仅在 2010 年 7 月 16 日才通知开证行拒绝七号修改的情况（在向答辩人交单后）。

d. 在此情况下，不符合七号修改所提交的单据，不能被视为相符交单。

专家裁决如下：

1. 我们发现，信用证和 UCP 600（尤其是第 10 条）均未规定受益人或通知行在交单前必须将修改通知保兑行。然而，作为通常做法，通知行被期望向答辩人转递七号修改的副本并告知受益人拒绝修改的情况，或在将信用证和一至六号修改副本发送给答辩人时作此声明。

2. UCP 600 第 10（a）条规定了修改的原则："……未经开证行、保兑行（如有）及受益人同意，信用证既不得修改，也不得撤销。"

3. 发起人是否在交单前将七号修改通知答辩人并不会影响答辩人作为保兑行的义务，只要作为受益人的发起人没有接受修改，应该视为拒绝修改。

4. 而且，只要发起人向答辩人提交的单据与信用证（包括已接受的一至六号修改）严格相符，作为保兑行的答辩人有义务进行承付。只要答辩人未对七号修改加具保兑（应该没有保兑，因为其不知道修改存在）并且在信用证（包括已接受的一至六号修改）下进行付款，开证行有义务对答辩人进行偿付。即使答辩人对七号修改加具保兑，受益人提交的单据如仅与信用证及一至六号修改相符，也构成相符交单（这视为未接受七号修改）。不管怎样，C 银行交单面函上已清晰注明七号修改已被拒绝。

5. UCP 600 第 10（d）条不能给予作为保兑行的答辩人以帮助。它清楚地说明通知行有义务（将接受或拒绝修改的通知）转告发出修改通知的银行，该银行非答辩人。此情况下，通知行解除其在 UCP 600 第 10（d）条下义务的时间要求（如有）与本裁决无关。无论如何，C 银行在交单及再次交单时均告知答辩人发起人已拒绝授受七号修改。

6. 再次交单本身并不构成发起人对第一次拒付通知中所列不符点的接受。

结论

答辩人提出的这两个不符点不能作为其拒绝议付的理由。答辩人没有理由拒绝单据和议付，其应当赔偿发起人遭受的损失。

指定专家达成一致裁决意见。

DOCDEX 第 310 号裁决

UCP 600 第 18 条；第 14（d）条和第 18（d）[①]条

发票在"数量"栏位显示"17"，但"货描"栏位仅列出 16 项的订单号和序列号，是否不符？装运单显示货物的订单和序列号，但发票未显示，是否不符？受益人及发起人均未对不符点提出反对或争论，是否视为同意不符点并被禁止在日后对不符点进行反驳？

当事人

发起人：C 银行
答辩人 1：V 银行
答辩人 2：R 银行

背景及交易

2008 年 9 月 26 日，发起人收到一份通过 SWIFT MT 710 电文发来的备用信用证，金额为 735 997.00 美元，并将其通知给位于 U 国 W 市的受益人。备用信用证由答辩人 2 开立，答辩人 1 进行保兑，规定于 2009 年 3 月 14 日前在答辩人 1 柜台兑用。备用信用证受 UCP 600 约束，要求提交以下单据：

1. 受益人签署的声明，确认申请人未能在受益人向其出具的商业发票日期起 90 天内支付索偿款项——一份正本。
2. 受益人（卖方）向申请人（买方）出具的商业发票——一份副本。
3. 卖方（受益人）的装运单，说明设备在发票日的适用性（注明申请人名称、合同的编号和日期）——一份副本。

45 场（货物描述）规定："滑移装载机供应合同编号，供应合同编号 45678，日期 2008 年 8 月 25 日，协议编号：2，日期 2008 年 9 月 2 日，U 国 K 市工厂交货。"

2009 年 2 月 3 日，发起人向受益人通知其从答辩人 1 处收到的修改，将备用信用证金额减少 17 962.00 美元至 718 035.00 美元，并将备用信用证截止日延展至 2009 年 9 月 21 日。货物描述也修改为"滑移装载机，按照供应合同编号 45678，日期 2008 年 8 月 25 日，以及对 2008 年 9 月 2 日第 2 号协议日期为 2008 年 11 月 28 日的第 1 次修改，U 国 K 市工厂交货"。

2009 年 9 月 14 日，受益人向发起人提交单据。发起人未审核单据，并于同日向答辩人 1 递交单据。2009 年 9 月 17 日，答辩人 1 拒绝单据。答辩人 1 在拒付通知中列出以下不符点：

① 编辑注：英文原文为"18（d）"，但对外经济贸易大学徐进亮教授认为英文有误，应为"18（c）"。

“1）发票

型号：430 SSL NA：
发票涉及 17 项（小计 370 736.00 美元），但只列出 16 项（小计应为 348 928.00 美元）。

2）卖方（受益人）的装运单

型号：430 SSL NA：
显示订单号 Z789 和序列号 N8M488858，但发票上未显示。”

备用信用证于 2009 年 9 月 21 日在答辩人 1 的柜台到期。

2009 年 9 月 21 日，发起人以 SWIFT 电文指示答辩人 1 将单据寄往答辩人 2 并要求后者同意。2009 年 9 月 25 日，答辩人 1 通知发起人收到答辩人 2 的拒付通知，不符点如下：

“商业发票的货物描述与卖方（受益人）的装运单的货物描述不符（商业发票未显示订单号 Z789，序列号 N8M488858，型号 430SSL NA）”

在受益人要求下，发起人于 2009 年 9 月 28 日向答辩人 1 寄送一份更改后的发票。

2009 年 9 月 30 日，答辩人 1 要求发起人对更改后的发票给出处理指示，并提醒备用信用证已失效。发起人于 2009 年 10 月 2 日答复，指示答辩人 1 将更改后的发票寄往答辩人 2 并要求后者同意。

2009 年 10 月 7 日，答辩人 1 通知发起人，答辩人 2 以备用信用证已失效为由拒绝授受修改后的发票并关闭了档案。

经过银行间一系列沟通联系后，发起人于 2010 年 3 月 10 日代表受益人发送一份 SWIFT MT 799 电文，对所称的不符点进行争论。

发起人声称交单满足 UCP 600 第 18 条及备用信用证的明确要求。关于不符点 2，发起人争辩卖方（受益人）的装运单与备用信用证完全相符，它包含一个未在发票中注明的额外项目并不构成不符。

2010 年 3 月 31 日，答辩人 1 答复，在重申原来观点的同时，在 UCP 600 第 14（d）条下又提出一个额外的不符点，即发票中缺失的数据构成与装运单数据间的不一致。它同时声称发起人和受益人不能对原不符点提出反对，因为发起人已指示答辩人 1 将单据递交答辩人 2 并征求其同意。答辩人 1 同时提到受益人在截止日后才提交更改后的发票，这表明受益人已同意所提的不符点。

2010 年 4 月 7 日，发起人答复称发票及装运单中货物件数并无不一致之处。

问题

发起人认为单据没有不符点。它声称交单满足 UCP 600 第 18 条规定并与备用信用证完全相符。

答辩人 1 拒绝授受单据，它声称单据存在不符点，发票中缺失的数据构成与装运单数据之间的不一致。

问题 1

发票在“数量”栏位显示“17”，但“货物描述”栏位只显示 16 件货物的订单号和序列号，是否构成不符？

问题 2

装运单包含以下项目：“订单号 Z789 序列号 N8M488858 型号 430SSL NA”，但发票没有包含，是否构成不符？

问题 3

发票（译注：似应为装运单）包含“订单号 Z789 序列号 N8M488858”，但装运单（译注：似应为发票）不包含，是否构成 UCP 600 第 14（d）条所称的矛盾？

问题 4

答辩人 1 是否不得在 2010 年 3 月 31 日及 4 月 28 日的 SWIFT 电文中提及下述不符点，即单据存在不符点且受益人通过其行为接受答辩人 1 的拒付？

问题 5

受益人是否不得对答辩人 1 初次提出的不符点进行反驳？

当事人提交的文件

A. 发起人提交的文件：

（i）答辩人 1 于 2008 年 9 月 26 日发送的备用信用证 SWIFT MT 710 电文复印件；
（ii）2009 年 2 月 3 日开立的备用信用证修改 SWIFT MT 707 电文复印件；
（iii）受益人于 2009 年 9 月 8 日提交备用信用证项下单据的交单函复印件；
（iv）商业发票复印件；
（v）受益人声明复印件；
（vi）卖方（受益人）装运单复印件；
（vii）答辩人 1 于 2009 年 9 月 17 日发送的拒付通知 SWIFT MT 73 电文复印件；
（viii）发起人与答辩人 1 于 2009 年 9 月 21、22、23、24、25、28、30 日以及 10 月 2、6、7、8、9、20 日的 SWIFT MT 799 往来电文复印件；
（ix）发起人于 2009 年 9 月 28 日发给答辩人 1 的信件复印件；以及
（x）发起人与答辩人 1 于 2010 年 3 月 10、31 日以及 4 月 7、28 日的 SWIFT MT 799 往来电文复印件。

B. 答辩人 1 提交的文件：

（i）答辩人 1 于 2011 年 2 月 14 日发给答辩人 2 的信件复印件。

1. 发票在“数量”栏位显示“17”，但“货物描述”栏位只显示 16 件货物的订单号和序列号，是否构成不符？

开证日期为 2008 年 9 月 26 日的备用信用证要求提交一份由受益人（卖方）向申请人（买方）出具的副本商业发票。在 45A 场货物描述中规定：

“CASE SKID STEER LOADERS
SUPPLY CONTRACT NO 45678 DD 25.08.2008
AGREEMENT NO 2 DD 02.09.2008
EXW CITY K, COUNTRY U”

2009 年 2 月 3 日，货物描述被修改为以下内容：

“CASE SKID STEER LOADERS AS PER SUPPLY CONTRACT 45678 DD 25.08.08 AMENDMENT N 1 DD 28.11.08 TO AGREEMENT N 2 DD 02.09.08. EXW CITY K, COUNTRY U”.

备用信用证未规定任何其他货物描述细节。

受益人提交的商业发票副本显示：“CASE SKID STEER LOADERS AS PER SUPPLY CONTRACT 45678 DD 25.08.08 AMENDMENT N 1 DD 28.11.08 TO AGREEMENT N 2 DD 02.09.08. EXW CITY K, COUNTRY U”，与信用证修改中货物描述相符。

UCP 600 第 18（c）条规定：“商业发票上的货物、服务或履约行为的描述必须与信用证中的描述一致。”

由于备用信用证没有要求更详细的货物描述，银行是否必须审核数量并确定发票上显示的数量计算正确？

发票共 2 页，显示一长列备用信用证未要求的详细的货物描述。其中一项的“数量”栏位显示“17”，但“货物描述”栏位列出详细的订单号和序列号，计数结果为 16。该差异只有在审单人员对单据进行复杂计算后才能发现。

银行无须对备用信用证未规定或要求的单位或项目数量进行计数。

多数意见认为审单人员无须对项目或订单的数量进行核对和分别计数，以确定其是否与发票显示的数字一致。

答辩人 1 所提的该不符点不成立。

2. 装运单包含以下项目：“订单号 Z789 序列号 N8M488858”，但发票没有包含，是否构成不符？发票（译注：似应为装运单）包含“订单号 Z789 序列号 N8M488858”，但装运单（译注：似应为发票）不包含[①]，是否构成 UCP 600 第 14（d）条所称的矛盾？

① 译者注：此处英文原文应为笔误，误将此句中的装运单及发票颠倒，故译文作了相应修正。

鉴于问题 2 和 3 相关，我们将它们归于同一问题——装运单显示“订单号 Z789 序列号 N8M488858”，但发票未包含，是否构成 UCP 600 第 14（d）条所称的矛盾并导致单据不符？

UCP 600 第 14（d）条规定：“单据中的数据，在与信用证、单据本身以及国际标准银行实务参照解读时，无须与该单据本身中的数据、任何其他要求的单据或信用证中的数据等同一致、但不得矛盾。”

争议涉及的数据并未在备用信用证中加以规定。装运单显示“订单号 Z789 序列号 N8M488858”，但发票未显示。由于装运单中的货物描述符合备用信用证要求，装运单中的数据不存在与发票数据的差异，因此不构成矛盾之处。即使发票缺失了这些数据，这些细节也非备用信用证所要求。装运单中的数据与发票的数据没有矛盾。

我们认为，装运单货物描述中包含“订单号 Z789 序列号 N8M488858”，但发票货物描述未包含，并不会使单据构成不符。这不构成 UCP 600 第 14（d）条所指的矛盾。

3. <u>答辩人 1 是否不得在 2010 年 3 月 31 日及 4 月 28 日的 SWIFT 电文中提及下述不符点，即单据存在不符点且受益人通过其行为接受答辩人 1 的拒付？</u>

答辩人 1 于 2009 年 9 月 17 日发送拒付通知 SWIFT MT 734 电文。随后分别于 2010 年 3 月 31 日和 4 月 28 日发送的 SWIFT 电文是对发起人于 2010 年 3 月 10 日和 4 月 7 日 SWIFT 电文的答复。在答辩人 1 的两份电文中，它并未提出任何其他不符点，只是重申其 2009 年 9 月 17 日拒付电文中提及的两个不符点的立场。

然而，在给发起人电文的答复中，答辩人 1 提请发起人注意这样一个事实：受益人及发起人均未对提及的不符点提出任何反对或争论。答辩人 1 将发起人要求将单据毫不延误地将递交答辩人 2 并要求批准的行为视为同意不符点的表示。答辩人 1 随后于备用信用证失效后从发起人处收到修改后的发票，并声称这进一步证明单据存在不符点。

受益人是否通过其行为接受答辩人 1 的拒付通知，并不能改变答辩人 1 所提不符点无效的事实。在信用证下单据被错误拒付的情况下，受益人仍然保留依据适用法律起诉保兑行或开证行的权利。

4. <u>受益人是否不得对答辩人 1 初次提出的不符点进行反驳？</u>

尽管受益人要求将单据递交答辩人 2 要求批准，并稍后在答辩人 1 向发起人发送拒付通知后提交修改后的发票，这并不表明其同意答辩人 1 所提的不符点。多数观点认为受益人仍可以反驳答辩人 1 初次提出的不符点。

结论

综上所述，答辩人 1 提出的不符点无效，受益人可以在以后任何日期对答辩人 1 提出的不符点进行反驳。

本裁决是多数意见。

DOCDEX 第 311 号裁决

UCP 600 第 14（d）条，第 16（a），（b），（c）（iii）（b）和（e）条；第 7 条和第 8 条；ISBP 第 27 段和第 9 段

原产地证明是否构成“相符交单”？原产地证明背面的额外数据是否已由出具人证实？在标名为“运费可在……支付”栏位填写“运费预付”是否与运费的支付矛盾或产生疑问？

当事人

发起人：B 公司

答辩人：M 银行

与待确定问题相关的陈述概要

答辩人于 2007 年 12 月 12 日开立以发起人为受益人的不可撤销跟单信用证（信用证号：ABC765）。信用证指定 S 国 Z 银行付款并受 UCP 600 约束。后于 2007 年 12 月 27 日以 SWIFT MT 799 加押电文使该信用证完全生效。

其中，信用证要求提交以下与本裁决主旨相关的单据：

——全套清洁已装船 FIATA 多式运输提单，注明运费已付，出具或背书为凭答辩人指示，三份正本及三份不可流通副本，证明货物由 I 国卡车装运……（46A 场，（A））。

——当地商会或任何官方贸易组织出具的原产地证明，确认货物是全新的第一手货，原产地为 S 国，加上三份副本（46A 场，（C））。

单据被提交给 S 国 Z 银行，随后被转交开证行（答辩人）。答辩人于 2008 年 11 月 13 日以 SWIFT MT 734 电文（拒付通知）拒绝单据，列明以下两个不符点：

——原产地证明中的语句“我们在此确认货物是全新的第一手货”未表明由当地商会证实。

——提单中的短语“运费可在……支付”未删除。

当事人就所提交单据是否在 UCP 600 下构成相符交单存在争议（也就是说，答辩人声称的不符点是否有效）。

当事人提交的文件

A. <u>发起人提交的文件</u>

附件 4：日期为 2007 年 12 月 13 日的答辩人发送的 SWIFT 电文；
附件 5：日期为 2007 年 12 月 27 日的答辩人发送的 SWIFT 电文；
附件 6：日期为 2008 年 2 月 20 日的答辩人发送的 SWIFT 电文；
附件 7：发起人于 2008 年 11 月 4 日给指定银行的信函；
附件 8：日期为 2008 年 10 月 28 日的提单；
附件 9：日期为 2008 年 10 月 30 日的原产地证明；
附件 10：日期为 2008 年 10 月 30 日的 SGS 检验证明；
附件 11：日期为 2008 年 10 月 27 日的商业发票；
附件 12：日期为 2008 年 10 月 28 日的运费发票；
附件 13：日期为 2008 年 10 月 28 日的船公司证明；
附件 14：日期为 2008 年 10 月 27 日的装箱单；
附件 15：日期为 2008 年 11 月 13 日的答辩人 SWIFT 电文；以及
附件 16：日期为 2008 年 11 月 16 日的答辩人 SWIFT 电文。

B. 答辩人提交的文件

答辩人未给予答复，也未提交任何文件。

发起人提出的问题

1）按照 UCP 600 第 8 条，原产地证明是否构成“相符交单”？
2）按照 UCP 600 第 8 条，提单是否构成“相符交单”？

分析

问题 1：“按照 UCP 600 第 8 条，原产地证明是否构成‘相符交单’?”

争议在于原产地证背面显示的语句：“我们在此确认货物是全新的第一手货，原产地国是 S 国”由受益人证实，是否必须也应由原产地证明的出具方，即 Z 市的商会加以证实。

信用证要求：“当地商会或任何官方贸易组织出具的原产地证明，确认货物是全新的第一手货，原产地为 S 国，加上三份副本”。

原产地证明表面上看来以 S 国（S 国联邦）商会的标准格式出具。它证明货物的原产地是 S 国，注明日期，并由 Z 市商会在正面盖章。

然而，原产地证明的正面未提及“货物是全新的第一手货”。相反，在它的背面显示受益人签字（显示受益人名称）的确认语句：“我们在此确认货物是全新的第一手货，原产地国是 S 国。”

单据背面显示的确认语句显然是由受益人（发起人）为满足信用证要求而作出。然而，该数据看起来不属于 Z 市商会在原产地证明上所填写的数据。原产地证明背面显示的数据（否则是空白）仅由受益人证实，而非由原产地证明的出具方 Z 市商会证实。

发起人援引国际商会第 681 号出版物 ISBP 第 27 段的部分条款来支持其观点："除非信用证或单据本身规定签字应在何处，签字可以在单据的任何地方。"

第 27 段规定："如果一份多页的单据要求签字或背书，签字通常在单据的第一页或最后一页，但是除非信用证或单据自身规定签字或背书应在何处，签字或背书可以在单据的任何地方。"

当然，上述条款必须按照具体情况加以解释。它是标题为"多页单据和附件或附文"下两个段落之一。该条款对应的情形是一份单据由多页组成（此情况下，页的意思是"单独一页"，也就是一页纸，而非一页纸的一面）。该条款并未规定与出具方证实数据有关的应该在单据何处签字。

发起人同时声称由于信用证和原产地证明本身均未规定应在原产地证明何处签字，"我们在此确认货物是全新的第一手货，原产地国是 S 国"的声明以及 Z 市商会的签字无须置于原产地证明的同一面。因此，Z 市商会在单据正面的签字应当明确被视为与单据背面的语句相关。

考虑到本案例的具体情况，专家组不支持该意见。信用证明确要求："当地商会或任何官方贸易组织出具的原产地证明，确认货物是全新的第一手货，原产地为 S 国"，清楚地表明所声明的语句"货物是全新的第一手货"应当看起来由原产地证明的出具方证实。

"我们在此确认货物是全新的第一手货，原产地国是 S 国"的语句明显由受益人写就，并通过自己的签字加以证实。任何情况下，单据一面上的签字都可被视为与另一面的数据相关并不符合国际标准银行实务，除非单据本身证实该相关性，例如单据有此说明或一面（背面）上的数据构成另一面（正面）上数据的延续。

信用证要求的数据应当由原产地证明的出具方，即当地商会或任何官方贸易组织加以确认。该要求的数据显然仅由受益人做成并证实，不属于出具方在单据正面证实的数据。

专家组认为，在原产地证明背面附加的数据构成对该原产地证明信息（数据）的更改。根据国际商会第 681 号出版物 ISBP 第 9 段，原产地证明背面附加的数据应当由出具方，即 Z 市商会或由出具方授权的一方进行证实，这样使单据相符并在国际标准银行实务下可接受。证明背面的确认仅由受益人签署，并且未表明以何种身份进行证实。

我们注意到原产地证明正面显示的货物描述："新包装系统……"（与信用证中列明的货物描述完全相符）由 Z 市商会进行证明。然而，专家组认为该货物描述本身不能满足"确认货物是全新的第一手货"的要求。

作为同一交单的一部分，同时提交了一份 SGS 检验证明。该证明确认"货物是全新的第一手货"。该证明由 SGS 检验公司签署，并显示 Z 市商会确认面签。然而，由 Z 市商会盖章并签字的的确认显示在另一份单据（即检验证明）上，尽管注明了（所要求的）相同数据，也不符合原产地证明应显示相同数据的要求。

结论：原产地证明的出具方式表明附加在单据背面的数据显然不能被视为由 Z 市商会证实。单据背面数据未加以证实构成有效不符点，答辩人可以此为由拒绝提交的单据。

问题 2："按照 UCP 600 第 8 条，提单是否构成'相符交单'？"

争议在于短语"运费可在……支付"是否必须删除。

信用证要求提单标明“运费预付”。提交的提单在标名为“运费可在……支付”栏位中明确注明“运费预付”，并且也在该单据的中部加以显示。

该不符点表述不清。然而，它看起来是答辩人声称预先印就的“运费可在……支付”栏位应当留空不填（或干脆删除）。该主张背后的逻辑也许是认为该栏位仅用于运费在目的地支付时填写。然而，单据本身（多式运输提单）、UCP 600 或国际标准银行实务并未表明有此要求。

结论：该预先印就的措辞与“运费预付”的声明并不构成矛盾或造成误解。因此，按照第 14（d）条的规定，在标名为“运费可在……支付”栏位中显示“运费预付”不是一个有效的不符点，答辩人不能以此为由拒绝提交的单据。

附加评论

第 8 条所指的相符交单

发起人所提的两个问题均提及与 UCP 600 第 8 条相关，即原产地证明和提单是否符合 UCP 600 第 8 条的规定。

UCP 600 第 8 条规定了保兑行的责任。由于信用证未经保兑，该条款与本案无关。我们的理解是：这实际上是要求回答上述单据是否与信用证条款、UCP 600 和国际标准银行实务相符，开证行是否必须按照 UCP 600 第 7 条的规定对交单进行承付。

延迟退回已拒付的单据

发起人声称答辩人直至 2009 年 8 月，也就是交单后九个多月才退回单据。拒付通知（SWIFT MT 734 电文）显示单据选择按 UCP 600 第 16（c）（iii）（b）条进行留存：“开证行留存单据直到其从申请人处接到放弃不符点的通知并同意接受该放弃，或其同意接受对不符点的放弃之前从交单人处收到其进一步指示。”MT 734 77B 场显示如下信息：单据处理方式：/通知/。

从专家组得到的资料来看，无法得知发起人此前是否要求退回拒付单据，或是否存在任何其他有关拒付单据处置的往来电文。

如交单人在开证行拒付单据后没有给出有关处理拒付单据的明确指示，开证行可以在任何时间退回单据。UCP 600 第 16（e）条规定：“按照指定行事的指定银行、保兑行（如有）或开证行在按照第 16（c）（iii）（a）或（b）条发出了通知后，可以在任何时候将单据退还交单人。”

裁决

1）关于第一个问题，答辩人所提的不符点有效。

2）关于第二个问题，答辩人所提的不符点无效。

本裁决是 DOCDEX 专家组的一致意见。

DOCDEX 第 312 号裁决

UCP 600 第 20（a）（i）条，14（a）条，15（a）和 14（l）条；第 2 条

提单由承运人非惯常使用的代理签署，签署时明确表明其承运人代理身份，且单证相符，发起人是否需要核查代理资质？当信用证规定“货运代理提单不可接受”时，发起人是否必须核实提单签署公司的身份以确认其是否为货运代理公司？

当事人

发起人：B 银行 S 国分行

答辩人：S 国 A 公司

背景及交易

2008 年 12 月 10 日，B 银行 S 国分行（发起人）开立金额为 80 565.00 美元的即期信用证，受益人为 T 国 M 公司。

申请人为 S 国 A 公司（答辩人），信用证指定 F 银行议付，并表明适用国际商会第 600 号出版物《跟单信用证统一惯例》（“UCP 600”）。

信用证要求提交“承运人或其代理出具的全套清洁已装船正本海运提单（货运代理提单不可接受）”。

2009 年 1 月 12 日，发起人收到指定银行提交的单据，金额为 79 952.53 美元，单据面函上注明：“兹证明单证相符”。当天，指定银行发送 SWIFT 电文给发起人，表明基于相符交单已办理议付。

2009 年 1 月 12 日，答辩人收到全套单据传真件，并于 2009 年 1 月 13 日通过电邮告知发起人提单系由货运代理签署，存在不符点。2009 年 1 月 15 日，发起人答复答辩人单证相符，不存在不符点。

2009 年 1 月 15 日，答辩人通知发起人，由于承运人 D 公司指定了另外一家公司（C 公司）作为其代理，建议发起人向 S 国 D 公司核实以承运人代理身份签署提单的 C 先生是否为 D 公司指定的代理。发起人坚持认为单证相符，2009 年 1 月 16 日，答辩人指示发起人接受单据并借记其账户。

问题

a）提单是否符合信用证要求；及

b）发起人是否必须调查答辩人有关 C 先生提单签署要求；

发起人的主张

（1）发起人坚持提单表面符合信用证要求。

（2）不要求发起人调查申请人有关 C 先生提单签署要求。

答辩人的答复

答辩人未就此事进行答复。

当事人提交的单据

发起人提交的单据资料

（1）信用证副本；

（2）提单副本；

（3）指定银行于 2009 年 1 月 12 日发给发起人的证明单证相符的 SWIFT MT 799 电文副本；

（4）发起人和答辩人之间关于提单的往来电子邮件。

答辩人没有提交答复意见和其他单据。

分析

a）提单是否符合信用证要求

信用证要求提交“承运人或其代理出具的全套清洁已装船正本海运提单（货运代理提单不可接受）……”。

47A 场（附加条款）规定：

装运港：T 国任意港口

卸货港：M 国 M 港

鉴于信用证要求提交涵盖港至港运输的海运提单，因此应当按照 UCP 600 第 20 条对提单进行审核。

（审查同时参考国际商会银行委员会题为“国际商会银行委员会关于装船批注要求的有关建议”（470/1128rev 2010 年 4 月 22 日最终版）的文件，该文件强调了 UCP 600 在提单审查时的适用条款。）

UCP 600 第 20（a）（i）条表明：

“a. 提单，无论名称如何，必须看似：

i. 表明承运人名称，并由下列人员签署：

- 承运人或其具名代理，或
- 船长或其具名代理。

承运人、船长或代理的任何签字必须标明其承运人、船长或代理身份。

代理的任何签字必须标明其系代表承运人还是船长签字。”

信用证项下所提交的提单由 C 先生签署，身份表述为“作为承运人的代理”。

提单显示承运人为 D 公司。

因此，提单符合信用证条款和 UCP 600 的要求。

指定银行也同样认为提单符合信用证条款要求。

b）发起人是否必须调查答辩人有关 C 先生提单签署要求

信用证包含“货运代理提单不可接受”条款。

根据 UCP 600 第 14（a）条的单据审核标准，银行“须审核交单，并仅基于单据本身确定其是否在表面上构成相符交单”（着重为后加）。

UCP 600 第 2 条定义相符交单为“与信用证条款、本惯例的相关适用条款以及国际标准银行实务一致的交单”。

UCP 600 第 15（a）条表明：

“当开证行确定交单相符时，必须承付”。

因此，发起人没有义务去调查提单签字人 C 先生的身份。

关于 a）和 b）两个问题，同样可以参考国际商会银行委员会 2011 年 3 月通过的官方意见 TA727rev（“意见”），该意见主要涉及 UCP 600 项下上述条款的含义。尽管颁布时间晚于本案例，但国际商会意见中表达的观点同样适用于 2009 年。上述意见的分析提出，根据 UCP 600 和信用证上下文可以判定，信用证关于“货运代理提单”的描述没有任何意义——无论是允许或不允许。该条款没有明确排除第 14（l）条的适用。

单据审查人员无须判定签字公司的身份。

结论

a. 就第一个问题，提单符合信用证要求。

b. 关于第二个问题，发起人无义务调查答辩人有关 C 先生提单签署要求。

专家组对本案裁决达成一致意见。

DOCDEX 第 313 号裁决

本裁决已被撤回。

DOCDEX 第 314 号裁决

UCP 600 第 4，5 和 7 条

在收到信用证项下相符交单时，开证行的付款义务即已确立，在此情况下，无论其是否已确认承担付款责任，如果开证行收到法院要求冻结信用证项下应付款项的裁决，开证行是否可以不理睬法院的冻结令？

当事人

发起人（受益人）：H 公司
答辩人 1（申请人）：I 公司
及
答辩人 2（开证行）：V 银行

背景及交易

发起人是 12345 号不可撤销跟单信用证的受益人，该信用证于 2010 年 2 月 26 日由答辩人 2 开出。申请人是答辩人 1。

该信用证以 SWIFT MT 700 电文开出，适用 UCP 600，其电文 40E 场包含文句“UCP 最新版本”。

信用证金额为 1 232 397 美元，自由议付，付款期限为自最后一批货物装运的提单日后六个月。

合同金额的 90%以信用证结算，其余 10%通过证外结算。

该信用证经两次修改，将最晚装运日延至 2010 年 4 月 30 日，其后又修改为 2010 年 5 月 21 日。

问题

根据（2011 年 7 月 26 日）发起人的要求以及 2011 年 8 月 29 日和 2011 年 9 月 22 日答辩人 2 的回应，概述如下：

- 2010 年 5 月 28 日当日或之前，单据被交至指定银行后转寄开证行，寄单面函日期为 2010 年 5 月 28 日。
- 2010 年 6 月 18 日，开证行同意于到期日（2010 年 11 月 12 日）支付 1 232 397 美元，并相应告知了指定银行。
- 2010 年 11 月 1 日，开证行通知指定银行，在开证行据以行事的寄单面函上，指定银行对信用证付款期限表述和到期日计算有误（寄单面函按提单日后 180 天计算，而根据信用证条款应按提单日后 6 个月计算）。因此，开证行修改到期日至 2010 年 11 月 17 日。
- 2010 年 11 月 9 日，H 市法院发布了一项适用临时紧急措施的裁决。根据该项裁决，开证行在该信用证项下的应付款项被冻结，以执行 X 国国际仲裁中心在 X 国工商联合会上作出的仲裁决定（即“法院裁决”）。

• 2010 年 11 月 15 日，开证行将法院裁决以及法院要求停止支付信用证项下款项的指示通知了受益人。

• 受益人向开证行提出抗辩并向法院上诉。法院回应，要求受益人补充资料以便法院处理。

• 2011 年 8 月 16 日，开证行提出“根据 UCP 600 惯例精神，在此我们［答辩人 2］要求法院考虑撤销法院裁决……以便我们向受益人履行付款义务”，请求法院考虑撤销法院裁决。

发起人根据国际商会 DOCDEX 规则，要求国际专家中心宣布：

1. 12345 号信用证项下 1 232 397 美元的付款条件已经成立。
2. 信用证项下付款不能被申请人基于基础合同并提交 X 国国际仲裁中心仲裁的任何请求或抗辩所阻止。
3. 开证行应根据 UCP 600 原则寻求撤销 2010 年 11 月 9 日法院作出的裁决。

答辩人 2 确认如下：

1. 根据 DOCDEX 规则第 3.2.2 条，正式要求出具 DOCDEX 裁决。
2. 希望参与 DOCDEX/314 号裁决过程。
3. 要求国际仲裁中心将 8 月 29 日作出的回应提交给专家组。

答辩人 2 强调，上述要求并不代表其同意受 DOCDEX 裁决的约束。

当事人提交的单据

<u>发起人提交的单据</u>

1. 日期为 2010 年 1 月 31 日的销售合同（包含附录 1 至 3 和附件 1）；
2. 用于结算首次订单 1 232 397 美元的跟单信用证；
3. 日期为 2010 年 4 月 15 日的跟单信用证修改书；
4. 日期为 2010 年 4 月 29 日的跟单信用证修改书；
5. 日期为 2010 年 6 月 21 日的银行来报通知电文，确认接受单据；
6. 日期为 2010 年 11 月 1 日的跟单信用证修改书；
7. 日期为 2010 年 4 月 27 日的样品测试报告；
8. 日期为 2010 年 4 月 27 日的检验报告；
9. 日期为 2010 年 11 月 9 日的法院裁决；
10. 日期为 2010 年 11 月 15 日的银行来报通知电文；
11. 日期为 2010 年 12 月 17 日的银行来报通知电文；
12. 受益人写给银行的日期为 2010 年 12 月 31 日的信件；
13. 日期为 2010 年 12 月 13 日的上诉书；
14. 2010 年 12 月 21 日 H 市人民法院首席法官签发的通知；
15. 2011 年 2 月 15 日法院首席法官签发的通知；
16. 向银行提交的装运日为 2010 年 5 月 15 日的跟单信用证项下单据；
17. 向银行提交的装运日为 2010 年 5 月 15 日的跟单信用证项下单据。

<u>答辩人 2 提交的单据</u>

1. 对 DOCDEX/314 号的回应；
2. 日期为 2010 年 1 月 31 日的销售合同（包含附录 1 至 3）；
3. 金额为 1 232 397 美元的跟单信用证；

4. 日期为2010年4月15日的跟单信用证修改书；
5. 日期为2010年4月29日的跟单信用证修改书；
6. 日期为2010年5月28日的银行寄单面函，金额为1 232 397美元；
7. 日期为2010年6月11日的银行寄单面函，金额为1 232 397美元，含补充单据；
8. 装运日期分别为2010年5月15日和2010年5月17日的相关单据；
9. 开证行2010年6月18日发出的SWIFT接受单据的电文；
10. 开证行2010年10月29日发出的修改到期日的SWIFT电文；
11. H市人民法院关于适用临时紧急措施的裁决；
12. 开证行2010年11月12日发出的告知法院裁决的SWIFT电文；
13. 开证行2010年11月15日发出的包含法院裁决具体内容的SWIFT电文；
14. 开证行写给法院的要求撤销止付令的书面申请。

答辩人1没有提交任何资料。

分析和结论

UCP 600包含以下条款：

第4条

“信用证与合同

a. 就其性质而言，信用证与可能作为其开立基础的销售合同或其他合同是相互独立的交易，即使信用证中含有对此类合同的任何援引，银行也与该合同无关，且不受其约束。因此，银行关于承付、议付或履行信用证项下任何其他义务的承诺，不受申请人基于其与开证行之间或与受益人之间的关系而产生的任何请求或抗辩的影响。

受益人在任何情况下不得利用银行之间或申请人与开证行之间的合同关系。

b. 开证行应劝阻申请人将基础合同、形式发票等文件的副本作为信用证组成部分的做法。”

第5条

“单据与货物、服务或履约行为

银行处理的是单据，而不是单据可能涉及的货物、服务或履约行为。”

第7条

“开证行责任

a. 只要规定的单据提交给指定银行或开证行，并且构成相符交单，则开证行必须承付，如果信用证为以下情形之一：

i. 信用证规定由开证行即期付款、延期付款或承兑；

ii. 信用证规定由指定银行即期付款但其未付款；

iii. 信用证规定由指定银行延期付款但其未承诺延期付款，或虽已承诺延期付款，但未在到期日付款；

iv. 信用证规定由指定银行承兑，但其未承兑以其为付款人的汇票，或虽承兑了汇票，但未在到期日付款；

v. 信用证规定由指定银行议付但其未议付。

b. 开证行自开立信用证之时起即不可撤销地承担承付责任。

c. 指定银行承付或议付相符交单并将单据转给开证行之后，开证行即承担偿付该指定银行的责任。对承兑或延期付款信用证下相符交单金额的偿付应在到期日办理，无论指定银行是否在到期日之前预付或购买了单据。开证行偿付指定银行的责任独立于开证行对受益人的责任。”

2002 年 3 月 15 日起生效的国际商会 DOCDEX 规则包括以下条款:

第 1 条

“(DOCDEX)[……]可在任何与下述相关的争议时使用:[……]援引了国际商会《跟单信用证统一惯例》(UCP)的跟单信用证,以及对 UCP[……]的应用。其目标是根据跟单信用证条款[……]及适用的国际商会规则……针对如何解决争议提供独立、公正、迅捷的专家意见(DOCDEX 裁决)”。

总体来看,应该关注以下几点:

- 导致开证行资产冻结的临时紧急措施、支付冻结令、止付令、禁令(或类似的司法措施)等问题不属于 UPC 600 的管辖范围,而是法院需要考虑的问题。
- 跟单信用证的独立性原则(正如 UCP 600 第 4、5 条所体现的)应在最大可能范围内得到支持,即:法院阻止银行履行信用证项下付款义务等干涉性行为应建立在非常坚实的论据之上,比如说,受益人欺诈的证据。
- 如果开证行收到法院裁决,要求开证行冻结信用证项下应付款项,开证行不能无视此冻结令。即使是在相符交单项下开证行付款义务已经确定的情况下,不论开证行是否已确认承担付款责任,开证行都不能无视法院指令。
- 当地法律以及司法效力高于 UCP 600 规则。当法院要求开证行止付信用证项下款项时,开证行是否应履行信用证项下付款义务不是 UCP 600 处理的问题,而必须由法院决定。

关于发起人的要求(见上文):

开证行已经承诺在到期日付款。因此,根据 UCP 600 第 7 条,开证行履行其信用证项下承付的义务已经非常明确。开证行对此无异议,并确认承担付款责任。然而,正如前文所述,开证行不能无视法院的裁决。

自信用证开立时起,开证行即有义务承付相符交单。申请人和受益人之间的纠纷,包括任何法院或仲裁结果,其本身并不构成开证行不承付信用证的原因。然而,开证行并不能无视法院要求其停止支付或偿付的裁决。因此,问题并不在于向仲裁机构抗诉是否能禁止付款,而在于开证行的付款义务可能会被法院命令、禁令或类似的法院行为阻止。

正如前文所述,UCP 并不处理法院采取的行动。相应地,申请人可能提出的请求或抗辩,以及开证行遵守法院裁决的义务等问题不在 UCP 的处理范围之内,而必须由法院处理。所以,专家组拒绝了发起人的第 2 项要求,因为超出了 ICC DOCDEX 规则的处理范围(参见第 1 条规则)。

根据开证行于 2011 年 8 月 29 日提交的关于 DOCDEX 仲裁的回应材料,开证行已于 2011 年 8 月 16 日要求法院考虑撤销法院裁决。然而,开证行是否应该以及何时寻求撤销止付令是 UCP 和 DOCDEX 专家组处理范围之外的问题。

专家组达成一致裁决意见。

DOCDEX 第 315 号裁决

UCP 222 总则与定义

若本票据称由第一答辩人出具，受 S 国法律管辖，且每张本票均提及 UCP 222，DOCDEX 专家可否就发起人能否依据跟单信用证规则或 S 国法律索偿作出裁决？本票的概念及工具本身是否从概念上及原理上与跟单信用证不同？

当事人

发起人：公民 B
答辩人：A 国财政厅
及
J 银行

背景及交易

发起人持有以下 11 张本票，并称均由第一答辩人出具。每张本票均表明受 S 国法律约束并适用 UCP 222。票据细节如下：

本票	编号	到期日	金额	币种
1	**No.11**	**30/12/1985**	**3 500 000**	美元
2	**No.31**	**30/05/1986**	**750 000**	美元
3	**No.32**	**30/06/1986**	**3 000 000**	美元
4	**No.32**	**30/12/1986**	**750 000**	美元
5	**No.34**	**30/12/1986**	**3 000 000**	美元
6	**No.36**	**30/06/1987**	**2 500 000**	美元
7	**No.37**	**30/09/1987**	**3 000 000**	美元
8	**No.38**	**30/12/1987**	**3 000 000**	美元
9	**No.39**	**30/03/1988**	**2 500 000**	美元
10	**No.41**	**30/09/1988**	**2 500 000**	美元
11	**No.42**	**30/12/1988**	**2 500 000**	美元

1. 第二答辩人证实了第一答辩人在每张本票上签名的有效性和真实性，除了第 3 和第 4 张本票仅记载了印有“已核实”的印章。

2. 本票均为 1975 年 5 月 30 日开具，到期日介于 1985 年 12 月 30 日至 1988 年 12 月 30 日之间，如上述表格所述。

3. 发起人于 2007 年 6 月 26 日向答辩人提出对本票索偿，此后又于 2007 年 10 月 7 日在 A 国向法院起诉。

4. 2008 年 6 月 24 日，法院驳回了诉讼请求，因为根据 A 国法律已过诉讼时效。

问题

发起人寻求 DOCDEX 裁决的帮助，以决定是否有权利从作为本票出票人的第一答辩人或作为担保人的第二答辩人处取得本票项下的付款。

发起人的主张

在 2011 年 9 月 10 日提出的请求中，发起人认为：

1. 争议中的本票遵循 UCP 222 以及 S 国法律，A 国法院错误地适用了本国法律，导致发起人的诉讼请求被驳回；

2. 根据适用法律、UCP 及已并入 S 国法律的 1930 年 6 月 7 日日内瓦统一汇票法公约的第 48-2 条，发起人有权获得本票下的付款；和

3. 发起人有权获得自本票到期日起 6%的利息；

4. 如果对本票出票人（即第一答辩人）的诉讼请求被拒，根据前述日内瓦公约第 54 条、S 国债务法第 1052 条以及 S 国民法通则第 1235 条，发起人有权就答辩人的不当得利从作为票据担保人的第二答辩人处取得付款。

答辩人的答复

两个答辩人均未对请求进行回答。

当事人提交的单据

发起人提交的单据（均为副本）

1. 11 张涉案本票的副本；

2. 一审 A 国法院 2008 年 6 月 24 日裁决的意译稿。

答辩人未提供任何文件。

分析

DOCDEX 规则第 1.1 条表明规则可适用于任何援引了 UCP 或 URR 的跟单信用证纠纷，适用于任何援引了 URC 的托收纠纷以及援引了 URDG 的见索即付保函纠纷。

这一条款使 DOCDEX 专家有权在相关工具条款及适用国际商会规则的基础上解决纠纷。

UCP 222 适用于本案例，并在总则和定义的（b）段定义：跟单信用证无论如何命名或描述，都是一种安排，在这一安排下，一家银行（开证行）的职责是根据客户（信用证申请人）请求和指示对第三方（受益人）或第三方指示进行付款，或支付、承兑或议付受益人开出的汇票，或授权另一家银行根据信用证条款对

相符单据予以付款或汇票进行付款、承兑或议付。

DOCDEX 专家发现纠纷中的 11 张本票并不是 UCP 222 中定义的“跟单信用证”（见上述第 3 段），主要基于两方面原因：第一，本案中的本票出票人并非 UCP 222 信用证定义的根据客户要求和指示行事的银行；第二，要求受益人向可转让工具的签发人交单以获得付款的跟单信用证与可转让工具本身有着本质不同。在第一种情况下，信用证不属于汇票。汇票附属于信用证，仅承担信用证的支付工具。而在本案中，没有信用证，只有本票。本票承担了信用和支付工具的双重角色。这一点本身没有问题，但不论是在概念上，还是在原理上，本票的定义和使用都与 UCP 222 定义的跟单信用证不同。因此，我们无法基于 UCP 222 规则为发起人的诉讼请求找到依据。

此外，如前所述，DOCDEX 专家组无权超越相关信用证、托收、保函条款及适用的国际商会规则来裁决纠纷。确切地说，无论诉讼请求是否涉及适用法律的判断，持票人在本票项下获得出票人或保证人付款的权利、A 国法定时效的相关性和正确性，DOCDEX 规则没有授权专家根据 S 国或 A 国法律对相关法律事件进行审查以确定接受或拒绝发起人的诉讼请求，或裁定由此产生的利息。此类性质的法律问题理应根据相关法律由法院解决。

结论

专家组在国际商会 DOCDEX 规则下一致作出以下裁决：

发起人的主张在 UCP 222 规则下没有找到任何支持证据，因此全部予以否定。

DOCDEX 第 316 号裁决

UCP 600 第 16，4，5，14 和 15 条；第 16（f）和（d）条以及第 38（h）条

开证行或保兑行若未能在五个银行营业日内发出拒付通知，是否无权宣称交单不符；在 DOCDEX 规则下，DOCDEX 专家组是否有权裁决既涉及 UCP、又涉及适用法律（如欺诈或外汇管理）的争议

当事人

发起人：I 公司

答辩人：B 银行（第一答辩人）

C 银行（第二答辩人）

背景及交易

1. 2009 年 9 月 7 日，B 银行开立了一笔编号为 C12345 的不可撤销跟单信用证（简称“信用证”），金额为 3 585 000 欧元，受益人为 G 公司。信用证随后被修改为“可转让”。

2. C 银行，作为通知行和保兑行，通过 K 银行（作为通知行）将信用证转让给发起人，转让金额为 3 050 000 欧元。

3. 相关转让要素与原信用证几乎一样，包括：

——适用 UCP 最新版本（即 UCP 600）

——可在 C 银行以付款方式兑用

根据 MT720 78 场，款项将于 A 国和 G 国的十个工作日内支付。

——第一受益人：G 公司

——第二受益人：I 公司

单据要求

＋商业发票，必须注明与形式发票一致。

＋全套清洁已装船提单（以下简称提单），抬头为凭 B 银行指示，标注运费预付，通知原信用证申请人：S 公司

＋装箱单

＋重量单

＋收件人为 S 公司的 1 欧元单据

＋原产地证明书

＋质量控制证明，由除受益人以外的主管机构出具

4. I 公司将信用证要求的所有单据以及上述单据提交给 C 银行，C 银行确定交单相符。

5. 2011 年 1 月 13 日，C 银行向 B 银行寄单。付款到期日为 2011 年 1 月 26 日，付款金额为 3 263 250

欧元。

6. B 银行未按照 UCP 600 第 16 条的规定拒付。

7. 第一受益人 G 公司声称交易存在欺诈，并向 G 国法院寻求止付令禁止支付此笔信用证项下款项。

8. 2011 年 1 月 19 日，据称，法院发出临时止付令，禁止 C 银行向 I 公司支付此笔信用证项下任何款项。

9. 2011 年 11 月 9 日，据称，止付令解除。

10. C 银行以欺诈及/或伪造单据为由继续拒绝付款。

问题

发起人寻求 DOCDEX 裁决确定发起人是有权向作为开证行的第一答辩人收款，还是应向作为保兑行的第二答辩人收款。

A. 发起人的主张

在 2012 年 1 月 25 日的申请中，发起人声称：

1. 交单均被开证行和保兑行视为相符交单。G 公司根据 UCP 600 第 38（h）条替换其自身发票。发票确认货物与其形式发票一致。

2. 因 B 银行和 S 公司没有签署"承诺书"（据称是当地法规要求的卸载危险商品所需要的单据），货物无法发运。

3. 禁止支付款项的临时止付令于 2011 年 11 月 9 日因 G 公司放弃下一步行动而解除。第一份临时止付令是基于涉嫌发运虚假货物的声明而作出的。

4. 交单行 K 银行支持 I 公司的主张，坚持认为应根据 UCP 600 第 4 条的规定付款。

5. I 公司坚持要求遵守 UCP600 在付款承诺方面的相关规定。

B. 第一答辩人的答复

1. 在答复中，B 银行反驳 I 公司提供的事实。概括而言，B 银行提供了其对事实的描述，主要涉及下列情况：商业合同、信用证修改为可转让信用证、C 银行传递单据、S 公司因货物不符而指示不得付款，以及 G 国禁止付款的司法行为。除此之外，B 银行指出，其调查表明货物并没有装上单据中显示的船只，从而推断提单是假的。鉴此，B 银行拒绝付款并关卷。

2. 此外，B 银行提出 G 公司和 S 公司并不是本 DOCDEX 裁决的当事人，主张 G 公司和 S 公司应参与进来，从而使 DOCDEX 裁决能考虑他们的观点。至于基础商业合同和子合同，B 银行主张适用 A 国法律和司法管辖（B 银行所在国）。

3. B 银行进一步指出，其不能支付款项是因为根据 A 国国际贸易外汇管理规定，对外付款需凭海关出具的货物进口证明。在没有海关证明的情况下，B 银行不能支付任何款项。

4. B 银行反驳 I 公司关于 B 银行协助 S 公司阻止装运的观点。

5. 另外，B 银行辩称，对存在的不符点，即发票由 G 公司开具，而非实际发货并应相应开具发票的 I 公司，C 银行既没有通知 B 银行，也没有保留追索权。

C. 第二答辩人的答复

1. C 银行对指定的 DOCDEX 专家的能力提出质疑，并主张应通过适用 G 国法律（C 银行所在国）的法院解决争议。

2. C 银行也提出法律程序中显示的证据表明，货物从未发运。据此，C 银行认为提单虚假，并因此认为企图获得信用证项下的款项是滥用权利或欺诈行为。

D. K 银行自愿提供的信息

1. 2011 年 1 月 14 日，C 银行通过 MT 799 电文确认收到单据并承诺付款。

2. 2011 年 1 月 20 日，C 银行告知 K 银行收到禁止付款的临时止付令。

3. 在止付令被解除之后，K 银行多次要求 C 银行付款，但直至 2012 年 2 月 17 日仍未收到款项。

当事人提交的单据

A. 发起人提交的单据（全部为副本）

1. SWIFT MT 720 电文（未注明日期），系 C 银行向 I 公司转让跟单信用证（C12345）；

2. 第一受益人 G 公司的商业发票，系 2011 年 1 月 7 日开给申请人 S 公司，发票中注明货物与相应的形式发票一致；

3. 宣誓声明，日期不清晰，由 S 公司经理 M 先生签署，此声明以德语和法语出具，声明已从 A 国 I 公司接收货物，货物不全，且与技术要求不匹配；

4. 宣誓声明，日期为 2011 年 1 月 18 日，由 G 公司经理 C 先生签署，此声明仅以德语出具，声明主要指出 G 公司将承担错发货物给 S 公司的责任，声明还包括一大段关于为何 I 公司不能按约定发运货物的解释；

5. G 公司于 2011 年 1 月 17 日用德语（以及不完整的法语翻译）向 C 银行发出的信函，声称货物发运与合同条件不相符，C 银行同时被要求停止付款；

6. SWIFT MT 999 电文，日期为 2011 年 3 月 24 日，系 K 银行发给 B 银行，要求其根据 UCP 600 第 4 条规定立即付款；

7. SWIFT MT 999 电文，日期为 2011 年 4 月 12 日，系 B 银行发给 K 银行，声称因 B 银行及其客户“受制于欺诈”以及提单是伪造的而不能支付款项；

8. SWIFT MT 999 电文，日期为 2011 年 5 月 10 日，系 K 银行发给 B 银行，告知 I 公司索要款项的信息；

9. SWIFT MT 799 电文，日期为 2011 年 11 月 25 日，系 C 银行用德语发给 K 银行，声称因信用证项下提交伪造提单而无法付款；

10. SWIFT MT 799 电文，日期为 2011 年 12 月 5 日，系 C 银行用德语发给 K 银行，据此电文可推断出 I 公司参与了法律程序并知悉法院裁决；

11. K 银行于 2012 年 1 月 11 日向 I 公司发出的信函，要求其以后直接与 C 银行联系。

B. 答辩人提交的单据（全部为副本）

1. 第一答辩人提交的单据。这一清单是基于实际提交的附件而做出的，其中单据（3）和（4）与 B 银行提供的单据描述不相符。在此情况下，实际提交的附件以“斜体”标出。

（*1*）跟单信用证，开立日期为 2009 年 9 月 7 日，系 B 银行根据申请人 S 公司指示通过 C 银行（作为通知行和保兑行）开给受益人 G 公司，相关主要特点如Ⅱ.2[①]所述；

（*2*）修改申请，日期为 2009 年 11 月 12 日，系 S 公司向 B 银行申请修改信用证为可转让；

（*3*）与信用证修改相关的 SWIFT，这一单据并未提交，但另一单据看起来与之相关：*SWIFT MT 720 电文，未注明日期，系 C 银行向 I 公司转让跟单信用证*；

（*4*）C 银行向 B 银行发送的 SWIFT，确认收到修改，这一单据并未提交，但另一单据看起来与之相关：*SWIFT MT 799 电文，日期为 2011 年 1 月 19 日，由 C 银行发给 B 银行，确认收到 B 银行于 2011 年 1 月 18 日发出的 SWIFT 电文（内容不详），声称将联系第二受益人并答复*；

（*5*）SWIFT MT 754 电文，日期为 2011 年 1 月 13 日，由 C 银行发给 B 银行，要求 B 银行于 2011 年 1 月 26 日支付 3 263 250 欧元；

（*6*）所提交单据的寄单面函（仅第 2 页），日期为 2011 年 1 月 13 日，由 C 银行发给 B 银行；

（*7*）G 公司于 2011 年 1 月 9 日向 S 公司发出的信函，告知短装并请求暂停付款直到妥善解决；

（*8*）S 公司于 2011 年 1 月 12 日向 B 银行发出的信函，要求 B 银行不要接受单据，反对向违约方付款，因为提交的发票与发运设备不符；

（*9*）G 公司于 2011 年 1 月 17 日向 C 银行用德语和不完整的法语翻译发出的信函，告知交付的货物与约定数量（大约少装 40%的货物）和合同义务不一致，并请求停止付款；

（*10*）G 公司于 2011 年 1 月 21 日向 S 公司发出的信函，告知其通过法律行动成功止付了信用证项下款项，并坚持共同寻求一个解决“由银行引起”的问题的方案，G 公司宣称已向 I 公司要求赔偿利息和损失；

（*11*）SWIFT MT 799 电文，日期为 2011 年 1 月 18 日，由 B 银行发给 C 银行，确认收到单据，并请求中止付款，根据 S 公司提供的信息，交付的货物不符合合同的具体要求，同时引述了上述（9）所提及的信函；

（*12*）B 银行于 2011 年 2 月 1 日向 C 银行发出的信函，引述了 K 城法院发出的禁止付款的止付令和装运公司确认所提交的海运提单为非常规单据的事实；

（*13*）SWIFT MT 799 电文，日期为 2011 年 4 月 4 日，由 B 银行发给 C 银行，明确其立场（单据 11），强调 I 公司承认没有装运过货物，提单是伪造的，B 银行认为信用证档案已关闭；

（*14*）S 公司于 2011 年 1 月 26 日向 N 船公司代理发出的信函，请求告知准确的装运信息；

（*15*）N 船公司于 2011 年 1 月 30 日向 S 公司发出的信函，告知提单非常规，其在 A 城的代理确认相关货物并未装上提单注明的船只；

（*16*）K 城高级法院于 2011 年 1 月 19 日以德语发出的止付令的法语翻译件；

（*17*）K 城商事法院于 2011 年 2 月 18 日以德语作出的判决；

（*18*）I 公司于 2011 年 3 月 10 日向 B 银行发出的信函，其概述了事实经过，声称 B 银行对此案的处理违反 UCP，因其拒绝付款是基于货物不符的错误指控；

（*19*）I 公司于 2011 年 3 月 29 日向 B 银行发出的信函，提到了上一封仍未得到回应的信函，并继续要求付款，此外，I 公司要求 B 银行配合于 2011 年 4 月 5 日前出具“承诺书”；

（*20*）B 银行于 2011 年 5 月 17 日向 I 公司发送的电子邮件（再次通过其律师），并随附以下附件：

（*21*）B 银行向 I 公司发出的信函（通过邮件），重申提单是伪造的，信函内容还包括关于其他提交的单据（例如发票）为不合格单据的指控，并进一步指出业务已关卷；

（*22*）O 城指控协会于 2012 年 1 月 8 日以阿拉伯语发布的裁决；

---

① 译者注：原文如此，本案裁决无此编号。

（23）O 城商事/海事法院于 2011 年 10 月 5 日以阿拉伯语发布的裁决；

（24）O 城法院（简易程序）于 2012 年 1 月 18 日以阿拉伯语发布的止付令；

（25）O 城商事/海事法院于 2012 年 1 月 30 日以阿拉伯语作出的裁决；

（26）S 公司和 G 公司的商业合同的第 21 条；

（27）A 国关于当前外币交易的规定；

（28）商业合同第 15 条以及 S 公司和 G 公司之间的支付方式；

（29）提交的提单；

（30）提交的 G 公司开出的商业发票；

（31）I 代理于 2011 年 1 月 20 日发给 S 公司的电邮答复，I 代理是船东代理，声称对提交的提单不知情；

（32）SWIFT MT 799 电文（使用德语和意译的法语），明确日期为 2011 年 11 月 25 日，由 C 银行发给 K 银行，告知 K 银行，尽管法院因程序原因没有对此案作出判决，但因提交了虚假内容的提单，其不能予以付款。

2. 第二答辩人未提交任何单据或附件。

分析

1. DOCDEX 规则第 1.1 条规定，规则适用于与下列相关的任何争议：援引了 UCP 或 URR 的跟单信用证、援引了 URC 的托收或援引了 URDG 的见索即付保函。

2. DOCDEX 规则同一条规定赋予了专家组根据相应的结算工具条款及适用的国际商会规则解决争议的权利。

3. UCP 600，此案例适用的规则，在第 5 条中规定，银行处理的是单据，而不是单据可能涉及的货物、服务或履约行为。此外，第 14 条规定，按指定行事的指定银行、保兑行（如有）及开证行须审核交单，并仅基于单据本身确定其是否在表面上构成相符交单。开证行或保兑行必须从交单次日起的至多五个银行营业日内确定交单是否相符。如果相符，银行必须根据第 15 条承付（或议付）。如开证行或保兑行未能在 UCP 规定的期限内拒付，则无权宣称交单不符（UCP 600 第 16（f）条）。

4. 对于已转让信用证，UCP 600 第 38（h）条赋予第一受益人以自己的发票和汇票（如有）替换第二受益人发票和汇票的权利。本案中，第一受益人已行使了这一权利，其发票不可因此被拒绝。

5. 在审核完本案中提供的单据后，专家组裁定发起人的交单相符。保兑行或开证行并未在 UCP 规定的时限内发出拒付通知。因此，第一和第二答辩人不得宣称交单不符，并有义务按 UCP 600 规定支付信用证项下款项。

6. 然而，除有义务遵守信用证适用的 UCP 之外，银行也有责任遵守适用的强制性法律。欺诈、伪造和外汇管理通常被认为是强制性法律的问题。强制性法律高于作为合约性规则的 UCP。

7. DOCDEX 专家组在 DOCDEX 规则下并未被赋予裁决既涉及 UCP，又涉及适用法律（如欺诈或外汇管理）问题的权利。这包括裁定事实和裁决相关请求。

结论

专家组根据国际商会 DOCDEX 规则一致裁决如下：

在 UCP 600 第 16（d）条规定时限内未作出拒付的情况下，第一和第二答辩人有义务根据 UCP 600 规定支付信用证项下相符交单的金额。在本 DOCDEX 案例适用规则所赋予的权限内，专家组实际上无权就此案是否存在欺诈或对 UCP 600 规定的支付义务是否存在潜在影响发表任何意见。

DOCDEX 第 317 号裁决

UCP 600 第 4，5 和 7 条

当跟单信用证项下交单相符，但法院基于另一笔跟单交易及另一个跟单信用证的原因禁止支付该笔跟单信用证项下款项；当因货物质量存在缺陷发生索赔；在上述情况下，DOCDEX 专家组是否有权根据 UCP 600 规定取代法院止付令并对商品质量问题作出裁决？

当事人

发起人：C 公司（以下称“受益人”或“发起人”）
答辩人：B 银行（以下称“开证行”或“答辩人”）
以及
第三方： J 先生（以下称“申请人”或“第三方”）

背景及交易

1. 答辩人于 2008 年 12 月 12 日开立以发起人为受益人的编号为 CIL56789R 的不可撤销跟单信用证。申请人为 J 先生。

2. 信用证通过 SWIFT MT 700 电文开出，在 40E 场表明受“UCP 最新版本”，即 UCP 600 的约束。

3. 信用证金额为 31 950.00 美元，可在 C 国任一银行兑用，承付方式为延期付款（提单日后 90 天）。信用证由 C 银行（通知行）通知给受益人。

4. 信用证随后增额 47 240.00 美元至 79 190.00 美元。

问题

下列概要基于发起人的请求日期为 2010 年 12 月 18 日以及与本案相关的单据（详见“当事人提交的单据”）。答辩人未提交任何意见。

- 2008 年 11 月 27 日，发起人及第三方签订编号为 HM-12345 的销售合同，合同金额为 31 950.00 美元。
- 2008 年 12 月 12 日，答辩人开立编号为 CIL56789R 的跟单信用证，信用证金额为 31 950.00 美元。
- 2008 年 12 月 16 日，发起人及第三方签订编号为 HM-34567 的销售合同，合同金额为 47 240.00 美元。
- 2008 年 12 月 29 日，信用证修改。改证后，信用证金额增加 47 240.00 美元至 79 190.00 美元。
- 编号为 HM-34567 的合同被取消。但从手上的单据来看，不清楚什么时候被取消。
- 答辩人收到（通过通知行）提交的跟单信用证项下单据后，于 2009 年 2 月 10 日承诺在到期日，即 2009 年 4 月 20 日，支付 49 359.37 美元。
- 本案中，第三方在 2009 年 3 月提起了针对发起人的诉讼。第三方主张，交易双方的另一交易项下交付货物（发生于 2008 年 11 月）不符合合同规定的质量标准，并（向 P 国法院）申请冻结 CIL56789R 号跟单信用证项下款项。

- 2009年4月6日，答辩人告知通知行其收到一份P国法院签发的止付令。（根据答辩人的表述）止付令要求其不得在到期日支付CIL56789R号跟单信用证项下的单据金额49 359.37美元，该笔款项被冻结并听候法院指示。因此，答辩人声明尽管其已承诺付款，但被禁止到期支付。
- 2009年10月10日，通知行敦促答辩人支付跟单信用证项下款项。
- 2009年10月12日，答辩人回复通知行，没有收到新的法院通知，因此仍不能付款。

发起人请求国际专家中心根据国际商会DOCDEX规则宣告P国法院的止付行为不仅违反了UCP规则，并且违背了公正和公平原则：

1. P国法院没有通知发起人，剥夺了发起人的抗辩权。

2. 发起人称发出的货物虽存在质量问题，但即便如此，也应当由双方面对面解决，并且聘请第三方机构进行核实。

3. 答辩人作为一个大型银行有能力承担因任何可能原因导致的赔付责任。

基于上述理由，发起人请求答辩人支付CIL56789R号跟单信用证项下款项49 359.37美元以及律师费3 000.00美元。

当事人提交的单据

<u>发起人提交的单据</u>

（1）编号为HM-12345的销售合同副本；

（2）编号为HM-34567的销售合同副本；

（3）编号为CIL56789R，金额为31.950 00美元的跟单信用证；

（4）2008年12月29日开出的跟单信用证修改；

（5）2009年1月19日开出的跟单信用证修改；

（6）答辩人发出的确认接受单据的通知；

（7）从答辩人处收到的止付通知；

（8）通知行要求答辩人支付跟单信用证款项的电文；

（9）跟单信用证项下提交的提单副本；

（10）跟单信用证项下提交的原产证副本；

（11）跟单信用证项下提交的装箱单副本；

（12）跟单信用证项下提交的发票（金额49.359 37美元）副本；

（13）P国法院关于止付的判决书。

分析

UCP 600包含下列条款：

第4条

“信用证与合同

a. 就其性质而言，信用证与可能作为其开立基础的销售合同或其他合同是相互独立的交易，即使信用证中含有对此类合同的任何援引，银行也与该合同无关，且不受其约束。因此，银行关于承付、议付或履行信用证项下任何其他义务的承诺，不受申请人基于其与开证行或与受益人之间的关系而产生的任何请求或抗辩的影响。受益人在任何情况下任何不得利用银行之间或申请人与开证行之间的合同关系。

b. 开证行应劝阻申请人试图将基础合同、形式发票等文件副本作为信用证组成部分的做法。”

第 5 条

“单据与货物、服务或履约行为

银行处理的是单据，而不是单据可能涉及的货物、服务或履约行为。”

第 7 条

“开证行责任

a. 只要规定的单据提交给指定银行或开证行，并且构成相符交单，则开证行必须承付，如果信用证为以下情形之一：

i 信用证规定由开证行即期付款、延期付款或承兑；

ii 信用证规定由指定银行即期付款但其未付款；

iii 信用证规定由指定银行延期付款但未承诺延期付款，或虽已承诺延期付款，但到期日未付款；

iv 信用证规定由指定银行承兑，但其未承兑以其为付款人的汇票，或虽承兑了汇票，但未在到期日付款；

v 信用证规定由指定银行议付但其未议付。

b. 开证行自开立信用证之时起即不可撤销地承担承付责任。

c. 指定银行承付或议付相符交单并将单据转给开证行之后，开证行即承担偿付该指定银行的责任。对承兑或延期付款信用证下相符交单金额的偿付应在到期日办理，无论指定银行是否在到期日之前预付或购买了单据。开证行偿付指定银行的责任独立于开证行对受益人的责任。”

2002 年 3 月 15 日生效的国际商会 DOCDEX 规则包括下列条款：

第 1 条

“（DOCDEX）[……]可在任何与下述相关的争议时使用：[……]援引了国际商会《跟单信用证统一惯例》（UCP）的跟单信用证，以及对 UCP[……]的应用。其目标是根据跟单信用证条款[……]及适用的国际商会规则，为如何解决争议提供一个独立、公正、迅捷的专家意见（DOCDEX 裁决）……”

一般而言，应当注意的是：

● 导致开证行资产冻结的临时紧急措施、支付冻结令、止付令、禁令（或类似的司法措施）等问题不属于 UCP 600 的管辖范围，而是法院考虑的问题。无论如何，法院已依据另一项交易和另一笔跟单信用证作出了明确的止付判决，但据推断，所涉交易是否违规或违法并不明确。

● 跟单信用证的独立性原则（正如 UCP 600 第 4、5 条所体现的）应在最大范围内得到支持，即：法院阻止银行履行信用证项下付款责任等干涉性行为应该建立在非常坚实的论据之上，比如说，受益人欺诈的证据。此外必须补充的是，跟单信用证项下款项的冻结令应至少与该跟单信用证项下的基础交易相关。出于另一笔跟单信用证项下货物交收原因而止付冻结该笔跟单信用证项下款项是极为罕见的。

● 收到法院裁定要求冻结信用证项下款项的开证行不能无视冻结令。即使是在相符交单项下开证行付款责任已经确立的情况下，无论开证行是否已经承诺付款，依然如此。

● 当地法律和当地法院的司法效力高于 UCP 600。当法院裁定要求冻结开证行信用证项下应付款项时，开证行是否应履行信用证项下付款责任的问题，不属于 UCP 600 的管辖范围，而应由法院决定。

至于发起人的请求（见上文）：

1. 如何处理当地法院止付令是当地法律问题，因此不属于 UCP、DOCDEX 程序和专家组的考虑范围。

2. 货物是否存在质量问题以及如何解决此类问题，不属于 UCP 和 DOCDEX 专家组的考虑范围。

3. 信用证当事人的规模以及当事人承担由可能原因造成的赔偿责任的能力问题不属于 UCP 范围和 DOCDEX 专家组考虑的范围。

结论

总之，开证行已经承诺到期付款。因此，根据 UCP 600 第 7 条，开证行在信用证项下的承付责任已经确立。开证行对此无异议并确认承担付款责任。但是，正如前文所述，开证行不能无视法院的裁定。同样的，律师费的支付也应当由法院裁决。

[该裁决是专家组一致的意见。]

DOCDEX 第 318 号裁决

UCP 600 第 4（a），14（a）（d）和（h），7（a）条

相符交单项下，答辩人能否以单据背后的基础合同作为拒付依据；若信用证要求在支付尾款前完成 SAT 证明，但并未完成，这是否构成不符点？

当事人

发起人：W 公司

答辩人：K 银行

背景及交易

1. 2010 年 7 月，发起人与 S 国项目管理方 XYZ（下称“XYZ”“申请人”）签订合同（下称“基础合同”）向 XYZ 出售一套航空器系统（下称“商品”）。

2. 我们（从发起人和答辩人双方代表律师事务所）获悉，XYZ 根据基础合同约定，向答辩人申请开立信用证，金额为 6 150 000.00 美元（即基础合同金额）。当事人对以下事项意见一致：

（i）信用证由答辩人于 2010 年 8 月 3 号通过 SWIFT 电文开立；

（ii）信用证表明适用于“UCP 最新版本”规则，即当前的 UCP 600；以及

（iii）信用证由答辩人通过 J 银行（即本案中“通知行”）通知发起人（即受益人）。

3. 信用证在 SWIFT 电文的 45A 场对货物及/或服务描述规定如下：

“一套航空器系统（包括设备装置、全部备用零件、配件、测试设备、安装、服务及培训）”

（注：我们认为“EQUIPMETNT”是“equipment”一词的误拼。）

4. 信用证规定分四期付款。答辩人在发起人于 2010 年 10 月 18 日（通过通知行）提交单据后支付了首期款项 1 230 000.00 美元。

5. 2010 年 12 月 27 日答辩人对该信用证进行了第一次修改，将分四期付款改为两期，内容如下：

“第一部分对应 47A 场第 7 段首期支款安排

1）一（1）份正本、四（4）份副本由受益人签署的商业发票；

2）一（1）份正本、四（4）份副本的还款保函；

3）一（1）份正本、四（4）份副本的履约保函。

第二部分对应 47A 场第 7 段第二期支款安排表：

1）一（1）份正本、四（4）份副本由受益人签署的现场验收测试证明（SAT）；

2）一（1）份正本、四（4）份副本由受益人签署的培训完成证明；

3）一（1）份正本、四（4）份副本由受益人签署的商业发票；

4）一（1）份正本、四（4）份副本的海运提单及/或空运提单，货物为浮空器系统，运往 S 国。

以上条款取代信用证原对应条款。”

6. 与此同时，此次修改对原信用证 47A 场（附加条款）也作了相应修改，表述如下：

“1）首款：在履约保函、还款保函开立之后，凭交单要求的单据（即 46A 第一部分）支取总金额 20% 的款项（1 230 000.00 美元）。

2）尾款：在现场验收测试完成之后，凭交单要求的单据（即 46A 第二部分）支取总金额 80%的款项（4 920 000.00 美元）。

以上条款取代信用证原对应条款。”（着重为后加）

7. 2012 年 2 月 7 日，答辩人对该信用证进行了第二次修改，延长了最迟装运日期，内容如下：

“44C：最迟装运日：2012 年 02 月 12 日”。

8. 2012 年 2 月 17 日，通知行代表发起人向答辩人交单，以支取信用证项下的尾款。除日期为 2012 年 2 月 9 日的面函外，其他单据如下：

1）由发起人代表签署的现场验收测试完成证明（SAT），日期为 2012 年 2 月 3 日（下称“SAT 证明”）；

2）由发起人代表签署的培训完成证明，日期为 2012 年 2 月 3 日（下称“培训证明”）；

3）由发起人代表签署的商业发票，日期为 2012 年 2 月 9 日（下称“商业发票”）；

4）由承运人出具的提单，显示货物由洛杉矶（即装货港）运往 B 城市（即卸货港），签发地点和日期为“诺福克，2012 年 2 月 3 日” 提单日期相同（下称“提单”）；

5）由发起人开立的汇票，付款人为答辩人，金额为 4 920 000.00 美元，出具日期为 2012 年 2 月 9 日（下称“2012 年 2 月 9 日汇票”）。

9. 2012 年 2 月 22 日，答辩人通过通知行通知发起人拒付，不符点如下：

“SAT 未完成。（见 47A.7.2）

履约保函有效期未延展，未提交。”

10. 通知行代表发起人就所提不符点向答辩人提出抗辩。

问题

答辩人作为开证行以上述不符点为由拒绝支付 2012 年 2 月 17 日所提交的单据是否合理。

A. 发起人的主张

1. 发起人通过律师主张，根据 UCP600 第 7（a）条，只要提交了规定的单据，并且构成相符交单，则答辩人作为开证行必须承付。发起人还主张，根据 UCP600 第 4（a）条和第 14（a）条，答辩人作为开证行无权探究所提交单据表面以外的情况，亦无权根据发起人（作为受益人）与 XYZ（作为申请人）之间签订的相关合同来拒绝付款。此外，根据 UCP600 第 14（h）条，如果跟单信用证含有一项条件，但未规定用以表明该条件得到满足的单据，银行将视为未作规定并不予理会。

2. 受益人还主张，所提交的单据（包括SAT证明、培训证明、商业发票和提单）表面上构成相符交单。

B. 答辩人的答复

1. 答辩人通过律师主张，受益人提交的SAT证明是一个伪造文件。现场验收测试是基础合同中要求的一项程序，须由发起人实施并由最终用户S国军方指定的检验机构证实。答辩人声称，现场验收测试显然没有按照基础合同要求进行。答辩人进一步宣称，SAT证明显示现场验收测试于2012年2月3日完成，这是不可能的，因为直到2012年2月下旬才完成货物交付，由此可以得出结论，SAT证明显然是伪造单据。

当事人提交的单据

A. 发起人提交的单据

1. 通知行于2010年8月3日收到的SWIFT MT 700电文副本（7页）、通知行于2011年1月4日收到的信用证第一次修改副本（2页）、通知行于2011年2月7日收到的信用证第二次修改副本（1页）；

2. 基础合同；

3. 发起人信函，日期为2012年2月9日，随附向答辩人提交的用以支取信用证尾款的单据；

4. 答辩人于2012年2月22日发送的SWIFT电文，告知通知行拒付并列明不符点；

5. 答辩人于2012年2月23日发送的SWIFT电文，告知通知行保函（履约保函）已过期，应当延长有效期；

6. 通知行于2012年2月23日发送的SWIFT电文，就2012年2月22日答辩人拒付电文中所提不符点进行抗辩；

7. 答辩人于2012年2月27日发送的SWIFT电文，告知通知行根据基础合同的要求，发起人没能延展保函（履约保函）有效期，构成不符；

8. 答辩人于2012年2月29日发送的SWIFT电文，向通知行转达申请人的意见：货物已经到达P城港口和I城机场，正在进行海关清关，因此发起人所提交的SAT完成证明是“伪造单据”；

9. 通知行于2012年3月1日发送的SWIFT电文，转达发起人的意见：履约保函不是付款要求的单据；

10. 发起人律师于2012年3月12日发给答辩人的信函，声称答辩人有责任根据2012年2月17日提交的单据承付信用证项下第二笔款项；

11. 答辩人于2012年3月21日发给发起人的SWIFT电文，告知其已收到法院的止付判决，拒绝接受发起人所提交的单据；

12. 发起人律师于2012年3月28日发给答辩人的信函，声称法院并没有就此事作出止付判决（与开证行3月21日的SWIFT电文内容大相径庭），并重申答辩人拒绝承付是毫无法律依据的；

13. 发起人律师于2012年3月30日发给答辩人的信函，声称将以发起人的名义根据DOCDEX规则向DOCDEX提交裁决申请，除非于2012年4月3日前收到款项；

14. SAT证明；

15. 培训证明；

16. 商业发票；

17. 提单以及2012年2月9日的汇票。

B. 答辩人未提交任何单据

1. 本案信用证由答辩人开立，遵循 UCP 600，并且规定发起人为此信用证项下的受益人。由于双方对 20%信用证金额的首款支付没有争议，本案的争议仅与发起人通过通知行于 2012 年 2 月 17 日代表发起人提交的单据，以及答辩人已经于 2012 年 2 月 22 日给通知行的 SWIFT 电文中提出的两个理由向通知行发送的 SWIFT 电文中所列两个不符点是否合理有效有关。

2. 我们注意到，发起人对答辩人于 2012 年 2 月 22 日发送的拒付电的形式正确性以及时效性并未提出质疑。

A. 第一不符点

1. 答辩人于 2012 年 2 月 22 日发出的 SWIFT 电文当中对第一个不符点表述如下：

"SAT 未完成.（见 47A.7.2）"

2. 尽管"SAT 未完成"的表述在语法上存在瑕疵，但在语义上是清楚明了的，与同一句中的"见 47A.7.2"联系起来看，意思则更加确定，明确指向信用证 47A 场（附加条款）第 7 段第 2 点（详见上述第一次修改）对 SAT 须在交单前完成的规定，内容如下："尾款，即总金额的 80%（4 920 000.00 美元）在 SAT 完成后凭（46A 第二部分的）单据支付。"（着重为后加）

3. 对于第一个不符点，指定专家们的裁决如下：

（i）根据 UCP 600 第 4（a）条，我们确认，跟单信用证与基础合同是相互独立的交易。判断是否构成相符交单应当基于跟单信用证条款、国际银行标准实务以及 UCP 的规定。因此，我们认为，判断是否构成相符交单不应参照基础合同的内容。

（ii）专家们无权判定向答辩人提交的单据是否为伪造或存在欺诈，因此无法给出意见。

（iii）根据 UCP 600 第 14（a）条，相关银行收到单据后应仅基于单据本身确定其是否在表面上构成相符交单。

（iv）通过查看以发起人的名义于 2012 年 2 月 17 日提交的单据，我们发现：

——SAT 证明显示现场验收测试于 2012 年 2 月 3 日完成；

——培训证明显示培训于 2012 年 2 月 3 日完成；及

——提单显示货物于同日，即 2012 年 2 月 3 日，在洛杉矶（装货港）装船，运往 B 城市（卸货港）。

（v）我们发现，SAT 证明和培训证明中的数据违反了 UCP 600 第 14（d）条的规定，即："单据中的数据，在与信用证、单据本身以及国际标准银行实务参照解读时，无须与该单据本身中的数据、任何其他要求的单据或信用证中的数据等同一致，但不得矛盾。"表现如下：

——从信用证上下文来看，SAT 证明与培训证明都与信用证条款（改证后）矛盾，信用证条款规定"尾款，即总金额的 80%（4 920 000.00 美元）在 SAT 完成后凭（46A 第二部分）单据支付。"（着重为后加）

——考虑到提单显示货物的装船日期是 2012 年 2 月 3 日，那么 SAT 测试是不可能在当天或者早于当天完成的。同样地，"仪器测试""安装"以及"培训"（根据信用证货物描述项下的规定）也是不可能在那天完成的。根据常理，现场验收测试应于货物到达目的地之后进行，在本案中货物不可能在装运当天就到达目的地。

（vi）因此，我们认为，数据上的矛盾构成不符点，答辩人以此拒付是合理的。

B. 第二不符点

1. 答辩人于 2012 年 2 月 22 日发出的 SWIFT 拒付电文当中对第二个不符点表述如下：

"履约保函有效期未延展，未提交。"

2. 发起人认为，基础合同项下的履约保函是否有效与答辩人在信用证项下的义务无关。

3. 对于第二不符点，我们作为指定专家的意见如下：

（i）信用证（在第一次改证后）中只有一处条款提到了履约保函，但是此条款只涉及信用证首期付款，与第二期付款，即本次裁决申请的事项无关。

（ii）无论履约保函是否需要按照基础合同条款进行展期，我们（根据 UCP 600 第 4（a）条）认为，这与判断答辩人是否有义务判定 2012 年 2 月 17 日的交单为相符交单毫不相关。

（iii）而且，（根据 UCP 600 第 14（h）条），如果信用证含有一项条件，但未规定用以表明该条件得到满足的单据，银行将视为未作规定并不予理会。

（iv）综上所述，我们认为第二不符点不成立。

结论

我们认为答辩人提出的第一不符点是成立的，鉴此，答辩人有理由判定发起人 2012 年 2 月 17 日的交单为不符交单。我们认为答辩人提出的第二不符点不成立。然而由于第一不符点成立，所以答辩人胜诉。

指定专家达成一致的裁决意见。

DOCDEX 第 319 号裁决

UCP 600 第 14（d）条

在一份尚未付款的发票副本上，所显示的装船日与提单日不同是否构成不符点？若信用证未要求提交运输单据，此时 UCP 600 的运输条款是否依然适用？

当事人

发起人：B 银行（下称“开证行”或“发起人”）

答辩人：U 公司（下称“受益人”或“答辩人”）

注：答辩人在本案中并未作出任何应答。

问题

发起人提出的问题

1. 发起人是否能以单据有不符点为由来拒绝答辩人在备用信用证（SBLC）项下的索偿要求？
2. 如果答辩人随后提交了修改单据，发起人能否再次以单据有不符点为由拒绝答辩人的索偿要求？
3. 发起人是否可以因此拒绝履行备用信用证[①]项下的付款义务？

背景及交易

1. 陈述概要：本案中的备用信用证遵循 UCP 600 并由发起人通过 SWIFT 系统开立。备用证要求提交三种单据：

- “一份未付款的商业发票副本，显示提单日期；
- 由受益人签署的声明；以及
- 一份准备就绪及卸货完成通知书副本或一份受益人的权利担保书副本，格式如下……”

1. [②]在备用信用证的 SWIFT 电文中，77C 场表述如下（包括不存在争议的其他内容）：“涵盖：425 000 桶（允许 5%溢短装）的卡伦原油交货条件为的里雅斯特，由‘TBN’货轮或替代船运输，装船期限为 2011 年 12 月 18 日到 22 日（18 日和 22 日均包括在内）。”

2. 首次交单的商业发票上显示的信息如下（包括不存在争议的其他内容）：

船舶名称：×××

提单日期：2011 年 12 月 23 日

装运港：×××

---

① 译者注：原文为 SLBC，应为 SBLC 的笔误。

② 译者注：原文如此，序号重新由 1 开始排序。

卸货港：×××

交货条件：×××

商品：×××

数量：×××

单价：×××

3. 发起人在规定的时间内对首次交单拒绝承付，表明其仍然持有单据，并提出以下不符点："发票上显示的提单日为2011年12月23日，而装船期限为2011年12月18日到22日（迟装运）"。

4. 答辩人不认可开证行提出的不符点并进行抗辩。发起人对答辩人的立场持不同意见并继续拒绝承付首次交单。

5. 答辩人在规定的时间内提交一份新的发票［即本案中的"第二次交单"］，除显示第一次交单中发票上的信息以外，还增加了一些新的信息，即装船日期（下面第二行）：

船舶名称：×××

装船日期：2011年12月22日

提单日期：2011年12月23日

装运港：×××

卸货港：×××

交货条件：×××

商品：×××

数量：×××

单价：×××

6. 发起人适时地对第二次交单拒绝承付，表明其仍持有单据并提出以下不符点："发票上显示的数据相互矛盾。发票上显示的装船日期为2011年12月22日，但提单日期为2011年12月23日。（UCP 600第14D条适用）"

发起人提交的单据

1. 由发起人缮制开出的备用信用证SWIFT电文；
2. 答辩人确认收到备用信用证的SWIFT电文；
3. 答辩人第一次交单的单据；
4. 由发起人发出的对第一次交单拒绝承付的SWIFT电文；
5. 由答辩人发出的对不符点不予认可的SWIFT电文；
6. 发起人发出的阐述其对第一次交单立场的SWIFT电文；
7. 答辩人发出的SWIFT电文，表明受益人已重新提交一份发票，对第一次交单所提不符点继续不予认可并要求偿付货款及利息；
8. 索汇面函及第二次交单的发票；
9. 由答辩人发出的查询付款进度的SWIFT电文；
10. 由发起人发出的对第二次交单拒绝承付的SWIFT电文。

分析

1. 本案中的信用证不需要提交运输单据。信用证规定的发票要求是："一份未付款的商业发票副本，显示提单日期”。信用证没有明确要求注明装船期限。

2. 对装船期限唯一的规定是在“涵盖”栏位里。

3. 第一次交单：如果改变“涵盖”栏位中的原有表述为“*货物描述需要显示在发票上*”，装船期限则需要显示在货物描述中（着重为后加）。然而发起人提出的“不符点”并没有提及，“不符点”仅简单表述为“发票上的提单日期是2011年12月23日，而装船期限是12月18日到12月22日（迟装运）。”

4. 国际商会银行委员会意见R 678与本案情况类似（检验证明显示装船日期是1月27日和1月28日，而提单日期是1月29日）。尽管提单日期比装船期限的最后一天晚一天，但并不与信用证要求冲突。

5. 因为交单无须提交运输单据，因此UCP 600运输条款不适用，唯一的问题在于商业发票上的数据是否符合信用证的要求。商业发票上的数据与信用证要求相符。发起人应当承付。

6. 第二次交单：第二次交单的唯一问题是商业发票上的数据是否存在矛盾。虽然信用证要求发票显示介于12月18日到22日之间的装船日期以及提单日期，但第二张发票确实显示了“装船日期2011年12月22日”及“提单日期2011年12月23日”。信用证并没有要求提单上的装运日期要在装船期限之内。

7. 提单上的装船日期是货物已装船的证明。本案中，信用证没有提单，因此除了发票之外，没有其他单据可以显示装船日期。装船批注的日期早于提单的出具日并不属于异常情况。提单签发机构会收到装船日期的通知，但周末的来临或繁重的工作量可能会导致提单出具和记载时间推后几天，但依然会显示货物实际的、早于提单出具日的装船日期。

8. 这与国际商会意见R 678和R 568一致，该两条意见都对提单的出具日期做出了说明，如下所示：

1）R 678 回应了关于提单日期不一致的咨询。结论：对于该咨询中提到的日期，预先印就的货物装船日期为2007年1月29日或显示装船批注日期为2007年1月29日的租船合同提单与显示装船期限为2007年1月27—28日的检验证书不存在不一致。

2）R 568回应了带有装船日期以及迟于装船日期的出具日期的提单问题。结论：为确定“提单日期×天后”付款的信用证项下汇票到期日，无论装船批注日期，如有，比提单出具日或早或晚，都将被视为“提单日期”。

3）第二次交单不存在不符点，发起人应当承付。

结论

1. 发起人是否能以单据有不符点为由来拒绝答辩人在备用信用证项下的索偿要求？

裁决：否。

2. 如果答辩人随后提交了一份修改后的未付款的商业发票，发起人能否再次以单据有不符点为由来拒绝答辩人的索偿要求？

裁决：否。

3. 发起人是否可以因此拒绝履行备用信用证项下的付款义务？

裁决：否。

发起人应当承付。

该裁决是专家组的一致意见。

UCP、URC 及 URDG 条款及 ISBP 段落号索引

UCP、URC 522 及 URDG 458、758 条款及 ISBP 681 段落号索引

（案例的编排依据是其是否参照 UCP 600、UCP 500、UCP 222、URC 522、URDG 458。ISBP 段落参照 UCP 600 的伴侣读物 ISBP 681。）

UCP 500 条款 DOCDEX 裁决号码

UCP 222 条款 UCP 222 条款

ISBP 681 段落 DOCDEX 裁决号码

URC 522 条款　　DOCDEX 裁决号码

URDG 458　　URDG 458

附　录

国际商会跟单金融产品争议专家解决规则

（国际商会第 **811** 号出版物）

国际商会跟单信用证统一惯例

（国际商会第 **600** 号出版物）

关于审核跟单信用证项下单据的国际标准银行实务

（国际商会第 **681** 号出版物）

关于 DOCDEX 系统的更多消息，
请浏览网址
www.iccdocdex.org，或
联系：

ICC International Centre for Expertise
33-43, avenue du President Wilson 75116 Paris, France
Tel.: +33 1 49 53 30 53 Fax: +33 1 49 53
29 29 E-mail: docdex@iccwbo.org

*《国际商会跟单金融产品争议专家解决规则》*于 1997 年 10 月首次颁布。
第一版首先于 2002 年 4 月印刷，2002 年 9 月（修改了语法及打字错误）、
2003 年 10 月、2004 年 6 月、2005 年 10 月及 2006 年 5 月重印。

国际商会出版

国际商会第 811 号出版物
ISBN-10： 92-842-1325-8
ISBN-13： 978-92-842-1325-2

国际商会跟单 DOCDEX 规则

国际商会跟单金融产品争议专家解决规则

第一次修订

2002 年 3 月 15 日起生效

第 1 条：争议解决服务

1.1 这些规则是关于跟单金融产品争议专家解决规则（DOCDEX）的服务，可在任何与下述相关的争议时使用：

- 援引了《国际商会跟单信用证统一惯例》（UCP）的跟单信用证，以及对 UCP 和/或国际商会《跟单信用证项下银行间偿付规则》（URR）的应用。
- 援引了《国际商会托收统一规则》（URC）的托收，以及对 URC 的应用。
- 援引了《国际商会见索即付保函统一规则》（URDG）的见索即付保函，以及对 URDG 的应用。

其目标是：根据跟单信用证的条款、托收指示、或见索即付保函及适用的国际商会规则，针对如何解决争议提供独立、公正和迅捷的专家意见（DOCDEX 裁决）。国际商会规则可以是 UCP、URR、URC 或 URDG（国际商会规则）。

任何对 DOCDEX 述及将被视为适用于 DOCDEX 规则的最新版本和适用的国际商会规则版本，除非跟单信用证、托收指示或见索即付保函中另有规定。

1.2 DOCDEX 系由国际商会（ICC）通过国际商会银行技术与惯例委员会（银行委员会）主办的国际专家中心（中心）提供服务。

1.3 争议根据本规则提交给中心后，中心将从由银行委员会所保有的专家名单中指定三名专家。这三名专家（指定专家）将向银行委员会的技术顾问咨询后作出裁决，并将根据本规则作为 DOCDEX 的裁决由中心发布。DOCDEX 的裁决无意与仲裁裁决书的任何法律规定保持一致。

1.4 除非另有约定，DOCDEX 的裁决对各方当事人无约束力。

1.5 在 DOCDEX 的程序中，与中心的沟通必须全部以书面方式进行，即，所收到的信息须以完整沟通记录的形式，通过远程传送或其他快捷的手段提供。

第 2 条：申请

2.1 发起人递交申请（申请）请求 DOCDEX 的裁决。发起人可以是单独申请的纠纷当事人中的一方，或争议中的多个或全部当事人联合提交一份申请。一式四份的申请，包括所附全部单据，须提交给法国巴黎的中心。

2.2 申请应简明，并包括清楚地提交所有必需的信息，尤其是以下内容：

2.2.1 发起人的完整名称和地址，清楚地注明该发起人与跟单信用证、托收或见索即付保函相关的职能，以及

2.2.2 争议的另一方（答辩人）的完整名称和地址，在申请不是由争议的各方联合提交时，清楚地注明该答辩人与跟单信用证、托收或见索即付保函相关的职能，以及

2.2.3 一份发起人正式要求根据《国际商会 DOCDEX 规则》（国际商会第 811 号出版物）的规定作出 DOCDEX 的裁决的声明，以及

2.2.4 争议的概述及发起人的主张，清楚地指出所有与跟单信用证、托收或见索即付保函相关的问题和适用的国际商会规则，以及

2.2.5 涉及纠纷的跟单信用证、托收指示或见索即付保函及其所有相关的修改的副本，以及所有被认为确定相关情况的必要单据副本，以及

2.2.6 发起人的声明，声明该申请，包括所附的全部单据的副本，已经被发送给申请中列明的答辩人。

2.3 申请必须随之以按附录的标准费用支付。除非附有必备的付费，否则不受理任何申请。

第 3 条：答复

3.1 答辩人可以针对发起人的申请提交答复。答辩人可以是申请中列明的争议中的一方或多个答辩人，每一方可提交单独的答复或联合提交一个答复。答复必须在中心的申请回执（见第 5 条）规定的时间内由中心收到。一式四份的答复，包括所附全部单据，应提交给法国巴黎的中心。

3.2 答复应简明，并包括清楚地提交所有必需的信息，尤其是以下内容：

3.2.1 发起人的名称和地址，以及

3.2.2 相关申请的日期，以及

3.2.3 一份答辩人正式要求根据《国际商会 DOCDEX 规则》（国际商会第 811 号出版物）的规定作出 DOCDEX 裁决的声明，以及

3.2.4 答辩人的主张概要，清楚地指出所有与跟单信用证、托收或见索即付保函相关的问题和适用的国际商会规则，以及

3.2.5 所有额外的、被认为确定相关情况的必要单据文档副本，以及

3.2.6 答辩人的声明，声明该答复，包括所附全部单据的副本，已用书面方式发送给申请中列出的发起人和其他的答辩人。

3.3 如果答辩人未根据第 3.2.3 提供声明，则最终的 DOCDEX 的裁决将不会提供给答辩人。

第 4 条：补充

4.1 申请、答复和补充将以收到的为最终版本。

4.2 中心可以通过邀请的方式要求发起人和答辩人提交特定的补充信息，包括与 DOCDEX 裁决相关的单据文档副本（补充文件）。

4.3 一式四份的补充文件必须由中心在邀请信中规定的期限内收到。补充文件应简明并包括清楚地提交所有必需的信息，并且包括相关的副本单据。补充还应包括：

4.3.1 邀请信中的日期及参考号，以及

4.3.2 该补充文件的出具人的名称和地址，以及

4.3.3 该补充文件出具人的声明，声明补充及其所附全部单据的副本，已经发送给发起人或答辩人。

4.4 补充文件应在收到中心的邀请信后根据其规定仅提供给中心。

第 5 条：回执和拒绝

5.1 中心将向发起人和答辩人确认收到申请、答复和补充文件（回执）。

5.2 中心须规定每项答复或补充文件必须交到中心的合理时限。规定时间将不超过收到申请的回执日期后 30 天，或不超过提交补充文件的邀请信日期后 14 天。

5.3 任何答复或补充文件如超过相关回执或邀请信规定的时限才到达中心、或呈交任何非中心要求的信息，都将不予以理会。

5.4 中心可随时，无论在其回执之前还是之后，全部或部分拒绝任何申请、答复或补充文件，并通知发起人和答辩人，

5.4.1 如中心或指定的专家相信待裁决的问题与适用的国际商会规则无关，或

5.4.2 在其他方面，尤其在形式和/或内容方面，未符合本规则的规定，或

5.4.3 中心在申请日期后 14 天内未收到按标准计收的费用。

5.5 本规则中或任何回执或邀请信中规定时限所涉及的天数系指连续的日历日，且自相关回执或邀请信中标明的出具日期翌日起算。如果相关时限的最后一日、或任何固定日期适逢法国巴黎的非工作日，则该时限将于巴黎随后的第一个工作日结束前届满。

第 6 条：专家的指定

6.1 银行委员会保存具有深厚经验并精通适用国际商会规则专家的内部名单。

6.2 一收到申请，中心将从名单中指定三位独立的专家。每个指定的专家须声明他与申请中各方当事人的独立性。中心将指派三位指定专家中之一作为主席。

6.3 指定专家须始终对所有 DOCDEX 案例相关的信息及单据文件严格保密。

6.4 一旦指定专家认为他无法履责，应立刻向中心递交终止通知。如中心认为某指定的专家无法履责，须立刻向该指定专家发出终止通知。在上述任一情况下，该指定专家都须立刻将其所收到的申请、答复和补充文件退还给中心，包括所附的全部单据文件，并且中心会将此项终止告知其他指定专家。

6.5 对于根据本规则第 6.4 条提早终止指定的专家，中心须毫不延误地予以替换，并将按此告知其他

指定专家。

第 7 条：指定专家的程序

7.1 中心将所收到的相关申请、答复和补充文件提交给指定专家。

7.2 指定专家作出裁决须公正且仅仅依据申请、答复和补充文件，以及与之相关的跟单信用证和 UCP 及/或 URR，或托收及 URC，或见索即付保函及 URDG。

7.3 如认为有必要，指定专家的主席可以根据本规则第 4 条要求中心提请发起人和答辩人提供额外的信息和/或副本单据文件。

7.4 在收到认为与待裁问题必要且恰如其分的全部信息及单据文件后 30 天内，只要第 10.1 条规定的附加费用已予支付，指定专家就要草拟一份裁决并由他们的主席将此裁决提交给中心。

7.5 发起人和答辩人均不应

- 设法要指定专家当面口头听证，
- 要求国际商会披露任何指定专家的姓名，
- 试图要银行委员会的指定专家或官员，到审理争议纠纷的仲裁庭或法庭上担任证人、专家或承担任何类似工作，如这些人员曾参与并作出过与此项纠纷相关的 DOCDEX 裁决。

第 8 条：DOCDEX 裁决

8.1 一俟收到指定专家的裁决，中心应向银行委员会的技术顾问或其指定代表咨询，以确定 DOCDEX 的裁决与适用的国际商会规则和银行委员会对他们的解释相一致。由技术顾问（或其代表）建议的修改需经多数指定专家的同意。

8.2 根据本规则第 10.2 条，中心将毫不延误地出具 DOCDEX 的裁决并将其发送给

8.2.1 发起人以及

8.2.2 根据《国际商会 DOCDEX 规则》（国际商会第 811 号出版物）第 3.2.3 条申请 DOCDEX 裁决的答辩人。

8.3 DOCDEX 裁决由中心以英语出具，除非指定专家另有决定，其中须包括下述内容：

8.3.1 发起人和答辩人的名称，以及

8.3.2 需裁决问题相关陈述的概述，以及

8.3.3 对问题的裁决及简述裁决的理由，以及

8.3.4 出具日期和中心代表人的签字。

8.4 DOCDEX 裁决应被视为由中心在其出具日期于法国巴黎作出。

第 9 条：DOCDEX 裁决的保存和公布

9.1 每份 DOCDEX 正本裁决书将保存在中心并留存 10 年。

9.2 在永不披露争议各方当事人身份的条件下，国际商会可以公布任何 DOCDEX 裁决。

第 10 条：DOCDEX 的费用

10.1 DOCDEX 服务费用是附录中的标准费用。标准费用概不退还。在个别情况下，根据案情的复杂程度，可由中心自行确定收取附加费用，不得超出附录中列明的“附加费用”上限。这种附加费用要在合理时间内，最迟在申请回执日期后的 45 天内，向发起人开具发票。缴付附加费用的时限由中心确定。在发起人缴纳附加费用前，中心可随时停办，并指示指定专家暂停处理案例的工作。如争议的信用证、托收或见索即付保函的金额未超过附录列明的最低金额，则不收取任何附加费用。

10.2 如已出具附加费用发票，中心须在收费后才出具 DOCDEX 的裁决。

第 11 条：一般规定

11.1 本规则中所有未明确规定的问题，国际商会的中心、专家、指定专家、官员、职员和雇员必须坚持严格保密，并依照本规则的精神行事。

11.2 国际商会的指定专家、官员、职员和雇员对任何信息、信件或单据文件传输中发生的延误和/或遗失引起的结果、或者任何电信传递过程中产生的延迟、残缺或其他错误，或翻译中和/或技术性措辞的解释中的错误，概不负责。

11.3 国际商会的指定专家、官员、职员和雇员对其与任何 DOCDEX 裁决相关的职责履行或声称的履行概不承担责任，除非证明其行为或疏忽并非出于善意。

《国际商会跟单金融产品争议专家解决规则》附录

1. 标准费用

标准费用 5 000 美元，包括行政费用及专家费用。

2. 额外费用

根据本规则第 10.1 条，如果信用证、托收或见索即付保函的金额超过 500 000 美元，则再收取最高为标准费用的额外费用。

3. 付款

任何该类费用的支付应以美元支付至巴黎国际商会，清楚注明 DOCDEX。

- 通过银行转账给

UBS SA 35, Rue des Noirettes
P.O. Box 2600 CH-1211 Geneva 2 Switzerland
Account No.: 240-224534.61R
Swift code: UBSWCHZH12A
IBAN: CH06 0024 0240 2245 3461 R
或

- 通过支票支付给：International Chamber of Commerce，

或

- 通过威士信用卡支付，说明

Expiry date ....
Visa card number ....
Name on card ....
Signature ....
Date ....
上述任何付款应随附书面通知给：
International Chamber of Commerce
International Centre for Expertise
33-43, avenue du President Wilson 75116 Paris France
Fax: +33 1 49 53 29 29 E-mail: docdex@iccwbo.org

同时声明下述内容：

data:

Name: ....

Business title: ....

Company: ....

Address: ....

....

Code/postal code: ....

Date of Request: ....

国际商会跟单信用证统一惯例
（UCP 600）（2007 年修订版）

《跟单信用证统一惯例》由国际商会于 1933 年首次出版。1951、1962、1974、1983 及 1993 年又相继出版了修订版。

该修订版于 2006 年 11 月经国际商会执委会通过并于 2006 年 12 月由国际商会出版社首次出版 UCP 600。

英语版本的《跟单信用证统一惯例》提供了规则的官方文本。条款的名称仅作为参考。

官方法语译本也由国际商会服务公司出版部出版。其他语言的翻译及双语版本可以从国际商会各国家委员会获取。请访问 www.iccwbo.org 查找国家委员会全部清单。

本版本由国际商会服务公司出版部安排出版。

ICC SERVICES
Publications Department
33-43, avenue du President Wilson
75116 Paris, France
www.storeiccwbo.org

国际商会第 600 号出版物
ISBN-10：92-842-1257-X
ISBN-13：978-92-842-1257-6

前　　言

本《跟单信用证统一惯例》（通常称为“UCP”）修订版是自其首先在1933年颁布以来的第六次修订。它是国际商会（ICC）银行技术与惯例委员会逾三年之久的工作成果。

国际商会于1919年成立，在这一民族主义和保护主义对世界贸易系统带来严重威胁的时期，国际商会将其首要目标确立为便利国际贸易的流动。在该精神指引下，UCP 被首先介绍以减轻由个别国家推广它们关于信用证的国内规则所造成的混乱。该目标自达成以来便是创设一套将确立在该惯例中一致性的合同性规则，以便实务人员将不需要与太多通常矛盾的国内规章制度打交道。各国的经济和司法体制差异巨大，而这些国家中的从业人员对UCP的普遍接受，则是对规则成功的证明。

回顾UCP代表私有国际组织而非官方机构的工作至为重要，自其创立以来，国际商会坚持在商业实务中自我约束的中心角色。这些全部由私有部门的专家形成的规则证实了该方法的有效。UCP 成为最成功的已经发展的贸易私有规则。

对命名为“UCP 600”的本修订版作出贡献的范围包括个人与团体。他们包括：UCP 修订小组，该小组在对本修订版达成一致意见前筛选了5 000多条个人意见；UCP顾问小组，该小组成员来自逾25个国家，作为顾问机构对数版草稿进行反馈并提出修改建议；国际商会银行技术与惯例委员会的 400 多名成员，他们对修订版提出中肯的修改建议；世界各地的国际商会国家委员会，他们积极地汇总其成员的意见。国际商会还对运输及保险行业的从业者表示感谢，他们富有洞察力的建议磨就了最终稿。

盖伊·塞班
国际商会秘书长
2005年1月

介　绍

2003 年 5 月，国际商会授权国际商会银行技术与惯例委员会（银行委员会）开始修订国际商会第 500 号出版物《跟单信用证统一惯例》。

与其他修订版本一样，总的目标是关注银行、运输和保险行业的发展。另外，需要审视在 UCP 中使用的语言和风格，从而消除可能导致应用和解读上不一致的措辞。

当开始修订工作时，许多全球的调查指出，由于不符点，信用证项下提交的约 70%的单据在首次交单时被拒付。这明显地已经并且持续地对被视为付款方式的信用证产生了负面的影响，并且，如任其泛滥，则可能对于保持或增加其作为公认的国际贸易结算方式的市场份额产生严重的影响。银行不符点费的引入使该问题更为重要，尤其是当潜在的不符点被发现是令人怀疑的或无根据的时候。尽管在 UCP 500 实施期间涉及诉讼的案例数字未增长，但是《国际商会跟单金融产品争议专家解决规则》（DOCDEX）①于 1997 年 10 月颁布（其后于 2002 年 3 月修改）后已经裁决了 60 余个案例。

为了解决这些及其他的关注，银行委员会成立了修订 UCP 500 的修订小组。银行委员会还决定产生第二个小组，即为众所周知的顾问小组，对修订小组提交的前期修订稿加以审查并给予指导。修订小组由来自 26 个国家的逾 40 个银行及运输行业的专家组成。在修订稿文本提交给国际商会国家委员会之前，在伦敦的三井住友银行欧洲股份有限公司的副总经理约翰·特恩布尔以及罗马的意大利银行协会顾问卡罗·迪·尼尼担任担任联合主席的杰出领导下，顾问小组为修订小组提供了宝贵的支持。

修订小组通过分析 UCP 500 项下银行委员会出具的官方意见开始审查程序。修订小组审查了部分 UCP 约 500 条意见以评估是否所涉及的问题需要在 UCP 的任何条款的增删上进行变化。另外，国际商会银行委员会于 1994 年 9 月出具的四个立场书的内容、两个决定（关于欧元的引入和在 UCP 500 第 20（b）条下如何认定正本单据）以及 DOCDEX 案例中出具的决定也予以了考虑。

在修订过程中，国际商会第 645 号出版物《关于审核跟单信用证项下单据的国际标准银行实务》（ISBP）制定过程中完成的大量工作也被加以关注。该出版物已经演化为确定单据是否与信用证条款相符的 UCP 的必要伴侣。修订小组和银行委员会期望对 ISBP 中所含原则的应用，包括其后的修改，将继续在 UCP 600 期间有效。在 UCP 600 完成时，将会有更新的 ISBP 版本以使其内容与新规则的本质和风格相一致。

1994 年出具的四个立场书是在 UCP 500 下的应用；因此，在 UCP 600 下将不再适用。关于对正本单据认定的决定之精髓已经被纳入 UCP 600 的文本中。DOCDEX 的结果一贯是以现有国际商会银行委员会的意见为基础的，因此不含需要在这些规则中体现的具体问题。

UCP 的结构性变化之一是引入了涵盖定义（第 2 条）和解释（第 3 条）的条款。在对银行扮演的角色和具体条款及事件的含义下定义时，UCP 600 避免了重复条款以解释对其的理解和应用的必要性。同样地，

① 译者注：原文英文表述有误，应为 Documentary Instruments Dispute Resolution Expertise 而非 Documentary Credit Dispute Resolution Expertise。国际商会中国国家委员会关于 DOCDEX 规则的官方译本见《国际商会见索即付保函统一规则 URDG 758 指南》的附录 4。

该条款涵盖旨在去除信用证中出现的模糊或不清楚的语言中所带来的含混不清，并对 UCP 或信用证的其他特征给予明确的阐明。

在过去的三年中，修订小组向国际商会各国委员会征求了对系列问题的意见，以确定他们对于修订小组提交的选择性文本中的偏好。该做法的结果及各国委员会对文本中各项问题的大量投入在 UCP 600 的内容中得以反映。修订小组不但考虑了与跟单信用证相关的当前的实务，还试图设想了该实务未来的发展。

本 UCP 修订版代表了在修订小组各个成员、银行委员会的成员和相关国际商会国家委员会中三年多的广泛分析、审查、辩论和妥协的结果。我们也收到了来自国际商会运输和物流委员会、商业法律和实务委员会及保险委员会的宝贵意见。

关于某一条款为何被如此措辞或引入规则的意图，本出版物不宜给出解释。对理解 UCP 600 这些条款的根本原因和解释感兴趣者，可从代表修订小组观点的国际商会第 680 号出版物对该规则的《评述》中发现这些信息。

我在此代表修订小组向顾问委员会成员、国际商会各个国家委员会和银行委员会成员在修订过程中的专业意见及建设性的参与深表谢意。

特别向下述以字母顺序列出的修订小组成员及他们所在机构表示感谢。

Nicole Keller – Vice President, Service International Products, Dresdner Bank AG, Frankfurt, Germany; Representative to the ICC Commission on Banking Technique and Practice;

Laurence Kooy – Legal Adviser, BNP Paribas, Paris, France; Representative to the ICC Commission on Banking Technique and Practice;

Katja Lehr – Business Manager, Trade Services Standards, SWIFT, La Hulpe, Belgium, then Vice President, Membership Representation, International Financial Services Association, New Jersey, USA; Representative to the ICC Commission on Banking Technique and Practice;

Ole Malmqvist – Vice President, Danske Bank, Copenhagen, Denmark; Representative to the ICC Commission on Banking Technique and Practice;

Paul Miserez – Head of Trade Finance Standards, SWIFT, La Hulpe, Belgium; Representative to the ICC Commission on Banking Technique and Practice;

René Mueller – Director, Credit Suisse, Zurich, Switzerland; Representative to the ICC Commission on Banking Technique and Practice;

Chee Seng Soh – Consultant, Association of Banks in Singapore, Singapore; Representative to the ICC Commission on Banking Technique and Practice;

Dan Taylor – President and CEO, International Financial Services Association, New Jersey, USA; Vice Chairman, ICC Commission on Banking Technique and Practice;

Alexander Zelenov – Director, Vnesheconombank, Moscow, Russia; Vice Chairman, ICC Commission on Banking Technique and Practice;

Ron Katz – Policy Manager, ICC Commission on Banking Technique and Practice, International Chamber of Commerce, Paris, France.

本人非常高兴能够主持修订小组的工作。

本修订本如此成功地完成离不开他们慷慨地贡献的知识、时间和精力。在此我特别向他们及他们所在的机构表示我对他们的贡献、很好完成的工作及友谊的谢意。我还希望向荷兰银行管理层在此修订过程中的理解、耐心和支持表示诚挚的感谢。

Gary Collyer
公司董事
英国伦敦荷兰银行
及国际商会银行技术与惯例委员会技术顾问
2006 年 11 月

国际商会跟单信用证统一惯例
（2007 年修订版）

第一条

UCP 的适用范围

《跟单信用证统一惯例（2007 年修订版）》国际商会第 600 号出版物（简称“UCP”）乃一套规则，适用于所有的其文本中明确表明受本惯例约束的跟单信用证（下称“信用证”）（在其可适用的范围内，包括备用信用证）。除非信用证明确修改或排除，本惯例各条文对信用证所有当事人均具有约束力。

第二条

定义

就本惯例而言

通知行指应开证行的要求通知信用证的银行。

申请人指要求开立信用证的一方。

银行工作日指银行在其履行受本惯例约束的行为的地点通常开业的一天。

受益人指接受信用证并享受其利益的一方。

相符交单指与信用证条款、本惯例的相关适用条款以及国际标准银行实务一致的交单。

保兑指保兑行在开证行承诺之外做出的承付或议付相符交单的确定承诺。

保兑行指根据开证行的授权或要求对信用证加具保兑的银行。

信用证指一项不可撤销的安排，无论其名称或描述如何，该项安排构成开证行对相符交单予以承付的确定承诺。

承付指：

a. 如果信用证为即期付款信用证，则即期付款。

b. 如果信用证为延期付款信用证，则承诺延期付款并在承诺到期日付款。

c. 如果信用证为承兑信用证，则承兑受益人开出的汇票（“汇票”）并在汇票到期日付款。

开证行指应申请人要求或者代表自己开出信用证的银行。

议付指指定银行在相符交单下，在其应获偿付的银行工作日当天或之前向受益人预付或同意预付款项，从而购买汇票（其付款人为指定银行以外的其他银行）及/或单据的行为。

指定银行指信用证可在其处兑用的银行，如信用证可在任一银行兑用，则任何银行均为指定银行。

交单指向开证行或指定银行提交信用证项下单据的行为，或指按此方式提交的单据。

交单人指实施交单行为的受益人、银行或其他人。

第三条

解释

就本惯例而言：

如情形适用，单数词形包含复数含义，复数词形包含单数含义。

信用证是不可撤销的，即使未如此表明。

单据签字可用手签、摹样签字、穿孔签字、印戳、符号或任何其他机械或电子的证实方法为之。

诸如单据须履行法定手续、签证、证明等类似要求，可由单据上任何看似满足该要求的签字、标记、印戳或标签来满足。

一家银行在不同国家的分支机构被视为不同的银行。

用诸如“第一流的”“著名的”“合格的”“独立的”“正式的”“有资格的”或“本地的”等词语描述单据的出单人时，允许除受益人之外的任何人出具该单据。

除非要求在单据中使用，否则诸如“迅速地”“立刻地”或“尽快地”等词语将被不予理会。

“在或大概在（on or about）”或类似用语将被视为规定事件发生在指定日期的前后五个日历日之间，起讫日期计算在内。

“至（to）”“直至（until、till）”“从……开始（from）”及“在……之间（between）”等词用于确定发运日期时包含提及的日期，使用“在……之前（before）”及“在……之后（after）”时则不包含提及的日期。

“从……开始（from）”及“在……之后（after）”等词用于确定到期日时不包含提及的日期。

“前半月”及“后半月”分别指一个月的第一日到第十五日及第十六日到该月的最后一日，起讫日期计算在内。

一个月的“开始（beginning）”“中间（middle）”及“末尾（end）”分别指第一到第十日、第十一日到第二十日及第二十一日到该月的最后一日，起讫日期计算在内。

第四条

信用证与合同

a. 就其性质而言，信用证与可能作为其开立基础的销售合同或其他合同是相互独立的交易，即使信用证中含有对此类合同的任何援引，银行也与该合同无关，且不受其约束。因此，银行关于承付、议付或履行信用证项下任何其他义务的承诺，不受申请人基于与开证行或与受益人之间的关系而产生的任何请求或抗辩的影响。受益人在任何情况下不得利用银行之间或申请人与开证行之间的合同关系。

b. 开证行应劝阻申请人试图将基础合同、形式发票副本等文件作为信用证组成部分的做法。

第五条

单据与货物、服务或履约行为

银行处理的是单据，而不是单据可能涉及的货物、服务或履约行为。

第六条

兑用方式、截止日和交单地点

a. 信用证必须规定可在其处兑用的银行，或是否可在任一银行兑用。规定在指定银行兑用的信用证同时也可以在开证行兑用。

b. 信用证必须规定其是以即期付款、延期付款、承兑还是议付的方式兑用。

c. 信用证不得开成凭以申请人为付款人的汇票兑用。

d. i. 信用证必须定一个交单的截止日。规定的承付或议付的截止日将被视为交单的截止日。

ii. 可在其处兑用信用证的银行所在地即为交单地点。可在任一银行兑用的信用证其交单地点为任一银行所在地。除规定的交单地点外，开证行所在地也是交单地点。

e. 除非如第 29（a）条规定的情形，否则受益人或者代表受益人的交单应在截止日当天或之前完成。

第七条

开证行责任

a. 只要规定的单据提交给指定银行或开证行，并且构成相符交单，则开证行必须承付，如果信用证为以下情形之一：

i. 信用证规定由开证行即期付款、延期付款或承兑；

ii. 信用证规定由指定银行即期付款但其未付款；

iii. 信用证规定由指定银行延期付款但其未承诺延期付款，或虽已承诺延期付款，但未在到期日付款；

iv. 信用证规定由指定银行承兑，但其未承兑以其为付款人的汇票，或虽然承兑了汇票，但未在到期日付款；

v. 信用证规定由指定银行议付但其未议付。

b. 开证行自开立信用证之时起即不可撤销地承担承付责任。

c. 指定银行承付或议付相符交单并将单据转给开证行之后，开证行即承担偿付该指定银行的责任。对承兑或延期付款信用证下相符交单金额的偿付应在到期日办理，无论指定银行是否在到期日之前预付或购买了单据。开证行偿付指定银行的责任独立于开证行对受益人的责任。

第八条

保兑行责任

a. 只要规定的单据提交给保兑行，或提交给任何其他指定银行，并且构成相符交单，保兑行必须：

i. 承付，如果信用证为以下情形之一：

a）信用证规定由保兑行即期付款、延期付款或承兑；

b）信用证规定由另一指定银行即期付款，但其未付款；

c）信用证规定由另一指定银行即期付款，但其未承诺延期付款，或虽已承诺延期付款但未在到期日付款；

d）信用证规定由另一指定银行承兑，但其未承兑以其为付款人的汇票，或虽已承兑汇票未在到期日付款；

e）信用证规定由另一指定银行议付，但其未议付。

ii. 无追索权地议付，如果信用证规定由保兑行议付。

b. 保兑行自对信用证加具保兑之时起即不可撤销地承担承付或议付的责任。

c. 其他指定银行承付或议付相符交单并将单据转往保兑行之后，保兑行即承担偿付该指定银行的责任。对承兑或延期付款信用证下相符交单金额的偿付应在到期日办理，无论另一指定银行是否在到期日之前预付或购买了单据。保兑行偿付另一指定银行的责任独立于保兑行对受益人的责任。

d. 如果开证行授权或要求一银行对信用证加具保兑，而其并不准备照办，则其必须毫不延误地通知开证行，并可通知此信用证而不加保兑。

第九条

信用证及其修改的通知

a. 信用证及其任何修改可以经由通知行通知给受益人。非保兑行的通知行通知信用及修改时不承担承付或议付的责任。

b. 通知行通知信用证或修改的行为表示其已确信信用证或修改的表面真实性，而且其通知准确地反映了其收到的信用证或修改的条款。

c. 通知行可以通过另一银行（“第二通知行”）向受益人通知信用证及修改。第二通知行通知信用证或修改的行为表明其已确信收到的通知的表面真实性，并且其通知准确地反映了收到的信用证或修改的条款。

d. 经由通知行或第二通知行通知信用证的银行必须经由同一银行通知其后的任何修改。

e. 如一银行被要求通知信用证或修改但其决定不予通知，则应毫不延误地告知自其处收到信用证、修改或通知的银行。

f. 如一银行被要求通知信用证或修改但其不能确信信用证、修改或通知的表面真实性，则应毫不延误地通知看似从其处收到指示的银行。如果通知行或第二通知行决定仍然通知信用证或修改，则应告知受益人或第二通知行其不能确信信用证、修改或通知的表面真实性。

第十条

修改

a. 除第 38 条别有规定者外，未经开证行、保兑行（如有）及受益人同意，信用证既不得修改，也不得撤销。

b. 开证行自发出修改之时起，即不可撤销地受其约束。保兑行可将其保兑扩展至修改，并自通知该修改时，即不可撤销地受其约束。但是，保兑行可以选择将修改通知受益人而不对其扩展保兑。若然如此，其必须毫不延误地将此告知开证行，并在其给受益人的通知中告知受益人。

c. 在受益人告知通知修改的银行其接受该修改之前，原信用证（或含有先前被接受的修改的信用证）的条款对受益人仍然有效。受益人应提供接受或拒绝修改的通知。如果受益人未能给予通知，当交单与信用证以及尚未表示接受的修改的要求一致时，即视为受益人已作出接受修改的通知，并且从此时起，该信用证被修改。

d. 通知修改的银行应将任何接受或拒绝的通知转告发出修改的银行。

e. 对同一修改的内容不允许部分接受，部分接受将被视为拒绝修改的通知。

f. 修改中关于除非受益人在某一时间内拒绝修改否则修改生效的规定应被不予理会。

第十一条

电信传输的和预先通知的信用证和修改

a. 以经证实的电信方式发出的信用证或信用证修改即被视为有效的信用证或修改文据，任何后续的邮寄确认书应被不予理会。

如电信声明“详情后告”（或类似用语）或声明以邮寄确认书为有效信用证或修改，则该电信不被视为有效信用证或修改。开证行必须随即不迟延地开立有效信用证或修改，其条款不得与该电信矛盾。

b. 开证行只有在准备开立有效信用证或作出有效修改时，才可以发出关于开立或修改信用证的初步通知（“预先通知”）。开证行作出该预先通知，即不可撤销地保证不迟延地开立或修改信用证，且其条款不能与预先通知相矛盾。

第十二条

指定

a. 除非指定银行为保兑行，对于承付或议付的授权并不赋予指定银行承付或议付的义务，除非该指定银行明确表示同意并且告知受益人。

b. 开证行指定一银行承兑汇票或作出延期付款承诺，即为授权该指定银行预付或购买其已承兑的汇票或已做出的延期付款承诺。

c. 非保兑行的指定银行收到或审核并转递单据的行为并不使其承担承付或议付的责任，也不构成其承付或议付的行为。

第十三条

银行之间的偿付安排

a. 如果信用证规定指定银行（“索偿行”）向另一方（“偿付行”）获取偿付时，必须同时规定该偿付是否按信用证开立时有效的 ICC 银行间偿付规则进行。

b. 如果信用证没有规定偿付遵守 ICC 银行间偿付规则，则按照以下规定：

i. 开证行必须给予偿付行有关偿付的授权，授权应符合信用证关于兑用方式的规定，且不应设定截止日。

ii. 开证行不应要求索偿行向偿付行提供与信用证条款相符的证明。

iii. 如果偿付行未按信用证条款见索即偿，开证行将承担利息损失以及产生的任何其他费用。

iv. 偿付行的费用应由开证行承担。然而，如果此项费用由受益人承担，开证行有责任在信用证及偿付授权中注明。如果偿付行的费用由受益人承担，该费用应在偿付时从付给索偿行的金额中扣取。如果偿付未发生，偿付行的费用仍由开证行负担。

c. 如果偿付行未能见索即偿，开证行不能免除偿付责任。

第十四条

单据审核标准

a. 按指定行事的指定银行、保兑行（如有）及开证行须审核交单，并仅基于单据本身确定其是否在表面上构成相符交单。

b. 按指定行事的指定银行、保兑行（如有）及开证行各有从交单次日起至多五个银行工作日用以确定交单是否相符。这一期限不因在交单日当天或之后信用证截止日或最迟交单日届至而受到缩减或影响。

c. 如果单据中包含一份或多份受第 19、20、21、22、23、24 或 25 条规制的正本运输单据，则须由受益人或其代表在不迟于本惯例所指的发运日之后的 21 个日历日内交单，但是在任何情况下都不得迟于信用证的截止日。

d. 单据中的数据，在与信用证、单据本身以及国际标准银行实务参照解读时，无须与该单据本身中的数据、任何其他要求的单据或信用证中的数据等同一致，但不得矛盾。

e. 除商业发票外，其他单据中的货物、服务或履约行为的描述，如有，可使用与信用证中的描述不矛盾的概括性用语。

f. 如果信用证要求提交运输单据、保险单据或者商业发票之外的单据，却未规定出单人或其数据内容，则只要提交的单据内容看似满足所要求单据的功能，且其他方面符合第 14（d）条，银行将接受该单据。

g. 提交的非信用证所要求的单据将被不予理会，并可被退还给交单人。

h. 如果信用证含有一项条件，但未规定用以表明该条件得到满足的单据，银行将视为未作规定并不予理会。

i. 单据日期可以早于信用证的开立日期，但不得晚于交单日期。

j. 当受益人和申请人的地址出现在任何规定的单据中时，无须与信用证或任何其他规定单据中所载相同，但必须与信用证中规定的相应地址同在一国。联络细节（传真、电话、电子邮件及类似细节）作为受益人和申请人地址的一部分时将被不予理会。然而，如果申请人的地址和联络细节为第 19、20、21、22、23、24 或 25 条规定的运输单据上的收货人或通知方细节的一部分时，应与信用证规定的相同。

k. 在任何单据中注明的托运人或发货人无须为信用证的受益人。

l. 运输单据可以由任何人出具，无须为承运人、船东、船长或租船人，只要其符合第 19、20、21、22、23 或 24 条的要求。

第十五条

相符交单

a. 当开证行确定交单相符时，必须承付。

b. 当保兑行确定交单相符时，必须承付或议付并将单据转递给开证行。

c. 当指定银行确定交单相符并承付或议付时，必须将单据转递给保兑行或开证行。

第十六条

不符单据、放弃及通知

a. 当按照指定行事的指定银行、保兑行（如有）或开证行确定交单不符时，可以拒绝承付或议付。

b. 当开证行确定交单不符时，可以自行决定联系申请人放弃不符点。然而这并不能延长第 14（b）条所指的期限。

c. 当按照指定行事的指定银行、保兑行（如有）或开证行决定拒绝承付或议付时，必须给予交单人一份单独的拒付通知。

该通知必须声明：

i. 银行拒绝承付或议付；及

ii. 银行拒绝承付或议付所依据的每一个不符点；及

a）银行留存单据听候交单人的进一步指示；或

b）开证行留存单据直到其从申请人处接到放弃不符点的通知并同意接受该放弃，或其同意接受对

不符点的放弃之前从交单人处收到其进一步指示；或

c）银行将退回单据；或

d）银行将按之前从交单人处获得的指示处理。

d. 第 16（c）条要求的通知必须以电信方式，如不可能，则以其他快捷方式，在不迟于自交单之翌日起第五个银行工作日结束前发出。

e. 按照指定行事的指定银行、保兑行（如有）或开证行在按照第 16（c）（iii）（a）或（b）条发出了通知后，可以在任何时候将单据退还交单人。

f. 如果开证行或保兑行未能按照本条行事，则无权宣称交单不符。

g. 当开证行拒绝承付或保兑行拒绝承付或议付，并且按照本条发出了拒付通知后，有权要求返还已偿付的款项及利息。

第十七条

正本单据及副本

a. 信用证规定的每一种单据须至少提交一份正本。

b. 银行应将任何带有看似出单人的原始签名、标记、印戳或标签的单据视为正本单据，除非单据本身表明其非正本。

c. 除非单据本身另有说明，在以下情况下，银行也将其视为正本单据：

i. 单据看似由出单人手写、打字、穿孔或盖章；或

ii. 单据看似使用出单人的原始信纸出具；或

iii. 单据声明其为正本单据，除非该声明看似不适用于提交的单据。

d. 如果信用证要求提交单据的副本，提交正本或副本均可。

e. 如果信用证使用诸如“一式两份（in duplicate）”“两份（in two fold）”“两套（in two copies）”等用语要求提交多份单据，则提交至少一份正本，其余使用副本即可满足要求，除非单据本身另有说明。

第十八条

商业发票

a. 商业发票：

i. 必须看似由受益人出具（第 38 条规定的情形除外）；

ii. 必须出具成以申请人为抬头（第 38（g）条规定的情形除外）；

iii. 必须与信用证的货币相同；且

iv. 无须签名

b. 按指定行事的指定银行、保兑行（如有）或开证行可以接受金额大于信用证允许金额的商业发票，其决定对有关各方均有约束力，只要该银行对超过信用证允许金额的部分未作承付或议付。

c. 商业发票上的货物、服务或履约行为的描述必须与信用证中的描述一致。

第十九条

涵盖至少两种不同运输方式的运输单据

a. 涵盖至少两种不同运输方式的运输单据（多式或联合运输单据），无论名称如何，必须看似：

i. 表明承运人名称并由以下人员签署：

— 承运人或其具名代理，或

— 船长或其具名代理。

承运人、船长或代理的任何签字，必须标明其承运人、船长或代理的身份。

代理签字必须表明其系代表承运人还是船长签字。

ii. 通过以下方式表明货物已经在信用证规定的地点发送、接管或已装船。

— 预先印就的文字，或

— 表明货物已经被发送、接管或装船日期的印戳或批注。

运输单据的出具日期将被视为发送、接管或装船的日期，也即发运的日期。然而如运输单据以印戳或批注的方式表明了发送、接管或装船日期，该日期将被视为发运日期。

iii. 表明信用证规定的发送、接管或发运地点，以及最终目的地，即使：

a）该运输单据另外还载明了一个不同的发送、接管或发运地点或最终目的地，或

b）该运输单据载有“预期的”或类似的关于船只、装货港或卸货港的限定语。

iv. 为唯一的正本运输单据，或，如果出具为多份正本，则为运输单据中表明的全套单据。

v. 载有承运条款，或提示承运条款参见别处（简式或背面空白的运输单据）。银行将不审核承运条款的内容。

vi. 未表明受租船合同约束。

b. 就本条而言，转运指在从信用证规定的发送、接管或发运地点最终目的地的运输过程中从某一运输工具上卸下货物并装上另一运输工具的行为（无论其是否为不同的运输方式）。

c. i. 运输单据可以表明货物将要或可能被转运，只要全程运输由同一运输单据涵盖。

ii. 即使信用证禁止转运，注明将要或者可能发生转运的运输单据仍可接受。

第二十条

提单

a. 提单，无论名称如何，必须看似：

i. 表明承运人名称，并由下列人员签署：

— 承运人或其具名代理，或

— 船长或其具名代理。

承运人、船长或代理的任何签字必须标明其承运人、船长或代理的身份。

代理的任何签字必须标明其系代表承运人还是船长签字。

ii. 通过以下方式表明货物已在信用证规定的装货港装上具名船只：

— 预先印就的文字，或

— 已装船批注注明货物的装运日期。

提单的出具日期将被视为发运日期，除非提单载有表明发运日期的已装船批注，此时已装船批注中显示的日期将被视为发运日期。

如果提单载有“预期船只”或类似的关于船名的限定语，则需以已装船批注明确发运日期以及实际船名。

iii. 表明货物从信用证规定的装货港发运至卸货港。

如果提单没有表明信用证规定的装货港为装货港，或其载有“预期的”或类似的关于装货港的限定语，则需以已装船批注表明信用证规定的装货港、发运日期以及实际船名。即使提单以预先印就的文字表明了货物已装载或装运于具名船只，本规定仍适用。

iv. 为唯一的正本提单，或如果以多份正本出具，为提单中表明的全套正本。

v. 载有承运条款，或提示承运条款参见别处（简式或背面空白的提单）。银行将不审核承运条款的内容。

vi. 未表明受租船合同约束。

b. 就本条而言，转运系指在信用证规定的装货港到卸货港之间的运输过程中，将货物从一船卸下并再装上另一船的行为。

c. i. 提单可以表明货物将要或可能被转运，只要全程运输由同一提单涵盖。

ii. 即使信用证禁止转运，注明将要或可能发生转运的提单仍可接受，只要其表明货物由集装箱、拖车或子船运输。

d. 提单中声明承运人保留转运权利的条款将被不予理会。

第二十一条

不可转让的海运单

a. 不可转让的海运单，无论名称如何，必须看似：

i. 表明承运人名称并由下列人员签署：

— 承运人或其具名代理，或

— 船长或其具名代理。

承运人、船长或代理的任何签字必须标明其承运人、船长或代理的身份。

代理签字必须标明其系代表承运人还是船长签字。

ii. 通过以下方式表明货物已在信用证规定的装货港装上具名船只：

— 预先印就的文字，或

— 已装船批注表明货物的装船日期。

不可转让海运单的出具日期将被视为发运日期，除非其上带有已装船批注注明发运日期，此时已装船批注注明的日期将被视为发运日期。

如果不可转让海运单载有“预期_________船只”或类似的关于船名的限定语，则需要以已装船批注表明发运日期和实际船名。

iii. 表明货物从信用证规定的装货港发运至卸货港。

如果不可转让海运单未以信用证规定的装货港为装货港，或如果其载有“预期的”或类似的关于装货港的限定语，则需要以已装船批注表明信用证规定的装货港、发运日期和船只。即使不可转让海运单以预先印就的文字表明货物已由具名船只装载或装运，本规定也适用。

iv. 为唯一的正本不可转让海运单，或如果以多份正本出具，为不可转让海运单上注明的全套正本。

v. 载有承运条款，或提示承运条款参见别处（简式或背面空白的不可转让海运单）。银行将不审核承运条款的内容。

vi. 未注明受租船合同约束。

b. 就本条而言，转运系指在信用证规定的装货港到卸货港之间的运输过程中，将货物从一船卸下并装上另一船的行为。

c. i. 不可转让海运单可以注明货物将要或可能被转运，只要全程运输由同一不可转让海运单涵盖。

ii. 即使信用证禁止转运，注明转运将要或可能发生的不可转让的海运单仍可接受，只要其表明货物装于集装箱、拖船或子船中运输。

d. 不可转让的海运单中声明承运人保留转运权利条款将被不予理会。

第二十二条

租船合同提单

a. 表明其受租船合同约束的提单（租船合同提单），无论名称如何，必须看似：

i. 由以下人员签署：

— 船长或其具名代理，或

— 船东或其具名代理，或

— 租船人或其具名代理。

船长、船东、租船人或代理的任何签字必须标明其船长、船东、租船人或代理的身份。

代理签字必须表明其系代表船长、船东还是租船人签字。

代理代表船东或租船人签字时必须注明船东或租船人的名称。

ii. 通过以下方式表明货物已在信用证规定的装货港装上具名船只：

— 预先印就的文字，或

— 已装船批注注明货物的装船日期。

租船合同提单的出具日期将被视为发运日期，除非租船合同提单载有已装船批注注明发运日期，此时已装船批注上注明的日期将被视为发运日期。

iii. 表明货物从信用证规定的装货港发运至卸货港。卸货港也可显示为信用证规定的港口范围或地理区域。

iv. 为唯一的正本租船合同提单，或如以多份正本出具，为租船合同提单注明的全套正本。

b. 银行将不审核租船合同，即使信用证要求提交租船合同。

第二十三条

空运单据

a. 空运单据，无论名称如何，必须看似：

i. 表明承运人名称，并由以下人员签署：

— 承运人，或

— 承运人的具名代理。

承运人或其代理的任何签字必须标明其承运人或代理的身份。

代理签字必须表明其系代表承运人签字。

ii. 表明货物已被收妥待运。

iii. 表明出具日期。该日期将被视为发运日期，除非空运单据载有专门批注注明实际发运日期，此时批注中的日期将被视为发运日期。

空运单据中其他与航班号和航班日期相关的信息将不被用来确定发运日期。

iv. 表明信用证规定的起飞机场和目的地机场。

v. 为开给发货人或托运人的正本，即使信用证规定提交全套正本。

vi. 载有承运条款，或提示条款参见别处。银行将不审核承运条款的内容。

b. 就本条而言，转运是指在信用证规定的起飞机场到目的地机场的运输过程中，将货物从一飞机卸下再装上另一飞机的行为。

c. i. 空运单据可以注明货物将要或可能转运，只要全程运输由同一空运单据涵盖。

ii. 即使信用证禁止转运，注明将要或可能发生转运的空运单据仍可接受。

第二十四条

公路、铁路或内陆水运单据

a. 公路、铁路或内陆水运单据，无论名称如何，必须看似：

i. 表明承运人名称，并且

—由承运人或其具名代理签署，或

—由承运人或其具名代理以签字、印戳或批注表明货物收讫。

承运人或其具名代理的收货签字、印戳或批注必须标明其承运人或代理的身份。

代理的收货签字、印戳或批注必须标明代理系代理承运人签字或行事。

如果铁路运输单据没有指明承运人，可以接受铁路运输公司的任何签字或印戳作为承运人签署单据的证据。

ii. 表明货物的信用证规定地点的发运日期，或收讫待发运、待发送或待运送的日期。运输单据的出具日期将被视为发运日期，除非运输单据上盖有带日期的收货印戳，或注明了收货日期或发运日期。

iii. 表明信用证规定的发运地及目的地。

b. i. 公路运输单据必须看似为开给发货人或托运人的正本，或没有任何标记表明单据开给何人。

ii. 注明“第二联”的铁路运输单据将被作为正本接受。

iii. 无论是否注明正本字样，铁路或内陆水运单据都被作为正本接受。

c. 如运输单据上未注明出具的正本数量，提交的份数即视为全套正本。

d. 就本条而言，转运是指在信用证规定的发运、发送或运送的地点到目的地之间的运输过程中，在同一运输方式中从一运输工具卸下再装上另一运输工具的行为。

e. i. 只要全程运输由同一运输单据涵盖，公路、铁路或内陆水运单据可以注明货物将要或可能被转运。

ii. 即使信用证禁止转运，注明将要或可能发生转运的公路、铁路或内陆水运单据仍可接受。

第二十五条

快递收据、邮政收据或投邮证明

a. 证明货物收讫待运的快递收据，无论名称如何，必须看似：

i. 表明快递机构的名称，并在信用证规定的货物发运地点由该具名快递机构盖章或签字；并且

ii. 表明取件或收件的日期或类似词语，该日期将被视为发运日期。

b. 如果要求显示快递费用付讫或预付，快递机构出具的表明快递费由收货人以外的一方支付的运输单据可以满足该项要求。

c. 证明货物收讫待运的邮政收据或投邮证明，无论名称如何，必须看似在信用证规定的货物发运地点盖章或签署并注明日期。该日期将被视为发运日期。

第二十六条

“货装舱面”“托运人装载和计数”“内容据托运人报称”及运费之外的费用

a. 运输单据不得表明货物装于或将装于舱面。声明货物可能装于舱面的运输单据条款可以接受。

b. 载有诸如“托运人装载和计数”或“内容据托运人报称”条款的运输单据可以接受。

c. 运输单据上可以以印戳或其他方法提及运费之外的费用。

第二十七条

清洁运输单据

银行只接受清洁运输单据，清洁运输单据指未载有明确宣称货物或包装有缺陷的条款或批注的运输单据。“清洁”一词并不需要在运输单据上出现，即使信用证要求运输单据为“清洁已装船”的。

第二十八条

保险单据及保险范围

a. 保险单据，如保险单或保险证明书或预约保单下的保险证明书或声明书，必须看似由保险公司或承保人，或其代理或代表出具并签署。任何代理或代表的签署必须表明该代理或代表已为或已代表保险公司或承保人签署。

b. 如果保险单据表明其以多份正本出具，所有正本均须提交。

c. 暂保单将不被接受。

d. 可以接受保险单代预约保险项下的保险证明书或声明书。

e. 保险单据日期不得晚于发运日期，除非保险单据表明保险责任不迟于发运日生效。

f. i. 保险单据必须表明投保金额并以与信用证相同的货币表示。

ii. 信用证对于投保金额为货物价值、发票金额或类似金额的某一比例的要求，将被视为对最低保额的要求。

如果信用证对投保金额未做规定，投保金额须至少为货物的 CIF 或 CIP 价格的 110%。

如果从单据中不能确定 CIF 或 CIP 价格，投保金额必须基于要求承付或议付的金额，或基于发票上显示的货物总值来计算，两者之中取金额较高者。

iii. 保险单据须表明承保的风险区间至少涵盖从信用证规定的货物接管地或发运地开始到卸货地或最终目的地为止。

g. 信用证应规定所需投保的险别及附加险（如有）。如果信用证使用诸如“通常风险”或“惯常风险”等含义不确切的用语，则无论是否有漏保之风险，保险单据将被照样接受。

h. 当信用证规定投保“一切险”时，如保险单据载有任何“一切险”批注或条款，无论是否有“一切险”标题，均将被接受，即使其声明任何风险除外。

i. 保险单据可以援引任何除外条款。

j. 保险单据可以注明受相对免赔额（率）或绝对免赔额（率）约束。

第二十九条

截止日或最迟交单日的顺延

a. 如果信用证的截止日或最迟交单日适逢接受交单的银行非因第 36 条所述原因而歇业，则截止日或最迟交单日，视何者适用，将顺延至其重新开业的第一个银行营业日。

b. 如果在顺延后的第一个银行工作日交单，指定银行必须在其致开证行或保兑行的面函中声明交单是在根据第 29（a）条顺延的期限内提交的。

c. 最迟发运日不因第 29（a）条规定的原因而顺延。

第三十条

信用证金额、数量与单价的伸缩度

a.“约”或“大约”用于信用证金额或信用证规定的数量或单价时，应解释为允许有关金额或数量或单价有不超过 10%的增减幅度。

b. 在信用证未以包装单位件数或货物自身件数的方式规定货物数量时，货物数量允许有 5%的增减幅度，只要总支取金额不超过信用证金额。

c. 如果信用证规定了货物数量，而该数量已全部发运，及如果信用证规定了单价，而该单价又未降低，或当第 30（b）条不适用时，则即使不允许部分装运，也允许支取的金额有 5%的减幅。若信用证规定有特定的增减幅度或使用第 30（a）条提到的用语限定数量，则该减幅不适用。

第三十一条

部分支款或部分发运

a. 允许部分支款或部分发运。

b. 表明使用同一运输工具并经由同次航程运输的数套运输单据在同一次提交时，只要显示相同目的地，将不视为部分发运，即使运输单据上表明的发运日期不同或装货港、接管地或发运地点不同。如果交单由一套以上运输单据构成，在该几套运输单据的任何一套上证明的最晚一个发运日将被视为发运日。

含有一套或数套运输单据的交单，如果表明在同一种运输方式下经由数件运输工具运输，即使运输工具在同一天出发运往同一目的地，仍将被视为部分发运。

c. 含有一份以上快递收据、邮政收据或投邮证明的交单，如果单据看似由同一快递或邮政机构在同一地点和日期加盖印戳或签字并且表明同一目的地，将不视为部分发运。

第三十二条

分期支款或分期发运

如信用证规定在指定的时间段内分期支款或分期发运，任何一期未按信用证规定期限支取或发运时，信用证对该期及以后各期均告失效。

第三十三条

交单时间

银行在其营业时间外无接受交单的义务。

第三十四条

关于单据有效性的免责

银行对任何单据的形式、充分性、准确性、内容真实性，虚假性或法律效力，或对单据中规定或添加的一般或特殊条件，概不负责；银行对任何单据所代表的货物、服务或其他履约行为的描述、数量、重量、品质、状况、包装、交付、价值或其存在与否，或对发货人、承运人、货运代理、收货人、货物的保险人或其他任何人的诚信与否、作为或不作为、清偿能力、履约或资信状况，也概不负责。

第三十五条

关于信息传递和翻译的免责

当电文、信件或单据按照信用证的要求传输或发送时，或当信用证未作指示，银行自行选择传送服务时，银行对电文传输或信件或单据的递送过程中发生的延误、中途遗失、残缺或其他错误产生的后果，概不负责。如果指定银行确定交单相符并将单据发往开证行或保兑行，无论指定银行是否已经承付或议付，开证行或保兑行必须承付或议付，或偿付指定银行，即使单据在指定银行送往开证行或保兑行的途中，或保兑行送往开证行的途中丢失。

银行对技术术语的翻译或解释上的错误不负责任，并可不加翻译地传送信用证条款。

第三十六条

不可抗力

银行对由于天灾、暴动、骚乱、叛乱、战争、恐怖主义行为或任何罢工、停工或其无法控制的任何其他原因导致的营业中断的后果，概不负责。

银行恢复营业时，对于在营业中断期间已逾期的信用证，不再进行承付或议付。

第三十七条

关于被指示方行为的免责

a. 为了执行申请人的指示，银行利用其他银行的服务，其费用和风险由申请人承担。

b. 即使银行自行选择了其他银行，如果发出的指示未被执行，开证行或通知行对此亦不负责。

c. 指示另一银行提供服务的银行有责任负担被指示方因执行指示而发生的任何佣金、手续费、成本或开支（“费用”）。

如果信用证规定费用由受益人负担，而该费用未能收取或从信用证款项中扣除，开证行依然承担支付此费用的责任。

信用证或其修改不应规定向受益人的通知以通知行或第二通知行收到其费用为条件。

d. 外国法律和惯例加诸于银行的一切义务和责任，申请人应受其约束，并就此对银行负补偿之责。

第三十八条

可转让信用证

a. 银行无办理信用证转让的义务，除非其明确同意。

b. 就本条而言：

可转让信用证系指特别注明“可转让（transferable）”字样的信用证。可转让信用证可应受益人（“第一受益人”）的要求转为全部或部分由另一受益人（“第二受益人”）兑用。

转让行系指办理信用证转让的指定银行，或当信用证规定可在任何银行兑用时，指开证行特别如此授权并实际办理转让的银行。开证行也可担任转让行。

已转让信用证指已由转让行转为可由第二受益人兑用的信用证。

c. 除非转让时另有约定，有关转让的所有费用（诸如佣金、手续费，成本或开支）须由第一受益人支付。

d. 只要信用证允许部分支款或部分发运，信用证可以分部分地转让给数名第二受益人。

已转让信用证不得应第二受益人的要求转让给任何其后受益人。第一受益人不视为其后受益人。

e. 任何转让要求须说明是否允许及在何条件下允许将修改通知第二受益人。已转让信用证须明确说明该项条件。

f. 如果信用证转让给数名第二受益人，其中一名或多名第二受益人对信用证修改的拒绝并不影响任何其他第二受益人接受修改。对接受者而言该已转让信用证即被相应修改，而对拒绝改的第二受益人而言，该信用证未被修改。

g. 已转让信用证须准确转载原证条款，包括保兑（如有），但下列项目除外：

— 信用证金额，

— 规定的任何单价，

— 截止日，

— 交单期限，或

— 最迟发运日或发运期间。

以上任何一项或全部均可减少或缩短。

必须投保的保险比例可以增加，以达到原信用证或本惯例规定的保险金额。

可用第一受益人的名称替换原证中的开证申请人名称。

如果原证特别要求开证申请人名称应在除发票以外的任何单据出现时，已转让信用证必须反映该项要求。

h. 第一受益人有权以自己的发票和汇票（如有）替换第二受益人的发票的汇票，其金额不得超过原信用证的金额。经过替换后，第一受益人可在原信用证项下支取自己发票与第二受益人发票间的差价（如有）。

i. 如果第一受益人应提交其自己的发票和汇票（如有），但未能在第一次要求时照办，或第一受益人提交的发票导致了第二受益人的交单中本不存在的不符点，而其未能在第一次要求时修正，转让行有权将从第二受益人处收到的单据照交开证行，并不再对第一受益人承担责任。

j. 在要求转让时，第一受益人可以要求在信用证转让后的兑用地点，在原信用证的截止日之前（包括截止日），对第二受益人承付或议付。本规定并不得损害第一受益人在第 38（h）条下的权利。

k. 第二受益人或代表第二受益人的交单必须交给转让行。

第三十九条

所进款项让渡

信用证未注明可转让，并不影响受益人根据所适用的法律规定，将该信用证项下其可能有权或可能将成为有权获得的款项让渡给他人的权利。本条只涉及款项的让渡，而不涉及在信用证项下进行履行行为的权利让渡。

《跟单信用证统一惯例关于电子交单的附则》介绍

本出版物的官方名称《跟单信用证统一惯例关于电子交单的附则》（1.1 版本），使用了其首字母缩略词“eUCP”。

在起草 UCP 600 的过程中，国际商会各国家委员会指出，由于 eUCP 1.0 版本的有限使用，eUCP 应该作为 UCP 的附则。1.1 版本因此独自更新以反映 UCP 中就交单的术语及风格作出的改动。

eUCP 继续规定了定义，允许 UCP 600 的术语适应等同于纸质单据的电子交单，并规定了必要的规则允许两套规则共同使用。eUCP 运行电子交单或纸质单据与电子交单混合。

很重要的一点是，eUCP 读者需了解 UCP 的许多条款并未受到等同于纸质单据的电子交单的影响，并且不需要任何改动以适应电子交单。

共同解读时，UCP 及 eUCP 都规定了电子交单的必要规则，并且范围足够广泛以应对未来在该领域的发展。UCP 中使用的具体措辞或语句在 eUCP 中进行了解释。除非另外说明，这些定义只要出现在 UCP 中均适用。eUCP 1.1 版本系针对 UCP 600，并且必要时，在下一版 UCP 修订前可以随着技术的发展而修改。基于此目的，eUCP 以版本号码出版，以允许出现需求时修订及其后的版本。

eUCP 已特别起草为独立于具体的技术及发展中的电子商务系统，即它不提及需要便利电子交单的具体技术或系统。这些技术正在发展，留待信用证各方当事人对遵循 eUCP 要求的电子记录提交所使用的技术或系统达成一致意见。

盖瑞 • 考利尔

公司董事

英国伦敦荷兰银行

及国际商会银行技术与惯例委员会技术顾问

2006 年 11 月

第 e1 条

eUCP 的范围

a.《跟单信用证统一惯例关于电子交单的附则》（“eUCP”）是对《跟单信用证统一惯例》（2007 年修订本，国际商会第 600 号出版物）（“UCP”）的补充，以适应单独提交或与纸质单据混合提交电子记录的情形。

b. 当信用证表明受 eUCP 约束时，eUCP 作为 UCP 的附则适用。

c. 本文本版本号为 1.1 版本，信用证必须表明适用的 eUCP 版本，否则即受开证日的有效版本约束，或如果信用证因受益人接受的修改而受 eUCP 约束，则受在该修改日期有效的版本约束。

第 e2 条

eUCP 与 UCP 的关系

a. 受 eUCP 约束的信用证（“eUCP 信用证”）也适用 UCP，而无须将 UCP 明确纳入信用证。

b. 当 eUCP 适用时，如其与适用 UCP 产生不同结果，应以 eUCP 规定为准。

c. 如果 eUCP 信用证允许受益人在提交纸质单据或电子记录两者之间进行选择，而其选择了只提交纸质单据，则该笔交单仅适用 UCP。如果 eUCP 信用证只允许提交纸单据，则仅适用 UCP。

第 e3 条

定义

a. UCP 使用的下列术语，为了将 UCP 适用于 eUCP 信用证项下提交的电子记录的目的，解释为：

i. “表面上看似（appear on their face）”以及类似术语适用于审核电子记录的数据内容。

ii. “单据（document）”应包括电子记录。

iii. 电子记录的“交单地点（place for presentation）”意指一电子地址。

iv. “签署（sign）”及类似用语应包括电子签名。

v. “添加的（superimposed）”“批注（notation）”或“盖印戳的（stamped）”意指在电子记录中其增补特征明显的数据内容。

b. 在 eUCP 中使用的下列用语应具有以下含义：

i. “电子记录”意指

— 以电子方法创建的、产生的、发送的、传送的、收到的或储存的数据；

— 其发送人的表面身份，其包含的数据的表面来源及其是否保持完整和未被更改、可以被证实；并且

— 能够根据 eUCP 信用证条款审核其相符性。

ii. “电子签名”意指附加于或与一份电子记录有逻辑关联的数据过程，被签字人完成或采用以表明签字人身份及其对电子记录的证实。

iii. “格式”意指表达电子记录的数据组织形式或电子记录提到的数据组织形式。

iv. “纸单据”意指传统的纸面形式的单据。

v. “收到”意指电子记录以系统可接受的形式进入相关收件人信息系统的时间。任何对收到的确认并不意味着在 eUCP 信用证下对该电子记录的接受或拒绝。

第 e4 条

格式

eUCP 信用证必须指定应提交的电子记录的格式，如未指定，则可以任何格式提交。

第 e5 条

交单

a. eUCP 信用证：

i. 允许提交电子记录者，必须注明提交电子记录的地点。

ii. 允许提交电子记录和纸质单据者，还必须注明提交纸单据的地点。

b. 电子记录可以分别提交，并且不需要在同一时间提交。

c. 如果 eUCP 信用证允许提交一份或多份电子记录，受益人有责任向接受交单的银行提供表明交单结束的通知。该结束通知可以电子记录或纸质单据方式作出，必须注明其所关联的 eUCP 信用证。如果未收到受益人的通知，将被认为未曾交单。

d. i. 在 eUCP 信用证下提交的每份电子记录以及提交的纸质单据，必须注明据以交单的 eUCP 信用证。

ii. 未如此注明的交单被视为未曾收到。

e. 如果将接收交单的银行在营业中，但在规定的截止日及/或发运日后的最迟交单日（视何种情形适用），其系统不能接收传来的电子记录，则视其为歇业，最迟交单日及/或截止日应延展至银行能够接收电子记录的下一个银行工作日。如果尚待提交的电子记录只剩下结束通知，则可以用电信方式或纸质单据提交，并被视为及时，只要其在该银行能够接收电子记录之前发出。

f. 不能被证实的电子记录将被视为未曾提交。

第 e6 条

审核

a. 如果电子记录包含一个与外部系统的超级链接，或指明电子记录可参照一外部系统审核，则超级链接中的或参照的外部系统中的电子记录应被视为是需要审核的电子记录。在审核时，如指明的系统不能提供所需电子记录的读取条件，则构成不符点。

b. 指定银行按指定转递电子记录的行为表明其已确信电子记录的表面真实性。

c. 开证行或保兑行（如有）无法审核 eUCP 信用证所要求格式的电子记录，或当未要求格式时，无法审核提交的电子记录，这一情形不构成拒付的依据。

第 e7 条

拒付通知

a. i. 审单时限自收到受益人的结束通知之银行工作日的下一个银行工作日起算。

ii. 如果提交单据或结束通知的时间被延展，审单时限自接收交单的银行能够接收结束通知的第一个银行工作日起算。

b. 如果开证行、保兑行（如有）或按其指定行事的指定银行对包含电子记录的交单发出了拒付通知，在发出拒付通知后 30 天内未收到被通知方关于电子记录的处理指示，银行应退还交单人以前尚未退还的任何纸质单据，但可以其认为合适的任何方式处理电子记录而不承担任何责任。

第 e8 条

正本与副本

UCP 或 eUCP 信用证要求提供一份或多份电子记录正本或副本时，提交一份电子记录即满足此要求。

第 e9 条

出具日期

除非电子记录载有具体的出具日期，则看似出单人发出电子记录的日期即被视为出具日期。如果没有显示其他日期，则电子记录的收到日期被视为发出日期。

第 e10 条

运输

如果证明运输的电子记录没有表明货物发运或发送的日期，电子记录的发出日期将被视为货物发运或发送日期。但如果电子记录载有证明发运或发送日期的批注时，该批注日期将被视为发运或发送日期。显示附加数据内容的批注无须另行签名或以其他方式证实。

第 e11 条

电子记录在提交后变损

a. 如果开证行、保兑行或其他指定银行收到的电子记录看似已经变损，银行可通知交单人，也可要求再次提交电子记录。

b. 如果银行要求再次提交电子记录：

i. 则审单时限中止，俟交单人再次提交电子记录时恢复；并且

ii. 如果指定银行不是保兑行，则必须将其关于再次交单的要求知会开证行和任何保兑行，并告知时限中止；但是

iii. 如果该电子记录在三十天（30）天内未被再次提交，该银行可以将该电子记录视为未提交过；并且

iv. 任何限期不得延展。

第 e12 条

根据 eUCP 提交电子记录时的额外免责

除通过使用商业上可接受的用于接收、证实和识别电子记录的数据过程可发现者外，银行审核电子记录的表面真实性的行为并不使其对发送人身份、信息来源、完整性或未被更改性承担更多责任。

致谢

国际商会希望对花费无以计数小时审查 UCP 修订稿的国际商会各国家委员会成员表示谢意。此外，特别感谢 UCP 顾问小组，该小组在 UCP 修订过程中承担了对 UCP 修订小组的顾问机构。顾问小组成员名单如下。

UCP 顾问小组

共同主席

意大利银行联合会　卡罗·迪·尼尼

英国三井住友银行　约翰·特恩布尔

成员

Georges Affaki, BNP Paribas, France;
Cveta Andjelkovic, ICC Serbia, Serbia;
Pavel Andrle, ICC Czech Republic, Czech Republic;
Ahsan Aziz, Standard Chartered Bank, Pakistan;
Laurence Bacon, Export Bureaux, Ireland;
Egil Bakken, DNB Nor Bank, Norway;
Rafaél Balbuena Tébar, Balbuena Lawyers, Spain;
James Barnes, Baker & McKenzie, USA;
Rolf J. Breisig, Commerzbank AG, Germany;
Mohammad M. Burjaq, ICC Jordan, Jordan;
James Byrne, Institute of International Banking Law & Practice, USA;
William Cameron, Owen Consulting, Canada;
Dong Heon Chae, Yoon Yang Kim Shin & Yu, Republic of Korea;
Kim Chalmer, A.P. Møller – Mærsk A/S, Denmark;
Gabriel Chami, Bank Audi SAL, Lebanon;
Jin Chen, Industrial and Commercial Bank of China, P.R. China;
Xavier Conti, FFSA, France;
Abdelmalek Dahmani, FIATA, Switzerland;
Charles Debattista, Institute of Maritime Faculty of Law, UK;
King Tak Fung, Dibb Lupton Alsop, Hong Kong;
K.S. Harshan, The Federal Bank Ltd, India;
Wolfgang Heiter, Deutsche Bank AG, Germany;
Heinz A. Hertl, ICC Austria (Advisor), Austria;
Reinhard Längerich, Nordea Trade Finance (Retired), Denmark;
T.O. Lee, T.O. Lee Consultants Ltd, Canada;
Haifeng Li, ICC China, P.R. China;
Angelo Luiz Lunardi, Edicoes Aduaneiras Ltd, Brazil;
Antonio Maximiano Nicoletti, Spot Training Consultoria e Treinamento Ltda, Brazil;
Dimitris Paleologos, National Bank of Greece, Greece;
Jorge Luis Riva, Raschi y Riva, Argentina;
Saul Daniel Rumeser, P.T. Iradat Consultant, Indonesia;
Marco A. Sangaletti, FIATA, Switzerland;
Donald Smith, Norman Technologies, USA;
Pradeep Taneja, BankMuscat International, Bahrain;
Hennie van Diemen, ING Nederland/Divisie Operations & IT/SC B&CM, Netherlands;
Luc Volkaert, Bolero International Ltd, UK;
Marianne Wabnik, SEB Merchant Banking, Sweden.

遵循 UCP 600 的《关于审核跟单信用证项下单据的国际标准银行实务》（ISBP）

目　录

更正和更改

运费和附加费用

公路、铁路或内陆水运单据

UCP 600 第 24 条的应用

公路、铁路或内陆水运单据的正本和第二联

承运人及公路、铁路或内陆水运单据的签署

指示方与被通知人

部分发运

货物描述

更正和更改

运费和附加费用

保险单据和保险范围

UCP 600 第 28 条的适用

保险单据的出单人

投保风险

日期

百分比和金额

被保险人和背书

原产地证明

基本要求

原产地证明的出具人

原产地证明内容

引　言

自从 ICC 银行委员会于 2002 年批准《国际标准银行实务》(ISBP) 以来，ICC 等 645 号出版物就成为全球银行、企业、物流运营商及保险公司的得力助手。参加 ICC 研讨会的人士纷纷反映，由于 ISBP 中列明的 200 条惯例的应用，拒付率已有所下降。

然而，也有人认为，虽然第 645 号出版物 ISBP 由银行委员会批准，其适用与 UCP 500 究竟关系如何并不清楚。随着 UCP 600 于 2006 年 10 月被通过，即需对 ISBP 加以更新。在此强调，本版本仅为国际商会第 645 号出版物的更新，而非修订。在适当的地方，本版本删除了第 645 号出版物中原有的但已被 UCP 600 以基本相同的措辞纳入的某些段落。

为了在 UCP 与 ISBP 间建立一种关系，UCP 600 引言中写道："在修订过程中，我们注意到了在制定 ISBP (国际商会第 645 号出版物) 过程中所完成的大量工作。该出版物已成为 UCP 的必要伴侣，用以审核单据与信用证的相符性。起草小组及银行委员会期望，ISBP 及其以后的修订版本中包含的原则，将在 UCP 600 施行的时间内继续有效。当 UCP 600 实施时，将对 ISBP 加以更新以使其内容在实体上和风格上都与新的 UCP 一致。"

本出版物中反映的国际标准银行实务与 UCP 600 及国际商会银行委员会发布的意见和决定是一致的，并不修订 UCP 600。它仅解释 UCP 600 中所提及的实务惯例如何为单据从业人员所应用。本出版物应与 UCP 作为整体使用，不应孤立地解读。当然，我们知道，某些国家的法律可能得出与此不同的结果。

不可能有单独一本出版物可以尽知与跟单信用证有关的所有条款或单据，或者根据 UCP 600 及其中反映的标准实务对这些条款或单据的解释。但是，起草第 645 号出版物的工作组努力将日常常见的条款和常常在跟单信用证项下提交的单据涵盖其中。本书的起草小组重新审核和更新了该出版物，使之与 UCP 600 一致。

应当指出，跟单信用证中任何修改或排除 UCP 600 某一规定的适用的条款可能也会对国际标准银行实务的适用产生影响。因此，当考虑本出版物所列的标准实务时，当事人应当将跟单信用证中所载有的任何明确修改或排除 UCP 600 规定的条款考虑在内。这一原则始终暗含在本出版物中。当有例举时，乃仅为举例说明之目的，绝非穷尽。

本出版物反映的国际标准银行实务乃针对跟单信用证所有当事方。由于申请人的义务、权利及救济取决于其与开证行之间的承诺、基础交易的履行以及可适用的法律和惯例下有关异议时效方面的规定，开证申请人不可以为其可依赖本书中的规定免除其偿付开证行的义务。将本出版物纳入跟单信用证的条款实无必要，当予劝阻，因为 UCP 600 已包含了国际标准银行实务，而本书所列惯例乃为其组成部分。

开证前问题

信用证的申请和开立

1. 信用证条款独立于基础交易，即使信用证明确提及了基础交易。但是，为避免在审单时发生不必要的费用、延误和争议，开证申请人和受益人应当仔细考虑要求何种单据、单据由谁出具和提交单据的期限。

2. 开证申请人承担其有关开立或修改信用证的指示不明确所导致的风险。除非另有明确规定，开立或修改信用证的申请即意味着授权开证行以必要或适当的方式补充或细化信用证的条款，以使信用证得以使用。

3. 开证申请人应当注意，UCP 600 的许多条文，诸如第 3 条、第 14 条、第 19 条、第 20 条、第 21 条、第 23 条、第 24 条、第 28（i）条、第 30 条和第 31 条，其对术语的界定可能导致出乎意料的结果，除非开证申请人对这些规定充分熟悉。例如，在多数情况下，要求提交提单而且禁止转运的信用证必须排除 UCP 600 第 20（c）条的适用，才能使禁止转运发生效力。

4. 信用证不应规定提交由开证申请人出具或副签的单据。如果信用证含有此类条款，则受益人要么要求修改信用证，要么遵守该条款并承担无法满足这一要求的风险。

5. 如果对基础交易、开证申请和信用证开立的细节多加注意，在审单过程中出现的许多问题都能得以避免或解决。

一般原则

缩略语

6. 使用普遍承认的缩略语不导致单据不符，例如，用“Ltd.”代替“Limited”（有限），用“Int’l”代替“International”（国际），用“Co.”代替“Company”（公司），用“kgs”或“kos.”代替“kilos”（千克），用“Ind”代替“Industry”（工业），用“mfr”代替“manufacturer”（制造商），用“mt”代替“metric tons”（公吨）。反之，用全称代替缩略语也不导致单据不符。

7. 斜线（“/”）可能有不同的含义，不应用来替代词语，除非在上下文中可以明了其含义。

证明和声明

8. 证明或声明之类既可以是单独的单据，也可以在信用证要求的其他单据中载明。如果证明或声明载于另一份有签字和日期的单据里，只要该证明或声明看似由出具和签署该单据的同一人作出，则该证明或声明无须另行签字或加注日期。

单据的更正与更改

9. 除了由受益人制作的单据外，对其他单据中的信息或数据的更正和更改必须看似经单据出具人或其授权之人证实。对履行过法定手续或载有签证、证明之类的单据的更正和更改必须看似经该法定手续实施人、签证人或证明人证实。证实必须表明证实人的名称，并包括其签字或小签。如果证实看似并非由单据出具人所为，则该证实必须清楚地表明证实人系以何身份证实单据的更正或更改。

10. 对未经履行法定手续、签证或证明的由受益人自己出具的单据（汇票除外）的更正和更改无须证实。参见“汇票和到期日的计算”。

11. 同一份单据内使用多种字体、字号或手写，其本身并不意味着必然为更正或更改。

12. 当一份单据包含不止一处更正或更改时，必须对每一处更正作出单独证实，或以适当的方式使一项证实与所有更正相关联。例如，如果一份单据显示出有标为 1、2、3 的三处更正，则使用类似“上述编号为 1、2、3 的更正经×××授权”的声明即满足证实的要求。

日期

13. 即使信用证没有明确要求，汇票、运输单据和保险单据也必须注明日期。如果信用证要求上述单据以外的单据注明日期，该单据可以参引同批提交的其他单据的日期（例如，发运证明中声称“日期参见×××号提单”或类似用语）。虽然要求的证明或声明在作为单独单据提交时通常应当注明日期，但其相符性取决于所要求的证明或声明的种类、所要求的措辞以及证明或声明中的实际措辞。至于其他单据是否要求注明日期则取决于单据的性质和内容。

14. 任何单据，包括分析证明、检验证明和发运前检验证明注明的日期都可以晚于发运日期。但是，如果信用证要求一份单据证明发运前发生的事件（例如发运前检验证明），则该单据必须通过标题或内容来表明该事件（例如检验）发生在发运日之前或发运日当天。要求提交“检验证明”并不表明要求证明一件发运前发生的事件。任何单据都不得显示晚于交单日的出具日期。

15. 显示有单据制作日期和随后的签署日期的单据应视为在签署之日出具。

16. 经常用来表示在某日期或事件之前或之后时间的用语：

a)“在……后的两日内”（within 2 days after）指从事件之日起至事件后两日的期间。

b)“在……之后不迟于两日”（not later than 2 days after）非指一期间，而是指最迟日期。如果要求通知日期不能早于某个特定日期，则信用证必须明确规定。

c)“在……之前至少两日”（at least 2 days before）指某一事项不得晚于某一事件前两日发生。该事项最早可以何时发生则无限制。

d)“在……的两日内”（within 2 days of）指一事件的前两日至后两日之间的期间。

17. 当“在……之内”（within）与日期连用时，在计算期间时该日期不包括在内。

18. 日期可以用不同的格式表示，例如 2007 年 11 月 12 日可以表示为 12 Nov 07，12Nov07，12.11.2007，12.11.07，2007.11.12，11.12.07，121107 等，只要试图表明的日期能够从该单据或提交的其他单据中确定，上述任何格式均可接受。为避免混淆，建议使用月份的名称而不要使用数字。

UCP 600 运输条款不适用的单据

19. 与货物运输有关的一些常见单据，例如小提单、货代收据、货代发运证明、货代运输证明、货代货物收据和大副收据均不反映运输合同，并非 UCP 600 第 19 条至第 25 条所规定的运输单据。因此，UCP 600 第 14（c）条不适用于这些单据。而应按审核 UCP 600 未作特别规定的其他单据的相同方式审核这些单据，也即按照 UCP 600 第 14（f）条的规定审核。无论如何，单据不得迟于信用证规定的截止日提交。

20. 运输单据的副本并非 UCP 600 第 19 条至第 25 条及第 14（c）条所指的运输单据。UCP 600 的运输单据条款仅当有正本运输单据提交时适用。如果信用证允许提交副本运输单据，而不要求正本，则必须明确规定应当显示的细节。当提交副本（不可转让的）单据时，单据无须载有签字、日期等。

UCP 600 未作界定的用语

21. 由于 UCP 600 对诸如“发运单据”“过期单据可接受”“第三方单据可接受”及“出口国”等用语未作定义，因此，不应使用此类用语。如果信用证使用了此类用语，则应明确其含义，否则，根据国际标准银行实务，其含义如下：

a）“发运单据”指信用证要求的除汇票以外的所有单据（不限于运输单据）；

b）“过期单据可接受”指晚于发运日后 21 日提交的单据可以接受，只要其不晚于信用证规定的截止日；

c）“第三方单据可接受”指所有单据，包括发票，但不包括汇票，均可由受益人之外的人出具，如果开证行意在表明运输单据或其他单据可显示受益人之外的人为托运人，则无须这一条款，因为 UCP 600 第 14（k）条已经对此予以认可；

d）“出口国”指受益人住所地国，或货物原产地国，或承运人接收货物地国，或货物的发运地或发货地国。

单据的出单人

22. 如果信用证要求单据由某具名个人或实体出具，只要单据看似由该具名个人或实体出具，即符合信用证要求。单据使用该具名个人或实体的信头，或如果未使用其信头，但看似由该具名个人或实体或其代理完成或签署，即为看似由该具名个人或实体出具。

语言

23. 在国际标准银行实务下，受益人出具的单据应使用信用证所使用的语言。如果信用证规定可以接受两种或更多语言的单据，指定银行在通知该信用证时，可限制单据使用语种的数量，作为对该信用证承担责任的条件。

数学计算

24. 银行不检查单据中的数学计算细节，而只负责将总量与信用证及其他要求的单据相核对。

拼写或打字错误

25. 拼写或打字错误如不影响单词或其所在句子的含义，则不成为单据不符点。例如，在货物描述中用“mashine”表示“machine”（机器），用“fountan pen”表示“fountain pen”（钢笔），或用“modle”表示“model”（型号）均不导致单据不符。但是，将“model 321”（型号 321）写成“model 123”（型号 123）将不被视为打字错误，而构成不符点。

多页单据和附件

26. 除非信用证或单据另有规定，被装订在一起、按序编号或内部交叉援引的多页单据，无论其名称或标题如何，都将被作为一份单据来审核，即使有些页张被视为附件。当一份单据包括不止一页时，必须能够确定这些不同页张同属一份单据。

27. 如果要求一份多页单据载有签字或背书，签字通常在单据的首页或末页，但是除非信用证或单据自身规定签字或背书的位置，签字或背书也可以出现在单据的任何位置。

正本和副本

28. 单据的多份正本可标注为“正本”（original）、“第二联”（duplicate）、“第三联”（triplicate）、“第一正本”（first original）、“第二正本”（second original）等。上述任一标注均不使其丧失正本地位。

29. 提交单据的正本数量必须至少为信用证或 UCP 600 要求的数量，或当单据自身表明了已出具的正本数量时，至少为该单据表明的数量。

30. 有时从信用证的用语难以确定信用证要求提交正本单据还是副本单据，以及确定该要求是以正本还是副本予以满足。

例如，当信用证要求：

a）“发票”“一份发票”（One Invoice）或“发票一份”（Invoice in 1 copy）时，将被理解为要求一份正本发票。

b）“发票四份”（Invoice in 4 copies），则提交至少一份正本发票，其余用副本发票即满足要求。

c）“一份发票副本”（One copy of Invoice），则提交一份副本或正本发票即符合要求。

31. 当不接受正本代替副本时，信用证必须规定禁止提交正本，例如，应标明“发票复印件—不接受用正本代替复印件”，或类似措辞。当信用证要求提交运输单据副本，并对其正本的处置作出了指示时，提交运输单据正本将不被接受。

32. 单据副本无须签署。

33. 除 UCP 600 第 17 条外，ICC 银行委员会政策声明（文件 470/871（修订）），即“在 UCP 500 第 20（b）条项下如何认定‘正本’单据”，可对正本和副本问题提供进一步指引，并在 UCP 600 下仍然有效。该政策声明作为本出版物附件，供参考。

发运唛头

34. 使用发运唛头的目的在于对箱、包或包装提供标识。如果信用证规定了发运唛头细节，则载有唛头的单据必须显示这些细节，但额外信息可以接受，只要其与信用证的条款不相矛盾。

35. 某些单据中发运唛头所包含的信息常常超出通常意义上的“发运唛头”所包含的内容，可能包括诸如货物种类、易碎货物的警告、货物净重及/或毛重等。如果一些单据里显示了此类额外信息而其他单据没有显示，不构成不符点。

36. 集装箱货物的运输单据有时在“发运唛头”栏中仅仅显示集装箱号，其他单据则显示详细唛头，如此并不视为矛盾。

签署

37. 即使信用证未作规定，汇票、证明和声明就其性质而言应有签字。运输单据和保险单据必须按照 UCP 600 的规定签署。

38. 单据上留有专供签字的方框或空格并不意味着该方框或空格处必须载有签字。例如，在空运单或公路运输单据中经常会载有标明“托运人或其代理签字”或类似用语的区域，但银行并不要求在该处有签字。如果单据内容表明须经签字才能生效（例如，“单据非经签署无效”，或类似用语），则必须签字。

39. 签字不必一定为手写，使用摹样签字、打孔签字、印章、符号（例如戳记）或任何用以证实身份的电子或机械方法均可。但是，已签单据的复印件并不视为已签正本单据，通过传真传送的已签单据如果不另外加具原始签字的话，也不视为已签正本。如果要求单据“签字并盖章”或类似要求，如果单据载有签字及通过打字机打上或以印戳或手写加具的签字人名称，亦满足该项要求。

40. 除非另有规定，在一公司信头纸上的签字将被视为该公司的签字，无须在签字旁重复公司的名称。

单据和多式单据名称

41. 单据可以使用信用证要求的名称或相似名称，或无名称。例如，信用证要求“装箱单”，名为“装箱记录”“装箱和重量单”或者无名称的载有装箱细节的单据也可满足该要求。单据内容必须看似符合所要求单据的功能。

42. 信用证列明的单据应作为单独单据提交。如果信用证要求装箱单和重量单，可以提交两份单独的单据，也可提交两份合并的装箱和重量单正本，只要该单据同时表明装箱和重量细节。

汇票和到期日的计算

票期

43. 票期必须与信用证条款一致。

a）如果汇票不是见票即付或见票后定期付款，则必须能够从汇票自身内容确定到期日。

b）以下是能够通过汇票内容确定汇票到期日的示例。如果信用证要求汇票的票期为提单日后 60 天，而提单日为 2007 年 7 月 12 日，则汇票票期可用下列任一方式表明：

i. “提单日 2007 年 7 月 12 日后 60 日”；或

ii. “2007 年 7 月 12 日后 60 日”；或

iii. “提单日后 60 日”，并且汇票表面的其他地方表明“提单日 2007 年 7 月 12 日”；或

iv. 在出票日期与提单日期相同的汇票上标注“出票后 60 日”；或

v. “2007 年 9 月 10 日”，即提单日后 60 日。

c）如果用提单日之后×××天表示票期，则以装船日为提单日，即使装船日早于或晚于提单签发日。

d）根据 UCP600 第 3 条的指引，当使用“从……开始（from）”和“在……之后（after）”确定汇票到期日时，到期日的计算从单据日期、发运日期或其他事件的次日起起算，换言之，“在 3 月 1 日之后 10 日”或“从 3 月 1 日开始 10 日”均为 3 月 11 日。

e）如果信用证要求汇票票期为，例如，提单日之后 60 日或从提单日开始 60 日，而提单上有多个已装船批注，且所有已装船批注均显示货物从信用证允许的地理区域或地区内的港口发运，则将使用最早的装船日计算汇票到期日。例如，信用证要求从欧洲港口发运，提单显示货物于 8 月 16 日在都柏林装上 A 船，于 8 月 18 日在鹿特丹装上 B 船，则汇票到期日应为在欧洲港口的最早装船日，即 8 月 16 日起的 60 天。

f）如果信用证要求汇票票期为，例如，提单日后 60 日或从提单日开始 60 日，而一张汇票项下提交了多套提单，则最晚的提单日将被用来计算汇票的到期日。

44. 上述示例中提及的尽管是提单日，但相同原则适用于所有运输单据。

45. 如果汇票使用实际日期表示到期日，则该日期必须为按信用证的要求计算而得。

46. 对于票期为“见票后×××日”的汇票，其到期日按如下方法确定：

a）对于相符单据，或虽不相符但付款银行未曾发出拒付通知的单据，到期日为付款银行收到单据

后的第×××日。

b）对于付款银行已发过拒付通知但随后又同意接受的不符单据，到期日最迟为付款银行承兑汇票后的第×××日。该汇票的承兑日不得晚于开证行接受申请人对不符点的放弃的日期。

47. 在所有情况下付款银行均须向交单人通知汇票到期日。上述票期和到期日的计算也适用于延期付款信用证，即也适用于不要求受益人提交汇票的情形。

银行营业日、宽限期、汇款迟延

48. 款项应于到期日在汇票或单据的付款地以立即能被使用的资金支付，只要到期日是付款地的银行工作日。如果到期日不是银行工作日，则付款日为到期日后的第一个银行工作日。汇款迟延，例如宽限期、汇款过程所需时间等不得附加于汇票或单据所载明或约定的到期日之外。

背书

49. 如果必要，汇票必须背书。

金额

50. 如果同时有大写和小写金额，则大写必须准确反映小写表示的金额，同时显示信用证规定的币种。

51. 金额必须与发票一致，除非出现 UCP 600 第 18（b）条规定的情况。

出票

52. 汇票付款人必须为信用证规定的人。

53. 汇票出票人必须为受益人。

以申请人为付款人的汇票

54. 信用证可以要求提交以开证申请人为付款人的汇票作为单据之一，但不得开立成凭以开证申请人为付款人的汇票兑用。

更正与更改

55. 汇票如有更正和更改，必须看似经出票人证实。

56. 有些国家不接受带有更正或更改的汇票，即使有出票人的证实。此类国家的开证行应在信用证中声明汇票中不得出现更正或更改。

发票

发票的界定

57. 如信用证要求“发票”而未做进一步界定，则提交任何形式的发票均可（如商业发票、海关发票、税务发票、最终发票、领事发票等）。但是，“临时发票”“预开发票”或类似发票则不可接受。当信用证要求提交商业发票时，标为“发票”的单据可以接受。

货物、服务或履约行为的描述及其他有关发票的一般事项

58. 发票中的货物、服务或履约行为的描述必须与信用证中的一致，但并不要求如镜像般一致。例如，货物细节可以在发票中的若干处显示，合并一起时与信用证中的一致即可。

59. 发票中的货物、服务或履约行为的描述必须反映实际发运或提供的货物、服务或履约行为。例如，信用证的货物描述显示两种货物，如十辆卡车和五辆拖拉机，只反映发运了四辆卡车的发票可以接受，只要信用证不禁止部分发运。列明信用证规定的全部货物描述，然后注明实际发运的货物的发票也可接受。

60. 发票必须表明所发运货物或提供的服务或履约行为的价值。发票中显示的单价（如有）和币种必须与信用证中的一致。发票必须显示信用证要求的折扣或扣减。发票还可显示反映信用证未规定的预付款或折扣等的扣减额。

61. 如果某贸易术语是信用证中货物描述的一部分，或与金额联系在一起表示，则发票必须显示信用证指明的贸易术语，而且如果货物描述提供了贸易术语的出处，则发票必须表明该出处（如信用证条款规定“CIF 新加坡 Incoterms 2000”，则“CIF 新加坡 Incoterms”即未满足信用证的要求）。费用和成本必须包括在以信用证和发票中标明的贸易术语所显示的金额内，不允许任何超出该金额的费用和成本。

62. 除非信用证要求，发票无须签字或注明日期。

63. 发票显示的货物数量、重量和尺寸不得与其他单据显示的相应数值相矛盾。

64. 发票不得显示：

a）溢装（UCP 600 第 30（b）条规定的除外），或

b）信用证未要求的商品（包括样品、广告材料等），即使注明免费。

65. 信用证要求的货物数量可以有 5%的溢短装幅度。但如果信用证规定货物数量不得超量或减少，或信用证规定的货物数量是以包装单位或商品件数计量，则此规定不适用。货物数量在 5%幅度内的溢装并不意味着允许支取的金额超过信用证金额。

66. 即使信用证禁止部分发运，当货物数量全部发运，单价（如信用证规定的话）也未降低时，支取金额有 5%的减幅可以接受。如果信用证未规定货物数量，发票视为涵盖全部货物数量。

67. 如果信用证要求分期发运，则每期发运必须与分期发运时间表一致。

涵盖至少两种不同运输方式的运输单据

UCP 600 第 19 条的适用

68. 如果信用证要求提交涵盖至少两种运输方式的运输单据（多式运输单据或联合运输单据），并且运输单据明确表明其涵盖自信用证规定的货物接管地或装货港、装货机场或装货地点至最终目的地的运输，则适用 UCP 600 第 19 条之规定。在此情况下，运输单据不得表明装运或发送仅由一种运输方式完成，但就采用何种运输方式可不予说明。

69. 本文件中使用的“多式运输单据”一词也包括联合运输单据。单据不一定非使用“多式运输单据”或“联合运输单据”的名称才符合 UCP 600 第 19 条的要求，即使信用证使用了上述名称。

全套正本

70. 适用 UCP 600 第 19 条的运输单据必须注明所出具的正本份数。注明“第一正本”“第二正本”“第三正本”“正本”“第二联”“第三联”等类似字样的运输单据均为正本。信用证项下多式运输单据不必非要注明“正本”字样才可接受。除 UCP 600 第 17 条外，ICC 银行委员会政策声明（文件 470/871（修订）），即“在 UCP 500 第 20（b）条项下如何认定‘正本’单据”，可对正本和副本问题提供进一步指引，并在 UCP 600 下仍然有效。该政策声明作为本出版物附件，供参考。

多式运输单据的签署

71. 正本多式运输单据必须按 UCP 600 第 19（a）（i）条规定的方式签署，并表明承运人名称及其承运人身份。

a. 代理如果代表承运人签署多式运输单据，则必须注明其代理身份，并注明代表谁签署人，除非多式运输单据的其他地方已表明承运人。

b. 船长如果签署多式运输单据，则必须注明为“船长”的签字。在此情况下，不必注明船长姓名。

c. 代理如果代表船长签署多式运输单据，则必须注明其代理身份。在此情况下，不必注明船长姓名。

72. 如果信用证规定“货代多式运输单据可接受”或使用了类似用语，则多式运输单据可由货运代理以该身份签署，而无须注明其为承运人或具名承运人的代理。在此情况下，不必显示承运人名称。

已装船批注

73. 多式运输单据的出具日期视为发送、接管或装运的日期，除非单据上另有单独的注明日期的批注，表明货物已在信用证规定的地点发送、接管或装运，在此情况下，该批注日期即被视为发运日期，而不论该日期是早于还是迟于单据的出具日期。

74.“发运状况明显良好”（“Shipped in apparent good order”）、“已载于船”（“Laden on board”）、“清洁已装船”（“clean on board”）或其他包含“已发运”（“shipped”）或“已装船”（“on board”）之类字样的用语与“已装船发运”（“shipped on board”）具有同样效力。

接管地、发送地、装船地和目的地

75. 如果信用证给出了接管地、发送地、装货地和目的地的地理范围（如“任一欧洲港口”），则多式运输单据必须注明实际的接管地、发送地、装货地和目的地，且该地点必须在规定的地理区域或范围内。

收货人、指示方、托运人和背书、被通知人

76. 如果信用证要求多式运输单据显示货物以某具名人为收货人，例如“收货人为×银行”（即“记名式”抬头），而不是“凭指示”或“凭×银行的指示”，则多式运输单据不得在该具名人的名称前出现“凭指示”或“凭……指示”的字样，无论该字样是打印上的还是预先印就的。同样，如果信用证要求多式运输单据抬头为“凭指示”或“凭某具名人指示”，则多式运输单据不得做成以该具名人为收货人的记名式抬头。

77. 如果多式运输单据做成空白指示式抬头或做成凭托运人指示式抬头，则该单据须经托运人背书。表明由托运人的代理所为的背书也可接受。

78. 如果信用证未规定被通知人，则多式运输单据上的相关栏位可以空白，或以任何方式填写。

转运与部分发运

79. 在多式运输方式下，将会发生转运，即自信用证规定的发送地、接管地或发运地至最终目的地之间的运输过程中，将货物从一运输工具上卸下，再装上另一运输工具（无论是否为不同的运输方式）。

80. 如果信用证禁止部分发运，而提交了多套正本多式运输单据，涵盖从一个或多个始发地点（信用证特别允许的地点或在给定的地理区域或范围内）的发运、发送或接管，只要单据涵盖的货物运输系由同一运输工具经同一运程前往同一目的地的运输，则单据可以接受。如果提交了多套单据，而单据包含不同的发运、发送或接管日期，则以其最迟者计算任何交单期，但该日期不得晚于信用证规定的最迟发运、发送或接管的日期。

81. 由多件运输工具（多辆卡车、多艘轮船、多架飞机等）进行的运输系部分发运，即使这些运输工具同日出发并前往同一目的地。

清洁多式运输单据

82. 载有明确声明货物或包装状况有缺陷的条款或批注的多式运输单据不可接受。未明确声明货物或包装状况有缺陷的条款或批注（如“包装可能无法满足运程”）不构成不符点，而声明包装“无法满足运程”的条款则不可接受。

83. 如果多式运输单据上显示有“清洁”字样，但又被删除，并不因此视为有不清洁条款或不清洁，除非其上载有特别声明货物或包装有缺陷的条款或批注。

货物描述

84. 多式运输单据上的货物描述可以使用与信用证所载不相矛盾的统称。

更正与更改

85. 多式运输单据上的更正与更改必须经过证实，证实必须看似由承运人或船长所为，或其任一代理所为（该代理可以与出具或签署单据的代理不同），但要注明其作为承运人或船长的代理身份。

86. 对于正本多式运输单据上可能作过的任何更正或更改，其不可转让的副本无须加具任何签字或证实。

运费和附加费用

87. 如果信用证要求多式运输单据显示运费已付或到目的地支付，则多式运输单据必须有相应标注。

88. 开证申请人和开证行应明确要求单据是注明运费预付还是到付。

89. 如果信用证规定运费之外的额外费用不可接受，则多式运输单据不得表示运费之外的其他费用已产生或将要产生。此类表示可以通过明确提及额外费用或使用提及货物装卸费用的货运术语表达，例如“船方不管装货”（Free In <FI>），“船方不管卸货”（Free Out <FO>），“船方不管装卸货”（Free In and Out <FIO>）及“船方不管装卸货及积载”（Free In and Out Stowed<FIOS>）。运输单据上提到由于卸货延误或卸货后的延误可能加收的费用，如迟还集装箱的费用，不属于此处所指的额外费用。

由多套多式运输单据涵盖的货物

90. 如果多式运输单据声明某一集装箱内的货物由该运输单据和另外一套或数套多式运输单据一起涵盖，并声明所有多式运输单据均须提交，或有类似表述，则意味着与该集装箱有关的所有多式运输单据必须一并提交后才能领取该集装箱内的货物，此类多式运输单据不可接受，除非所有此类多式运输单据系同一信用证项下单据，并属于同一批交单。

提单

UCP 600 第 20 条的适用

91. 如果信用证要求提交只涵盖海洋运输的提单（“海洋”或“港至港”之类），则适用 UCP 600 第 20 条。

92. 提单必须看似涵盖港至港运输，才符合 UCP 600 第 20 条的要求，但不一定要使用“海运提单”或“港至港提单”之类的名称。

全套正本

93. 适用 UCP 600 第 20 条的运输单据必须注明所出具的正本份数。注明“第一正本”“第二正本”“第三正本”“正本”“第二联”“第三联”等字样的运输单据均为正本。提单不一定非要注明“正本”字样方为正本。除 UCP 600 第 17 条外，ICC 银行委员会政策声明（文件 470/871（修订）)，即“在 UCP 500 第 20（b）条项下如何认定‘正本’单据”，可对正本和副本问题提供进一步指引，并在 UCP 600 下仍然有效。该政策声明作为本出版物附件，供参考。

提单的签署

94. 正本提单必须按 UCP 600 第 20（a）（i）条规定的方式签署，并表明承运人名称及其承运人身份。

d. 如果由代理代表承运人签署提单，则签字处必须注明其代理身份，并注明被代理，除非提单的其他地方已表明承运人。

e. 如果由船长签署提单，则签字处必须注明为“船长”的签字。在此情况下，不必注明船长姓名。

f. 如果由代理代表船长签署提单，则签字处必须注明其代理身份。在此情况下，不必注明船长姓名。

95. 如果信用证规定“货代提单可接受”或使用了类似用语，则提单可由货运代理以该身份签署，而无须注明其为承运人或具名承运人的代理。在此情况下，不必显示承运人名称。

已装船批注

96. 如果提交的是预先印就“已装船发运”字样的提单，提单的出具日期即视为发运日，除非提单上加有单独的注明日期的已装船批注，在此情况下，该已装船批注的日期即视为发运日，而不论该批注日期是早于还是晚于提单出具日期。

97. “发运状况明显良好”（“Shipped in apparent good order”）、“已载于船”（“Laden on board”）、“清洁已装船”（“clean on board”）或其他包含“已发运”（“shipped”）或“已装船”（“on board”）之类字样的用语与“已装船发运”（“shipped on board”）具有同样效力。

装货港和卸货港

98. 信用证要求的指名装货港一般应显示在提单的装货港栏位，但如果单据清楚地表明货物是由船只从收货地运输，且有已装船批注表明货物在“收货地”或类似栏位显示的港口装上该船只，则也可显示在“收货地”或类似栏位。

99. 信用证要求的指名卸货港一般应显示在提单的卸货港栏位，但如果单据清楚地表明货物将由船只运送到该最终目的地，且有批注表明卸货港就是“最终目的地”或类似栏位显示的港口，则也可显示在“最终目的地”或类似栏位。

100. 如果信用证规定了装货港或卸货港的地理区域或范围（如“任一欧洲港口”)，则提单必须表明实际的装货港或卸货港，而且该港口必须位于信用证规定的地理区域或范围之内。

收货人、指示方、托运人和背书、被通知人

101. 如果信用证要求提单显示货物以某具名人为收货人，例如“收货人为×银行”(即“记名式”抬头)，而不是“凭指示”或“凭×银行的指示”，则提单不得在该具名人的名称前出现“凭指示”或“凭……的指示”的字样，无论该字样是打印上的还是预先印就的。同样，如果信用证要求提单抬头为“凭指示”或“凭某具名人指示”，则提单不得做成以该具名人为收货人的记名式抬头。

102. 如果提单做成空白指示式抬头或做成凭托运人指示式抬头，则该单据须经托运人背书。表明由托运人的代理所为的背书也可接受。

103. 如果信用证未规定被通知人，则提单上的相关栏位可以空白，或以任何方式填写。

转运和部分发运

104. 转运是指在信用证规定的装货港到卸货港之间的运输过程中将货物从一船卸下再装上另一船的行为。如果卸货和重装并非发生在该两港之间，则不视为转运。

105. 如果信用证禁止部分发运，而提交了多套正本提单，涵盖从一个或多个装货港（信用证特别允许的或在给定的地理区域或范围内）的发运，只要单据涵盖的货物运输系由同一船只经同一航程前往同一卸货港的运输，则单据可以接受。如果提交了多套提单，而包含不同的发运日期，则以其最迟者计算任何交单期，但该日期不得晚于信用证规定的最迟发运日期。以多艘船只进行的运输系部分发运，即使这些船只在同一天出发，驶往同一目的地。

清洁提单

106. 载有明确声明货物或包装状况有缺陷的条款或批注的提单不可接受。未明确声明货物或包装状况有缺陷的条款或批注（如“包装可能无法满足海运航程”）不构成不符点，而声明包装“无法满足海运航程”的条款则不可接受。

107. 如果提单上显示有“清洁”字样，但又被删除，并不因此视为有不清洁条款或不清洁，除非其上载有特别声明货物或包装有缺陷的条款或批注。

货物描述

108. 提单上的货物描述可以使用与信用证所载不相矛盾的统称。

更正和更改

109. 提单上的更正和更改必须经过证实，证实必须看似由承运人或船长所为，或者由其任一代理所为（该代理可以与出具或签署提单的代理不同），但要注明其作为承运人或船长的代理身份。

110. 对于正本提单上可能作过的任何更正或更改，其不可转让的副本无须加具任何签字或证实。

运费和附加费用

111. 如果信用证要求提单显示运费已付或到目的地支付，则提单必须有相应标注。

112. 开证申请人和开证行应明确要求单据是注明运费预付还是到付。

113. 如果信用证规定运费之外的额外费用不可接受，则提单不得表示运费之外的其他费用已产生或将要产生。此类表示可以通过明确提及额外费用或使用提及货物装卸费用的货运术语表达，例如“船方不管装货”（Free In <FI>）、“船方不管卸货”（Free Out <FO>）、“船方不管装卸货”（Free In and Out <FIO>）及“船方不管装卸货及积载”（Free In and Out Stowed <FIOS>）。运输单据上提到由于卸货延误或卸货后的延误可能加收的费用，如迟还集装箱的费用，不属于此处所指的额外费用。

由多套提单涵盖的货物

114. 如果提单声明某一集装箱内的货物由该提单和另外一套或数套提单一起涵盖，并声明所有提单均须提交，或有类似表述，则意味着与该集装箱有关的所有提单必须一并提交后才能领取该集装箱内的货物，此类提单不可接受，除非所有此类提单系同一信用证项下单据，并属于同一批交单。

租船方提单

UCP 600 第 22 条的适用

115. 如果信用证要求提交租船合同提单，或允许提交租船合同提单而实际也提交了租船合同提单，则适用 UCP 600 第 22 条。

116. 含有受租船合同约束的任何表示的运输单据即为 UCP 600 第 22 条所指的租船合同提单。

全套正本

117. 适用 UCP 600 第 22 条的运输单据必须注明所出具的正本份数。注有“第一正本”“第二正本”“第三正本”“正本”“第二联”“第三联”之类字样的运输单据均为正本。信用证项下，租船合同提单不必非要注有“正本”字样才可被接受。除 UCP 600 第 17 条外，国际商会银行委员会政策声明（文件 470/871（修订）），即“在 UCP 500 第 20（b）条项下如何认定‘正本’单据”，可对正本和副本问题提供进一步指引，并在 UCP 600 下仍然有效。该政策声明作为本出版物附件，供参考。

租船合同提单的签署

118. 正本租船合同提单必须按 UCP 600 第 22（a）（i）条规定的方式签署。

a. 如果由船长、租船人或船东签署租船合同提单，则签字处必须注明“船长”“租船人”或“船东”身份。

b. 如果由代理代表船长、租船人或船东签署租船合同提单，则签字处必须注明其作为船长、租船人或船东的代理身份。在此情况下，无须注明船长姓名，但必须显示租船人或船东的名称。

已装船批注

119. 如果提交的是预先印就“已装船发运”字样的租船合同提单，其出具日期即视为发运日，除非其上加有单独的注明日期的已装船批注，在此情况下，该已装船批注的日期即视为发运日，而不论该批注日期是早于还是晚于提单出具日期。

120. “发运状况明显良好”（“Shipped in apparent good order”）、“已载于船”（“Laden on board”）、“清洁已装船”（“clean on board”）或其他包含“已发运”（“shipped”）或“已装船”（“on board”）之类字样的用语与“已装船发运”（“shipped on board”）具有同样效力。

装货港和卸货港

121. 如果信用证规定了装货港或卸货港的地理区域或范围（例如“任一欧洲港口”），租船合同提单必须注明实际的装货港且必须位于规定的地理区域或范围内，但可用地理区域或范围表示卸货港。

收货人、指示方、托运人和背书、被通知人

122. 如果信用证要求租船合同提单显示货物以某具名人为收货人，例如“收货人为×银行”（即“记名式”抬头），而不是“凭指示”或“凭×银行的指示”，则租船合同提单不得在该具名人的名称前出现“凭指示”或“凭……指示”的字样，无论该字样是打印上的还是预先印就的。同样，如果信用证要求租船合同提单抬头为“凭指示”或“凭某具名人指示”，则不得做成以该具名人为收货人的记名式抬头。

123. 如果租船合同提单做成空白指示式抬头或做成凭托运人指示式抬头，则该单据须经托运人背书。表明由托运人的代理所为的背书也可接受。

124. 如果信用证未规定被通知人，则租船合同提单上的相关栏位可以空白，或以任何方式填写。

部分发运

125. 如果信用证禁止部分发运，而提交了多套正本租船合同提单，涵盖从一个或多个装货港（信用证特别允许的或在给定的地理区域或范围内）的发运，只要单据涵盖的货物运输系由同一船只经同一航程前往同一卸货港、港口范围或地理区域的运输，则单据可以接受。如果提交了多套租船合同提单，而包含不同的发运日期，则以其最迟者计算任何交单期，且该日期不得晚于信用证规定的最迟发运日期。以多艘船只进行的运输系部分发运，即使这些船只在同一天出发，驶往同一目的地。

清洁租船合同提单

126. 载有明确声明货物或包装状况有缺陷的条款或批注的租船合同提单不可接受。未明确声明货物或包装状况有缺陷的条款或批注（如“包装可能无法满足海运航程”）不构成不符点，而声明包装“无法满足海运航程”的条款则不可接受。

127. 如果租船合同提单上显示有“清洁”字样，但又被删除，并不视为有不清洁条款或不清洁，除非其上载有特别声明货物或包装有缺陷的条款或批注。

货物描述

128. 租船合同提单上的货物描述可以使用与信用证所载不相矛盾的统称。

更正和更改

129. 租船合同提单上的更正和更改必须经过证实，证实必须看似由船东、租船人或船长所为，或其任一代理所为（该代理可能与出具或签署租船合同提单的代理不同），但要注明其作为船东、租船人或船长的代理身份。

130. 对于正本租船合同提单上可能作过的任何更正或更改，其不可转让的副本无须加具任何签字或证实。

运费和附加费用

131. 如果信用证要求租船合同提单显示运费已付或到目的地支付，则租船合同提单必须有相应标注。

132. 开证申请人和开证行应明确要求单据是注明运费预付还是到付。

133. 如果信用证规定运费之外的额外费用不可接受，则租船合同提单不得表示运费之外的其他费用已产生或将要产生。此类表示可以通过明确提及额外费用或使用提及货物装卸费用的货运术语表达，例如“船方不管装货”（Free In <FI>）、“船方不管卸货”（Free Out <FO>）、“船方不管装卸货”（Free In and Out <FIO>）及“船方不管装卸货及积载”（Free In and Out Stowed <FIOS>）。运输单据上提到由于卸货延误或卸货后的延误可能加收的费用不属于此处所指的额外费用。

空运单据

UCP 600 第 23 条的适用

134. 如果信用证要求提交涵盖机场至机场运输的空运单据，则适用 UCP 600 第 23 条。

135. 如果信用证要求提交“航空运单”或“航空托运单”之类单据，则适用 UCP 600 第 23 条。要符合 UCP 600 第 23 条，空运单据必须看似涵盖机场到机场的运输，但不一定非要使用“航空运单”或“航空托运单”之类的名称。

正本空运单据

136. 空运单据必须看似为发货人或托运人收执的正本联。如果要求提交全套正本单据，提交注明为发货人或托运人收执的正本联即满足要求。

空运单据的签署

137. 正本空运单据必须按 UCP 600 第 23（a）（i）条规定的方式签署，并注明承运人的名称及其承运人身份。如果由代理代表承运人签署空运单据，则签字处必须注明其代理身份，并注明被代理的承运人，除非空运单据的其他地方已表明了承运人。

138. 如果信用证规定“航空分运单可接受”或“货代航空运单可接受”或使用了类似用语，则空运单据可由货运代理以该身份签署，而无须注明其为承运人或具名承运人的代理。在此情况下，无须显示承运人名称。

货物收妥待运、发运日期及对实际发送日期的要求

139. 空运单据必须表明货物已收妥待运。

140. 空运单据的出具日期将被视为发运日期，除非单据另有关于航班日期的单独批注，此时该航班日期将被视为发运日期。空运单据上显示的任何其他有关航班号和日期的信息将不被用以确定发运日期。

出发机场与目的地机场

141. 空运单据必须显示信用证规定的出发机场和目的机场。用 IATA 代码而非机场全称（例如用 LHR 来代表伦敦西思罗机场）表示机场名称不构成不符点。

142. 如果信用证给出了出发机场或目的机场的地理区域或范围（如“任一欧洲机场”），则空运单据必须表明实际的出发机场或目的机场，且必须位于信用证规定的地理区域或范围之内。

收货人、指示方和被通知人

143. 空运单据不是物权凭证，因此不应出具成空白指示式抬头或凭某具名人指示式抬头。即使信用证要求空运单据出具成空白指示式抬头或凭某具名人指示式抬头，提交的单据如显示以该具名人为收货人，尽管没有“凭指示”或“凭……指示”字样，也可接受。

144. 如果信用证没有规定被通知人，则空运单据中的相关栏位可以空白，或以任何方式填写。

转运和部分发运

145. 转运是指在信用证规定的出发机场到目的机场的运输过程中，将货物从一架飞机上卸下再装上另一飞机的行为。如果卸货和重装并非发生在该二机场之间，则不视为转运。

146. 如果信用证禁止部分发运，而提交了多份空运单据，涵盖从一个或多个出发机场（信用证特别允许的或在给定的地理区域或范围内）的发送，只要单据涵盖的货物运输系由同一飞机经同一航程前往同一目的机场，则单据可以接受。如果提交了多份空运单据，而包含不同的发运日期，则以其最迟者计算任何交单期，但该日期不得晚于信用证规定的最迟发运日期。

147. 以多架飞机进行的运输系部分发运，即使这些飞机在同一天出发，飞往同一目的地。

清洁空运单据

148. 载有明确声明货物或包装状况有缺陷的条款或批注的空运单据不可接受。未明确声明货物或包装状况有缺陷的条款或批注（如“包装可能无法满足航程”）不构成不符点，而声明包装“无法满足航程”的条款则不可接受。

149. 如果空运单据上显示有“清洁”字样，但又被删除，并不因此视为有不清洁条款或不清洁，除非其上载有特别声明货物或包装有缺陷的条款或批注。

货物描述

150. 空运单据中的货物描述可以使用与信用证所载不相矛盾的统称。

更正和更改

151. 空运单据上的更正和更改必须经过证实。证实必须看似由承运人所为，或其任一代理所为（该代理可以与出具或签署空运单据的代理不同），但要注明其作为承运人的代理身份。

152. 空运单据的副本无须承运人或代理签字（或托运人签字，即使信用证要求正本空运单据上有其签字），也不要求带有对正本单据上可能作过的任何更正或更改的任何证实。

运费和附加费用

153. 如果信用证要求空运单据注明运费已付或到目的地支付，则空运单据必须有相应标注。

154. 开证申请人和开证行应明确要求单据是注明运费已付还是到付。

155. 如果信用证规定运费之外的额外费用不可接受，则空运单据不得表示运费之外的其他费用已经产生或将要产生。此类表示可以通过明确提及额外费用或使用提及货物装卸费用的货运术语表达。运输单据上提到由于卸货延误或卸货后的延误可能加收的费用，不属于此处所说的额外费用。

156. 空运单据常常有单独的栏位，以印就的标题分别标明“预付”运费和“到付”运费。如果信用证要求空运单据表明运费已预付，则在标明“预付运费”或类似标题的栏位内填具运输费用金额即满足信用证要求。如果信用证要求空运单据表明运费到付，则在标明“待收运费”或类似标题的栏位内填具运输费用金额即满足信用证要求。

公路、铁路或内陆水运单据

UCP 600 第 24 条的应用

157. 如果信用证要求提交涵盖公路、铁路或内陆水道运输的运输单据，则适用 UCP 600 第 24 条。

公路、铁路或内陆水运单据的正本和第二联

158. 如果信用证要求铁路或内陆水运单据，则不论提交的运输单据是否注明为正本，都将作为正本接受。公路运输单据必须看似为签发给发货人或托运人收执的正本联，或者未注明收执人。对铁路运单而言，许多铁路运输公司的做法是仅向托运人或发货人提供加盖铁路公司印章的第二联（常常是拓印联）。此联将作为正本接受。

承运人及公路、铁路或内陆水运单据的签署

159. 如果运输单据已经以其他方式表明承运人的“承运人”身份，则签字处无须加注“承运人”字样，但要看似系由承运人或其代理签署国际标准银行实务做法接受带有铁路公司或发运站日期章但未显示承运人名称或代表承运人签署的代理名称的铁路运单。

160. UCP 600 第 24 条使用的“承运人”一词包括运输单据中的“出单承运人”实际承运人”“后续承运人”及“订约承运人”等用语。

161. 运输单据上的任何收货签字、印戳或批注必须看似系由下列人员之一加具：

a. 承运人，并注明其承运人身份，或

b. 代表承运人行事或签署的具名代理，并注明其所代表的承运人名称和身份。

指示方与被通知人

162. 不是物权凭证的运输单据不应做成空白指示或凭具名人指示式抬头。即使信用证要求将不是物权凭证的运输单据做成空白指示或凭具名人指示式抬头，如提交的单据显示该具名人为收货人，即使其没有“凭指示”或“凭……指示”字样，也可接受。

163. 如果信用证没有规定被通知人，则运输单据上的相关栏位可以空白或以任何方式填写。

部分发运

164. 由多件运输工具（多辆卡车、多列火车、多艘轮船等）进行的运输系部分发运，即使这些运输工具同日出发并驶往同一目的地。

货物描述

165. 运输单据中的货物描述可以使用与信用证所载不相矛盾的统称。

更正和更改

166. UCP 600 第 24 条所规定的运输单据上的更正和更改必须经过证实。证实必须看似由承运人所为，或其任一具名代理（该代理可以与出具或签署单据的代理不同）所为，但要注明其作为承运人的代理身份。

167. 对于 UCP 600 第 24 条所规定的运输单据正本上可能已作过的任何更正或更改，其副本上无须加具任何签字或证实。

运费和附加费用

168. 如果信用证要求 UCP 600 第 24 条所规定的运输单据显示运费已付或到目的地支付，则运输单据必须有相应标注。

169. 开证申请人和开证行应明确要求单据是表明运费预付还是到付。

保险单据和保险范围

UCP 600 第 28 条的适用

170. 如果信用证要求提交诸如保险单或者预约保险下的保险证明书或保险声明书之类的保险单据，则适用 UCP 600 第 28 条。

保险单据的出单人

171. 保险单据必须看似由保险公司或承保人或其代理或代表出具并签署。如保险单据或信用证条款要求，所有正本必须看似已被副签。

172. 在保险经纪人的文具上出具的保险单据可以接受，但须经保险公司或其代理或代表，或由承保人或其代理或代表签署。保险经纪人可以以具名保险公司或具名承保人的代理身份签署。

投保风险

173. 保险单据必须涵盖信用证规定的风险。即使信用证明确列明应投保的风险，保险单据中也可以援引除外条款。如果信用证要求投保“一切险”，提交载有“一切险”条款或批注的保险单据即满足要求，即使该单据声明某些风险除外。如果保险单据标明投保（伦敦保险）协会货物保险条款（A），也符合信用证关于“一切险”条款或批注的要求。

174. 对同一运输的同一风险的保险必须由同一保险单据涵盖，除非每一份涵盖部分保险的保险单据以百分比或其他方式明确反映每一保险人负责的保险金额，并且每一保险人将各自分别承担自己的责任份额，不受任何其他保险人可能已承保的该次运输的保险责任的影响。

日期

175. 载有截止日期的保险单据必须清楚地表明该截止日期系指货物装船、发送或接管（视情形适用）的最迟日期，还是在保险单据项下提出索赔的截止日期。

百分比和金额

176. 保险单据必须以信用证的币种，至少按信用证要求的金额出具。UCP 并未规定任何投保的最高比例。

177. 如果信用证要求保险责任不计比例，则保险单据不得含有表明保险责任受免赔率或免赔额约束的条款。

178. 如果从信用证或单据可以得知最后的发票金额仅仅是货物总价值的一部分（例如由于折扣、预付或类似情况，或由于货物的部分价款将晚些支付），必须以货物的总毛值为基础来计算应投保金额。

被保险人和背书

179. 保险单据必须按信用证要求的形式出具，并且，如有必要，经赔付指示人背书。如果信用证要求空白背书式的保险单据，则保险单据也可开立成来人式，反之亦然。

180. 如果信用证对被保险人未做规定，则表明保险金额的赔付将按托运人或受益人指示的保险单据不可接受，除非经过背书。保险单据应出具或背书成使保险单据项下的获赔权利在放单之时或之前得以转让。

原产地证明内容

基本要求

181. 如信用证要求原产地证明，则提交经过签署、注明日期的证明货物原产地的单据即满足要求。

原产地证明的出具人

182. 原产地证明必须由信用证规定的人出具。但是，如果信用证要求原产地证明由受益人、出口商或制造商出具，则由商会出具的单据可以接受，只要该单据根据不同情形相应地注明受益人、出口商或制造商。如果信用证没有规定由何人出具原产地证明，则由任何人包括受益人出具的单据均可接受。

原产地证明内容

183. 原产地证明必须看似与发票所指货物相关联。原产地证明中的货物描述可以使用与信用证所载不相矛盾的货物统称，或通过其他援引表明其与要求的单据中的货物相关联。

184. 如果显示有收货人信息，则不得与运输单据中的收货人信息相矛盾。但是，如果信用证要求运输单据出具成“凭指示”“凭托运人指示”“凭开证行指示”或“以开证行为收货人”，则原产地证明可以显示信用证的申请人或信用证中指名的另外一人作为收货人。如果信用证已经转让，以第一受益人作为收货人也可接受。

185. 原产地证明可以显示信用证受益人或运输单据上的托运人之外的另外一人为发货人或出口方。

跋*

* 本跋中所含信息不是国际商会银行技术与惯例委员会的官方 ISBP 出版物或经其批准的内容。此中包含的信息旨在回顾历史，仅代表作者个人的观点。

自信用证使用的初期以来，银行家们及银行界即一直在收集并记录银行实务。在第一部《跟单信用证统一惯例》（“UCP”）之前即已建立的各国规则实际上是相当数量国家的银行实务的汇总。20 世纪初期拟定的这些国家文件在阿根廷、捷克斯洛伐克、法国、德国、意大利、瑞典和美国建立了信用证基本规则。美国于 1920 年制定的《影响出口商业信用证的规定》的第一段声明：“出口商业信用证项下的付款通知给以下各方的应符合下述规定，该规定与 1920 年纽约银行家商业信用证会议所采纳的标准实务相符”。注意其中提及“标准实务”。

这些规则和实务由银行分发给它们在全世界的代理行。它们仅是表达银行如何处理信用证并意图通知它们的代理行在它们本国所遵循的实务。最终，这些实务被更为正式地记录，并在第一部 UCP 中在全球范围内记录，当时的 UCP 被称为《商业跟单信用证统一惯例》。即使在此之后，银行及银行界持续在审单过程中以经常使用的清单方式继续记录银行实务的情况司空见惯。

在 UCP 400 的修订及 UCP 500 于 1993 年推出之后，美国的银行决定集中精力收集美国及墨西哥的不同银行实务以补充 UCP 中阐述的条款。在 UCP 500 推出后，这些实务在第 13 条中被以“规定的单据在表面上与信用证的条款相符将根据这些条款中所反映的国际标准银行实务所决定”强调。尽管该条被限于 UCP 的条款，但是美国的银行感觉到标准银行实务由许多未在 UCP 中具体表述的实务所构成。1996 年，这些实务由美国国际银行理事会（现为国际金融服务协会）在《审核信用证项下单据的标准银行实务》（“SBPED”）中出版。如二十世纪初所发放的文件一样，SBPED 由银行向它们在全世界的代理行进行了发放。

2000 年 5 月，国际商会被请求在更为全球化的规模上承担相似的项目。因此，国际商会成立了工作小组以收集并记录未在 UCP 中所包括的全球银行实务。他们的工作结果即为 2003 年 1 月的出版物《关于审核跟单信用证项下单据的国际标准银行实务》（“ISBP”）。该出版物于 2007 年被更新以与 UCP 的最新版本 UCP 600 保持一致。

国际金融服务协会总裁兼行政主管，国际商会银行技术与惯例委员会副主席

丹·泰勒

在 UCP 500 第 20（b）条下如何认定“正本”单据

**本文件由国际商会银行技术与惯例委员会批准，由国际商会于 1999 年 7 月 12 日公布。*

1. 背景

在过去的几年间，已有数件咨询提交到国际商会银行委员会，咨询关于在信用证下银行应如何认定“正本”单据，以及是否有必要在单据上标注“正本”字样。

为方便参考，在此引用第 20（b）条如下：

> “除非信用证另有规定，银行也将接受以如下方式制成或看似以如下方式制成的单据为正本单据，只要其标注为正本，并在必要时看似已经签署：
>
> i. 通过复印、自动系统或计算机控制的系统制作；
>
> ii. 炭写副本。
>
> 单据可以手写签字、摹样签字、打孔签字、印戳、符号或任何其他机械或电子的证实方法签署。”

2. 正本性认定

在跟单信用证业务中，审单人面对几个与正本性相关的问题，包括：

表见正本性

银行负责认定单据是否表面看似为正本单据，而非副本。除信用证（包括以援引方式纳入的条款，例如 UCP 500 第 23（a）（iv）条或第 34（b）条）明确要求者外，银行不负责认定表见为正本的单据是否为唯一正本。银行在认定单据的正本性时，信赖单据出具人将其作为正本而非副本对待的表见意图。

依此考虑，以传真方式发送单据、在白纸上复印单据或以炭写方式拓写单据的人，推定其意在制作副本。相反，将其创建并以电子方式储存的文本打印在白纸上的人，推定其意在制作正本。相应地，带有摹样签字或从电子储存的文本整体打印（甚至包括单据出具人的信头和/或签字）的单据，推定单据出具人意在将其作为正本，并且实务中银行也按正本接受。

看似正本而实非正本的单据

银行不负责认定单据是否实为正本。根据 UCP 500 第 15 条，银行对任何单据的真实性或虚假性不负责。如果单据看似正本或标注为正本，但实际并非正本，则提交该单据将在有关伪造或欺诈性交单的法律下产生特别的抗辩、权利或义务，此已超出了 UCP 500 的范围。

UCP 500 的要求

UCP 既未要求也不允许超越单据表面去审核认定单据实际上是如何制作的，除非单据乃由该银行自己操作生成，例如通过传真、电传、电子邮件或其他将银行收到的电文打印出来的系统。第 20（b）条中的“制成或看似制成”的用语并不推翻 UCP 500 第 13（a）、13（c）条或 14（b）条等条文或者其他禁止开证行和保兑行依赖外部事实认定相符性的惯例与法律的规定。

如加入的“也”一词所表明的那样（“……银行也将接受……为正本……”），第 20（b）条在规定如果区分正本与副本时既非详尽，亦不具排他性。例如，将电子储存文本打印在白纸上而得的单据，如果看似为正本，即可接受，无须考虑第 20（b）条。

第 20（b）条不适用于看似仅部分以复印、自动或计算机控制系统或炭写方式制成的单据。当复印件被单据出具人手工加盖印戳、加注日期、完具或签署时，即不再是第 20（b）条意义上的“复印而成”了。

第 20（b）条中“标注为正本”的条件可以单据上任何表明单据出具人意在将其作为正本而非副本对待的标记或单据文字满足。相应地，看似从电子储存的文本打印在白纸上而得的单据，如果其文本中声明为正本，或含有信头，或带有手工标记，均为第 20（b）条意义上的“标注为正本”。

UCP 500 第 13（a）条提及依照 UCP 各条文界定的国际标准银行实务认定提交的单据的相符性。关于认定“正本”单据的国际标准银行实务可以表述为：

3. 第 20（b）条的正确解释

一般途径

银行审核信用证项下提交的单据时，除了其他问题外，需要认定单据表面上是否看似为正本。银行将任何带有显然为单据出具人的原始签名、标记、印戳或标签的单据视为正本，除非单据本身表明其并非正本。相应地，除非单据另有表示，在以下情形下，单据将被视为正本：

（A）看似由单据出具人手写、用打字机打出、打孔或加盖印戳；或

（B）看似载于单据出具人的原始信笺上；或

（C）声明其为正本，除非该声明看似并非适用于提交的单据（例如，因为其看似为另一单据的复印件，而该关于正本性的声明看似适用于该另一单据）。

手签单据

与上款（A）项一致，银行将任何看似由单据出具人手签的单据视为正本。例如，手签过的汇票或商业发票视为正本单据，无论单据的一些或全部其他组成部分是否为预先印制、炭写或以复写、自动或计算机控制的系统制成。

以摹样签字签署的单据

银行将摹样签字视为等同于手写签字。相应地，看似带有单据出具人的摹样签字的单据也被视为正本单据。

影印件

银行将任何看似为另一单据的复印件的单据视为非正本。但是，如果一份复印件看似经单据出具人在其上加以手工标记完成，则根据第一款（A）项，由此所得单据被视为正本单据，除非其上另有表示。如果单据看似通过将文本复印到原始信笺而非空白纸张上而得，则根据第一款（B）项，该单据被视为正本单据，除非其上另有表述。

以传真方式提交单据

银行将任何由银行的传真机获得的单据视为非正本。允许以传真方式提交单据的信用证，即放弃了通过传真提交正本的要求。

宣示正本性的声明

根据第一款（A）项和（C）项，其上盖有“正本”字样印戳的单据被视为正本单据。单据中声明其为“第二联正本”或“三分之三”也表示其为正本。单据中声明如有另一同样单据被提交则其失效，也表明其为正本。

宣示非正本性的声明

单据中声明其为另一单据的真实副本或另一单据为唯一正本，表明该单据非为正本。单据中声明其为“客户联”或“托运人联”既不否认也不确认其正本性。

4. 何样单据不是“正本”？

如果单据有以下情形之一，即表明其并非正本：

i. 看似由传真机生成；

ii. 看似为另一单据的复印件，而未另以手工标记该复印件而完成，也未复印在看似为原始的文具上；或

iii. 单据中声明其为另一单据的真实副本或另一单据为唯一正本。

5. 结论

基于国际商会各国家委员会、国际商会银行委员会成员及其他相关组织的意见，上述第 3 条和第 4 条的内容反映了在正确解释 UCP 500 第 20（b）条时的国际标准银行实务。

国际商会简介

国际商会是一个国际性的商业组织，是代表全球所有企业的权威代言机构。

国际商会的根本任务是推动开放的国际贸易与投资，帮助企业应对全球化所带来的机遇与挑战。从 20 世纪初成立以来，国际商会就坚信贸易是促进和平、繁荣的强大力量。当年组建国际商会的远见卓识的商界领袖们称自己是“和平的使者”。

国际商会的三个主要职责是规则制定、争议解决和政策推广。由于国际商会的成员均从事国际商务，因此国际商会在制定国际商务规则方面拥有最高的权威。虽然这些规则不是强制性的，但是它们在日常无数的国际业务中使用，并成为国际贸易的重要组成部分。

国际商会还成立了世界领先的国际仲裁院，在仲裁方面提供服务。国际商业联合会是全球性的商会组织，旨在加强各国商会之间的互动和交流。国际商会还提供专业的培训和教育课程，是国际商务、银行和仲裁界领先的实务和教育工具书的出版商。

来自国际商会成员的业界领袖和专家们在贸易和投资政策、反腐败、银行业、数字经济、电信、商业准则、环境与能源、公平竞争和知识产权的非常广阔的领域内制定规则。

国际商会与联合国、世界贸易组织以及包括 G20 在内的政府间论坛密切合作。

国际商会成立于 1919 年，发展至今已拥有来自 120 多个国家的无数成员公司和协会。各国的国家委员会与国际商会成员密切合作，并向本国政府转达国际商会的意见。

国际商会的专业委员会

- 国际商会国际仲裁法院
- 国际商会国际专家中心
- 国际商会国际商业联合会
- 国际商会国际商法学会
- 国际商会海事中心局
- 国际商会商业犯罪服务中心
- 国际商会服务中心

出版物

国际商会的出版部门致力于向国际商界提供商务和贸易的最佳资源。

国际商会的出版物来自于国际商会专业委员会、机构以及国际专家的辛苦工作。这些专业服务涵盖了国际银行、国际贸易术语（Incoterms）、法律与仲裁、诈骗与欺诈、商业合同范本与环境问题。

国际商会的培训和研讨

国际商会的研讨和培训项目是传播世界商业组织的专业知识的主要渠道。

国际商会培训和研讨部是国际商会服务中心的一个专职部门，主要负责业界关注的银行技术与惯例、电子商务、信息科技与电信、盗版与欺诈等政策方面的问题。

国际商会培训和研讨部还在国际贸易领域，为商务人士、公司法律顾问、律师和法律从业者提供国际仲裁与商务合同谈判方面的培训。各国委员会网址参见：www.iccwbo.org。

COLLECTED DOCDEX DECISIONS

2009-2012

Decisions by ICC experts on documentary credits, collections and demand guarantees

International Chamber of Commerce
The world business organization

Edited by Gary Collyer & Ron Katz

Published in October 2012

ICC Services
Publications Department
33-43 avenue du President Wilson
75116 Paris
France

ICC Publication No. 739E
ISBN: 978-92-842-0174-7

FOREWORD

The DOCDEX system was established by the International Chamber of Commerce (ICC) in 1997 as a response to the need for a low-cost and rapid method of resolving disputes on letters of credit. ICC was the natural forum to develop such a system, since it had authored the UCP, the universally accepted rules governing letter of credit practice that have been in effect for more than 70 years. Later amendments to the DOCDEX rules in 2002 allowed ICC's expert panels also to decide cases based on ICC's Uniform Rules for Collections (URC) and its Uniform Rules for Demand Guarantees (URDG).

Under the DOCDEX system, a panel of three ICC experts is appointed by ICC's Centre for Expertise to render Decisions based on documents submitted by the disputing parties. The Decisions are normally handed down within a reasonable period of 30-60 days. Though they do not have the force of law and are not binding on the parties unless they choose to make them so, the Decisions can be used as evidence if the parties later decide to go to court. Moreover, if one party is armed with a DOCDEX Decision in its favour, the other party may decide not to go to court at all.

The current volume is the third in the series of the DOCDEX Decisions to be published by ICC. The previous volume, which dates from 2008, was heavily slanted toward Decisions dealing with UCP 500, the version of the rules predating the current UCP 600. The present volume contains more Decisions on UCP 600 and, inkeeping with the broad mandate under the DOCDEX rules, there are also cases here dealing with UCP 500, UCP 222 (which dates from 1962), URC 522 and URDG 458. We expect that the next volume to also contain Decisions based on URDG 758, which came into effect in 2010.

With more than 110 cases decided since its inception, DOCDEX has proved its worth over the last 15 years. Practitioners who have taken advantage of the DOCDEX process have found it to be practical, efficient and reasonably priced. Parties to a dispute concerning the quoted sets of ICC rules would do well to look to DOCDEX as a rapid and cost-effective way of settling them.

Gary Collyer
Senior Technical Adviser, ICC Banking Commission
October 2012

Table of Contents

DOCDEX Decision No. 278

UCP 500 sub-articles 14(d)(ii), 14(e) and 13(b); article 14

Did the fact that the Respondent delivered the documents to the applicant make it liable to pay an amount in excess of the documentary credit value? Was an instruction regarding delivery of the documents to the applicant clear and precise? Where the drawing under the credit was in excess of the amount permitted by the credit, did the Respondent handle the discrepant documents correctly?

Parties

Initiator:	Company A
Respondents:	Bank I and Bank P

Summary of representations

07.03.1999

Bank I issued a documentary credit for USD 1,795,314.70 in favour of Company A. The documentary credit was issued subject to UCP 500 (via SWIFT message MT700).

18.03.1999

Bank I sent a telex stating that the documents would be accepted as presented except for value, quantity, description of goods, validity, bill of lading and certificate of origin.

23.03.1999

Bank P (which is not nominated to act under the credit) forwarded the documents to Bank I for the value of USD 2,058,863.70.

The forwarding schedule, in addition to mentioning the amount of the drawing (USD 2,058,863.70), included the following statement: "We therefore ask you to make use of the documents only if you authorise us to avail ourselves of the documentary credit."

Enclosed together with the forwarding schedule was a letter from Company A to Bank I, which included the following: "You are kindly requested to hand out these documents to the receiver [name of applicant], only against your [Bank I's] irrevocable written confirmation to [Bank P] to pay as follows:

1)

• [vessel name]	USD 1,258,071.50
• [vessel name]	USD 171,320.00
• Additional payment	USD 263,549.00
Total amount maturity August 3rd 1999	USD 1,719,940.50

2)

- [vessel name] USD 169,478.40 at June 19, 1999

3)

- [vessel name] USD 169,444.40 at July 29, 1999

  Documents to be hold [sic] as one set included all Original 3/3 Bill of Lading [sic] it can only be handed out against your payment confirmation to us."

01.04.1999

Bank I sent a telex to Bank P, informing Bank P that it had "handed the accepted discrepant docs for USD 1,795,314.70 to applicant". It further noted that "as for the excess amount viz USD 263,549.00 and as per applicant instructions and upon his agreement with beneficiary, this amount to be paid outside L/C by applicant to beneficiary without any responsibility on our part". The telex ends as follows: "AS PER APPLICANT REQUEST PLS CONFIRM TO US BENEF´S APPROVAL OF SAID ARRANGEMENT BY TESTED MSG. TO ENABLE THE APPLICANT TO MARK HIS FILE".

08.04.1999 – 12.02.2004

Various correspondence between Bank I and Bank P/Company A, in which:

- Bank P/Company A maintained the view that the documents were only to be delivered against the full invoice amount – or the presented documents should be returned.
- Bank I maintained the view that it was only obligated as far as the documentary credit amount, i.e., it was not responsible for the excess amount of USD 263,549.00, which was subject to the agreement between Company A and the applicant.
- It appears from the documentation evaluated by the Group of Experts that the goods may have been released to the applicant against a bank guarantee issued by Bank I even before the issuance of the credit. However, this is not confirmed by Bank I.

Issues to be decided

Main issue:

Does the fact that Bank I delivered the documents to the applicant make it liable to pay an amount in excess of the documentary credit value, where such excess amount was reflected in the forwarding schedule from the presenter?

Sub-issues:

Issue 1: Instruction given to Bank I

Can the instruction given to Bank I regarding delivery of the documents to the applicant be considered clear and precise?

Issue 2: The handling of discrepant documents by Bank I

The drawing under the credit was in excess of the amount permitted by the credit, and consequently the documents were discrepant. Did Bank I handle the discrepant documents correctly in accordance with the provisions of UCP 500?

Analysis and decision

Sub-issue 1: Instruction given to Bank I

The instruction to Bank I to only deliver documents against USD 2,058,863.70 is reflected in both the forwarding schedule from Bank P and the letter issued by Company A to Bank I.

The documents enclosed are specified as follows in Bank P's forwarding schedule:

- letter of [Company A] to you;
- 4 sets of docs as per separate specification of documents.

The Group of Experts holds the view that the letter of Company A forms part of the forwarding schedule issued by Bank P. The content of the letter of Company A, together with the content of the forwarding schedule from Bank P, clearly provided instructions that the documents were only to be delivered to the applicant against USD 2,058,863.70.

Conclusion to sub-issue 1: Bank I should have abided by the instructions in the forwarding schedule from Bank P and the letter from Company A in their handling of the documents.

Sub-issue 2: The handling of discrepant documents by Bank I

Bank I was not obligated to pay an amount in excess of the documentary credit amount and had the option to refuse the documents in accordance with UCP 500 article 14 and sub-article 13(b).

UCP 500 sub-article 14 (d) (ii) specifically states: " ... notice must state all discrepancies in respect of which the bank refuses the documents and must also state whether it is holding the documents at the disposal of, or is returning them to, the presenter".

Bank I did not refuse, but in fact did accept the documents on 1 April 1999. Having done so, Bank I was (according to UCP 500 sub-article 14 (e)) precluded from claiming that the documents were not in compliance with the credit terms and conditions, and therefore was obligated to pay the full amount drawn at the respective maturity dates, i.e., USD 2,058,863.70 – including the excess amount of USD 263,549.00.

Conclusion to sub-issue 2: Since Bank I did not refuse the documents in accordance with UCP 500 article 14 and sub-article 13 (b), it was obligated to pay the full amount drawn at maturity.

Final Decision

Based upon the documentary evidence provided and the above-mentioned analysis, the Group of Experts agrees that Bank I should have followed the instructions given in the forwarding schedule of Bank P and the accompanying letter from Company A. In this respect and in accordance with the provisions of UCP 500, Bank I should have either refused to accept the documents or agreed to accept them on the basis of effecting the full payment of USD 2,058,863.70 upon maturity of the drawings.

Having failed to act in accordance with the instructions of the presenting bank, Bank I was obligated to pay the full amount drawn, including the excess amount of USD 263,549.00.

Conclusion

The conclusion of the DOCDEX Panel is unanimous.

DOCDEX Decision No. 279

This Decision was withdrawn.

DOCDEX Decision No. 280

UCP 600 sub-articles 14 (a) and (c), 16 (a) and (c)

Whether the "Analysis and conclusion" of Banking Commission Opinion TA 657 was effective in the light of the full knowledge of all the details of this dispute; whether the refusal by the Respondent to honour three drawings on the grounds of (1) late presentation and (2) invoice evidencing "payment out of this documentary credit" was a valid refusal

Parties

Initiator:	Bank F
Respondent:	Bank A
Together:	(the "parties")

Background and transaction

1. On 7 June 2007, the Respondent issued irrevocable documentary credit No 12345 (the "credit") in the sum of EUR 155,000 on behalf of Company G, Country I (the "applicant") in favour of Company P in Country N (the "beneficiary"). The credit was available with and confirmed by the Initiator. It was stated to expire on 31 October 2008 in Country N and was available with the Initiator by a combination of sight and deferred payment. The latest shipment date was 31 October 2007, which was subsequently extended to 5 December 2007. The goods were to be shipped from Country N/Country F to Country I. Partial shipments were allowed.

2. The credit was available as follows:
   i. EUR 23,250 payable at sight against an invoice (representing an advance payment);
   ii. EUR 93,000 payable at 30 days from the date of the required CMR;
   iii. EUR 23,250 payable against presentation of "Positive Commissioning Certificate" signed by Company G and end user (Company P), but not later than 30 September 2008;
   iv. EUR 15,500 at 12 months after CMR date.

3. The credit required presentation of the following documents:
   i. signed commercial invoice in triplicate;
   ii. packing list in duplicate;
   iii. International Consignment Note CMR evidencing freight payable at destination, despatch to the Applicant.

4. Detailed transaction steps
   i. 21 June 2007– an invoice for EUR 23,250 was presented to the Initiator and was paid by the Respondent on 26th June 2007;
   ii. 19 October 2007 – the Initiator received a commercial invoice for EUR 48,000, a packing list and an international consignment note CMR. Payment was effected by the Respondent on 12 November 2007;
   iii. 30 November 2007 – the Initiator received a commercial invoice for EUR 45,000, a packing list and an international consignment note CMR, which were refused by the Respondent on the grounds of non-conformity. An official opinion was sought in this connection from the ICC Commission on Banking Technique and Practice, in respect of the non-conformity of the presented CMR, which non-conformity was supported.
   iv. 30 May 2008 – the Initiator received three invoices amounting to EUR 23,250, EUR 7,500 and EUR 8,000 respectively. The documents were sent to the Respondent on 3 June 2008, and on 9 June 2008 the Initiator received a notice of refusal claiming non-conformity of the documents on the basis of the following discrepancies:
      - Late presentation;
      - Invoice evidencing "payment out of this documentary credit".

Issues

The Initiator seeks a DOCDEX decision to decide:

1. Whether the drafted "Analysis and conclusion" of Opinion TA.657 is effective in the light of the full knowledge of all the details of the dispute;
2. The validity of the refusal by the Respondent to honour drawings in the sum of EUR 23,250, EUR 8,000 and EUR 7500 on the grounds of the following discrepancies:
   - late presentation;
   - invoice evidencing "payment out of this documentary credit".

Initiator's claim

In its request dated 15 October 2008, the Initiator asserted the following:

1. In its notice of refusal the Respondent did not claim that the "Positive Commissioning Certificate" had not been presented and, as a result of the said omission, it is deemed to have agreed that the document was not required in case payment was claimed after the date of 30 September 2008.

2. The requirement contained in Field 48 of the SWIFT MT700 regarding presentation of documents within 15 days after the date of the CMR can only be linked to the documents listed in Field 46A and can only relate to the deferred payment of EUR 93,000. Accordingly, the first discrepancy is not valid.

3. In the invoices amounting to EUR 23,250, EUR 7,500 and EUR 8,000, the beneficiary included the words: "Out of this documentary credit", which were interpreted by the Respondent as indicating that the amount was claimed outside the credit. The Initiator asserts that this is not the case and should be interpreted as indicating that the amount was claimed under the credit and that, accordingly, the discrepancy is not valid.

Respondent's reply

In its response dated 11 November 2008, the Respondent claimed the following:

1. The advance payment of EUR 23,250 was paid by the Respondent on 26 June 2007 against presentation of an invoice after receipt of the authorization of the applicant, which was required because the invoice contained the words: "Out of this documentary credit".

2. The amount of EUR 48,000 was paid by the Respondent 30 days from the date of the CMR after receipt of the authorization of the applicant, as the invoice contained the words: "Out of this documentary credit", and the CMR did not bear the seal of Company P under Field 22.

3. The Respondent refused to pay the balance of EUR 45,000 because the relative invoice contained the words: "Out of this documentary credit" and the CMR stated under Field 16, a carrier (Company S) different from that shown under Field 23 (Company C) "that didn't result to be Company S's agent" and bore amendments that had not been countersigned and did not show the weight indication. These discrepancies were not waived by the applicant.

4. The Respondent refused to pay the sum of EUR 23,250 payable against "Positive Commissioning Certificate signed by Company G and end user (Company P) but not later than 30 September 2008" because the relative invoice contained the words: "Out of this documentary credit"". This discrepancy was not waived by the applicant.

5. The Respondent refused to pay the sum of EUR 15,500 payable 12 months from the CMR date because the relative invoice contained the words: "Out of this documentary credit". This discrepancy was not waived by the applicant.

6. Furthermore the Respondent asserted the following:

- The words "out of this documentary credit" meant that the invoices were not applicable to the credit. There could therefore be no logical argument which might suggest that they could have the opposite meaning, namely "under the letter of credit and out of the total amount of the letter of credit".
- Sub-article 14 (a) of UCP 600 states that the examination of documents must be carried out "on the basis of the documents alone", and sub-article 16 (a) states that when a bank "determines that a presentation

does not comply, it may refuse to honour or negotiate". [Experts note: It is presumed that as this is a credit subject to UCP 500, that the Respondent is referring to UCP 500 sub-article 14 (b)].

- Sub-article 16 (b) states that the issuing bank "may in its sole judgement approach the applicant for a waiver of the discrepancies". That was what happened in respect of the payments for EUR 23,250 and EUR 48,000, but not for the subsequent ones. [Experts note: It is again presumed that the Respondent is referring to UCP 500 sub-article 14 (c)].
- With regard to the discrepancies affecting the CMR, in its SWIFT message dated 1 April 2008 the Initiator "agreed to the discrepancies", but at the same time informed the Respondent that it had applied to the ICC in Country N for an official opinion.

No specific comment was made by the Respondent in response to the Initiator's assertion relating to the discrepancy described as "late presentation".

On the strength of the above, the Respondent is of the opinion "that the discrepancies have been validly opposed to the Initiator" and formally requests a DOCDEX Decision in accordance with the ICC Documentary Credit Dispute Expertise Rules, article 3.2.3.

Documents submitted by the parties

Documents submitted by the Initiator (all of which are copies).

(i) Appendix 1 – SWIFT Copy of the documentary credit No, 12345 received by Initiator;

(ii) Appendix 2 – SWIFT copy of the amendment No 1 received by Initiator;

(iii) Appendix 3 – Copy of the ICC draft dated 5 May 2008 Document 470/TA.657. Conclusion and analysis to the query of ICC Country N edited by Department of Policy and Business Practices;

(iv) Appendix 4 – Invoice No 6789 JM issued by Company P on 21-05-2008 total amount of EUR 155,000 indicating "Payment: As per irrevocable documentary credit number12345 dated 070607 for EUR 155,000. Out of this documentary credit Number 12345: EUR23,250 against positive commissioning certificate signed by Company G and end-user (Company P) but not later than 30SEPT2008, so payable on 30SEPT2008";

(v) Appendix 5 – Invoice No 6789 JM issued by Company P on 21-05-2008 total amount of EUR155,000 indicating "Payment: As per irrevocable documentary credit number 12345 dated 070607 for EUR155,000. Out of this documentary credit number 12345: EUR7,500 out of EUR 15,500 at 12 months after CMR date being 28.11.2007 for the Weigh bridges so on 28.11.2008 payable";

(vi) Appendix 6 – Invoice No. 6789 JM issued by Company P on 21-05-2008 total amount of EUR155,000 indicating "Payment: As per irrevocable documentary credit number 012345 dated 070607 for EUR155,000. / Out of this documentary credit number 12345: EUR8,000 out of EUR15,500 at 12 months after CMR date being 12.10.2007, for the ABS hopper scales so on 12.10.2008 payable";

(vii) Appendix 7 –.SWIFT copy of advice of refusal issued by Respondent on 11/06/08 acknowledging receipt of Initiator's document remittance dated 03-06-2008 for EUR23,250/EUR8,000/EUR 7,500 Indicating "DOCS REFUSED OWING THE FOLLOWING DISCREPANCY: LATE PESENTATION / INV. EVIDENCING PAYMENT OUT OF THIS DOC. CREDIT".

Documents submitted by the Respondent (all of which are copies).

(i) ANNEX 1 – Copy of SWIFT issue of documentary credit

(ii) ANNEX 2 – Invoice No. 6789. JM issued by Company P on 15-06-2007 total amount of EUR155000 indicating "Payment: As per irrevocable documentary credit number 12345 dated 070607 for EUR155,000. Out of this documentary credit Number 12345: EUR23,250 as advance payment at sight against invoice";

(iii) ANNEX 3 – Invoice No. 4567. JM issued by COMPANY P on 16-10-2007 total amount of EUR155,000 indicating "Payment: As per irrevocable documentary credit number 12345 dated 070607 for EUR155,000. Out of this documentary credit Number12345: EUR48,000 at 30 days from CMR date for the ABS hopper scales"

(iv) ANNEX 4 – CMR showing field 16 Carrier S as carrier/field 23 Company E as carrier signature/field 4 Country N, 12-10-2007 as place and date of shipment;

(v) ANNEX 5 – Invoice No. 3456 JM issued by Company P on 22-11-2007 total amount of EUR155,000 indicating "Payment: as per irrevocable documentary credit no. 12345 dated 070607 for EUR155,000. Out of this documentary credit Number 12345: EUR45,000 at 30 days from CMR date for the Weigh bridges";

(vi) ANNEX 6 – CMR showing field 16 Company S as carrier/field 23 Company C as carrier signature/field 4 Country F, 28-11-2007 as place and date of shipment. The date "28" is modified without approbation;

(vii) ANNEX 7 – Idem Initiator Appendix 4 – Invoice No. 6789 JM;

(viii) ANNEX 8 – Idem Initiator Appendix 6 - Invoice No. 6789 JM;

(ix) ANNEX 9 – Idem Initiator Appendix 5 – Invoice No. 6789 JM;

(x) ANNEX 10 – SWIFT message regarding rebuttal of discrepancies issued by Initiator on 16/07/2008 and received by Respondent.

Analysis

Whether the drafted "Analysis and Conclusion" of Opinion TA 657 is effective in the light of the full knowledge of all the details of the dispute.

The DOCDEX Panel would like to point out at the outset that draft Opinion TA 657 attached to the Initiator's claim as attachment 3 has been revised during the Banking Commission meeting in Paris on 24 October 2008 and has been adopted and issued on 3 November 2008 as official Opinion TA 657rev in ICC Document 470/1110 rev final. As a result of that revision, the 2nd discrepancy was considered as not valid. Conversely, no change was made to the conclusion under the 1st discrepancy which was confirmed as leading to the valid refusal of the CMR.

An official Opinion of the ICC Banking Commission addresses the facts and the questions specifically raised in the query. A DOCDEX Panel is not empowered to decide whether an opinion adopted by the Banking Commission is right or wrong. A DOCDEX Panel will decide the case on the basis of the submissions made by the parties and the accompanying documents. In this case, the DOCDEX Panel does not believe that the parties' submissions change the facts based on which official Opinion TA 657rev was adopted.

The validity of the refusal by the Respondent to honour drawings for EUR 23,250, EUR 8,000 and EUR 7,500 on the grounds of the following discrepancies:

- Late presentation
- Invoice evidencing payment out of this documentary credit

The DOCDEX Panel considers that, while the credit could have benefited from a clearer drafting, the Respondent was wrong in refusing two of the three drawings (EUR 23,250 and EUR 8,000), but right in refusing the third drawing of EUR 7,500.

The credit was a mixed payment credit. Mixed credits typically require that the credit amount be payable in fractions on different maturities. In the case in hand, the Panel would have expected the invoices presented with the CMR and covering the two maturities under the credit (30 days and 12 months from the date of CMR) to have been issued for an amount of EUR 108,500 (aggregate of EUR 93,000 and EUR 15,500) – or part thereof in the event of partial shipment. If that were the case, the Respondent, upon taking up the documents, would have undertaken to make payment on the stated maturities. However, this is not what happened, undoubtedly because of the poor drafting of the credit, including, in particular, field 45A. The beneficiary has elected to make six presentations:

- A presentation for the advance payment, which has been paid and is not the subject of the dispute submitted to DOCDEX;

- A presentation for EUR 48,000 (a first part of the amount of EUR 93,000), which has been paid and is not the subject of the dispute submitted to DOCDEX;
- A presentation for EUR 45,000 (the remainder of the amount of EUR 93,000), which has been refused on the ground of a discrepancy in the CMR. This is not the subject of the dispute submitted to DOCDEX either;
- A presentation for EUR 23,250, which has been refused on the ground of late presentation;
- A presentation for EUR 8,000, which has been refused on the ground of late presentation; and
- A presentation for EUR 7,500, which has been refused on the ground of late presentation.

The last three refused presentations are the subject of the dispute submitted to DOCDEX.

The Respondent has treated each of those six presentations as a separate and distinct presentation. The DOCDEX Panel is of the view that the Respondent should have considered the presentation made for EUR 48,000 as also including the later one made for EUR 8,000 (in effect one single presentation for EUR 56,000), and the presentation for EUR 45,000 as also including the later one made for EUR 7,500 (in effect one single presentation for EUR 52,500). Failure by the Respondent to refuse the presentation made in the sum of EUR 48,000 on the grounds that the invoice was drawn only for EUR 48,000, placed the beneficiary in a situation requiring him to draw an additional invoice for EUR 8,000 and present it later and necessarily separately from the CMR previously presented in order to avail himself of the remaining balance. Accordingly, the Respondent, having accepted the relevant CMR and honouring the first drawing of EUR 48,000, is unable to refuse subsequently the invoice for EUR 8,000, which is linked to the said CMR, on the basis of a situation created by his failure to identify a valid discrepancy at the time of presentation of the CMR.

The same rationale applies for the drawing of EUR 23,250, payable against a positive commissioning certificate. The said drawing was incorrectly refused on the grounds of late presentation although the certificate, which was not presented anyway, is not a transport document.

The situation is different for the third drawing of EUR 7,500. Indeed, that drawing is linked to the presentation for EUR 45,000 that was refused on the ground of a discrepancy in the CMR. The DOCDEX Panel considers that no deferred payment undertaking for EUR 7,500 was therefore created, nor can such amount be claimed at maturity, where no conforming presentation was taken up by the Respondent at the outset. The Respondent's erroneous use of a notice of refusal for late presentation is otiose and cannot turn an non-existent right into an existent one for the Initiator.

As to the statement "out of this documentary credit" appearing in the invoices presented by the beneficiary, the DOCDEX Panel has considered it in the context of both the credit and the presentation made thereunder and decided that, in its true construction, it cannot be read either as a presentation of the invoices outside of the credit or as creating no obligation on the part of the Respondent. The DOCDEX Panel has therefore decided that the invoices are presented under the credit and, as such, cannot be refused solely on the ground of the statement "out of this documentary credit".

Conclusion

The DOCDEX Panel unanimously decides that the parties' submissions do not change the facts based on which official Opinion TA 657rev was adopted.

The DOCDEX Panel unanimously decides that the Respondent's refusal of the drawings for EUR 23,250 and EUR 8,000 on the basis of late presentation was wrong and, accordingly, the Respondent is obligated to pay those amounts to the Initiator. By contrast, the Respondent is not obligated to pay the amount of the drawing for EUR 7,500, as no deferred payment obligation to pay it was created at the time of presentation of the documents including the discrepant CMR.

DOCDEX Decision No. 281

UCP 600 sub-article 31 (b); articles 3 and 16
Was the date to be used to calculate the price the actual "B/L date" for each presented set of bills of lading? By calling for shipment from "any port", did the credit effectively open the possibility that more than one B/L could be presented showing different B/L dates? Did the goods description in the invoice correspond with the goods description mentioned in the credit?

Parties

Initiator: Bank A
Respondent: Bank I

Background

The Initiator is the advising, confirming and nominated bank in respect of a documentary credit issued by Bank I. The credit is available with Bank A by deferred payment 30 days after the B/L date. The credit was transmitted via SWIFT MT700 and is subject to UCP 600 (issued 12.11.2007 and includes the wording "UCP LATEST VERSION" in SWIFT field 40E).

Bank A has accepted documents presented by the beneficiary for USD 13,401,233.70 and claimed same from Bank I, but Bank I has only reimbursed Bank A for a total of USD 12,988,745.50, i.e., USD 412,488.20 less.

The presentation included two bills of lading dated 6 November 2007 and 13 November 2007 respectively.

The Respondent has replied to the request, providing its arguments. The Experts have not requested any supplemental documents.

Summary of representations

12.11.2007
Bank I issued a documentary credit for USD 14,000,000. The credit had the following goods description: "Covering: One cargo of fuel oil 180 (...) for reselling as bunker by the quantity of 25200-26000 MT (Company X – i.e. applicant's – Option) to be delivered CIF Port Said Port during the second half of November 2007.

Price: CIF Port Said Port: Per M/T equal to Platt's European market scan high CIF quotation for fuel oil 3.5 pct cargoes under the heading 'CIF med Genova-Lavera' on the B/L date.

One immediately previous quotation and one immediately following quotation to apply (3 quotations) plus the premium of USD 28.69 per M/T.

In case the bill of lading [date] falls on non-publication date, then the immediately preceding and immediately following quotation to apply (2 quotations)."

The credit further stipulated (additional condition K under SWIFT field 47A): "The value of the L/C may escalate deescalate [sic] in relation to above price clause without any further amendment on our part."

15.11.2007
Bank A sent the following message to Bank I: "We have notified this documentary credit adding our confirmation."

28.11.2007
Bank I sent the following message to Bank A (via SWIFT MT799): "At our principal's request we draw your kind attention that the value of the consignment effected under L/C is USD 12988745.50 and should be complied with all L/C terms and conditions."

30.11.2007
Bank A responded as follows: "In response to your SWIFT MT 799 sent to us on 28.11.07, please note that we have not received documents to this date and therefore disregard the amount stated in your said SWIFT, which we

do not consider as being an amendment. The doc. credit amount is USD 14,000,000 and fluctuates according to the price clause as per additional condition K under TAG 47A. The credit being confirmed by our bank, it is quite obvious that at time of utilization we will examine the documents with great care."

11.12.2007
Bank A dispatched documents to Bank I via courier for a total amount of USD 13,401,233.70, and at the same time claimed the same amount value 13.12.2007 via SWIFT message MT754.

13.12.2007
Bank I sent the following message (SWIFT message MT799) to Bank A: "Re your MT 754 dated 11/12/2007 have instructed (XXX) to credit your A/C with (YYY) for USD 12988145.50 informed by [Company X – i.e. applicant] that B/L date is 13/11/2007 consequently amount calculated based on B/L date, i.e., 13.11.2007 and price clause on credit terms QUOTE CIF med Genova - on B/L date – UNQUOTE. Also due date based on date of shipment which is 13/11/2007".

14.12.2007 – 22.05.2008
Bank A and Bank I exchanged views on the matter, but were unable to reach a common understanding. Their respective main arguments were the following:

Bank I's view

- Shipment date must be deemed to be 13.11.2007 because of UCP 600 sub-article 31 (b), which reads: "If the presentation consists of more than one set of transport documents, the latest date of shipment as evidenced on any of the sets of transport documents will be regarded as the date of shipment." Consequently, 13.11.2007 should be the date used to determine the price in accordance with the price clause stated in the credit.
- The price clause in the credit (part of the description of the goods) mentioned "B/L date" in singular (rather than B/L dates) – indicating that one single date should be used to determine the price. There was no UCP 600 refusal according to article 16, because the documents were accepted and Bank A transferred a lesser amount.

Bank A's view

- The shipment was effected from different ports with different B/L dates, and the price (which was Platt's related) was calculated for each respective quantify according to the respective B/L date and the price clause of the credit.
- UCP 600 sub-article 31 (b) does not apply – as the purpose of this sub-article is to determine the shipment date when there is more than one set of transport documents when part of the same presentation.
- The fact that "B/L date" is in the singular is of no effect because of UCP 600 article 3, which states that "words in the singular include the plural and in the plural include the singular."
- Bank I has failed to refuse the documents in accordance with UCP 600 article 16 – i.e., stating the [alleged] discrepancy in the unit price calculation and amount of the commercial invoice.
- The SWIFT message sent 28.11.2007 cannot be considered as an amendment to the documentary credit.

Issue to be decided

Bank A claimed USD 13,401,233.70, but Bank I paid only USD 12,988,745.50. Was Bank I entitled to deduct the difference, i.e., USD 412,488.20 from the amount claimed?

Analysis

It is argued that, according to UCP 600 sub-article 31 (b), the latest shipment date as shown on the sets of bills of lading (i.e., 13.11.2007) must be used to determine the shipment date and, as a result, to calculate the unit price and amount of the drawing.

The purpose of this sub-article is to determine the "date of shipment", i.e., to be able to verify if goods are shipped timely as expressed in the credit or if the documents are presented within the period allowed for presentation. UCP 600 does not cover a scenario where the price of a certain commodity is based on "B/L date"; consequently, this must be determined by the wording of the credit.

The Panel therefore concludes, based on the wording in the credit, that the date to be used to calculate the price is the actual "B/L date" for each presented set of bills of lading.

B/L date expressed in singular

The rule quoted in article 3 refers to the articles of the UCP 600 and does not necessarily extend to the documentary credit or the documents presented.

The credit calls for shipment from "Any Port" to "Port Said Port/Egypt" and prohibits "partial shipments". By calling for shipment from "any port", the credit effectively opens the possibility that more than one B/L may be presented – showing different B/L dates. Consequently, it should have been recognized by Bank I that the presentation could include more than one set of bills of lading containing different B/L dates.

The wording "B/L date" can therefore not be interpreted in any absolute form, indicating that there must be only one.

No formal refusal according to UCP 600 article 16 was made.

It is clear from the correspondence that Bank I accepted the documents and therefore its obligation under the credit is to honour the drawing. The only disagreement is as to the amount of the drawing. If Bank I was of the opinion that the commercial invoice had been issued for an amount different from that allowed by the terms and conditions of the credit, it should have issued a refusal notice for this reason.

By failing to formally refuse the documents according to UCP 600 article 16, and by paying a part of the amount claimed, Bank I is precluded from claiming that the documents were not in compliance with the credit terms and conditions, and therefore is obligated to reimburse Bank A for the full amount that was drawn.

No amendment made

The permissible amount to be drawn, according to Bank I, was given in a free format text message (SWIFT MT799) and not as an amendment to the credit. Therefore, this message is not to be seen as amending the credit, and compliance of the documents should be determined according to the original text of the credit.

Analyzing the fluctuation clause

The use of fluctuation clauses in documentary credits can often cause problems. Banks are, according to UCP 600 sub-article 14 (a), expected to be able to " ... examine a presentation to determine, on the basis of the documents alone, whether or not the documents appear on their face to constitute a complying presentation". Banks are not expected to check external sources, e.g., Platt's in order to determine compliance.

In this credit the fluctuation clause states: "The value of the L/C may escalate deescalate [sic] in relation to above price clause without any further amendment on our part." Such wording must be considered automatic and unlimited and, in any case, the amount to be drawn should not be determined by a statement from the applicant of the credit.

The formula for calculating the amount should, where such is part of the goods description, be determinable from the invoice presented.

The goods description in the invoice corresponds with the goods description mentioned in the credit.

Decision

The documents were credit compliant and the amount drawn was clearly within the amount permitted by the credit. For that reason Bank I is obligated under the credit to reimburse Bank A for the full amount claimed, i.e., USD 13,401,233.70.

This is a unanimous Decision.

DOCDEX Decision No. 282

UCP 600 article 16; sub-articles 14 (b), 16 (c) (i), 16 (c) (iii), 16 (f) and 7 (b)
Was the FCR presented under the credit discrepant? Did the beneficiary require the issuing bank's authorization to submit revised documents following a discrepant presentation? Was the issuing bank entitled to claim a refund, with interest, of reimbursement made to the respondent when its refusal notice did not accord with the requirements stated under UCP 600 sub-articles 16 (c) (i) and 16 (c) (iii)?

Parties

Initiators:	Company S (Applicant) jointly with Bank S (issuing bank)
Respondent:	Bank A (advising and nominated bank)

Documents related to this decision have been submitted only by the Initiators. This Decision is rendered without the Respondent's response.

Background

- documentary credit subject to UCP 600, issued on 8 August 2008;
- issuing bank and applicant: Initiators;
- advising and nominated bank: Respondent;
- availability: by sight payment with the Respondent;
- amount: EUR 7,200,000.00 +/- 5 pct;
- place and date of expiry: the place of the Respondent on 20 September 2008;
- form: irrevocable;
- confirmation: "may add". Not confirmed by Respondent;
- documents required (SWIFT MT700, field 46A) (among others):

QUOTE:
"1. FORWARDERS CERTIFICATE OF RECEIPT FCR IN 1 ORIGINAL AND 1 COPY DATED NOT LATER THAN 30th AUGUST 2008 ISSUED BY COMPANY N STATING THE FOLLOWING:
(5 items not related to the question in hand)
(6th item)
SIGNED AND STAMPED BY THE FREIGHT FORWARDERS ... NAME AND TITLE OF THE SIGNING PERSON WILL BE DULY INDICATED AT TIME OF ISSUANCE OF THE FCR."

- Period of presentation: within 21 days from FCR date but within validity of the credit
- Instructions to the paying bank (SWIFT MT 700, field 78)

"UPON RECEIPT AT OUR COUNTERS OF YOUR DULY AUTHENTICATED MESSAGE CONFIRMING THAT YOU HAVE HONOURED A COMPLYING PRESENTATION AND FORWARDED THE DOCUMENTS BY SPECIAL COURIER SERVICE ON THE SAME DATE (INDICATING AWB NUMBER AND DATE) TO OUR ADDRESS, WE HEREBY UNDERTAKE TO REIMBURSE YOU AS PER YOUR INSTRUCTIONS VALUE DATE FOUR EURO/PARIS BANKING WORKING DAYS AS PER YOUR INSTRUCTIONS."

Summary of the case

- On 8 August 2008, the issuing bank issued the documentary credit.
- On 10 September 2008, the issuing bank received a claim, by SWIFT message, from the Respondent for EUR 7,199,870.40, certifying that the documents were in compliance with the credit terms and conditions and claiming reimbursement value date 16 September 2008.
- On 11 September 2008, the issuing bank received the documents.
- On 16 September 2008, the issuing bank paid the Respondent on the basis of its previous clean claim.
- On 17 September 2008, the issuing bank checked the documents and noticed a discrepancy on the FCR, i.e., the FCR did not indicate the name and the title of the person who had signed it, contrary to the explicit requirement in the credit. On the same date, this discrepancy was notified to the Respondent via SWIFT MT799 and the applicant by fax.

The content of the MT799 sent by the issuing bank to the Respondent was as follows:
"79: PLEASE BE INFORMED THAT WE CHECKED DOCUMENTS AND NOTED THE FOLLOWING DISCREPANCY WHICH HAS BEEN NOTIFIED TO THE ORDERER: NAME AND TITLE OF PERSON NOT INDICATED ON FORWARDERS CERTIFICATE OF RECEIPT. WE WAIT FOR ORDERERS' INSTRUCTIONS. BRGDS."

- On 18 September 2008, the issuing bank informed the Respondent that it reserved the right to ask for the funds back.
- On 19 September 2008, the Respondent replied informing the issuing bank (a) that the beneficiary was in a position to send a new FCR and (b) that it was waiting for the issuing bank's request for a new FCR. On the same date, the issuing bank advised the Respondent that the documents were refused by the applicant, asked the Respondent to provide instructions for the return of the documents and claimed a refund of the funds paid to the Respondent on 16 September 2008.
- On 24 September 2008, the issuing bank received a new FCR from the Respondent with a cover letter dated 19 September 2008, wherein the Respondent certified that the new FCR was presented within the credit validity.
- On 25 September 2008, the issuing bank again requested a refund of the payment plus interest, via SWIFT MT799. For information only, the issuing bank mentioned that the new FCR was still discrepant because it still did not indicate the title of the person who had signed it and that the word "Operations" shown next to the name of the person who had signed the FCR corresponded to a department and not to a personal title.
- On 25 September 2008, the issuing bank returned the documents received on 11 September 2008 and the FCR received on 24 September 2008, to the Respondent.
- On 29 September 2008, the Respondent advised the issuing bank, by SWIFT MT799, of its rejection of the request for a refund and informed the issuing bank that the beneficiary was disposed to pay late interest from 16/09/08 (date of payment) to 19/09/08 (date of presentation of the new FCR).
- On 30 September 2008, the issuing bank advised the Respondent by SWIFT MT799 that it maintained its position based on the provisions of UCP 600 article 16: (a) documents were presented with a discrepancy, (b) the discrepancy was not waived by the applicant, and (c) an issuing bank is entitled to claim a refund, with interest, for the reimbursement made.
- On 1 October 2008, the issuing bank received the documents sent back by the Respondent and a SWIFT message in which the Respondent insisted on the right of the beneficiary to present amended documents within the credit's validity.
- On 1 October 2008, the issuing bank replied that no new presentation was requested and that, in any case, the new FCR was still not compliant.
- On 2 October 2008, the issuing bank returned the documents to the Respondent for the second time.

During the month of October 2008, several messages were exchanged between the issuing bank and the Respondent, both insisting on their respective positions.

Issues to be derterminedtermined

Is the FCR presented under the credit discrepant?

Does the beneficiary require the issuing bank's authorization to submit revised documents following a discrepant presentation?

Is the issuing bank entitled to claim a refund, with interest, of reimbursement made to the respondent?

Analysis

Discrepancy

The documents were received by the issuing bank on 11 September 2008 and reimbursement was made on 16 September 2008. Document examination occurred timely on 17 September (UCP 600 sub-article 14 (b) applies) and the following discrepancy was found: "NAME AND TITLE OF PERSON NOT INDICATED ON FORWARDERS CERTIFICATE OF RECEIPT". The discrepancy referred to the stipulation in field 46A of the MT700 as above (see last bullet point under "Background" above). The FCR presented was signed and stamped by the freight forwarder indicated in the credit (Company N), but the name and the title of the signer were not indicated. The FCR was discrepant. The revised FCR fulfilled the requirement of the credit to indicate the name of the signer of the FCR, but it did not indicate the title of the signing person as required by the credit. The word "Operations", with no other mention whatsoever, cannot be considered a title of a signing person. The revised FCR was also discrepant.

Decision

The documents were credit compliant and the amount drawn was clearly within the amount permitted by the credit. For that reason Bank I is obligated under the credit to reimburse Bank A for the full amount claimed, i.e., USD 13,401,233.70.

This is a unanimous Decision.

Beneficiary's right to submit amended documents

The beneficiary has the right to present any amended documents within the validity of the credit and/or the latest date for presentation in order to rectify any discrepancies. The beneficiary was entitled to present an amended FCR without any authorization from the issuing bank, and there was no need for the Respondent to request that the issuing bank provide authorization in this regard.

Issuing bank's right to claim a refund

The issuing bank, being the issuer of a documentary credit available with the nominated bank (Respondent), undertook to reimburse the nominated bank when that bank honoured a complying presentation and the documents were forwarded to the issuing bank. (UCP 600 sub-article 7 (c) applies).

The documentary credit in question allowed for TT reimbursement. Consequently, the issuing bank duly honoured the reimbursement claim of the Respondent before examination of the documents as per instructions stated in field 78 of its MT700. However, the refusal notice sent by the issuing bank via MT799 on 17 September 2008 was not in accordance with UCP 600 sub-article 16 (c). Specifically, the notice did not state that the issuing bank was refusing the documents, which violates sub-article 16 (c) (i), and did not state one of the four options listed under sub-article 16 (c) (iii). For this reason, sub-article 16 (f) applies and "the issuing bank ... shall be precluded from claiming that the documents do not constitute a complying presentation."

The same analysis is applicable to the second "refusal" notice sent to the Respondent by the issuing bank via MT799 on 25 September 2008. While the issuing bank's refusal notice complied with sub-articles 16 (c) (ii) and (c) (iii), it failed to comply with sub-article 16 (c) (i), i.e., it did not specifically indicate that the bank was refusing the presentation. Sub-article 16 (f) applies also to this "refusal" notice.

Conclusion

On the grounds of the "Analysis" above, this Panel decided that the issuing bank is precluded from claiming that the documents did not constitute a complying presentation. The issuing bank is not entitled to claim a refund, with interest, of the reimbursement made to the nominated bank.

This Decision is rendered unanimously.

DOCDEX Decision No. 283

URC 522 sub-articles 1 (c), 1 (a) and 4 (a) (i)

Whether by accepting the collections received, the Respondent (collecting bank) had agreed to perform the collection in accordance with URC 522 and the conditions stated in the collection instructions when the Respondent argued that payment related to the goods covered by the collection was paid direct to the Principal by advance payment according to earlier accepted usage between the contract parties

Parties

Initiator: Bank D
Respondent: Bank T

Background and transaction

The principal presented six sets of documents through the Initiator, the remitting bank, for collection under URC 522 at the collecting bank (the Respondent) totalling USD 511,331.16. The collection instructions stated that documents were to be released by the collecting bank against payment. The presented documents each included a full set of bills of lading made out to order (except for one set showing the buyer as consignee).

The collections – despite several tracers - were never paid nor were the documents returned by the collecting bank to the remitting bank. According to information from the shipping company, the buyer has taken delivery of (some) goods.

Issues

Whether the collecting bank (Respondent) was liable to pay the amount of the presented documents when it neither paid nor provided an advice of non-payment for the documents. It appears that the Respondent accepted the terms and conditions of the collections, as stipulated on the collection schedules. The collections were expressly subject to URC 522.

Initiators' claim

The Initiator claims that the Respondent has failed to follow the collection instructions either:
a) by not remitting payment to the remitting bank and/or;
b) by releasing the collection documents to drawee without payment and/or;
c) by failing to return the collection documents to the remitting bank.

Respondent's reply

The Respondent argued that payment related to the goods covered by the collection was paid direct to the principal by advance payment according to earlier accepted usage between the contract parties - the Principal and the Drawee.

Documents submitted by the parties

<u>Documents submitted by the Initiator</u>

- Request from the Initiator of 12 November 2008 to ICC International Centre for Expertise, Paris, requesting a DOCDEX Decision in accordance with ICC DOCDEX Rules, ICC Publication no. 811, *stating inter alia*
- that a copy of the request and all documentation was sent to the Respondent; and
- the Initiators' Summary of the Dispute;
- copies of six sets of documents (including bills of lading) forwarded for collection, including the relevant collection instructions;
- statements of outstanding
- copies of SWIFT messages (tracers) from the remitting bank (Initiator) to the collecting bank (Respondent).

<u>Documents submitted by the Respondent</u>

1. the Respondent's answer to the Initiator's request for a DOCDEX Decision;
2. affidavit issued by the drawee;
3. copies of wire transfers; and
4. statement of advance payments made by the drawee

Analysis

The principal has entrusted its bank (Initiator) with the handling of various documentary collections.

The Initiator forwarded the documents, accompanied by its collection instructions, to the Respondent. The collection instructions clearly indicated that the collections were made subject to URC 522, and stated that "documents are to be delivered to the drawee against payment".

Sub-article 1 (c) of URC 522 states: "If a bank elects, for any reason, not to handle a collection or any related instructions received by it, it must advise the party from whom it received the collection or the instructions by telecommunication or, if that is not possible, by other expeditious means, without delay."

There is no evidence in this case that the Respondent has sent such a message and/or returned the documents. Under sub-article 1 (a), therefore, the Respondent is bound by URC 522 as a whole.

The Respondent's reference to any earlier practice between the buyer and seller with regard to handling their trade relationship and payments contradicts sub-article 4 (a) (i) "All documents sent for collection must be accompanied by a collection instruction indicating that the collection is subject to URC 522 and giving *complete and precise instructions*. Banks are only permitted to act upon the instructions given in such collection instruction, and in accordance with these Rules." [Emphasis added]

It is not evident from the documents whether the Respondent has released the bills of lading or in any other way has assisted the buyer to have access to the goods. The experts wish to underline that the non-return of documents presented makes the Respondent liable for the respective payments.

There is no evidence that the collecting bank was in any way authorized by the remitting bank to release the documents to the drawee without payment being effected under the collections. It is understood that the collecting bank argues that the drawee had already made the relevant payment for the goods/documents by advance payments via money transfers, allegedly a well-established practice between the drawee and the principal. However, even if these payments were done, they were effected outside the scope of these collection transactions and do not have any impact on the liabilities/responsibilities of the collecting bank in relation to the respective collections. Unless the express authority was asked for and obtained by the collecting bank from the remitting bank, the former had no right to release the documents to the drawee without payment under the collections. The URC is not solely a tool benefiting the principal; it is also an important instrument to protect the other parties (i.e., banks), especially when a financing has been made.

Conclusion

By accepting the collections received the Respondent (collecting bank) has agreed to perform the collection in accordance with URC 522 and the conditions stated in the collection instructions.

By not returning the documents, or by releasing the documents without payment, the Respondent acted contrary to URC 522, contrary to the collection instructions and contrary to international banking practice. The Respondent is therefore liable for payment (plus appropriate interests and costs).

The appointed Experts reached a unanimous Decision.

DOCDEX Decision No. 284

UCP 600 sub articles 22 (a) and (a) (i); ISBP 681 paragraph 118

Did the signature on the B/L fail to comply with the applicable provisions of sub-article 22 (a) of UCP 600 and paragraph 118 of ISBP 681?

Parties

Initiator:	Bank I
Respondent:	Bank A (two branches)

Background and transaction

The Respondent issued one letter of credit ("L/C") on 25 September 2008 for an amount of USD 5,985,000.00 with an acceptable tolerance of 10% more or less. The L/C was subject to UCP 600 and available with any bank by negotiation. One of the documents required was full set of "clean on board" shipped bills of lading made out to order and blank endorsed, marked "freight payable as per charter party" and notify applicant. A charter party bill of lading was acceptable.

On 16 October 2008, the Initiator presented documents, as required under the L/C, for USD 5,911,794.52 to the Respondent. A full set of "clean on board" charter party bills of lading was included in the presentation. The presented charter party bill of lading is signed in the following manner:
"Signature
FOR AND/OR ON BEHALF OF CAPT. P
MASTER OF VESSEL D
FOR COMPANY S
(manually signed)
AS AGENTS"

It was manually signed. Other than the pre-printed words "FOR AND/OR ON BEHALF OF CAPT. P, MASTER OF VESSEL D", the name of "COMPANY S AS AGENTS" appears to be manually stamped.

The documents were rejected by the Respondent on 27 October 2008, citing that the charter party bill of lading presented was discrepant. The Respondent indicated in its notice of refusal that "THE SIGNATURE ON THE B/L NOT CLEARLY INDICATE ITS SIGNING CAPACITY AND ON WHOSE BEHALF SIGNED. IT IS UNCOMPLY WITH UCP 600 ARTICLE 22A."

The Initiator rebutted by sending a SWIFT message on 28 October 2008 that the signature on the B/L fully complied with sub-article 22 (a) (i) of UCP 600.

As the Respondent insisted that the signature on the B/L failed to comply with sub-article 22 (a) of UCP 600, the acceptance advice and the undertaking to pay at maturity were not given by the Respondent.

Issues

The Initiator submitted that the charter party B/L had complied with the terms and conditions of the L/C, the applicable provisions of UCP 600 and international standard banking practice.

The Respondent rejected the documents, as it claimed that the charter party B/L had failed to comply with the applicable provisions of UCP 600 and international standard banking practice.

Does the signature on the B/L fail to comply with the applicable provisions of sub-article 22 (a) of UCP 600 and paragraph 118 of ISBP (ICC Publication No. 681)?

Documents submitted by the parties

Documents submitted by the Initiator

(i) SWIFT MT700 from the Respondent dated 25 September, 2008;
(ii) Notification of documentary credit from the Initiator addressed to the beneficiary dated 25 September, 2008;
(iii) Photocopy of the alleged charter party B/L (front and back);
(iv) A SWIFT MT799 message (notice of refusal) from the Respondent to the Initiator dated 27 October 2008 rejecting the presentation made by the Initiator due to the alleged discrepancy;
(v) A SWIFT MT799 message dated 28 October, 2008 from the Initiator to the Respondent rebutting the alleged discrepancy cited by the Respondent and demanding immediate acceptance.

Documents submitted by the Respondent

(i) SWIFT MT700 from the Respondent dated 25 September 2008;
(ii) Photocopy of the alleged charter party B/L (front and back);
(iii) A SWIFT MT799 message (notice of refusal) from the Respondent to the Initiator dated 27 October 2008 rejecting the presentation made by the Initiator due to the alleged discrepancy;
(iv) A SWIFT MT799 from the Respondent to the Initiator dated 7 November 2008 insisting that the alleged discrepancy was valid and offering help to persuade the applicant to further negotiate with its trade partner.

Analysis

Does the signature on the B/L fail to comply with the applicable provisions of sub-article 22 (a) of UCP 600 and paragraph 118 of ISBP (ICC Publication No. 681)?

The L/C allowed a charter party B/L to be presented. Sub-article 22 (a) (i) states: "A bill of lading, however named, containing an indication that it is subject to a charter party (charter party bill of lading), must appear to be signed by the master or a named agent for or on behalf of the master, or the owner or a named agent for or on behalf of the owner, or the charterer or a named agent for or on behalf of the charterer.

Any signature by the master, owner, charterer or agent must be identified as that of the master, owner, charterer or agent.

Any signature by an agent must indicate whether the agent has signed for or on behalf of the master, owner or charterer.

An agent signing for or on behalf of the owner or charterer must indicate the name of the owner or charterer."
Paragraph 118 of ISBP (ICC Publication No. 681) states:
"Original charter party bills of lading must be signed in the form described in UCP 600 sub-article 22 (a) (i).

a. if the master (captain), charterer or owner signs the charter party bill of lading, the signature of the master (captain), charterer or owner must be identified as 'master' ('captain'), 'charterer' or 'owner'.

b. if an agent signs the charter party bill of lading on behalf of the master (captain), charterer or owner, the agent must be identified as agent of the master (captain), charterer or owner. In this event, the name of the master (captain) need not be stated, but the name of the charterer or owner must appear."

The charter party B/L was manually signed by a signatory for COMPANY S as agents for and/or on behalf of CAPT. P, MASTER OF VESSEL D. The signatory signed for the company as an employee. It is to be noted that the wording "for and/or on behalf of" a company is a common method of signing a document by the authorized signatory for the company. The signature for the company is accepted to be a signature of that company. Similar language is also used in DOCDEX Rules 8.3.4.

On the face of the charter party B/L, it is COMPANY S that signed the document as agents for and/or on behalf of the Master. It has complied with the requirement of sub-article 22 (a) (i) of UCP 600 that any signature by an agent must indicate whether the agent has signed for or on behalf of the master.

Conclusion

The Respondent claimed that a reasonable examiner cannot, on the face of the charter party B/L, determine the party signing the charter party B/L. We disagree.

As analyzed above, it is clear that COMPANY S was the party signing the charter party B/L as agents for and/or on behalf of the Master.

In conclusion, the charter party B/L presented has complied with the provision of sub-article 22 (a) (i) of UCP 600 and paragraph 118 of ISBP (ICC Publication No. 681).

The discrepancy cited by the Respondent is not valid.

The Decision is unanimous.

DOCDEX Decision No. 285

UCP 600 Miscellaneous

Whether alleged discrepancies noting commercial invoices are not based on theoretical weight basis; packing lists: theoretical weight in total missing; beneficiary's certificate: mentioning insurance policy or certificate I/O one of them only; and Mill's test certificate: values of tensile missing were valid

Parties

Initiator: Company L
Respondent: Bank B

Summary of the representations relevant to the issues determined

The Respondent issued an irrevocable letter of credit subject to UCP 600. The Initiator (beneficiary) presented documents. The Respondent (issuing bank) alleged five discrepancies and dishonoured. The Initiator challenged the discrepancies. The Respondent relented on discrepancy #3 but remained firm on 1, 2, 4 and 5, returning documents to the presenter. The Initiator believes the documents conform to the credit.

The Initiator inquired if the following discrepancies (cited by the issuing bank) are valid:

1. Commercial invoices are not based on theoretical weight basis;
2. Packing lists: theoretical weight in total missing;
3. Document no. 7 beneficiary's certificate: mentioning insurance policy or certificate I/O one of them only; and
4. Mill's test certificate: values of tensile missing.

NOTE: The numbering above and below is consistent with the Initiator's inquiry, as alleged discrepancy number 3 was withdrawn by the issuing bank.

Respondent did not submit a response to DOCDEX.

Determination of the issues and the decisions taken with reasons therefore

1. <u>Discrepancy - Commercial invoices are not based on theoretical weight basis.</u>

The letter of credit requirement is: BENEFICIARY'S SIGNED COMMERCIAL INVOICE IN 1 ORIGINAL AND 2 COPIES BASED ON THEORETICAL WEIGHT AND SHOWING NUMBER OF PLATES PER EACH SIZE AND IN TOTAL.

The copies of the invoice submitted for DOCDEX review are identified as:
INVOICE No.: 12345
INVOICE No.: 6789

Each invoice contains a column entitled "THEORETICAL WEIGHT OF EACH SIZE" and contains data which calculates to the weight, unit price and total amount of each invoice.

This is not a discrepancy.

2. <u>Discrepancy - Packing lists: theoretical weight in total missing</u>
The letter of credit requirement is: DETAILED PACKING LIST IN 1 ORIGINAL AND 2 COPIES ISSUED PER EACH LOT, SHOWING STEEL GRADE, SIZE, NUMBER OF PLATES, THEORETICAL WEIGHT PER EACH SIZE AND IN TOTAL.

The requirement is not specific as to which item the words "in total" refer. Therefore, from the wording of the condition it is not clear whether the total of theoretical weights is intended or the total theoretical weight after the calculation is intended.

Moreover, while the theoretical weight of each size serves the purpose of reaching the weight in MT of each size, hence reaching the total weight of MT shipped, the total theoretical weight has no meaningful purpose, since when such total is multiplied by the total number of plates (467) no result would be obtained. Due to the fact that each plate size has a theoretical weight of its own, different from the others, it would be similar to trying to reach a total by adding the weight of apples to that of pears on a theoretical weight basis.

The copies of the two packing lists submitted for DOCDEX review are consistent with the relative commercial invoices and each contain a "total" weight based on the theoretical weight after calculation, and are consistent with the commercial invoice.

This is not a discrepancy.

3. Discrepancy - Document no. 7 beneficiary's certificate: mentioning insurance policy or certificate I/O one of them only
The letter of credit requirement is: BENEFICIARY'S CERTIFICATE, CERTIFYING THAT THE FOLLOWING DOCUMENTS HAVE BEEN SENT BY FAX TO XXXXXX (NOTE: information removed by DOCDEX Panel as the name of the recipient and fax number are irrelevant to the dispute and not a party to the dispute) WITHIN FIVE (5) WORKING DAYS AFTER BILL OF LADING DATE: COMMERCIAL INVOICE, BILLS OF LADING, PACKING LIST, CERTIFICATE OF ORIGIN FORM A, MILL'S TEST CERTIFICATES, PRODUCTION CERTIFICATE AND INSURANCE POLICY OR CERTIFICATE.

The beneficiary's certificate submitted for DOCDEX review contains all of the above information precisely as required by the credit. It appears the alleged discrepancy cited by the issuing bank results from the final document requirement "insurance policy or certificate", where the issuing bank believes that only one should be mentioned. The credit did not require the beneficiary to specify which form of document it had sent.

This is not a discrepancy.

4. Discrepancy - Mill's test certificate: values of tensile missing.

The letter of credit requirement is: SET OF MILL'S TEST CERTIFICATES IN 1 ORIGINAL AND 3 COPIES ISSUED BY THE MANUFACTURER OF EACH LOT, ACCORDING TO EN 101112 INCL. CE-SIGN, ADDITIONALLY 14 ELEMENTS AND VALUES OF TENSILE AND IMPACT TEST AT MINUS 20 DEGREE C TO BE STATED IN THE MTC.

The value of tensile is tensile strength value. The tensile strength of a material is the value at which the material fails when subjected to a tensile force. The Mill's Test Certificate submitted for DOCDEX review, consisting of three pages, is identified as NO: 2468/A. The certificate contains a column entitled "T.S.", which is completed with data. The 3rd page of the Certificate contains the explanation: "T.S. = Tensile Strength".

This is not a discrepancy.

Decision

In accordance with the terms and conditions of the credit, UCP 600 and international standard banking practice, the discrepancies alleged by the Respondent are not valid. The presentation is complying and the Respondent had no reason for refusal. Accordingly, the Respondent is obliged to honour its payment obligation under the credit.

The Decision of the DOCDEX Panel is unanimous.

DOCDEX Decision No. 286

UCP 600 sub-articles 16 (c) (iii), 14 (e) and 18 (c); ISBP paragraphs 58 and 59

Whether the materials were as per the L/C description; whether the insurance certificate had expired; whether the bill was negotiated after the expiry of the L/C

Parties

Initiator:	Bank C (confirming bank)
Respondent:	Bank U (issuing bank)

Background and transaction

- On 13 September 2008, the Respondent issued its documentary credit (the "credit") subject to UCP 600 and expiring on 21 October 2008 in Country S. The credit was stated to be available with any bank in Country S by negotiation of drafts at 180 days from the date of the bill of lading.
- On 13 September 2008, the credit was amended (1st amendment) - with the amount increased and other items.
- On 30 September 2008, the credit was amended (2nd amendment)- whereby the Initiator added its confirmation.
- On 24 October 2008 the Initiator negotiated documents. The Initiator confirmed receipt of the documents within the credit validity and within 21 days after the date of the bill of lading on its covering schedule to the Respondent.
- On 24 October 2008, the Respondent asked the Initiator to confirm the date of negotiation and the date of dispatch of the documents under the credit.
- On 27 October 2008 (Monday) the Initiator replied that it had negotiated the documents on 24 October and dispatched them on 27 October by DHL courier service and registered airmail.
- On 31 October 2008, the Respondent sent a SWIFT MT 750, and on 3 November 2008 a MT 999 (advice of discrepancy) message detailing three discrepancies:
  - "Materials being sent is not as per L/C description.
  - Insurance policy certificate is expired.
  - The bill has been negotiated after the expiry of LC."
- On 3 November 2008, the Initiator rejected the advice of discrepancies.
- After that date there followed various SWIFT messages from both parties, each maintaining its position.
- On 7 November 2008, the Respondent advised that it had no option but to return the documents.
- On 7 November 2008, the Initiator disputed both advices of discrepancies/refusal of documents and the returning of the documents.
- On 14 November 2008, after receipt of documents on 10 November, the Initiator repeated the previous messages and held the Respondent fully responsible for any costs and charges resulting due to the vessel not unloading the cargo upon arrival at the discharge port resulting from the return of the documents.

Issue(s)

The Initiator:

- advised the Respondent of its rejection of advices of discrepancies/refusal of documents;
- disputed the return of the documents and any consequence arising therefrom;
- seeks an ICC DOCDEX Decision to determine whether the Respondent's objections are justifiable and whether the Respondent complied with the requirements of UCP 600.

Initiator's claim

In its request to the ICC dated 28 November 2008, the Initiator stated that:

1. it negotiated complying documents on 24 October 2008 for USD 415,537.63 with a maturity date of 26 March 2009.
2. it confirmed receipt of the documents within the credit validity and within 21 days after B/L date. The documents were dispatched on 27 October 2008.
3. it rejected the entire advice of discrepancies pointing out that this advice did not comply with UCP 600 sub-article 16 (c) (iii).

The Initiator further states:

- Discrepancy (1): Invoice/goods description was not at all conflicting with the goods description stipulated in the credit nor with UCP 600 sub-article 18 (c) and ISBP publication 681, paragraphs 58 and 59.
- Discrepancy (2): Certificate of insurance fully complies with the credit terms.
- Discrepancy (3): Receipt of documents was within the credit validity and 21 days after B/L date. Negotiation of the documents occurred on 24 October and (due to closing schedule/time for mailing documents) the documents were sent on 27 October.

The Initiator asked for an authenticated SWIFT advice confirming remittance of the cover at maturity. It stated that the Respondent was not authorized to return the complying documents and held the Respondent fully responsible for any costs and charges accruing as a result of not unloading the vessel upon its arrival at the discharge port due to documents being returned to it. The Initiator also stated that it held the documents in trust for the Respondent as if they were at its counters and belonged to it as correctly presented under the credit. It also stated that if the Respondent's authenticated advice of acceptance of the documents was not received it would obtain an ICC DOCDEX Decision, reserve the right to legal action and hold the Respondent responsible for any cost and loss of interest (10 November2008).

Respondent's reply

The Respondent did not correspond with the Initiator after 10 November, namely concerning a reply as to the ICC DOCDEX decision requested by the Initiator.

The Respondent sent an MT 799 SWIFT message to the Initiator asking it to confirm the date of negotiation and the date of dispatch of the documents under the credit. These were delivered to it on 30 October 2008.

The second banking day following receipt of the documents, the Respondent, by its MT 999 SWIFT message, stated the following discrepancies:

"1) Materials being sent is not as per LC description.

2) Insurance Policy certificate is expired.

3) The Bill has been negotiated after the expiry of LC."

Note: an MT 999 was sent in the form of an MT 750.

A SWIFT advice of discrepancy MT 750 was then sent to the Initiator on 4 November 2008, stating the same discrepancies again. Another was sent on 6 November 2008.

By its SWIFT message sent on 6 November, the Respondent:

a) brought the attention of the Initiator to the description of goods in field 45A of the MT 700 and referred it to UCP 600 sub-article 14 (e), at the same time rejecting the Initiator's contention "that the goods described/ stated in the presented documents as fully complying with goods described/stipulated in L/C"; and

b) mentioned that the maximum time available for negotiation of documents was 21 days from the shipment date (27 September + 5 days), which did not comply with the period available for negotiation as per UCP 600 sub-article 14 (b).

N.B. It should be noted that no reference to the alleged discrepancy "Insurance Policy Certificate is expired" was made in the Respondent's reply.

In its SWIFT message on 7 November, the Respondent stated: "since we have not received any reply to our msg 799 on 06.11.2008 and applicant is not willing to accept discrepant documents, we have no option but to return the documents."

In its letter of 8 November, the Respondent returned the documents to the Initiator.

Documents submitted by the parties

Documents submitted by the Initiator (all of which are copies)

- 28.11.2008 request to the ICC International Centre for Expertise for a DOCDEX decision;
- 13.09.2008 issue of the documentary credit;
- 23.09.2008 amendment No.1;
- 26.09.2008 advice of credit and amendment No.1;
- 30.09.2008 amendment No.2, including request for confirmation;
- 01.10.2008 advice of amendment No.2 and L/C confirmation;
- 24.10.2008 confirming bank (Initiator) schedule confirming receipt of documents within credit validity and within 21 days after B/L date and requesting cover at maturity (26 March 2009 for USD 415,537.63) and enclosing documents (14 documents);
- 24.10.2008 issuing bank (Respondent) request by MT 799 of the date of negotiation and the date of dispatch of documents;
- 27.10.2008 Initiator's reply: it negotiated documents on 24 October and dispatched them on 27 October, and it received the documents within the credit's validity and within 21 days after the B/L date;
- 30.10.2008 DHL track results with detail of delivery;
- 31.10.2008 Respondent's MT 999 (serving as MT 750) stating three discrepancies: "i) Materials being sent is not as per LC description; ii) Insurance policy certificate is expired; and iii) The Bill has been negotiated after expiry of LC";
- 03.11.2008 Initiator's MT 799 rejection of entire advice of discrepancies;
- 04.11.2008 Respondent's MT 750 advice of discrepancy (repeated);
- 06.11.2008 Initiator's MT 799 advice of rejection of refusal with detailed reasons;
- 06.11.2008 Respondent's MT 750 advice of discrepancy (repeated);
- 06.11.2008 Initiator's MT 799 repeating its SWIFT of 3 November 2008;
- 06.11.2008 Respondent's MT 799 repeating discrepancies i) and iii);
- 07.11.2008 Initiator's MT 799 rejecting points i) and iii);
- 07.11.2008 Respondent's MT 799 informing return of documents;
- 07.11.2008 Initiator's MT 799 strongly refuting the advices of discrepancies/refusal of documents and objecting to the return of complying presentation;
- 08.11.2008 Respondent's letter returning the documents;
- 14.11.2008 Initiator's MT 799 advising rejection of advices of discrepancies/refusal of documents and drawing attention to the responsibility for costs, demurrage or any other charges for the resulting impediment to unloading the vessel upon arrival;
- 17.11.2008 Initiator's MT 799 with the same content as previous message of 14 November 2008, but in addition giving its expectation that it would receive advice of acceptance of the documents and confirmation of cover at maturity; otherwise to seek an ICC DOCDEX Decision and to reserve the right to legal action against the Respondent with responsibility for costs and loss of interest.

Documents submitted by the Respondent

No documents were submitted by the Respondent. Since 7 November 2008, no more correspondence appears to have been sent to or received from the Respondent. The ICC International Centre for Expertise (the Centre) received no response from the Respondent in relation to the Respondent taking part in the DOCDEX decision.

Analysis and conclusion

From the documents presented, the matter is as follows: Initiator schedule of 24 October 2008 confirms receipt of documents within the credit validity and receipt of documents within 21 days after B/L date.

Question: Are the points raised as discrepancies by the Respondent correct and valid? Let us consider the three points disputed as discrepancies by the Respondent (by referencing their MT 999 message of 31 October 2008 – serving as an MT 750 – using fields 72 and 77A, instead of using an MT 734 as the message form for their refusal of documents).

1. "Materials being sent is not as per L/C description"

The Respondent did not state which document(s) are regarded as discrepant. As the test for compliance is stricter in the invoice than other documents, we shall examine this first.

Our position: Description of goods (as appearing on the invoice) is in respect of credit details (ASSAYING tolerances are permitted by the frame of L/C). There is no discrepancy (unanimous decision).

2. "Insurance Policy Certificate is expired"
This item has been initially raised by the Respondent (31 October 2008) and has been rejected by the Initiator (3 November 2008). The Respondent (as from 6 November 2008) has made no further reference to this alleged discrepancy.

Our Position: The insurance document has been worded correctly and complies with the L/C terms and conditions. There is no discrepancy (unanimous decision)

3. "The Bill has been negotiated after the expiry of the credit"
The facts: The Initiator stated in its schedule of 24 October: "we confirm receipt of documents within LC validity and within 21 days after B/L date." The Respondent asked on 24 October (by SWIFT MT799): "Pls confirm us by return SWIFT the date of negotiation and the date of dispatch of the documents against the A/M LC."

The Initiator replied on 27 October: "Pls note that on 24.10.2008 we have negotiated documents ... documents have been dispatched on 27.10.2008 by DHL courier service and reg airmail B/L dated 27.09.2008. We confirm receipt of documents within LC validity and within 21 days after B/L date."

The sequence of events:

B/L date (on board date)	27.09.2008	
To comply with field 48 (MT 700) docs must be presented at the latest by	18.10.2008	
This date is a Saturday in Country S (banks are closed)	18.10.2008	Saturday
Presentation date to the Initiator by beneficiaries	20.10.2008	Monday
Initiator has maximum of five banking days for examination of docs : Until =>	27.10.2008	
Initiator schedule dated 24 October: We have negotiated documents and this is mentioned in its SWIFT of 27 October	24.10.2008 27.10.2008	Friday Monday
Initiator informs (in this same SWIFT) docs were dispatched on 27 October	27.10.2008	
DHL track results detail: shipment date	27.10.2008	
DHL track results detail: delivery on	31.10.2008	1:52 PM

Comments:

- B/L is dated (on board date) 27 September +21 days = 18 October 2008.
- The Initiator stated in its SWIFT MT799 on 7 November: "B/L dated 27.09.2008 ... Presentation period: 21 days after B/L date: 18.10.2008 being a Saturday, non-bank working day, being extended to the next following banking day (20.10.2008) as per ICC UCP rules, article 29a". This has not been disputed by the Respondent and has not been raised as an issue.
- On 24 October 2008, the Respondent asked: "Pls confirm us by return swift the date of negotiation and the date of dispatch." The Respondent has not made reference at any time to a requirement for a date of presentation.

- The Initiator replied on 27 October 2008: "On 24.10.2008 we have negotiated documents ... documents have been dispatched on 27.10.2008 ... ."

Conclusion

Conclusion on the third alleged discrepancy: Documents were presented within the permitted time limits for expiry date and latest presentation date, which in turn permitted negotiation to occur after the expiry date of the credit and the latest presentation date. There is no discrepancy (majority decision).

In view of the above, the Respondent must pay the amount of USD 415,537.63 at maturity on 26 March 2009.

DOCDEX Decision No. 287

UCP 600 sub-articles 14 (d) and 20 (a) (i)

Whether on the insurance policy under UCP 600 article 14 the vessel name was different from other documents (B/L and invoice); whether the bank name between the shipping documents (including draft) and the L/C was different; whether the bank could identify who was the qualified issuer of the B/L

Parties

Initiator:	Bank D, Country J
Respondent:	Bank J, Country K

Background

Bank D, Branch in Country J (Initiator) is the presenter of documents for USD 97,857.76 under a documentary credit issued by Bank J (Respondent). The documentary credit was transmitted via SWIFT MT700 and subject to UCP 600 (issued 23.09.2008 and includes the wording "UCP LATEST VERSION" in SWIFT field 40E). The presentation was refused by the Respondent.

The Respondent has not replied to the request. The Experts have not requested any supplemental documents.

Summary of representations

<u>23.09.2008</u>
Respondent issued a documentary credit for USD 97,656.13 (more/less (%) 03/03).
The advising bank was the Initiator, and the credit was available with "Any Bank by Negotiation".

<u>14.10.2008</u>
The beneficiary presented the documents to the Initiator. The forwarding schedule from Initiator to Respondent was dated the same day.

<u>24.10.2008</u>
Respondent refused the documents stating the following discrepancies:

1. On insurance policy under UCP 600 article 14 vessel name is different with other documents (B/L and invoice).
2. Our bank name between shipping document (including draft) and L/C is different.
3. On L/C under UCP 600 article 20, original bill of loading must be signed in the form described, but on this B/L it can be issued by carrier or agent, so we cannot identify who is the qualified issuer of this B/L.

<u>27.10.2008</u>
Initiator responded to Respondent indicating that it did not agree to the stated discrepancies.

<u>04.11.2008</u>
Respondent sent a SWIFT MT799 message to Initiator maintaining the discrepancies.

The discrepancies quoted

<u>Discrepancy No. 1</u>
On insurance policy under UCP 600 article 14 vessel name is different from other documents (B/L and invoice).

Facts
The name of the vessel is stated as follows in the following documents:

- Bill of lading (Ocean vessel field): "Vessel A 819W"
- Bill of lading (On board field): "Vessel A V.819W"
- Invoice: "Vessel A 819W"
- Insurance policy: "Vessel A"

Initiator argument:
"The insurance [policy] clearly states the vessel name as Vessel A, which exactly matches with the same on bill of lading".

Initiator further refers to UCP 600 sub-article 14 (d): "Data in a document... need not be identical to, but must not conflict with ... any other stipulated document or the credit."

Respondent argument:
"Vessel name on insurance policy is "Vessel A" but on B/L stating the vessel name as "Vessel A 819W" and also on board notation vessel name is "Vessel A V.819W".

<u>Discrepancy No. 2:</u>
Our bank name between shipping documents (including draft) and L/C is different.

Facts
The name of the bank (Respondent) is stated as follows in the following documents:
Documentary credit (Field 42D): Bank J, The S, Country K
Draft: Bank J, City S, Country K
Invoice: Bank J, City S, Country K

Initiator argument
"Kindly note that the documents evidence the bank name as Bank J, City S, Country K, which is exactly as per L/C terms"

Respondent argument:
"Field 42D stating that our bank name is "Bank J Ltd, The S" is totally different with shipping docs (Invoice, draft) bank name "Bank J, City S"

(<u>Note</u> the statement from the Respondent that the name of the bank includes "LTD" is not correct. It is stated as mentioned above.)

<u>Discrepancy No. 3</u>
On L/C under UCP 600 article 20, original bill of loading must be signed in the form described, but on this B/L it can be issued by carrier or agent, so we cannot identify who is qualified issuer of this B/L.

Facts
On the bill of lading there are three statements regarding carrier and/or agent:

- In the top right corner (with logo): "Company S Merchant Marine Co.,Ltd As Carrier"
- In the bill of lading body: "Issued and signed by

Company S X Co., Ltd
As agent for the carrier
Company S Merchant Marine Co., Ltd
As Carrier"

- In the signing field (bottom right):

"Company S X Co., Ltd
as agent for
Company S Merchant Marine Co., Ltd
[Signature]

As Carrier"

Initiator argument
B/L is signed by Company S X Co., Ltd as agent for Company S Merchant Marine Co., Ltd.
Note that Company S Merchant Marine Co., Ltd is indicated as carrier at the top right side just under the B/L number"

Respondent argument
"Our party can't be sure this B/L was issued and signed by Company S X Co., Ltd as agent for Company S Merchant Marine Co., Ltd or by carrier. Word on the upper side of manual signature of B/L indicating it was issued and signed by agent, but on the bottom side it also indicating it was issued and signed by as carrier. We can't identify who is the qualified issuer and signor who has right to alter this document."

Issue to be decided
Does the presentation made by Initiator constitute a complying presentation?

Analysis
Discrepancy No. 1:
The name of the vessel carrying the goods is Vessel A. The addition "V.819W" or "819W" is a clear indication of the voyage number for that particular vessel.

It is the opinion of the Experts that this does not raise any confusion as to on which vessel the goods have been shipped on board.

The reference to UCP 600 sub-article 14 (d) (as mentioned by Initiator) is correct. The addition of the voyage number does not make the data conflicting.

This is not a valid discrepancy.

Discrepancy No. 2:
It is the opinion of the experts that there is no conflict between the naming of the bank in the documentary credit and the documents. This is primarily of importance in relation to the drawee part in the draft. The draft is clearly drawn in accordance with the documentary credit.

This is not a valid discrepancy.

Discrepancy No. 3:
The signing of the bill of lading is regulated by UCP 600 sub-article 20 (a) (i), which reads:
"A bill of lading, however named, must appear to:
indicate the name of the carrier and be signed by:
- the carrier or a named agent for or on behalf of the carrier, or
- the master or a named agent for or on behalf of the master.

Any signature by the carrier, master or agent must be identified as that of the carrier, master or agent.
Any signature by an agent must indicate whether the agent has signed for or on behalf of the carrier or for or on behalf of the master."

The bill of lading clearly indicates the name of the carrier, since "Company S Merchant Marine Co., Ltd" is indicated as carrier at the top right of the document together with its logo.

In the opinion of the Experts, the intention in relation to the signing of the bill of lading is clear – especially when read in context with the header mentioned above, i.e., "[Signed by] Company S X Co., Ltd as agent for Company S Merchant Marine Co., Ltd [who is acting] As Carrier" (Brackets added).

The Experts conclude that the signing is in accordance with UCP 600 sub-article 20 (a) (i).

This is not a valid discrepancy.

Decision
Based on the above analysis, the decision of the Experts is that a complying presentation has been made and Respondent is obligated to honour accordingly.

This is a unanimous Decision.

DOCDEX Decision No. 288

UCP 600 Miscellaneous

Whether a bill of lading issued to the order of a party can only be endorsed by the party stated in the "consignee" field of the bill of lading; when an issuing bank issued a credit with a irregularity that required an endorsement that could only be made by the issuing bank, did the issuing bank have an obligation to withdraw its refusal and to pay immediately the credit amount and demurrage?

Parties

Initiator:	Company E
Respondents:	Bank T (Repondent 1)
	Bank V (Respondent 2)

Background and transaction

The Initiator presented documents for negotiation through its bank (Respondent 1) in the amount of USD 93,960.00. The presentation included a full set (3/3) shipped on board ocean bills of lading issued to the order of Bank V marked "freight prepaid" and notify the applicant. These were issued precisely as stated in the credit.

The credit further stated that the B/L was to be "blank endorsed", which has not been completed.

Issue(s)

The issuing bank (Respondent 2) refused the presentation, stating a "discrepancy" that the B/L was not blank endorsed as requested in the credit.

Initiator's claim

The Initiator claimed, based on the terms of the credit, that there was no reason for a refusal by Respondent 2 and claimed payment of the invoice amount (USD 93,960.00) plus an amount for demurrage and the fee paid to ICC for the DOCDEX decision (USD 5,000.00)

Respondents' reply

No reply was given by the Respondent's regarding the issue or claim.

Documents submitted by the parties

Documents submitted by the Initiator

- Request from the Initiator of 30 December 2008 to ICC International Centre for Expertise, Paris, requesting a DOCDEX Decision in accordance with ICC DOCDEX Rules, ICC Publication no. 811, stating inter alia
  - that a copy of the request and all documentation was sent to the Respondents and
  - the Initiator's Summary of the Dispute;
- Copy of the documentary credit no. ABC123 issued by Bank V (Respondent 2) under UCP 600 and letter of advice from Bank T (Respondent 1);
- Copies of several sets of documents (including the B/L in question) forwarded to Bank T (Respondent 1) including the relevant cover letter; and
- Copies of correspondence between Respondent 2 and Respondent 1 regarding the refusal.

Documents submitted by the Respondents

No comments or documents were received from the Respondents.

Analysis

The Initiator had entrusted Respondent 1 to negotiate the presentation under the stated credit. Documents were refused by Respondent 2 on the grounds that the bill of lading, issued to the order of the issuing bank, was not blank endorsed (as required in the credit). Respondent 1 strongly disagreed in a SWIFT message.

The Initiator claimed it had contacted Respondent 1, which suggested that the Initiator give a discount of 5-10 per cent, which the Initiator accepted. Later, the request for the discount was increased to 30 per cent, which not was acceptable to the Initiator.

A bill of lading issued to the order of a party can only be endorsed by the party stated in the "consignee" field of the bill of lading. Only when the B/L is made out to order of the shipper is the shipper able to endorse in blank before presentation under the credit.

By stating in the credit that the B/L is to be made out to order of the issuing bank and to be endorsed in blank by the beneficiary, Respondent 2 violated the principle that the issuing bank is responsible for the wording and contents of the credit and that all details must be precise so that the credit may be deemed workable. It is important to underline that a documentary credit is a payment instrument and not an instrument to refuse payment. This responsibility of the issuing bank prevails whether an inaccuracy is made deliberately or by mistake.

It must be added that given the content of the bill of lading, only the issuing bank could endorse the B/L in blank.

It is evident from the letter of advice from Bank T (Respondent 1) that the beneficiary was requested to check the terms and conditions carefully; however, an "oversight" of a detail, especially one which is not logical to act upon, is fully understandable and the beneficiary should not be blamed.

Conclusion

By issuing a credit with an encapsulated irregularity that required an endorsement that can only be made by the issuing bank, the issuing bank (Respondent 2) has an obligation to withdraw the refusal and to pay immediately the credit amount and demurrage.

Respondent 2 has no reason to refuse the documents and must pay the claimed amounts.

The appointed Experts reached a unanimous Decision.

DOCDEX Decision No. 289

This Decision was withdrawn.

DOCDEX Decision No. 290

UCP 600 sub-articles 14 (d) and 14 (a); ISBP 681 paragraph 25

Whether the error in the commercial invoice, packing list and certificate of quality – which constituted a reversal of the order of the route of shipment covered by the L/C – could be accepted as a typing error and whether these documents complied with the applicable provisions of sub-article 14 (d) of UCP 600 and paragraph 25 of ISBP 681 (2007 Revision)

Parties

Initiator:	Bank W
Respondent:	Bank C

Background and transaction

The Respondent issued an irrevocable letter of credit ("L/C") on 13 October 2008 for an amount of USD 2,332,500.00 with an acceptable tolerance of 10% more or less. The L/C was subject to UCP 600 and available with any bank by negotiation against drafts drawn at 90 days after sight for 100% invoice value. Partial shipment and transhipment were allowed. In field 44A, the place of taking in charge is shown as "BUSAN, KOREA" and in field 44B, the place of final destination is shown as "QINGDAO, CHINA". The following documents were required by the L/C:

1. signed commercial invoice in three originals and three copies indicating the L/C no. and contract no. ABC123;
2. full set 3/3 (including three originals and two non-negotiable copies) of clean on board ocean bills of lading marked "freight prepaid" made out to order and blank endorsed notifying applicant with its full name and address.
3. packing list/weight memo in three originals and three copies issued by beneficiary indicating quantity/gross and net weights.
4. certificate of quality in one original and one copy issued by Mr X with the copy of his passport;
5. certificate of origin in one original and one copy issued by Country R or Country K;
6. health certificate issued by Country R or Country K authority.

Documents for USD 831,952.99 were presented by the Initiator to the Respondent. These documents were refused by the Respondent. In its notice of refusal dated 11 November 2008, the Respondent stated the following:
"PORT OF LOADING AND FINAL DESTINATION OF INVOICE/PACKING LIST/CERTIFICATE OF QUALITY DIFFER FROM LETTER OF CREDIT"
"HOLDING DOCUMENTS AT YOUR DISPOSAL PENDING INSTRUCTIONS"

The commercial invoice and packing list both show the port of loading as "Qingdao, China" and the final destination as "Busan, Korea". The certificate of quality shows the loading port as "Qingdao, China". These statements are evidently in conflict with the L/C terms.

The Initiator rebutted by sending a SWIFT message on 13 November 2008 on the grounds that the error in the commercial invoice, packing list and certificate of quality could only be described as a typographical error. It could not be regarded as a discrepancy. Its argument was based on the data in the commercial invoice that the price term quoted was "CNF QINGDAO, CHINA" and the bill of lading. It also quoted ISBP (ICC Publication No. 645 [sic]) paragraph 25 stating that "a misspelling or typing error that does not affect the meaning of a word or the sentence in which it occurs, does not make a document discrepant."

The Respondent replied by SWIFT on 14 November 2008 to reiterate its position that the documents were discrepant.

Issues

The Initiator submitted that the documents were not discrepant. It claimed that the conflicting data in the commercial invoice, packing list and certificate of quality were merely typographical errors and had no bearing on the overall content of the documents.

The Respondent rejected the documents, as it claimed that the port of loading and the port of destination appearing on the commercial invoice, packing list and certificate of quality were not in compliance with the L/C terms. It was a material discrepancy instead of a misspelling or typing error.

Is the error in the commercial invoice, packing list and certificate of quality a typing error and do the documents comply with the applicable provisions of sub-article 14 (d) of UCP 600 and paragraph 25 of ISBP (2007 Revision)?

Documents submitted by the parties

Documents submitted by the Initiator

(i) SWIFT MT700 from the Respondent dated 13 October 2008;
(ii) photocopy of the commercial invoice;
(iii) photocopy of the non-negotiable bill of lading;
(iv) photocopy of the packing list/weight memo;
(v) photocopy of the certificate of quality;
(vi) photocopy of Mr X's passport issued by Country K;
(vii) photocopy of the certificate of origin;
(viii) photocopy of the health certificate.

Documents submitted by the Respondent

(i) SWIFT MT700 from the Respondent dated 13 October 2008;
(ii) photocopy of the covering schedule from the Initiator dated 31 October 2008;
(iii) photocopy of the bill of exchange for USD 831,952.99;
(iv) photocopy of the commercial invoice;
(v) photocopy of the original bill of lading;
(vi) photocopy of the packing list/weight memo;
(vii) photocopy of the certificate of quality;
(viii) photocopy of Mr X's passport issued by Country K;
(ix) photocopy of the certificate of origin;
(x) photocopy of the health certificate;
(xi) a SWIFT MT734 message (Advice of Refusal) from the Respondent to the Initiator dated 11 November, 2008 rejecting the presentation made by the Initiator due to the alleged discrepancy;
(xii) a SWIFT MT799 message from the Initiator to the Respondent dated 13 October 2008 claiming that the alleged discrepancy was merely a typing error and requesting the Respondent to withdraw the discrepancy;
(xiii) a SWIFT MT799 message from the Respondent to the Initiator dated 14 November 2008 reiterating that the documents were discrepant;
(xiiii) a SWIFT MT799 message from the Initiator to the Respondent dated 17 November 2008 claiming that a positive answer regarding this matter had been given by the ICC Banking Commission's Technical Adviser;
(xv) a SWIFT MT799 message from the Initiator to the Respondent dated 20 November 2008 checking the status as to whether the documents had been accepted;
(xvi) a SWIFT MT799 message from the Respondent to the Initiator dated 20 November 2008 reiterating that the documents were discrepant and claiming that the bill of lading was false in accordance with the shipping company. It further indicated that the documents were to be returned if the instructions were not received within three calendar days;
(xvi) a SWIFT MT799 message from the Initiator to the Respondent dated 21 November 2008 claiming that the documents were not discrepant and asking for immediate payment;
(xvii) a SWIFT MT799 message from the Respondent to the Initiator dated 27 November 2008 indicating that a stop payment order had been granted by Qingdao Maritime Court;
(xviii) five other SWIFT MT799 correspondences between the two parties dated 1 December 2008, 5 December 2008, 10 December 2008, 11 December 2008 and 19 December 2008 respectively;
(xix) photocopy of the Court Order issued by the Qingdao maritime Court dated 26 November 2008 (in Chinese);
(xx) photocopy of a statement from the shipping company dated 7 November 2008 stating that the bill of lading was not false.

Analysis

The questions were whether the error in the commercial invoice, packing list and certificate of quality could be accepted as a typing error and whether these documents complied with the applicable provisions of sub-article 14 (d) of UCP 600 and paragraph 25 of ISBP (2007 Revision)?

The L/C called for the goods to be dispatched from Busan, Korea for transportation to Qingdao, China. However, on the face of the documents, the commercial invoice and packing list both show the port of loading (pre-printed field) as "Qingdao, China" and the final destination (pre-printed field) as "Busan, Korea". The certificate of quality shows the loading port as "Qingdao, China". These are evidently conflicting with the L/C. The error constitutes a reversal of the order of the route of shipment covered by the L/C.

Sub-article 14 (d) of UCP 600 states: "Data in a document, when read in context with the credit, the document itself and international standard banking practice, need not be identical to, but must not conflict with, data in that document, any other stipulated document or the credit."

It could be argued that the transport document, bill of lading, has correctly shown the route of the shipment as required in the L/C and that, accordingly, this blatant error should be disregarded. Moreover, it is not a requirement for the commercial invoice and packing list to show the route of the shipment. As claimed by the Initiator, the commercial invoice has also correctly shown the price term as CNF[CFR] Qingdao, China, and the error has no bearing on the overall content of the documents. The Initiator further claimed that the error is merely a typing error as it does not affect the meaning of a word or sentence.

Is the error in the commercial invoice conflicting with the terms and conditions of the L/C? The Initiator argued that though the port of loading was shown as Qingdao, China and the final destination as Busan, Korea, the price term was correctly quoted in the commercial invoice as "CNF[CFR] QINGDAO, CHINA". As stated in sub-article 14 (d) of UCP 600, data in a document need not be identical to but must not conflict with data in that document and the L/C. The commercial invoice shows the port of loading (pre-printed field) as Qingdao and final destination (pre-printed field) as Busan.

The route of shipment need not be shown in the commercial invoice, but if it is shown it should not be conflicting with data in the L/C. Obviously, the route of shipment shown in the commercial invoice is conflicting with the trade term, CNF[CFR] Qingdao. But in addition to the commercial invoice, the packing list and the certificate of quality also evidence the route of shipment, which conflicts with that in the L/C. The certificate of quality shows the loading port as Qingdao China instead of Busan Korea.

Is the error of a "typographical" nature? Paragraph 25 of ISBP (2007 Revision) states: "A misspelling or typing error that does not affect the meaning of a word or the sentence in which it occurs does not make a document discrepant. For example, a description of the merchandise as 'mashine' instead of 'machine', 'fountan pen' instead of 'fountain pen' or 'modle' instead of 'model' would not make the document discrepant. However, a description as 'model 123' instead of 'model 321' would not be regarded as a typing error and would constitute a discrepancy."

A dictionary description of "typography" is "printing as an art" or "the style and appearance of printed matter". It therefore seems that it does not cover the "substance" or "meaning" of words. ISBP (2007 Revision) has addressed the issue. It stresses that the meaning of the word in question must be clear and could not be understood to mean something else. For example, one could not accept "Lisbon" for "London" but possibly "Londn" for "London".

It might be argued that the makers of the documents typed the ports/places in the wrong place as a result of lack of concentration, negligence or poor professionalism. But the question we need to address is whether document examiners should be expected or even required to ask themselves whether this was indeed the case and whether the makers of the documents really intended to quote the correct places. This would require them to guess or speculate about the maker's intention. It seems that this approach could open a can of worms beyond what we might be prepared to concede in this case and beyond the spirit and letter of paragraph 25 of ISBP (2007 Revision).

There is no doubt in this case that the port of loading and final destination in question are totally different ports and are places which do exist, and it could not be argued that the difference in the words was caused by a misspelling or typing error. As far as the reference to "typing" error being involved, it could only be argued that the typing error consisted of typing the correct word in the wrong place. This would seem to stretch the scope of paragraph 25 to cover a situation which may not have been intended. If the point were conceded, it could create a precedent, which may prove to have far-reaching and, possibly, undesirable consequences and ramifications. Furthermore, the error here does change the meaning of the sentence. Accordingly, it is difficult to rely on paragraph 25 of ISBP (2007 Revision) in support or justification of the acceptance of the documents in question.

Conclusion

The Initiator claimed that the error was a typing error and it did not make the documents discrepant.
We disagree.

As analyzed above, it is clear that the error in the commercial invoice, packing list and the certificate of quality constitutes an inconsistency with the terms and conditions of the L/C. It is, of course, recognized that the Respondent's notice of refusal refers to the relevant documents differing from the letter of credit only, but it is evident that such a material and clear inconsistency constitutes a discrepancy which entitled the Respondent to refuse the documents in accordance with the above-mentioned sub-article 14 (d) of UCP 600.

It is generally acknowledged banking practice for document examiners to be responsible only for examining documents to determine whether they are in conformity with the terms and conditions of the relevant L/C. As stated in UCP 600 sub-article 14 (a): "A nominated bank acting on its nomination, a confirming bank, if any, and the issuing bank must examine a presentation to determine, on the basis of the documents alone, whether or not the documents appear on their face to constitute a complying presentation."

The document examiners are not expected to investigate a problem beyond the evidence available to them in the form of the documents presented to them. Any information in respect of the shipment of the goods from the exporting country to the importing country is naturally important, and the identity of the ports in question is therefore crucial. In conclusion, the documents are not in compliance with the terms of the L/C as provided by the provisions of sub-article 14(d) of UCP 600 and ISBP (2007) Revision.

The discrepancy cited by the Respondent is valid.

The Decision is unanimous.

DOCDEX Decision No. 291

UCP 600 sub-articles 7 (c) and 15 (a); article 1

Does a negotiating bank assume any duty to keep track of all warehouse warrant numbers presented under different credits and at different times in order to ensure that no warehouse warrant has ever been presented to it under any other credit? Would a negotiating bank's unawareness of the original warehouse warrants, which have been presented to it under different credits at different times, constitute bad faith or notice of fraud in the relevant credit negotiation? Provided the presented documents constitute a complying presentation and have been duly accepted by the issuing bank, is the negotiating bank entitled to be reimbursed by the issuing bank pursuant to sub-article 7 (c) of UCP 600, even though the relevant warehouse warrants may have been previously presented under other credits that the negotiating bank was not aware of?

Parties

Initiator:	Bank A (negotiating bank)
Respondent:	Bank E

Note: documents related to this decision have been submitted only by the Initiator. This Decision is rendered without the Respondent's participation.

Background

- Two documentary credits subject to UCP 600, issued on 31 July 2008 and 11 September 2008 by the same issuing bank under instruction of the Respondent in its capacity as applicant bank;
- Availability for both credits: by negotiation with any bank;
- Amount: USD 2,905,000 +/- 1 pct and USD 1,380,000 +/- 2 pct;
- Drafts for both credits: at 90 days after sight;
- Place and date of expiry: Shanghai, 20 September 2008 and Shanghai, 30 October 2008;
- Form: irrevocable;
- Confirmation: "without";.
- Partial delivery allowed for both (although no specific mention in the second credit);

Documents required (among others):
<u>First credit</u>
"5. ORIGINAL WAREHOUSE WARRANT DATED NOT LATER THAN 10 AUG 2008"
<u>Second credit</u>
"5. ORIGINAL WAREHOUSE WARRANT ISSUE BY (Name and address) DATED NOT LATER THAN SEP. 30 2008"

Summary of the case

- On 7 August, 17 and 22 September, the Initiator negotiated three sets of documents and sent the documents to the issuing bank for reimbursement.
- On 12 August, 23 and 24 September, the issuing bank sent a message to the Initiator accepting each set of documents and confirming their reimbursement on the due date.
- After a period of time (no document submitted by the Initiator), the Respondent alleged that the warehouse warrants presented under the two credits had been previously presented to the Initiator for negotiation under other usance credits issued by other banks. Consequently, the Initiator should have had notice of the re-presentation of the same warehouse warrants. Based on this allegation, the Respondent contended that the Initiator had negotiated the documents in bad faith and was therefore not entitled to be reimbursed by the issuing bank.

Queries posed by the Initiator

1. Does a negotiating bank assume any duty to keep track of all warehouse warrant numbers presented under different credits and at different times in order to ensure that no warehouse warrant has ever been presented to it under any other credit?

2. Would a negotiating bank's unawareness of the original warehouse warrants, which have been presented to it under different credits at different times, constitute bad faith or notice of fraud in the relevant credit negotiation?

3. Provided the presented documents constitute a complying presentation and have been duly accepted by the issuing bank, is the negotiating bank entitled to be reimbursed by the issuing bank pursuant to sub-article 7 (c) of UCP 600, even though the relevant warehouse warrants may have been previously presented under other credits that the negotiating bank was not aware of?

Analysis

General statement: as per article 1 of "ICC Rules for Documentary Instruments Dispute Resolution Expertise", the DOCDEX service is available in connection with any dispute related to -- "a documentary credit incorporating the ICC Uniform Customs and Practices for Documentary Credits (UCP) and the application of the UCP and/or the ICC Uniform Rules for Bank-to-Bank reimbursement under Documentary Credits (URR)".

Therefore this panel is not competent to determine the responsibility for issues other than those related to the above said sets of rules and International Standard Banking Practices for Documentary Credits (ISBP).

There is no provision in UCP, in these credits or international standard banking practice which requires a negotiating bank to keep track of each and every document presented under a credit. UCP 600 article 34 states: "A bank assumes no liability or responsibility for the form, sufficiency, genuineness, falsification or legal effect of any document … ". Moreover the Initiator states that it acted absent any notice of a possible fraud concerning these credits.

There is no provision in UCP dealing with good/bad faith or notice of fraud. Good or bad faith or whether an act is fraud is applicable is a matter of fact to be proved and decided upon by a court on a case-by-case basis, under the applicable law.

The evidence submitted by the Initiator in order to claim its right to be reimbursed is a set of three messages wherein the issuing bank accepted the three sets of documents presented to it. On the grounds of this evidence, UCP 600 sub-article 15 (a) applies. This rule states: "When an issuing bank determines that a presentation is complying it must honour." Consequently, the issuing bank – applying UCP 600 sub-article 7 (c) ("An issuing bank undertakes to reimburse a nominated bank that has honoured or negotiated a complying presentation and forwarded the documents to the issuing bank") – undertook expressly to reimburse the nominated bank at 90 days sight.

Conclusion

On the grounds of the analysis, this Panel decides that the issuing bank must reimburse the Initiator on the due dates.

Whether or not the Initiator was aware at the time of negotiation that the same warehouse warrants had been presented to it under other credits, and whether or not it is alleged to have acted in bad faith if it was aware, is outside the competence of this Panel. However, this Panel would reiterate the comments made in the second paragraph under "Analysis" above.

Statement of the chair

This Decision is rendered unanimously.

DOCDEX Decision No. 292

UCP 600 sub-article 14 (e); ISBP 681 paragraphs 108 and 58
Was there a conflict between the goods description in the L/C and the description in the B/L?

Parties

Initiator: Bank T
Respondent: Bank H

Background and transaction

Respondent issued, via SWIFT, an irrevocable letter of credit subject to UCP 600. The beneficiary presented documents through the Initiator to the Respondent. The Respondent dishonoured the presentation, citing a single discrepancy: "DESCRIPTION OF GOODS IN B/L DIFFER FROM INVOICE AND L/C". An exchange of messages between the Initiator and Respondent cites paragraph 108 of ICC Publication No. 681, International Standard Banking Practice (ISBP), and the Initiator further notes sub-article 14 (e) of UCP 600.

The Initiator represents the description of the goods in the letter of credit is not required to be replicated in full in each document, noting the respondent's letter of credit did not require a full merchandise description in each document and the contents of sub-article 14 (e) of UCP 600 and paragraph 58 of ISBP publication 681.

The Respondent, in its exchange of messages with initiator, states: "OUR LC SPECIFICALLY CALLS FOR STAINLESS STEEL COIL SLITTED EDGE, WHEREAS THE B/L ONLY MENTIONED STAINLESS STEEL, WHICH DOES NOT REFLECT WHAT IS REQUIRED UNDER THE SAID LC. "

All information for consideration under this case has been provided by the Initiator. The Respondent has elected not to take part in the decision process.

Issue

Is the discrepancy alleged by the issuing bank, i.e., "Description of goods in B/L differ from invoice and L/C" valid?

Decisions taken

The letter of credit was sent by the respondent via SWIFT. Field 45A (DESCRIPTION OF GOODS AND/OR SERVICES) reads: "PRIME QUALITY AISI 304 STAINLESS STEEL COIL SLITTED EDGE CIF KUCHING, SARAWAK".

The requirement for the bill of lading in Field 46 of the same SWIFT message reads: "BILL OF LADING MADE OUT TO ORDER OF (RESPONDENT) NOTIFY THE ABOVENAMED (SIC) APPLICANT AND MARKED FREIGHT PREPAID."

The bill of lading stated:
"SHIPPER'S LOAD, COUNT AND SEALED"
3 X 20' CONTAINER SAID TO CONTAIN:
8 BUNDLES
STAINLESS STEEL

Analysis

Sub-article 14 (e) of UCP 600 states: "In documents other than the commercial invoice, the description of the goods, services or performance, if stated, may be in general terms not conflicting with their description in the credit."

Paragraph 108 of *International Standard Banking Practice* (ISBP) ICC Publication 681 states: "A goods description in the bill of lading may be shown in general terms not in conflict with that stated in the credit."

Paragraph 58 of International Standard Banking Practice (ISBP) ICC Publication 681 states, in part: "The description of goods, services or performance in the invoice must correspond with the description in the credit. There is no requirement for a mirror image."

Decision

Neither the UCP 600, international standard banking practice nor the letter of credit require the merchandise description as stated in the letter of credit and in the invoice to appear in the bill of lading.

A reading of UCP 600 sub-article 14 (e) and paragraph 108 of ISBP make clear that if a merchandise description is stated in the bill of lading, it may be stated in general terms.

The bill of lading may contain only a general description of goods. "STAINLESS STEEL" represents such a general description, and there is no conflict between "Prime quality Aisi 304 stainless steel coil slitted edge" stated in the credit and invoice and "stainless steel" stated on the bill of lading ("Prime quality Aisi 304" being an indication of quality, and "coil slitted edge" being more or less a form into which the steel is shaped).

NOTE: The INITIATOR further noted ISBP paragraph 58 (stated above) in its position. It is not necessary to address this because it relates to the invoice. The document at issue is the bill of lading.

Conclusion

In accordance with the terms and conditions of the credit, UCP 600 and international standard banking practice, the discrepancy alleged by the Respondent is not valid. The presentation is complying in this respect. Accordingly, the Respondent is obliged to honour its payment obligation under the credit.

The Decision of the DOCDEX Panel is unanimous.

DOCDEX Decision No. 293

ISBP 681 paragraphs 9 and 55

Where drafts were drawn in duplicate and there was no correction made on the First of Exchange, whether authentication on the Second of Exchange, which had a correction, was necessary; whether the authentication of the correction was valid and, if so, was it necessary to have the beneficiary's name stated along with the signature of the person who made the authenticated correction?

Parties

Initiator:	Bank M (nominated bank)
Respondent:	Bank A (issuing bank)

Background and transaction

The issuing bank opened an irrevocable letter of credit ("credit") via MT700 in favour of a beneficiary in Country T. The credit was subject to UCP 600 and available with any bank by negotiation. Under field 42C of the MT700, the issuing bank called for drafts at sight drawn on the issuing bank. The credit was subsequently amended to call for drafts at 30 days after sight. Both the credit and amendment were advised to the beneficiary by the nominated bank.

The beneficiary presented documents, including drafts at 30 days after sight, to the nominated bank. The nominated bank found the presentation to be in order and forwarded the documents and drafts to the issuing bank for acceptance. The issuing bank examined the drafts and documents and found them to be not in compliance with the terms and conditions of the credit. The issuing bank sent a notice of refusal to the nominated bank via MT799 within the timeframe required by UCP citing the following discrepancies:

(1) Beneficiary's copy of fax not showing contract number;
(2) Insurance policy/certificate not indicating the settling agent; and
(3) Amendment on draft not authenticated by the drawer.

The issuing bank indicated on the MT799 that it was holding the documents at the risk and disposal of the nominated bank.

Following receipt of the issuing bank's refusal notice, the nominated bank forwarded revised documents to the issuing bank within the period for presentation. The revised documents included the beneficiary's copy of fax, insurance document and new drafts. Upon receipt of the revised documents and within the timeframe required by UCP, the issuing bank sent another refusal notice via MT799 to the nominated bank citing the following discrepancy: (1) Amendment (correction) on the second draft not authenticated by the drawer.

The issuing bank indicated on the MT799 that it was holding the documents at the risk and disposal of the nominated bank.

The revised drafts presented to the issuing bank were made out in duplicate, i.e., First of Exchange and Second of Exchange. The drafts were made out in accordance with the terms of the credit, and the bill of lading date was shown on both drafts, although not required by the terms of the credit. Both drafts were signed by a person named [Mr X] who acted as the authorized signer of the beneficiary.

Based on a copy of the drafts submitted by the initiator, there was a correction made to the bill of lading date on the Second of Exchange and a small round chop bearing the word "correction" with a signature shown next to the correction. The signature associated with the correction chop is the same as that of [Mr X], the person who signed the drafts as authorized signer of the beneficiary. There was no correction made on the First of Exchange.

The issuing bank contended that the correction made on the Second of Exchange was not authenticated as per international standard banking practice. Specifically, the issuing bank claimed that there was no evidence that the correction was authenticated by the beneficiary (i.e., drawer of the drafts) as required under paragraphs 9 and 55 of ISBP ICC Publication No. 681. The nominated bank disagreed with the issuing bank's interpretation of the ISBP. It also found the issuing bank's refusal not justified, because the issuing bank could accept the First of Exchange, which showed no correction and disregarded the Second of Exchange, which serves no purpose given that there was a First of Exchange.

Since the issuing bank insisted on its position, the nominated bank sent yet another set of drafts to the issuing bank. The issuing bank refused the 3rd set of drafts for the reason that they were presented beyond the period for presentation.

Issues to be determined

1. Did the issuing bank have a duty to examine drafts drawn by the beneficiary to ensure that they were in compliance with the terms of the credit?

2. Was authentication required for the correction shown on the Second of Exchange of the revised drafts?

3. If authentication was required, would the signature of [Mr X] placed next to the correction satisfy the requirement for authentication, or must the authentication have included the name of the party who issued the drafts (i.e., the beneficiary)?

4. Was the issuing bank justified in refusing the presentation?

Analysis

Issue No. 1:
The issuing bank had a duty to examine drafts drawn by the beneficiary to ensure that they were in compliance with the terms of the credit, for example that the tenor was in accordance with the terms of the credit.

Issue No. 2:
Paragraph 55 of ISBP ICC Publication 681 states: "Corrections and alterations on a draft, if any, must appear to have been authenticated by the drawer."

Based on the above, authentication by the drawer is required on any corrections made on a draft. However, since drafts were drawn in duplicate and there was no correction made on the First of Exchange, the Second of Exchange would not serve any purpose in this case, and consequently authentication on the Second of Exchange was not necessary.

Issue No. 3:
Authentication of corrections made on drafts must include a signature or initial and the name of the party who issued the drafts. However, since drafts drawn by the beneficiary (drawer) were signed by the person named [Mr X] as authorized signer of the beneficiary, and the correction on the Second of Exchange was also authenticated by [Mr X], it is clear that the correction was authenticated by the drawer. Accordingly, in this particular case, there was no need for the beneficiary's name to be stated with the signature of [Mr X] for the correction.

Issue No. 4:
The issuing bank was not justified in refusing the presentation, because the First of Exchange was in order and bears no correction; hence, the Second of Exchange serves no purpose in this particular case. Even if the Second of Exchange was required, authentication of the correction made on the Second of Exchange was in accordance with international standard banking practice as explained under Issue No.3.

Conclusion

The draft in question is not discrepant and the Issuing Bank must honour its obligation by accepting the drafts and effecting payment to the beneficiary through the nominated bank with any applicable past due interest.

This Decision is a unanimous Decision by the DOCDEX Panel of Experts.

DOCDEX Decision No. 294

This Decision was withdrawn.

DOCDEX Decision No. 295

This Decision was withdrawn.

DOCDEX Decision No. 296

UCP 600 article 16; sub-articles 16 (c), 16 (c) (ii), 16 (c) (iii), 16 (f), 17 (c), 17 (d), 14 (e), 14 (f), 14 (d); ISBP 681 paragraphs 184 and 41

Did the presentation made by the Initiator, with respect to the alleged discrepancies as stated in the issuing bank's notice of refusal, and as intended to be clarified in subsequent correspondence, constitute a complying presentation? Did the issuing bank's notice of refusal represent a valid notice?

Parties

Initiator:	Bank H
Respondent:	Bank P

Background and transaction

Bank H (The Initiator) is the presenter of documents for USD 8,891,478.90 under a documentary credit issued by Bank P (The Respondent).

The documentary credit was transmitted via SWIFT MT700 and subject to UCP 600 (issued 17.07.2008 and includes the wording "UCP LATEST VERSION" in SWIFT field 40E).

The documentary credit was amended four times respectively (1) 26.07.2008, (2) 11.08.2008, (3) 12.09.2008 and (4) 13.10.2008.

It is not clear to the Panel of Experts if the beneficiary has communicated its acceptance of the amendments. However, since the presentation in question complies with the documentary credit and to the amendments, all four amendments are deemed to have been accepted.

The presentation was refused by the Respondent.

In the case it is noted that a "Stay order" was received from a court of law. This will not be taken into account in this Decision.

The Respondent has not replied to the request. The Experts have not requested any supplemental documents.

Summary of representations

17 August 2008

The Respondent issued a documentary credit for USD 11,440,000.00 plus/minus 10%. This was subsequently amended to read USD 9,300,000.00 plus 0% minus 10%. After an amendment (no. 4) the documentary credit was available with the Initiator with drafts drawn on the Initiator 180 days from date of negotiation.

21 October 2008

This was the date of the forwarding schedule from the Initiator to the Respondent. The Respondent refused the documents stating seven discrepancies (see below).

2 November 2008:

The Initiator responded to the Respondent indicating that it did not agree to the stated discrepancies.

7 November 2008:

The Respondent sent a SWIFT MT799 message to the Initiator:

- accepting its arguments concerning discrepancy 2;
- in respect of discrepancy 1 the Respondent stated: "There was no mention in your covering schedule that this is a partial shipment." Although the Respondent took this as an indication that the Initiator accepted the arguments that this was not a valid discrepancy (SWIFT MT799 dated 12.11.2009), the actual intention of this statement is not clear to the Panel of Experts.

The remaining discrepancies were maintained by the Respondent.

12 November 2008:
The Initiator urged the Respondent's confirmation of reimbursement at maturity using the same arguments and informed the issuing bank of its intention to take legal steps unless the reimbursement was confirmed.

22 November 2008:
The Respondent returned the documents to the Initiator, informing it by SWIFT and also stating that it received a "stay order" issued by the court.

Issues to be determined

a. Did the presentation made by the Initiator, with respect to the alleged discrepancies as stated in the issuing bank's notice of refusal, and as intended to be clarified in subsequent correspondence, constitute a complying presentation?
b. Did the issuing bank's notice of refusal represent a valid notice?

Analysis

The notice of refusal
The notice of refusal sent by the Respondent was made by means of SWIFT type MT734 (Advice of Refusal) and is structured in the following manner:

"77J: We find the following discrepancies in the A/M documents sent by you which are not as per L/C terms

1. Short quantity supplied in the size 2.00X1230MM which is less than 10PCT which is not as per clause no 45A of the L/C terms.

2. Commercial invoice does not marked 'original' and 'copy', which is not as per clause no 2 of field 46A of the L/C terms.

3. Grade of steel mentioned in mills test certificate is not as per clause no. 4 of field 46A of the L/C.

4. The content mentioned as 'CU-0.08 PCT MAX', which is not as per clause no. 4 of field 46A.

5. Grade of steel mentioned in detailed packing list is not as per clause no. 7 of field 46A of the L/C.

6. The certificate of origin does not mention the name of consignee as [the Respondent], which is not as per clause no. 6 of field 46A.

7. Beneficiary's declaration required as per clause no. 5 of field 46A is not submitted along with original documents.

77B:/ We refuse to accept the documents
//Documents are pending at your //risk and responsibility."

When refusing documents received under a documentary credit, the issuing bank must act in accordance with UCP 600 article 16 that includes the following principles:

- It must give a "single notice" (UCP600 sub-article 16 (c)), meaning that there is only one chance to refuse – and to do so correctly.
- The notice must state clearly that the bank is refusing to honour or negotiate.
- The notice must state each discrepancy in respect of which the bank is refusing. It follows that each discrepancy must be stated, and must be complete and specific.
- The notice must state the disposal of the documents, i.e., what the issuing bank is doing with the documents. For an issuing bank there are four options all reflected in UCP 600 sub-article 16(c)(iii) i.e.: a) that the bank is holding the documents pending further instructions from the presenter; or

b) that the issuing bank is holding the documents until it receives a waiver from the applicant and agrees to accept it, or receives further instructions from the presenter prior to agreeing to accept a waiver;

or

c) that the bank is returning the documents; or

d) that the bank is acting in accordance with instructions previously received from the presenter.

The consequences for an issuing (or confirming) bank failing to act in accordance with the provisions of UCP 600 article 16 is that such bank shall be precluded from claiming that it is not a complying presentation and would be obligated to honour, notwithstanding the fact that the documents may contain discrepancies (refer to UCP 600 sub-article 16 (f)).

For this Decision, the notice of refusal fails to comply with the above provisions on two grounds:

1) It does not state the disposal of the documents. It merely indicates that "We refuse to accept the documents. Documents are pending at your risk and responsibility." This is not one of the four options mentioned above (it is unclear whether option a) or b) applies in this case.)

2) Discrepancies number 3, 4, 5 and 6 are worded in a manner not consistent with the requirements of the credit. The refusal notice states the detail, which is allegedly discrepant, stating that it is not as per the related clause of field 46A ("documents required") of the credit. The related paragraphs of field 46A, however, do not contain any requirement with respect to the data, which are deemed to constitute a discrepancy (e.g., the alleged discrepancy no. 4 with respect to the Mill's Test Certificate states : grade of steel not to be "as per clause no. 4 of field 46A of the L/C", whereas the clause 4 of field 46A merely states: "Mill's Test Certificate in two original and two copy"). In addition, discrepancies 3, 4 and 5 are worded in a general manner, not complete and specific, and it is unclear from the refusal notice where the issuing bank finds any conflict with the credit. (This is specified further below under the analysis of each discrepancy.)

Based on the above, the notice of refusal is defective, i.e., not valid under UCP 600 article 16. Consequently, under sub-article 16 (f) the issuing bank is precluded from claiming that the documents are discrepant and is obligated to honour accordingly.

The discrepancies quoted:

Discrepancy No. 1:

"Short quantity supplied in the size 2.00X1230MM which is less than 10PCT which is not as per clause no 45A of the L/C terms."

For size 2.00X1230MM the documentary credit called for 500 MT to be shipped. What was shipped (according to the invoice) was 405.06 MT. The documentary credit further allowed a tolerance in the quantity plus 0% minus 10%. The documentary credit allowed for partial shipments. By allowing for partial shipments, partial shipment within one size would also be acceptable. For that reason this is not a valid discrepancy.

Discrepancy No. 2:

"Commercial invoice [does] not marked 'original' and 'copy' which is not as per clause no 2 of field 46A of the L/C terms."

The Respondent subsequently accepted the arguments from the Initiator, accepting that this is not a valid discrepancy. For the sake of good order however it is analyzed below:

The documentary credit called for "Signed commercial invoice in 2 original and 3 three copies … ". According to UCP 600 sub-article 17 (c), a document required by a documentary credit will be accepted as original if it:

i. appears to be written, typed, perforated or stamped by the document issuer's hand; or

ii. appears to be on the document issuer's original stationery; or

iii. states that it is original, unless the statement appears not to apply to the document presented.

The invoice presented was issued on the stationery of the beneficiary and signed by the beneficiary – i.e., fulfilling the requirements for the document to be accepted as original. With respect to copies, there is no requirement in UCP 600 or international standard banking practice that copies be so expressly marked. Banks deem as copies such documents which are not original. Even if the credit requires copies, originals may be presented instead, unless the credit so expressly prohibits (sub-article 17 (d) of UCP 600). The credit did not expressly modify application of UCP 600 article 17. For that reason this is not a valid discrepancy.

<u>Discrepancy No. 3:</u>
"Grade of steel mentioned in mills test certificate is not as per clause no. 4 of field 46A of the L/C."

Clause no. 4 of field 46A reads: "Mill's test certificate in two original and two copy". There is no mention of a certain "grade of steel" to appear on the Mill's test certificate. The goods description in the documentary credit includes the following: "Grade of steel- SAE 1006 acc to ASTM A 568/1998". The certificate includes the following: "Grade of steel SAE 1006". The goods description in documents other than the invoice may be in general terms not conflicting with the description in the credit (UCP 600 sub-article 14 (e)). Omitting "acc to ASTM A 568/1998" does not constitute a conflict between the goods description in the documentary credit and in the Mill's test certificate. Further, the discrepancy is not worded in a complete and specific manner, i.e., not valid according to sub-article 16 (c). For those reasons this is not a valid discrepancy.

<u>Discrepancy No. 4:</u>
"The content mentioned as "CU-0.08 PCT MAX", which is not as per clause no. 4 of field 46A."

The refusal notice fails to indicate to which document this discrepancy relates. Further, the discrepancy is not worded in a complete and specific manner. The exact intention of the discrepancy is unclear. Clause no. 4 of field 46A reads: "Mill's test certificate in two original and two copy". There is no requirement that the CU percentage appear on the Mill's test certificate. The CU percentage is part of the chemical compositions being part of the goods description in field 45A of the documentary credit.

The Chemical Compositions in the documentary credit are worded as follows:
"C- 0.06 PCT MAX, CU PLUS CR PLUS NI MAX 0.20 PCT. AL-0.02-0.07 PCT
MN-0.30 PCT MAX., SI-0.03PCT MAX. P-0.025PCT MAX.S-0.025 PCT MAX.
CU-0.08 PCT N-70 PPM MAX. 1 SET OF SAMPLES FOR TEST TO BE TAKEN
FROM EACH BATCH AS PER GOST 7566-94, THICKNESS IS NOMINAL.
DIMENSION TOLERANCE SPEC. ASTM A 568/1998. EDGE CONDITION
UNTRIMMED (MILLEEDGE) COIL WEIGHT 11-19 MT MAX".

The Chemical Compositions in the Mill's Test Certificate are worded as follows:
"C- 0.06 % MAX,
CU + CR + NI MAX – 0.20 %,
AL-0.02-0.07 %
MN-0.30 % MAX,
SI-0.03 % MAX,
P-0.025 % MAX,
S-0.025 % MAX.
CU-0.08 % MAX,
N-70 PPM MAX.
1 SET OF SAMPLES FOR TEST TAKEN FROM EACH BATCH AS PER GOST 7566-94".

As it appears from the above for "CU-0.08%". the word "max" has been added on the Mill's Test Certificate compared to the documentary credit. As mentioned above, the discrepancy is worded in such a manner that the intention is unclear. However, assuming that the issuing bank (following its SWIFT MT799 from November 7, 2008) is trying to state that there is a conflict between the "Chemical Compositions" mentioned in the credit and invoice, compared to the Mill's Test Certificate, the evaluation of this discrepancy by the Panel of Experts is as follows:

UCP 600 sub-article 14 (e) reads: "In documents other than the commercial invoice, the description of the goods, services or performance, if stated, may be in general terms not conflicting with their description in the credit." In this case the description of goods is mentioned in the Mill's Test Certificate. The Chemical Compositions mentioned in the documentary credit are very detailed, and the word "max" is used a number of times after a chemical item. It is concluded that for the document checker, without specific commodity knowledge, the addition of the word "max" in this case will be regarded as being conflicting with the description of goods in the documentary credit and invoice.

The above, however, does not change the fact that the refusal notice is not specific enough. It fails to state the document to which the discrepancy relates – and is not worded in a complete and specific manner. Hence, the discrepancy is not valid according to sub-article 16 (c).

For those reasons this is not a valid discrepancy.

<u>Discrepancy No. 5:</u>
"Grade of steel mentioned in detailed packing list is not as per clause no. 7 of field 46A of the L/C."

Clause no. 7 of field 46A reads: "Detailed coilwise packing list showing no. of coils nett/gross weight in two original and two copies". There is no mention of a certain "grade of steel" to appear on the packing list. The goods description in the documentary credit includes the following: "Grade of steel- SAE 1006 acc to ASTM A 568/1998". The packing list itself includes the following: "Grade of steel SAE 1006". The goods description in documents other than the invoice may be in general terms not conflicting with the description in the credit (UCP 600 sub-article 14 (e)). Omitting "acc to ASTM A 568/1998" does not constitute a conflict between the goods description in the documentary credit and in the packing list. Further, the discrepancy is not worded in a complete and specific manner, i.e., not valid according to sub-article 16 (c).

For those reasons this is not a valid discrepancy.

<u>Discrepancy No. 6:</u>
"The certificate of origin does not mention the name of consignee as [the Respondent], which is not as per clause no. 6 of field 46A."

Clause no. 6 of field 46A reads: "Certificate of origin issued by chamber of commerce showing Ukraine origin in one original and two copies". It was subsequently amended to read: "Certificate of origin issued by mill showing Kazakhstan origin in one original and two copies".

The consignee in the certificate of origin is mentioned as "To whom it may concern". There is no mention in the documentary credit that the consignee field of the certificate of origin must include a certain party. UCP 600 sub-article 14 (f) reads: "If a credit requires presentation of a document other than a transport document, insurance document or commercial invoice, without stipulating by whom the document is to be issued or its data content, banks will accept the document as presented if its content appears to fulfil the function of the required document and otherwise complies with sub-article 14 (d)."

Consequently, since there was no indication in the documentary credit regarding the consignee field of the certificate of origin, it cannot be required that a certain party is mentioned as consignee.

The Panel of Experts note that the bill of lading shows the Respondent as consignee, and it may have been the intention of the Respondent to try to establish a conflict between the consignee in the bill of lading versus the consignee in the certificate of origin (although this is not clearly spelled out in the wording of the discrepancy). In that respect, it should be noted that there is no conflict between "to whom it may concern" and the name of a specific party (the Respondent in this case). The certificate of origin also complies with the requirements of international standard banking practice as stated in ICC Document No. 681, paragraph 184.

For this reason this is not a valid discrepancy.

Discrepancy No. 7:
"Beneficiary's declaration required as per clause no. 5 of field 46A is not submitted along with original documents."

Clause no. 5 of field 46A reads: "Beneficiaries declaration stating that the quality, quantity and packing of goods are according to the letter of credit and strictly comply with the sales contract [number and date of contract] and customer reference [number and date of customer reference]".

In accordance with the representations by the Initiator and the copies of documents enclosed with the Request for a DOCDEX Decision, Initiators forwarded a "Beneficiary Certificate". The document contained the following statement: "We hereby state that the quality, quantity and packing of goods are according to the letter of credit and strictly comply with the sales contract [number and date of contract], proforma invoice [number and date of pro-forma invoice] and customer reference [number and date of customer reference]."

The covering schedule from the Initiator included: "Bene Cert 02". When returning the documents, the letter from the Respondent included "Bene Cert 02".

Based on this, it must be concluded that the beneficiary's certificate was received by the Respondent as part of the presentation.

According to ISBP (*International Standard Banking Practice for the Examination of Documents under Documentary Credits,* ICC publication No. 681) paragraph 41: "Documents may be titled as called for in the credit, bear a similar title or be untitled. For example, a credit requirement for a 'Packing List' may also be satisfied by a document containing packing details whether titled 'Packing Note', 'Packing and Weight List', etc., or an untitled document. The content of a document must appear to fulfil the function of the required document."

Further, UCP 600 sub-article 14 (f) reads: "If a credit requires presentation of a document other than a transport document, insurance document or commercial invoice, without stipulating by whom the document is to be issued or its data content, banks will accept the document as presented if its content appears to fulfil the function of the required document and otherwise complies with sub-article 14 (d)."

Based on the above provisions, it must be concluded that the title "Beneficiary Certificate" is similar to "Beneficiaries declaration". Since the "Beneficiary Certificate" was presented fulfilling the function required by the documentary credit, the "Beneficiary Certificate" must be accepted as fulfilling the requirement of a "Beneficiaries declaration"

For this reason this is not a valid discrepancy.

Decision

Based on the above analysis it is concluded that:

a. The documents in respect of the alleged discrepancies, as stated by the issuing bank in its refusal notice, and as intended to be clarified by its subsequent correspondence, comply with the terms and conditions of the credit with exception of the details of CU content ("CU-0.08 % max") stated on the Mill's Test Certificate (see the analysis of discrepancy number 4). However, it must be noted that the issuing bank's clarification, upon which the Experts based this conclusion, was provided by the issuing bank additionally and must therefore be disregarded in considering the validity of the issuing bank's refusal notice.

b. The refusal notice of the Respondent is invalid for both formal and factual reasons:

   i. It fails to indicate the disposal of the documents in accordance with UCP 600 sub-article 16 (c)

   ii. Further, discrepancies 3, 4 and 5 are not worded in a clear and specific manner, i.e., they fail to comply with UCP 600 sub-article 16 (c) (ii).

The Respondent is, therefore, under UCP 600 sub-article 16 (f), precluded from claiming that the documents do not constitute a complying presentation. Consequently, the Respondent is obligated to reimburse the Initiator accordingly.

This is a unanimous Decision.

DOCDEX Decision No. 297

UCP 600 articles 2, 14 and 16; sub-article 7 (c)

Where the issuing bank raised a number of issues concerning the nominated bank's capacity to act and applied for an injunction based on the fact that the same warehouse warrants presented by the beneficiary were also presented for drawings under letters of credit issued by other banks, was the issuing bank, in the absence of such an injunction, obligated to pay the nominated bank the drawing amounts plus applicable interest from the maturity dates to the date of its payments?

Parties

Initiator:	Bank Z (nominated bank)
Respondent:	Bank A (issuing bank)

Background and transaction

The issuing bank opened two irrevocable letters of credit ("credit") via MT700s. The beneficiaries of the credit were located in Hong Kong and England respectively. Both credits were subject to UCP 600. The first credit was available with any bank in Country C by negotiation, and the second credit was available with any bank by negotiation. Under field 42C of the MT700s, the issuing bank called for 90 days sight drafts drawn on the issuing bank.

The beneficiaries presented documents including drafts at 90 days after sight to the nominated bank. The nominated bank found the presentations to be in order and forwarded the documents and drafts to the issuing bank for acceptance on 15 August 2008 and 22 September 2008 respectively. Following dispatch of the documents to the issuing bank, and prior to receipt of the issuing bank's acceptance advices, the nominated bank negotiated both presentations by advancing funds to the beneficiaries on 18 August 2008 and 23 September 2008 respectively. On 21 August 2008 and 24 September 2008, the issuing bank advised the nominated bank by MT799 that it had accepted the drafts to mature on 17 November 2008 and 22 December 2008 respectively.

For the accepted draft maturing on 17 November 2008, the issuing bank sent an MT799 to the nominated bank on 17 November 2008, stating that the warehouse warrants presented under the presentation were the same as the ones held by other banks. Therefore, the issuing bank would settle the transaction only after it had completed its investigation on the duplicate warehouse warrants. The issuing bank did not raise any allegation of fraud nor did it advise the nominated bank that it was enjoined from honouring its acceptance based on a court order or injunction. Despite the nominated bank's repeated demands, the issuing bank has not, to date, effected payment of its acceptance.

For the accepted draft maturing on 22 December 2008, the issuing bank advised the nominated bank on 4 December 2008 that the L/C applicant had applied for an injunction enjoining the issuing bank from effecting payment under the presentation. The basis of the injunction application was that the same warehouse warrants presented by the beneficiary were also presented for drawings under letters of credit issued by other Country C banks. It was based on this reason the issuing bank has not effected payment of its acceptance to date.

Issues to be determined

1. Was the nominated bank a negotiating bank of the disputed L/Cs under UCP 600?

2. Were the proceeds advanced by the nominated bank to the beneficiaries, proceeds of discounting, export loans or forfaiting facilities?

3. Would the silent confirmation/without recourse arrangements (including the without recourse financing with respect to the payment risk of the issuing banks) entered into between the nominated bank and the beneficiaries prejudice the reimbursement right of the nominated bank (as the negotiating bank) against the issuing bank?

4. Was the nominated bank, being a nominated negotiating bank, under a duty to check whether the warehouse warrants presented under the disputed L/Cs had been re-issued or split by the warehouseman?

5. Was the nominated bank, being a nominated negotiating bank, under a duty to verify whether the applicants and beneficiaries were controlled by the same shareholders?

6. Is it a UCP 600 requirement that the negotiation proceeds must come from the nominated bank's own funding? Would the nominated bank's internal funding arrangements prejudice the nominated bank's negotiating bank status?

7. Is it a violation of UCP 600 if the negotiation proceeds are paid to the beneficiaries by the nominated bank before the issuing bank accepts the presented drafts and/or documents?

8. Is it a UCP 600 requirement that the documents called for under an L/C must be prepared and presented by the beneficiaries only?

9. To the extent that the disputed L/Cs called for copy documents (i.e., not original), can the nominated bank accept copy documents sent to it by fax?

10. When a nominated negotiating bank has in fact negotiated the documents, is it a violation of UCP 600 if the nominated negotiating bank has not expressly stipulated on its document remittance schedules that it has done so? Would the absence of such indication on the remittance schedules discharge the issuing bank's payment obligations under the disputed L/Cs or disqualify the nominated bank from being the negotiating bank?

11. Did the authenticated SWIFT acceptances issued by the issuing bank constitute its acceptance of the presented documents and its undertaking to effect payments to the nominated bank on the relevant due dates under UCP 600?

Analysis

1. Was the nominated bank a negotiating bank of the disputed L/Cs under UCP600? UCP600 Article 2 contains the following definitions:
   "**Negotiation** means the purchase by the nominated bank of drafts (drawn on a bank other than the nominated bank) and/or documents under a complying presentation, by advancing or agreeing to advance funds to the beneficiary on or before the banking day on which reimbursement is due to the nominated bank.
   Nominated bank means the bank with which the credit is available or any bank in the case of a credit available with any bank.
   Complying presentation means a presentation that is in accordance with the terms and conditions of the credit, the applicable provisions of these rules and international standard banking practice."

The nominated bank was a negotiating bank of the disputed L/Cs under UCP600 for the following reasons:

- the credit was freely negotiable, and as such the nominated bank was the nominated bank under the disputed L/Cs;
- the nominated bank advanced funds to both beneficiaries against term drafts drawn on the issuing bank and before reimbursement was due to the nominated bank, i.e., before the maturity dates of the accepted drafts
- the nominated bank presented a complying presentation under each L/C, as the issuing bank never notified the nominated bank of any discrepancies found in the presentations.

2. Were the proceeds advanced by the nominated bank to the beneficiaries, proceeds of discounting, export loans or forfaiting facilities?
   Based on the payment advices issued by the nominated bank to the beneficiaries, the proceeds advanced were proceeds of negotiations. A negotiation fee was charged under each presentation.

3. Would the silent confirmation/without recourse arrangements (including the without recourse financing with respect to the payment risk of the issuing banks) entered into between the nominated bank and the beneficiaries prejudice the reimbursement right of the nominated bank (as the negotiating bank) against the issuing bank?

The silent confirmation/without recourse arrangements entered into between the nominated bank and the beneficiaries were arrangements made outside of the terms of the credit, and they do not affect or change in any way the issuing bank's reimbursement obligation to the nominated bank which has negotiated the credit.

4. Was the nominated bank, being a nominated negotiating bank, under a duty to check whether the warehouse warrants presented under the disputed L/Cs had been re-issued or split by the warehouseman?
As per article 14 of UCP 600, a nominated bank acting on its nomination must examine a presentation to determine, on the basis of the documents alone, whether or not the documents appear on their face to constitute a complying presentation. Accordingly, the nominated bank did not have a duty to check whether the warehouse warrants had been re-issued or split by the warehouseman.

5. Was the nominated bank, being a nominated negotiating bank, under a duty to verify whether the applicants and beneficiaries are controlled by the same shareholders? There is no requirement under UCP for a negotiating bank to verify the relationship between an applicant and a beneficiary.

6. Is it a UCP 600 requirement that the negotiation proceeds must come from the nominated bank's own funding? Would the nominated bank's internal funding arrangements prejudice the nominated bank's negotiating bank status? There is no requirement under UCP 600 that the negotiation proceeds must come from the nominated bank's own funding. The nominated bank's internal funding arrangement does not prejudice the nominated bank's negotiating bank status.

7. Is it a violation of UCP 600 if the negotiation proceeds are paid to the beneficiaries by a nominated bank before an issuing bank accepts the presented drafts and/or documents? No. Under a tenor L/C, a negotiating bank may advance funds to a beneficiary before or after the issuing bank accepts the presented drafts and/or documents. However, the negotiating bank can only acquire negotiating bank status if the advances are made to the beneficiaries before reimbursement is received from the issuing bank.

8. Is it a UCP 600 requirement that the documents called for under an L/C must be prepared and presented by the beneficiaries only?
There is no such requirement under UCP 600. It is not uncommon for beneficiaries to enlist the service of a freight forwarder to prepare and/or present documents called for under an L/C. Article 2 of UCP 600 defines a presenter as a beneficiary, bank or other party that makes a presentation. Accordingly, documents called for under an L/C do not need to be prepared or presented by the beneficiaries only.

9. To the extent that the disputed L/Cs called for copies (i.e. not original) documents, canthe nominated bank accept copy documents sent to it by fax?The nominated bank may accept copy documents sent to it by fax if the disputed L/Cs called for copies instead of original documents because:– the disputed L/Cs do not prohibit presentation by fax;
- the ICC Policy Statement on "The determination of an "Original" document in the context of UCP 500 sub-article 20 (b)" (ICC Document No. 470/871 Rev. dated July 29, 1999) states under item 4 that a document is not an original if it (i) appears to be produced on a telefax machine … ." The Policy Statement remains valid under UCP 600. In any event, this issue is not relevant for the cases in dispute, as the presentations were not refused by the issuing bank in accordance with article 16 of UCP 600.

10. When a nominated negotiating bank has in fact negotiated the documents, is it a violation of UCP 600 if the nominated negotiating bank has not expressly stipulated on its document remittance schedules that it has done so? Would the absence of such indication on the document remittance schedules discharge the issuing bank's payment obligations under the disputed L/Cs or disqualify the nominated bank from being the negotiating bank?
A nominated bank that has negotiated a complying presentation should expressly indicate on its document remittance schedule that it has negotiated the documents. However, the absence of such indication does not violate UCP 600. The omission of the nominated bank's indication that it had negotiated the disputed L/Cs on its document remittance schedules does not affect the nominated bank's status as negotiating bank,

nor does it discharge the issuing bank's payment obligations as long as the nominated bank confirms its negotiation to the issuing bank.

11. Did the authenticated SWIFT acceptances issued by the issuing bank constitute its acceptance of the presented documents and its undertaking to effect payments to the nominated bank on the relevant due dates under UCP600? The authenticated SWIFT acceptance advices issued by the issuing bank constitute the issuing bank's acceptance of the presented documents under the disputed L/Cs and the issuing bank's undertaking to effect payments to the nominated bank on the relevant due dates. The obligation of the issuing bank is affirmed by sub-article 7 (c) of UCP 600 which states: "An issuing bank undertakes to reimburse a nominated bank that has honoured or negotiated a complying presentation and forwarded the documents to the issuing bank ...".

Conclusion

Unless the issuing bank is enjoined from honouring its payment obligations under the L/Cs in dispute, it is obligated to pay the nominated bank the drawing amounts plus applicable interest from the maturity dates to the date of its payments

This Decision is a unanimous Decision by the DOCDEX Panel of Experts.

DOCDEX Decision No. 298

UCP 600 article 8; sub-articles 8 (c), 12 (b) and 14 (f)

Was the Initiator bank a nominated bank under the credit? Would the Initiator's second confirming bank status prejudice its right of reimbursement from the Respondent? Was the Initiator in breach of the terms of the credit by advising the Respondent bank eight months after expiry of the credit, but prior to the maturity date, that complying documents were presented and advising the maturity date for payment? If a bank requires a specific action or condition (including, within limitation, any time limit) to be complied with in a specific timeframe, must it expressly say so in the credit?

Parties

Initiator:	Bank N
Respondent:	Bank C

Background

The dispute between the Initiator and the Respondent relates to the following documentary credit (the "credit"):

- Issuing bank: Bank I
- First advising & confirming bank: Bank C
- Form of documentary credit: irrevocable, confirmed
- Date of issue: 080813
- Applicable rules: UCP, URR latest versions [i.e., UCP 600 and URR 725] Date and place of Expiry: 080910, City M
- Credit currency & amount: USD29,999,998.09
- Available with/by: Bank N by negotiation
- Drafts at: 360 days after acceptance by Bank N, City M
- Additional conditions (Field 47A): (among others)

TO ADVISING BANK

.

"G/ADVISING BANK TO ADD ITS CONFIRMATION AND ON ADVISE THIS CREDIT TO BANK N, CITY M WHO MAY ADD ITS CONFIRMATION AT THE BENEFICIARY REQUEST AND COST." ...

"J/ ALL DOCUMENTS TO BE FORWARDED DIRECTLY BY BANK N, CITY M VIA COURIER EXPRESS TO BANK I."

...

"K/BANK N, CITY M TO SEND AN AUTHENTICATED SWIFT TO ISSUING BANK [BANK I] ADVISING COURIER DETAILS AND MATURITY DATE OF THE DOCUMENTS."

...

"L/BANK N, CITY M TO SEND AN AUTHENTICATED SWIFT TO BANK C CONFIRMING THAT THE DOCUMENTS PRESENTED IN CONFORMITY WITH LC TERMS AND ALSO ADVISE THE MATURITY DATE OF THE DOCUMENTS." ("Condition L")

Confirmation instructions: Confirm
Reimbursing bank: Bank A, Country U

1. The credit was advised by Bank C to Bank N on 14 August 2008 via an authenticated SWIFT message MT710: "Advice of a Third Bank's Doc. Credit". By this advice (MT710), Bank C communicated to Bank N the following:

   "Field 72: "Sender to Receiver Information": THIS L/C BEARS OUR CONFIRMATION. PLESE REMIT USD 270,200.00 BEING OUR CONFIM CH[A]RGS AT 0.90PCT P.A. FOR 12 MONTHS TO OUR A/C.NO.12345 WITH BANK J, CITY N."

2. On 19 August 2008 Bank N received compliant documents from the beneficiary under the credit and accepted a draft for USD 29,999,998.09 due on 14 August, 2009. On the same day, Bank N:

- dispatched the documents by DHL Courier to Bank I and informed the same by authenticated SWIFT message (MT799) the courier details and maturity date;
- discounted/purchased the draft accepted by Bank N and remitted a net proceed of USD 28,644,045.16 (bill amount USD 29,999,998.09 less Bank N's confirmation fee of USD 137,249.99, handling fee of USD 500.00, [discount] interest of USD 948,002.94 and the first confirming bank fee of USD 270,200.00) to the beneficiary; and
- remitted to Bank C, via SWIFT (MT103: "Customer Credit Transfer"), USD 270,200.00 being Bank C's confirmation charges, in accordance with Bank C's instructions stipulated in Field 72 of the Credit.

3. Bank N did not send to Bank C the authenticated SWIFT message required by Condition L until 11 May 2009.

Issues

The Initiator (i.e., Bank N) seeks a DOCDEX decision as to whether Bank C can reject Bank N's demand for reimbursement based on the following ground:

Bank C's confirmation had been conditional upon receipt from Bank N within the expiry date of the credit of the authenticated SWIFT message required under Field 47A-L of the credit. As Bank N failed to comply with Condition L by the expiry date of the credit, Bank C's confirmation had fallen away on expiry of the credit i.e., 10 September 2008.

Initiator's claim

1. Neither the credit nor the terms of Bank C's confirmation required that the message in Condition L be sent within the expiry date. In fact, there is no requirement as regards when it should be sent, which would allow the sending to be made at any point up until the due date.

2. A complying presentation was made to the nominated bank (Bank N) and Bank C was therefore liable for their confirmation according to article 8 of UCP 600.

Respondent's reply

1. Having not been advised that the credit had been accepted and negotiated by Bank N with the beneficiary prior to expiry of the credit on 10 September 2008, Bank C considered the credit and its confirmation thereunder to have fallen away on expiry, in accordance with normal industry practice and international standard banking practice.

2. Bank N only sent the SWIFT message (required by Condition L) to Bank C eight months after the expiry date of the credit, which was in breach of the [implied] terms of the credit and had failed to comply with normal industry practice and international standard banking practice.

3. Bank C was under no obligation to contact Bank N after expiry of the credit to verify whether the credit had been negotiated.

4. Bank C would not have confirmed the credit if it were not implicitly understood that Bank N would provide the most basic information in relation to the credit (i.e., the compliant presentation under the credit and maturity date of the credit).

5. Bank N failed to inform Bank C that Bank N had acted as a second confirming bank under the credit and negotiated the documents without recourse. As a confirming bank (and with drafts drawn on itself), Bank N no longer has any recourse to Bank C under the credit and UCP 600. Under sub-article 8 (c) of UCP 600, a confirming bank only has a reimbursement obligation to the nominated bank. It does not have a reimbursement obligation where that negotiating/nominated bank has taken on full responsibility in relation to the credit amount as a second confirming bank.

Decision

1. Is Bank N a nominated bank under the credit? If yes, is Bank N a nominated accepting bank or a negotiating bank?

   In Field 41A of the credit, it expressly states that the credit is available with Bank N. It follows that Bank N is a nominated bank under the credit.

   In Fields 42A and 42C of the credit, it expressly states that the drawee of the draft is Bank N and the draft is at 360 days after acceptance by Bank N respectively. Accordingly, it is clear and unequivocal that Bank N has been nominated as an accepting bank under the credit.

   Following the above terms, the credit should have been available by acceptance instead of by negotiation. However, the Experts Panel are of the view that this technical deficiency would not jeopardize the rights and obligations of Bank N under the credit in the capacity of a nominated bank which has purchased its acceptance pursuant to sub-article 12 (b) of UCP 600.

2. Would Bank N's second confirming bank status prejudice its right of reimbursement from Bank C?

   First, Bank C had full knowledge that, in addition to its confirmation, the issuing bank had also authorized Bank N to confirm the credit upon the beneficiary's request (See Field 47A – Condition G). It is well settled in practice that Bank C's confirmation covers the payment risk and country risk of the issuing bank. It follows that whether Bank N confirms the credit as second confirming bank has no bearing on the payment undertaking provided by Bank C under its confirmation.

   Second, by collecting the USD 270,200.00 confirmation charge from the beneficiary (See Field 72), Bank C irrevocably undertook to cover the payment and country risks of the issuing bank from 14 August 2008 (i.e., the date of confirmation) to 14 August 2009 (i.e., the maturity date). As the beneficiary did pay the USD 270,200.00 confirmation charge to Bank C on 19 August 2008, Bank C is therefore bound to pay the beneficiary (upon presentation of a complying presentation), or reimburse the nominated bank (which purchased a draft accepted by it and paid the beneficiary) upon the maturity date, as the case may be. Note that the expiry date of a credit refers to the latest date that the beneficiary may present documents under the credit, which has no bearing on the instruction given by the confirming bank to the nominated bank unless the credit states otherwise.

   Third, it is perfectly legitimate and in fact not uncommon that a bank may perform different roles in a documentary credit transaction, e.g., in the present case, Bank N acted as a nominated accepting bank as well as a second confirming bank. By acting as a second confirming bank, Bank N agreed to pay the beneficiary without recourse upon presentation of a complying presentation. The Panel of Experts would like to emphasize that the without recourse arrangement between a nominated bank/confirming bank and the beneficiary is separate from and independent of the reimbursement obligation between Bank C, the first confirming bank, and Bank N, the nominated accepting bank.

   To conclude, Bank N's second confirming bank status (which is additional to its nominated accepting bank status) would not prejudice its right of reimbursement from Bank C, the confirming bank. No documents are required to be sent to Bank C, as such condition has been expressly waived in Field 47A - Condition J to which Bank C gave its consent when it confirmed the credit on 14 August 2008.

3. Was Bank N in breach of the terms of the credit by advising Bank C that the documents presented were complying and the maturity date of payment on 11 May 2009 (i.e., eight months after expiry of the credit)?

   Generally, once the beneficiary makes a complying presentation, both the issuing bank and/or confirming bank would be bound to pay the beneficiary or reimburse the nominated bank, which has negotiated the documents, purchased a draft accepted by it or prepaid a deferred payment undertaking incurred by it, as the case may be. Sub-article 8 (c) of UCP 600 was also drafted based on this understanding.

The Panel of Experts agree that the credit provides an additional condition ("Condition L") that is solely to be met by Bank N, the nominated bank and second confirming bank (i.e., Bank N to send an authenticated SWIFT to Bank C confirming that the documents presented were complying and also advise Bank C of the maturity date of the documents). Such Condition has no bearing on the compliance of documents presented by the beneficiary.

However, it is clear and unequivocal that neither the issuing bank nor Bank C has imposed any time limit on the sending of such message. It follows that Bank N is entitled to issue such message any time before the maturity date. It is well settled in the UCP and international banking practice that should a party require a specific condition (including, within limitation, any time limit) to be complied with in a credit, it must expressly say so, failing which it must bear the consequences.

Article 14(f) of UCP 600 states: "If a credit requires presentation of a document other than a transport document, insurance document or commercial invoice, without stipulating by whom the document is to be issued or its data content, banks will accept the document as presented if its content appears to fulfil the function of the required document and otherwise complies with sub-article 14 (d)."

In ICC Banking Commission Opinion (R 390), a credit called for a quality certificate without mentioning any specific wording on the certificate. The presented certificate stated that "the goods [i.e. meat products] are not fit for human consumption." It was held that the derogatory remark would not be a reason to reject the document, since the credit did not specify the contents of the certificate. The opinion further states: " ... If the applicant required the bank to ensure that a certain standard was shipped, the letter of credit should have included the actual item number rather than a statement that the invoice was to show the item number. A bank is merely required to ascertain compliance on the basis of the fact that the documents appear to comply, on their face, with the terms and conditions expressed in the letter of credit. A bank cannot act on information obtained from an authority, or the applicant which is, or may be in contradiction or additional to the requirements expressed in the letter of credit ... [emphasis added]."

As Condition L only requires Bank N to send the SWIFT message to Bank C without specifying a deadline, it is indisputable that the SWIFT message sent by Bank N to Bank C on 11 May 2009 satisfied Condition L. Nowhere does the credit specify that Bank C's confirmation would fall away if Bank N failed to send the SWIFT message stipulated in Condition L on or before the expiry of the credit, and Bank C is therefore obligated to reimburse Bank N pursuant to sub-article 8 (c) of UCP 600.

Moreover, it is well settled that any ambiguity is likely to be interpreted against the party who drafts the document. Accordingly, had it been critical for Band C to obtain the SWIFT message from Bank N on or before the expiry of the credit, Bank C should have imposed a time limit on Condition L or should have asked Bank N to advise it the information on or before the expiry of the credit, failing which Bank C must accept Bank N's message dated 11 May 2009.

Conclusion

1. Bank N is a nominated bank under the credit and its second confirming bank status would not prejudice its right of reimbursement from Bank C.

2. Bank N was not in breach of Condition L, as such condition did not specify any time limit, and as such Bank C is obligated to reimburse Bank N the drawing amount plus late payment interest.

This Decision is a unanimous Decision by the DOCDEX Panel of Experts.

DOCDEX Decision No. 299

UCP 600 articles 14, 16 and 2; sub-articles 14 (a) and 14 (d)

If a beneficiary instructs a confirming bank to send documents "as presented", "under approval basis", "without checking documents", etc., do these statements mean documents should be sent to the issuing bank without being examined? Since the confirming bank did not send a notice of refusal to the presenter within the time limit of five banking days is it entitled to refuse payment of the L/C to the beneficiary? Was the Respondent obligated to negotiate and pay the Initiator for a presentation of discrepant documents?

Parties

Initiator: Company T
Respondent: Bank N

Summary of representations relevant to the issues determined

The Initiator is the beneficiary of an irrevocable letter of credit. The Respondent is the confirming bank of the same letter of credit.

The Initiator represents that the Respondent has failed to fulfil its responsibilities as a confirming bank under articles 14 and 16 of UCP 600 and therefore is precluded from claiming that the documents do not constitute a complying presentation.

The Respondent contends that the conduct and specific written instructions of the Initiator discharged the Respondent from its duties as a confirming bank.

Preliminary remarks by the Panel

The DOCDEX appointed Experts thoroughly analyzed the extensive documentation provided by the Initiator and Respondent. The appointed Experts have carefully considered all of the information provided, focusing on the ICC DOCDEX Rules, the documents submitted, and the applicable ICC Rules (UCP 600), in order to reach a decision. Both the Initiator and Respondent furnished numerous references to court cases in various jurisdictions. In accordance with ICC DOCDEX Rules (ICC Publication No. 811), Article 7.2, "The Appointed Experts shall render their decision impartially and exclusively on the basis of the Request, Answer(s) and Supplement(s) thereto, and the documentary credit and the UCP and/or URR, or the collection and the URC, or the demand guarantee and the URDG."

Therefore, it is not for the appointed Experts to take into account references to such litigation. This DOCDEX Decision has been rendered in accordance with the ICC DOCDEX Rules.

Specific representations relevant to the issues determined

1. The Initiator presented "draft documents", through its forwarder, to the Respondent.

2. The Respondent advised the Initiator by facsimile and telephone of multiple discrepancies observed in the "draft documents".

3. The goods were shipped on 20 February 2009.

4. The Initiator, its forwarder and the Respondent discuss discrepancies by telephone conference call on February 26 or 27, including at least one discrepancy which could not be corrected: a required document, a beneficiary's certificate, must be presented stating (specific named) documents had been sent directly to applicant within five days after shipment by (named courier), and requiring a copy of the (named courier) receipt. The Respondent could not examine a "draft" of these two documents as they did not yet exist.

5. Subsequently, the Initiator sent a letter dated 27 February to the Respondent stating:
   "Further to our telecom February 27 2009, please accept documents from XXX-XXX Inc. (freight forwarders) and forward them as presented. If additional information is require (sic), please do not hesitate to contact the undersigned."

6. Documents were received by the Respondent from the Initiator's forwarder on March 2 and were forwarded to the issuing bank "as presented" on the same date, without examination by the Respondent.

7. The issuing bank timely noted a discrepancy: BEN'S CERT. SHOWING DATE BEFORE DATE OF (named courier) RECEIPT AND LATER AS L/C REQUIRED ... and dishonoured the documents, subsequently returning them.

8. The shipment date was 20 February, the beneficiary's certificate was dated 26 February, the courier receipt evidenced sending of the documents on 27 February – i.e., the documents had not been sent within the required five days.

Initiator questions asked

The Initiator is seeking an opinion as to whether or not the Respondent is obligated under the terms of the letter of credit and the UCP 600 to negotiate and pay the Initiator. It asked two specific questions:

1. "Since the confirming bank has not sent a notice of refusal to the presenter within the time limit of five banking days provided at Art. 14 and 16 of UCP 600, is it entitled to refuse payment of the L/C to the beneficiary?

2. If the discrepancy later identified by the issuing bank had been raised by the confirming bank within the set time limit, would it have constituted a valid discrepancy under the UCP 600."

Determination of the issues by the Panel

Issue: The Initiator is seeking an opinion as to whether or not the Respondent is obligated under the terms of the letter of credit and the UCP 600 to negotiate and pay the Initiator.

Finding – Respondent is not obligated.

Reasons for Decision

It is a common practice for beneficiaries of letters of credit to instruct the nominated bank to send documents "as presented", "under approval basis", "without checking documents", etc. Following international standard banking practice, all of these statements mean documents should be sent to the issuing bank without being examined. This is normally instructed by the beneficiary when discrepancies are presented in the documents with no option to be corrected.

From the Initiator's submission it appears that the Initiator is perfectly aware that it was not able to comply with the conditions stated in the credit with regard to:

- document 4 under field 46A of the credit: fax to be sent to applicant and issuing bank
- document 5 under field 46A of the credit: beneficiary's certificate and (named courier) receipt attesting to have sent documents to the applicant.

Moreover, during the conference call referred to, all parties appreciated that there was no remedy possible, unless amendments to the original credit were received.

The Initiator provided evidence of the instructions given by it to the Respondent: to send the documents "as presented". Said instruction was given after consultation with the Respondent.

In concurrence with the data provided by the Initiator, we can only conclude that the Initiator was well aware about the intent of such an instruction. The Initiator sent its final decision to send documents "as presented" to the Respondent in writing.

The Respondent is not obligated to negotiate and pay the Initiator for a presentation of discrepant documents. A confirming bank is obligated to honour or negotiate only against a complying presentation. This is clear from the definitions found in UCP 600 as follows:

UCP 600 article 2:
"**Complying presentation** means a presentation that is in accordance with the terms and conditions of the credit, the applicable provisions of UCP 600 rules and international standard banking practice."

"**Confirmation** means a definite undertaking of the confirming bank, in addition to that of the issuing bank, to honour or negotiate a complying presentation."

Subsequently, the Initiator instructed the Respondent to send documents "as presented", allowing the issuing bank to determine whether the documents were complying.

1. Question 1. Since the confirming bank has not sent a notice of refusal to the presenter within the time limit of five banking days provided in articles 14 and 16 of UCP 600, is it entitled to refuse payment of the L/C to the beneficiary?

Issue: Whether the instructions of the Initiator, contained in their letter to the Respondent, are sufficient to discharge the Respondent from its duties as a confirming bank under UCP 600 articles 14 and 16 regarding examination of documents, and giving notice of discrepancies and preclusion as a remedy for failure to act in accordance with the provisions of article 16.

Finding – The Respondent is not obligated to negotiate the credit and pay the Initiator and is entitled to refuse payment of the L/C to the Initiator.

Reasons for the Decision

The Initiator, following extensive communication by telephone and facsimile with the Respondent, with pre-presentation knowledge of the specific discrepancy for which the documents were dishonoured, gave written instructions to the Respondent: "please accept documents from XXX-XXX Inc. (named freight forwarder) and forward them as presented."

The Respondent is released from its responsibilities under sub-article 14 (a) of UCP 600 by the instructions given by the Initiator to forward the documents as presented. Such instruction is a common international standard banking practice. As a consequence, the Respondent, having followed the written instruction of the Initiator, was relieved from its responsibility to examine the documents and therefore cannot be in violation of article 16.

The Panel of Experts finds that the explicit instruction of the Initiator discharges the Respondent from its obligations to examine and notify discrepancies

2. Question 2. Is the beneficiary's certificate and accompanying courier receipt dated showing sending of the required documents seven days after the bill of lading date a discrepancy?

Issue: The letter of credit requirement was for a beneficiary's certificate and accompanying courier receipt, showing copies of documents had been sent to the applicant within five days after the bill of lading date. Is the courier receipt, showing sending of the documents seven days after the bill of lading date a discrepancy?

Finding – Yes. The beneficiary's certificate and the accompanying courier receipt are discrepant.

Reasons for the Decision

In field 46A of the SWIFT advised letter of credit, document number 5 was stated as:

1/3 ORIGINAL B/L AND ONE SET OF NON-NEGOTIABLE ABOVE DOCUMENTS TO BE SENT DIRECTLY TO APLLICANT (SIC) WITHIN 05 DAYS BY (named courier) AFTER SHIPMENT (BEN'S CERTIFICATE PLUS (named courier's) RECEIPT ENCLOSED)

The shipment date was 20 February. The Initiator presented a beneficiary's certificate dated 26 February. The Initiator presented a (different named courier) receipt evidencing sending of the documents on 27 February.

The courier receipt showing sending of the documents on 27 February is beyond the five days permitted by the credit and is a discrepancy. Further, in accordance with sub-article 14 (d) of UCP 600 the data in the courier receipt was in conflict with the information in the beneficiary's certificate.

The documents are clearly discrepant.

Decision

The Decision of the appointed Experts is unanimous.

DOCDEX Decision No. 300

UCP 600 sub-article 16 (c); ISBP 681 paragraph 39

Whether the on board notation was evidenced separately on the bill of lading and whether this was authenticated under the stamp and signature of the issuer; whether the SWIFT MT799 sent by the Respondent was a new discrepancy raised by the Respondent's second (or third) notice, and was therefore in violation of UCP 600 sub-article 16 (c); whether the first refusal notice was valid when the Respondent did not state one of the four options regarding the disposal of documents as required by UCP 600 sub-article 16 (c)

Parties

Initiator:	Bank K
Respondent:	Bank M

Background and transaction

1. The Respondent issued a letter of credit for USD 178,931.70 which was available by negotiation with any bank in Initiator's country.

2. The Initiator negotiated the documents for USD 178,931.70 and forwarded them to the Respondent.

3. The Respondent refused the documents in a timely manner stating, in all, six discrepancies.

4. The Initiator disagreed with the discrepancies but sent replacement documents received by it, within the validity and presentation period, to the Respondent.

5. The Respondent refused the documents and returned them to the Initiator.

6. The Initiator returned the documents to the Respondent, disagreeing with the discrepancies raised by the Respondent.

7. The Respondent returned the documents once again.

8. The Initiator, once more, returned the documents to the Respondent with a detailed cover letter explaining why it disagreed.

9. The Respondent returned the documents once again which, upon receipt, were sent back by the Initiator.

10. A number of exchanges of correspondence (including a SWIFT MT799 message dated 7 September 2009 from the Respondent discussed below in more detail) occurred between the Respondent and the Initiator between 24 June 2009 (the date of first rejection) and 16 September 2009, the date of the last communication from the Initiator, which is included in the dossier submitted to DOCDEX for a decision.

11. The result of these exchanges mentioned in 10 above was that six discrepancies had been reduced to one.

12. The outstanding discrepancy was (as described by the Respondent in its first rejection message): "On Board notation in the B/L not authenticated with stamp and signature by the issuer".

13. The Initiator not only disagrees with the outstanding discrepancy, as noted in 12 above, but also claims the refusal notice was not in accordance with UCP 600 requirements and that the Respondent must pay. The Initiator seeks a DOCDEX decision on the issues stated below.

Issues for which the DOCDEX Decision is required

1. Whether the on board notation shown on the bill of lading meets the L/C condition: "Shipped on board date and actual date of dispatch bearing the name of vessel and port of shipment must be evidenced by a separate notation on bills of lading and this must be authenticated under stamp and signature of the issuer."
2. Whether the SWIFT MT799 sent by the Respondent on 7 September 2009 is a new discrepancy raised by the Respondent's second (or third) notice, and is therefore in violation of UCP 600 sub-article 16 (c) which allows the issuing bank to give a single notice only.
3. Whether the first refusal notice is valid when the Respondent did not state one of the four options regarding the disposal of documents as required by UCP 600 sub-article 16 (c).

Analysis of issues and decisions

Issue No. 1

Whether the on board notation shown on the bill of lading meets the L/C condition: "Shipped on board date and actual date of dispatch bearing the name of the vessel and port of shipment must be evidenced by a separate notation on bills of lading and this must be authenticated under stamp and signature of the issuer."

As per this condition, the bill of lading should contain:

(a) a separate "on board" notation showing actual date of dispatch and the name of the vessel and the port of shipment,
(b) stamp of the issuer, and
(c) signature of the issuer

The discrepancy raised read: "On board notation in the B/L not authenticated with stamp and signature by the issuer".

A plain reading of the above discrepancy is that the bill of lading contains an on board notation, but it is not authenticated with a stamp of the issuer and not authenticated with a signature of the issuer. In other words, the missing data is: (i) stamp of issuer and (ii) signature of issuer.

Therefore, in reading the discrepancy noted by the Respondent, the expectation of the Experts is that each of these elements is missing in the bill of lading.

Referring to the copy of the bill of lading, the Experts note that the document consisted of the bill of lading itself and an attachment called "rider". The bill of lading shows:

LADEN ON BOARD
THE VESSEL
DATE 10 JUN2009
BY MR X

The attached rider shows:

SHIPPED ON BOARD DATE: JUN. 10, 2009
ACTUAL DATE OF DISPATCH: JUN. 10, 2009
THE NAME OF THE VESSEL: VESSEL H
PORT OF SHIPMENT: CITY B, COUNTRY K

[Stamp of Issuer]

The condition in the letter of credit explicitly required that a separate on board notation was to appear and that it was to be authenticated by a stamp and a signature of the issuer.

The information given on the first page of the bill of lading, in respect of the on board data, is incomplete and cannot be taken into consideration.

The information given on the rider meets the requirements of the letter of credit in respect of the data that is to be shown. In respect of whether it is signed by the issuer, one has to consider that the notation shows something that is handwritten (a symbol, which maybe a signature). It is only by looking at the first page of the bill of lading that one might determine that the symbol appears to be the signature appearing on the bill of lading. However, the required stamp is clearly missing.

Due to the specific wording of the credit, the Experts conclude that even if one considers the last sentence of paragraph 39 of ISBP, ICC publication 681, "a requirement for a document to be 'signed and stamped', or a similar requirement, is also fulfilled by a signature and the name of the party typed or stamped, or handwritten, etc.", one element is missing, namely the name of the party.

Therefore, the discrepancy is valid.

Issue No. 2
Whether the SWIFT MT799 sent by Respondent on 7 September 2009 creates a new discrepancy raised by the Respondent's second (or third) notice, and therefore is in violation of UCP 600 sub-article 16 (c), which requires the issuing bank to give a single notice.

In the Experts' view, the relevant portion from a lengthy SWIFT MT799 that Respondent sent on 07 September 2009, requiring the Experts' opinion is as quoted below:

"WHEN A DOCUMENT REQUIRED TO BE 'SIGNED AND STAMPED', THEN IT MUST BE FULFILLED TWO FUNCTIONS I.E. ONE IS DULY SIGNED (WHICH CAN BE CONSIDERED TO HAVE DULY BEEN COMPLIED IN THIS CASE) AND ANOTHER ONE STAMP, TYPE OR HANDWRITTEN OF THE ISSUER (WHICH IS NOT APPEARED ALONG WITH SIGNATURE AND SO COULD BE CONSIDERED AS NOT COMPLIED)"

The fact that Respondent had originally refused the documents, correctly by using a SWIFT MT 734 message, and thereafter used an MT 799 in the arguments, does not constitute a second or third refusal notice. Even if the Respondent, in that message, eventually admits that there was a signature, one can argue that it was not clear whose signature it was. The fact remains that the stamp was missing. A discrepancy can be disputed, but it does not invalidate the refusal notice if one aspect of the discrepancy is correctly stated.

Issue No. 3
Whether the first refusal notice is valid when the Respondent does not state one of the four options regarding the disposal of documents as required by UCP 600 sub-article 16 (c).

Respondent had used a SWIFT MT734 message. In Field 77J, a list of discrepancies is given and also a statement reading: "As per article-16 of UCPDC (2007 Rev.) ICC PUB-600 we refuse the documents at this stage." In field 77B: a statement reads: "Meantime, Documents are held with us at your disposal."

The relevant UCP 600 rule against which Issue No. 3 is subject, is sub-article 16 (c) reading: "The notice must (emphasis added) state: i. that the bank is refusing to honour or negotiate; and ii. each discrepancy in respect of which the bank refuses to honour or negotiate; and iii. (a) that the bank is holding the documents pending further instructions from the presenter; or (b) that the issuing bank is holding the documents until it receives a waiver from the applicant and agrees to accept it, or receives further instructions from the presenter prior to agreeing to accept a waiver, or (c) that the bank is returning the documents; or (d) that the bank is acting in accordance with instructions previously received from the presenter."

Respondent had used a SWIFT MT734; hence, it is a refusal message and the Experts do not consider the addition of the sentence reading "we refuse the documents at this stage" as changing the correctness of the MT734.

With regard to the statement that "Meantime, Documents are held with us at your disposal", it is to be noted that the Respondent declares that it is holding the documents, but qualifies the manner in which it holds them. There is nothing in UCP 600 that prohibits a bank from qualifying the manner in which it holds the documents. The way the Respondent formulated it is not desirable. It will have to obtain the presenter's authorization if the applicant wants to pay and the Respondent is happy to accept such a waiver and deliver the documents to the applicant. This Experts' view is supported by ICC official Opinion R774 (470/TA.699rev dated 3 December 2009).

Conclusion

The discrepancy raised is valid and the refusal notice has been made in accordance with the requirements of UCP 600 article 16. Respondent acted correctly.

This Decision is a unanimous Decision by the DOCDEX Panel of Experts.

DOCDEX Decision No. 301

URDG 458 articles 20 and 10

Since the wording of the claim did not specify the requested amount and did not state that the main debtor had not fulfilled its obligations under the agreement, was the demand under the guarantee compliant? Was the refusal of the claim within a certain number of days in accordance with the requirements of URDG?

Parties

Initiator: Company S
Respondent: Bank M

Background and transaction

On 14 July 2009, the Respondent issued a guarantee for PLN 110,000 in favour of Initiator valid until 6 October 2009. The guarantee was issued subject to URDG 458. Having not received payment from the applicant, the beneficiary (Initiator) made a claim under the guarantee using the option to do so through its bankers. The claim was made by SWIFT on 30 September 2009. The documents in respect of the claim were delivered by DHL to the Respondent on 1 October 2009. The claim was rejected on 2 October 2009.

Issues

Was the demand under the guarantee compliant?
Was the refusal of the claim in accordance with the requirements of URDG?

Initiator's claim

The Initiator contests that its claim under the guarantee was compliant. It claims that the Respondent had incorrectly rejected the claim on 2 October 2009 because the title of the beneficiary differed from the guarantee. Initiator's contention was that SAM = Societe Anonyme [Country M].

The Initiator contended that on 9 October 2009 the Respondent then claimed not to have received all the required documents before the expiry of the guarantee.

Respondent's reply
Respondent's contention is that it had not received a valid claim within the validity of the guarantee.

Documents submitted by the parties

Documents submitted by the Initiator:

(i) Copy of guarantee issued by the Respondent;
(ii) Copy of email correspondence purporting to refer to encashment of bank guarantee;
(iii) Copy of DHL tracking information;
(iv) Copy of banker's letter dated 27 October 2009 to XX Company enclosing copy documents;
(v) Copy of banker's attestation of beneficiary's signature on claim;
(vi) Copy of MT 199 dated 30 September 2009 to Respondent advising claim received;
(vii) File copy of MT799 dated 2 October 2009 from Respondent rejecting claim;*
(viii) File copy of MT799 dated 6 October 2009 regarding beneficiary's title;
(ix) File copy of MT799 dated 9 October 2009 advising file closed due to non-receipt of all documents under guarantee;
(x) File copy of MT799 to Respondent advising documents delivered by DHL;
(xi) File copy of MT799 dated 12 October 2009 sent by Respondent repeating that claim was not in compliance with the guarantee;
(xii) Copy of letter sent by Initiator to Chambre de Développement Economique de Country M.

Documents submitted by the Respondent:

(i) Copy of guarantee issued by the Respondent;
(ii) Copy of MT 199 sent by Initiator's bankers to Respondent on 30 September 2009 advising claim received;

(iii) Copy of beneficiary's claim under guarantee;
(iv) Copy of banker's attestation of beneficiary's signature on claim;
(v) Copy of unpaid invoice for EUR 34,585.88;
(vi) Copy of transmitted copy of MT799 dated 2 October 2009 from Respondent advising rejection of claim;*
(vii) Copy of MT799 dated 6 October 2009 sent by Initiator's bankers refuting rejection of claim;
(viii) Copy of transmitted copy of MT799 dated 8 October 2009 from Respondent repeating that all documents required under the guarantee had not been received;
(ix) Copy of MT799 to Respondent advising all documents delivered by DHL on 1 October 2009;
(x) Copy of transmitted copy of MT799 dated 9 October 2009 from Respondent reiterating that all necessary documentation not received.

*Note: *These two documents differ in content.*

Analysis

The terms of the guarantee required presentation of the following documents in the event of a claim:

- Payment demand
- Statement of the beneficiary

The guarantee allowed for presentation of the above documents as a single document or two separate documents.

The guarantee also allowed presentation of claims directly to the guarantor or via the beneficiary's bank by authenticated SWIFT, in which case the beneficiary's bank was to confirm that it was in possession of the original claim documents quoting the exact wording in its SWIFT message and confirming that documents had been sent to the guarantor.

The wording of the claim did not specify the requested amount and did not state that the main debtor had not fulfilled its obligations under the agreement and payment, and the respect in which the main debtor was in breach as required by the guarantee. In any event, the guarantee was issued subject to URDG 458, and article 20 would therefore have applied.

The Panel of Experts did not have an issue with the title of the beneficiary and considered this point, the addition of the legal form of the company, irrelevant.

Article 10 of URDG 458 deals with the time available to the guarantor for examination of a demand under a guarantee and sets out the duty of the guarantor when a demand is refused. The guarantor has to decide within a reasonable time whether to pay or refuse the demand. A reasonable time has been determined by the ICC Banking Commission in Opinion R 624 that this should not exceed three banking days. Opinion R 624 includes within its conclusion: "On the basis that a guarantee under URDG 458 would consist of a demand and possibly a statement as required by article 20, a reasonable time for the processing thereof would be within three banking days of receipt." The notice of refusal in this case was sent in line with the requirements of the URDG. The content of a notice of refusal is not defined in the URDG. In this case, the rejection notice stated that the presentation was incomplete and, although not specifying exactly in which way the presentation was incomplete, the notice met the requirements of the URDG.

Conclusion

The demand under the guarantee was not compliant with the requirements of the guarantee for the following reasons:

- A specific claim for payment was not contained in the beneficiary's demand, nor did it specify the requested amount claimed;
- The statement that the invoice had not been paid was not sufficient to meet the requirements of the guarantee as to stating non-fulfilment of its obligation under the agreement and in which respect the breach applied.
-

The issue regarding the title of the beneficiary was considered irrelevant.

The notification of the refusal of the claim was in accordance with the requirements of URDG 458.

The Panel of Experts was unanimous in its Decision in this case.

Additional comment

The Decision of the Experts is based on taking into consideration the full transmitted text of the MT799 dated 2 October 2009 submitted by the Respondent. This message includes reference to the rejection of the claim due to incomplete receipt of the required documents.

DOCDEX Decision No. 302

UCP 500 sub-articles 14 (d) and 14 (e)

Whether actions taken by the confirming bank and/or issuing bank, if the presenting bank had notice or not, are outside its control and whether the advising/presenting bank is responsible for such actions; whether the confirming bank can be held responsible for any actions taken by the issuing bank, irrespective of the fact that the confirming bank may or may not have notice of such actions

Parties

Initiator:	Company T
Respondents:	Bank C (the advising/presenting bank)
	Bank N (the confirming bank

Background

This DOCDEX request is a follow-up action to DOCDEX Decision No. 271, which may be consulted for further background.

Issues

Initiator's claim

The advising/presenting bank is liable to the Initiator because it was aware, within the validity of the credit, that the goods had been delivered by way of a marine bank guarantee, and the advising/presenting bank has failed to protect the Initiator's interests.

The confirming bank is also liable to the Initiator because, during the validity of the credit, the confirming bank knew that the issuing bank had issued a marine bank guarantee on 23 January 2007, facilitating the applicant to take delivery of the goods without production of the original bills of lading, that led to nullification of the documentary process.

Respondents' replies

The advising/presenting bank provided a reply which reiterated its position that:

- a second advising bank is not a nominated bank authorized to determine compliance of documents and bears no payment obligation under the credit;
- it is not liable for the actions taken by the issuing bank and confirming bank; and
- it does not agree that the DOCDEX Decision is legally binding on it.

The confirming bank provided a reply which states that:

- the presented documents were discrepant as endorsed by DOCDEX Decision No. 271, so it bore no obligation to pay under the credit;
- the presented documents were returned to the beneficiary;
- banks deal with documents only and do not deal with services or performance to which the documents may relate; and
- it does not agree that the DOCDEX Decision is legally binding on it.

Decision

1. Is the advising/presenting bank liable to the Initiator under the credit?

   The advising bank, which also performed the role of a presenting bank, did nothing wrong under UCP 500 and in fact performed its duty diligently. Note that the key responsibility of a presenting bank is to present the documents to the confirming bank and follow-up the payment accordingly. Any actions taken by the confirming bank and/or issuing bank, whether the presenting bank had notice or not, are totally outside its control and the advising/presenting bank is not responsible for such actions. Accordingly, the Panel of Experts holds the view that the Initiator's allegations against the advising/presenting bank are unsustainable.

2 Is the confirming bank liable to the Initiator under the credit?

Similarly, the confirming bank cannot be held responsible for any actions taken by the issuing bank irrespective of the fact that the confirming bank may or may not have notice of such actions. However, this view is based on the assumption that the confirming bank fully complied with UCP 500 by holding all the presented documents, including the original bills of lading, at all times after its receipt from the presenting bank, and did return the same to the presenting bank. Had the presented documents been released by the confirming bank to any party before they were returned to the presenting bank, the confirming bank would have been in breach of sub-article 14 (d) of UCP 500 and would have been precluded from rejecting the documents under sub-article 14 (e) of UCP 500.

Conclusion

1. DOCDEX Decision No. 271 is affirmed and the issuing bank is liable to pay under the credit.

2. The advising/presenting bank is not liable to the Initiator under the credit; and

3. The confirming bank is not liable to the Initiator unless it has breached sub-article 14 (d) of UCP 500. Whether the confirming bank has breached sub-article 14 (d) is a question of fact which goes beyond the DOCDEX jurisdiction.

This Decision is a unanimous Decision by the DOCDEX Panel of Experts.

DOCDEX Decision No. 303

UCP 600 sub-articles 16 (c) (i) and (ii) and sub-article 20 (a) (vi)

Where B/L contained an indication that it was subject to a charter party whereas the credit called for "Full set of clean on board ocean bills of lading"; were the requirements of UCP 600 sub-article 16 (c) (ii) met?; did the specific wording "We refuse to honour" or similar, need to be stated on an MT734 in order to satisfy UCP 600 sub-article 16 (c) (i)?

Parties

Initiator:	Bank I
Respondent	Company J

Statement

Documents related to this Decision have been submitted only by the Initiator. This Decision is rendered without the Respondent's participation.

Background

- Documentary credit subject to UCP latest version, issued on 25 April 2008 in favour of Respondent;
- Amount: USD 875000 +/- 5 pct.;
- Available with any bank by negotiation;.
- Draft: at 150 days sight;
- Place and date of expiry: country of the advising bank on 11 July 2008;
- Latest date of shipment 20 June 2008;
- Confirmation: "without".

Summary of the case

- On 18 August 2008, the expiry date of the credit was amended to 30 September 2008 and the latest date of shipment was amended to 15 September 2008.
- On 12 September 2008, a date stated by the Initiator to be within five banking days after the presentation of documents, the Initiator sent a refusal message (SWIFT MT734) to the negotiating bank where field 77J shows "AA. CHARTER B/L PRESENTED and field 77B shows "WE ARE HOLDING DOCS AT YOUR DISPOSAL".
- On 22 September 2008, the negotiating bank sent a SWIFT MT799 message to the Initiator stating that the documents were sent on 4 September and no payment had yet been received. The negotiating bank also requested the Initiator "to contact the applicant and to inform whether they will accept the discrepancy or not".
- On 1 October 2008, the Initiator returned the documents to the negotiating bank by DHL, under SWIFT MT799 advice, to the negotiating bank.

The Initiator reported that subsequently the Respondent objected that:

a) the MT734 was a mere notice of discrepancies and not an advice of refusal because the sentence "we refuse to honour" was not included in the message in accordance with UCP 600 sub-article 16 (c) (i);

b) the MT734 was simply stating "Charter party B/L presented" instead of stating specific discrepancies including what was inconsistent with the credit;

c) Initiator acted incorrectly not applying UCP sub-article 14 (g), which states that documents not requested are to be disregarded or returned to the presenter.

Moreover, the Initiator reports that the Respondent sued the Initiator in a court in Country C which ruled against the Initiator.

Questions asked by the Initiator

A. Based on the documents submitted, did the MT734 comply with UCP 600 sub-article 16 (c)?

B. In particular, are the requirements of UCP 600 sub-article 16 (c) (ii) met?

C. Does specific wording "We refuse to honour" or similar, need to be stated on an MT734 in order to satisfy UCP 600 sub-article 16 (c) (i)?

Analysis

Country C court ruling

As per article 1.1 of "ICC Rules for Documentary Instruments Dispute Resolution Expertise", the DOCDEX service "is available in connection with any dispute related to a documentary credit incorporating the ICC Uniform Customs and Practice for Documentary Credits (UCP), and the application of the UCP and/or the ICC Uniform Rules for Bank-to-Bank Reimbursement under Documentary Credits (URR.) [...] Its objective is to provide an independent, impartial and prompt expert decision (DOCDEX Decision) on how the dispute should be resolved on the basis of the terms and conditions of the documentary credit [...] and the applicable ICC Rules [...]"

Therefore, this Panel will not make any comment on the judgment, as it is beyond their scope. The Panel will restrict itself to responding to the specific questions raised under "Questions asked by the Initiator" above.

The submitted copy of the B/L shows a statement (under the heading at the top right-hand corner) saying: "To be used with charter parties" and a second statement in a box at the bottom left-side corner of the B/L stating: "Freight payable as per CHARTER PARTY dated 22 August 2008". These statements indicate that the transportation of goods is made on a charter party vessel. The credit, on the other hand, calls for "Full set of clean on board ocean bills of lading made out to the order of Bank I marked 'freight prepaid' and "notify applicant" without any indication elsewhere in the credit that a charter party B/L is acceptable. This B/L is to be examined applying article 20 of UCP 600. As per UCP 600 sub-article 20 (a) (vi) ("contain no indication that it is subject to a charter party"), this document is not acceptable. This Panel holds that the discrepancy is valid. The expression used by the Initiator "Charter B/L" instead of "Charter Party B/L" in the MT734 does not affect the validity of the discrepancy (in any case, the documents submitted to the Panel do not indicate that the omission of the word "party" to be an issue at stake.)

UCP 600 sub-article 16 (c) (ii) provides that the refusal notice "[must state] each discrepancy in respect of which the bank refuses to honour or negotiate". By saying that the transport document presented is not acceptable for the reason stated above, the Initiator states that the presentation is discrepant. This discrepancy justifies the refusal. This Panel holds that UCP 600 sub-article 16 (c) (ii) is met.

The MT734 is named "Advice of Refusal" and its scope says: "Advises the refusal of documents that are not in accordance with the terms and conditions of a documentary credit". Banks using such a message in a documentary credit process cannot, by definition, have any intention other than to refuse the documents presented. As the ensuing refusal to honour or negotiate is implicit, the use of the MT734 meets the requirements of UCP 600 sub-article 16 (c) (i). Banks are not required to expressly state their refusal to honour or negotiate when using the MT734. Moreover, this Panel wishes to underline that, according to UCP 600 sub-article 16 (c), the advice of refusal is to be sent to the "presenter" which, in the great majority of cases, is a bank that is expected to be perfectly aware of the meaning of the message. Instead, in order to comply with UCP 600 sub-article 16 (c) (i), an express statement of refusal to honour or negotiate is needed when a SWIFT message other than an MT734 is sent to a bank (i.e., an MT799) or, in those cases when a refusal message other than a SWIFT message is sent directly to the beneficiary, by a bank where the beneficiary acted as presenter.

Conclusion

On the grounds of the above analysis, this Panel concurs that the Initiator acted correctly and in line with the provisions of UCP 600 sub-article 16 (c).

Statement of the Chair

This Decision is rendered unanimously.

DOCDEX Decision No. 304

UCP 600 sub-article 14 (e); ISBP 681 paragraph 167

When the L/C did not prescribe that the terms of delivery be mentioned on the CMR, was the lack of such terms a discrepancy?; did the issuance date on the CMR, which did not coincide with other data in the document, create a discrepancy?; whether copies of transport documents need to include a signature or authentication of alterations or corrections; does a requirement for a document to be issued in a specific language prohibit other languages or dual languages being used?

Parties

Initiator	Bank S
Respondent:	Bank N

Background

Initiator submitted the following documents to ICC Dispute Resolution Services:

- Copy of letter of credit I/123456/LC/718 issued by the Respondent on 26.09.2008 available with the Initiator, and confirmed by it as per request in the L/C;
- Copy of amendment;
- Letter from the Initiator to the Respondent dated 23.6.2009 regarding presentation of documents, certifying that all terms and conditions have been complied with and were presented within credit validity;
- Copy SWIFT message MT799 sent by the Respondent to Initiator dated 25.6.2009 requesting the Initiator to inform the beneficiary that the documents will be returned without honouring by the Respondent due to discrepancies;
- Copy CMR, ref 10512390;
- Copy CMR, ref 10512484;
- Copy CMR, ref 10512481;
- Copy CMR, ref 1876/810/0010/001;
- Copy CMR, ref 1876/810/0011/001;
- Copy CMR, ref 1876/810/0017/001;
- Copy CMR, ref 1876/810/0087/001;
- Copy Acceptance Certificate dated 12.06.2009;
- Copy letter from applicants to Initiator dated 11.06.2009.

Issues

The Initiator, as nominated and confirming bank, has received a presentation from the beneficiary and determined that it was in compliance with the terms and conditions of the letter of credit. The Initiator presented the documents to the Respondent, the issuing bank, which determined, after checking the documents, that the presentation was not in compliance with the terms and conditions of the credit based on discrepancies (as per their MT799 dated 25.6.2009) and returned the documents, not honouring the presentation.

The discrepancies:

1) Terms of delivery neither as part of goods description nor separately are indicated in any CMR document.
2) CMR under reference no. 10512390 seems to be issued on 27.1.2008, which is in conflict with other data in this document.
3) Authentications of corrections are not properly made on each CMR except no's 10512484, 10512481, 10512390, where due to numerous corrections [it] is impossible to determine whether all corrections were duly authenticated by the agent of the carrier.
4) Concerning Act of Commissioning of equipment (acceptance certificate: document is issued in two languages (Russian and English) which is in conflict with L/C terms.

Analysis

Discrepancy no. 1

As the L/C is not prescribing that the terms of delivery must be mentioned on the CMR, these documents are not discrepant in this respect (UCP 600 sub-article 14 (e) refers).

Discrepancy no.2

Although one of the stated dates of issuance reads 27.1.2008, it appears from the document itself that this must be a typographical error, as the dates mentioned otherwise in the document clearly evidenced that the merchandise has been taken over from the beneficiary, by the carrier, on 27.10.2008 (amongst others, the goods description on the document is referring to amendment no. 2 dated 11.7.2008 and amendment no 3. dated 03.09.2008.) Furthermore, the original issuance date appearing under one of the correction stamps can be seen as "27.10.2008", which further establishes the fact that this is indeed a typographical error.

Therefore, this document is not discrepant in this respect.

Discrepancy no. 3

In respect of the request in the L/C for a photocopy, ISBP paragraph 167 applies: "Copies of UCP article 24 transport documents do not need to include any signature on, or authentication of, any alterations or corrections that may have been made on the original."

Therefore, these documents are not discrepant in this respect.

Discrepancy no. 4

The document is fully bi-lingual (issued in Russian and English, all details being in both languages). Reference is to be made to ICC official Opinion R451 – 2000/01: "A requirement for a document to be issued in a specific language does not prohibit other languages or dual languages being used, provided the information requested by the credit is clearly indicated in the requested language."

Therefore, this document is not discrepant in this respect.

Conclusion

None of the alleged discrepancies as stated in the Respondent's refusal notice are valid. Hence, the presentation dated 23.06.2009 amounting to EUR 4,322,701.83 payable under payment term 46A point A and B of credit no. I/123456/LC/718 issued by the Respondent must be considered to constitute a compliant presentation, in accordance with the terms and conditions of the L/C issued under UCP 600, and therefore the issuing bank would be expected to honour this presentation in accordance with article 7 of UCP 600.

This Decision is a unanimous Decision of the Panel.

DOCDEX Decision No. 305

UCP 600 Miscellanous

Under the wording in the L/C, in which the applicant had full control of the timing of payment for the invoice value for two out of three instalments amounting to 60% of the LC amount, was the issuing bank required to pay the confirmation fees of the confirming bank based on the full credit amount?

Parties

Initiator:	Bank L
Respondent	Bank T

Background

The Initiator submitted the following documents to the ICC International Centre for Expertise:

Procedural issues

Exhibit A	Power of attorney by Initiator dated 15.04.2010
Exhibit B	SWIFT message by Initiator to Respondent dated 20.01.2010
Exhibit C	SWIFT message by Respondent to Initiator dated 01.02.2010
Exhibit D	SWIFT message by Initiator to Respondent dated 16.02.2010
Exhibit E	SWIFT message by Respondent to LBBW dated 24.02.2010

Material issues

Exhibit 1	E-mail message by Respondent dated 26.09.2008
Exhibit 2	E-mail message by Initiator dated 29.09.2008
Exhibit 3	E-mail message by Initiator dated 02.10.2008
Exhibit 4	Documentary credit no. 56789 dated 03.10.2008
Exhibit 5	SWIFT message by Initiator date 08.10.2008
Exhibit 6	SWIFT message by Respondent dated 13.10.2008
Exhibit 7	SWIFT message by Initiator dated 15.10.2008
Exhibit 8	SWIFT message by Respondent dated 17.10.2008
Exhibit 9	SWIFT message by Initiator dated 20.10.2008
Exhibit 10	Courier remittance letter by Initiator dated 19.11.2009
Exhibit 11	SWIFT message by Initiator to Respondent dated 08.12.2009
Exhibit 12	SWIFT message by Initiator to Bank W of 08.12.2009
Exhibit 13	Courier remittance letter of 08.12.2009
Exhibit 14	Courier remittance letter of 28.12.2009
Exhibit 15	SWIFT message by Respondent of 14.12.2009
Exhibit 16	SWIFT message by Initiator of 15.12.2009
Exhibit 17	SWIFT message by Respondent of 29.12.2009
Exhibit 18	SWIFT message by Initiator of 16.03.2010
Exhibit 19	Spreadsheet showing all utilizations and reimbursements under the documentary credit until today, as well as Initiator's calculation of the confirmation fee

Issues

On 3 October 2008, the Initiator received a letter of credit no. 56789 issued by the Respondent in the amount of EUR 11,389,600.00, and was requested to add its confirmation. The Initiator advised and confirmed the letter of credit to the beneficiary and informed the Respondent. The date of confirmation is reported to be 8 October 2008.

The letter of credit contained the following payment conditions:

a) 40% of the invoice value will be paid upon presentation of required documents in strict conformity with L/C terms and conditions.

b) 55% of the invoice value will be paid upon the further instruction of the applicant, after acceptance of the goods.

c) 5% of the invoice value will be paid upon the further instructions of the applicant after completion of training as per the report.

On 8 October 2008, the Respondent sent an amendment increasing the letter of credit amount by EUR 1,952,200.00 to EUR 13,341,800.00. The Initiator is reported to have advised the amendment to the beneficiary on 15 October 2009, adding its confirmation.

Initiator is requesting a DOCDEX decision to the effect:

(1) The Initiator was entitled to confirm the letter of credit for its full amount (EUR 11,389,600.00 and upon amendment EUR 13,341,800.00);

(2) The Initiator was entitled to a confirmation fee of 1.5% p.a. p.r.t. to be paid by the Respondent and calculated on the basis of the full amount of the letter of credit, which had initially been EUR 11,389,600.00 and, upon amendment, EUR 13,341,800.00; and

(3) The Respondent is obligated to pay to the Initiator additional confirmation fees of (a) EUR 148,752.98 for the period 8 October 2008 to 31 December 2009; (b) EUR 22,347.52 for the period 1 January 2010 to 9 March 2010; and (c) 1.5% p.a. p.r.t of the unutilized amount of EUR 1,334,180.00 for the period 10 March 2010 until further utilization or expiry of the letter of credit.

Analysis

The letter of credit has been issued for the full amount of the underlying contract and does not state that the issuing bank's obligation under it is limited to the 40% portion payable against presentation of documents, as prescribed in field 46A of the SWIFT MT700.The conditions of the letter of credit as to the payment of the remaining portions of 55% and 5% were upon additional instructions of the applicant.

Going by the wording in the L/C, although the applicant had full control of the timing of payment for these portions, the Experts are of the unanimous opinion that the letter of credit did not provide any option but for the issuing bank to pay when those instructions materialized. Similarly, having confirmed the credit for the full amount, the Initiator would be required to honour or negotiate if a complying instruction was received. However, the Experts are of the view that the Initiator should have asked for clarification regarding the availability of these portions prior to adding confirmation, as it does not conform to best letter of credit practice to confirm where the applicant controls the basis for payment under a letter of credit and for which the beneficiary has no control whatsoever.

According to the submission of the Respondent, it seems that it had taken for granted that its liability under the letter of credit was only to the extent of 40%. However, this intent is clearly not expressed in the letter of credit. The Experts, therefore, will base their decision purely on the language in the letter of credit.

If the Respondent intended that only 40% was payable under the letter of credit, it should have stated this clearly in the credit or should otherwise have issued the L/C only for the 40% portion, stating that the remaining balance of the invoice value would be paid outside the letter of credit.

Conclusion

Based on the structure and content of the letter of credit, the Initiator was entitled to confirm the letter of credit for its full amount of EUR 11,389,600.00 (subsequently amended to EUR 13,341,800.00) and is therefore also entitled to the confirmation commission as provided for in the mutual agreement between the Initiator and the Respondent.

It is the Experts' unanimous Decision that the answers to issues (1), (2) and (3) above are yes.

DOCDEX Decision No. 306

URC 522 sub-articles 1 (c), 10 (a) and 19 (b). article 19

Whether the presenting bank was liable to pay the amount of the presented four sets of documents when it neither paid nor advised non-payment of the documents; whether there was evidence the presenting bank sent a message indicating it could not handle a collection and, if not, whether it was bound by URC 522 as a whole; whether there was an amendment in the instructions to deliver documents against partial payment; whether by not returning the documents under collections A and B, and by releasing documents under collections C and D without having received full payment for each of the four collections, the presenting bank was in breach of URC 522 and is responsible for payment

.

Parties

Initiator:	Company P ("Principal")
Respondents:	1) Bank C ("Remitting bank")
	2) Bank E ("Presenting bank")
	3) Company S ("Drawee")

Background and transaction

The principal presented four sets of documents through its bank, the remitting bank, for collection under URC 522 at the counters of the presenting bank totalling EUR 3,226,211.30. The collection instructions stated that documents were to be released by the presenting bank against payment. Two of the sets presented included 1/3 bill of lading made out to order of the presenting bank, while 1/3 bill of lading accompanied the goods and l/3 was retained by the principal. The other two sets included 2/3 bills of lading also made out to order of the presenting bank, and 1/3 accompanied the goods.

The description of the case does not provide any information on whether the bills of lading were made out to order of the presenting bank with its agreement as asked for in sub-article 10 (a) of URC 522.

The remitting bank informed the presenting bank that for one collection instruction its customer accepts payment of the drawee on different dates, and for all four collection instructions that the drawer accepts partial payments.

On different days, the presenting bank endorsed at least one original of the bills of lading to order of the drawee. The remitting bank did not authorize the presenting bank to release documents or to release the goods to the drawee without payment or partial payment.

It is not clear from the information given whether the endorsement was given on the bills of lading being part of the collection instructions or whether the presenting bank endorsed the original accompanying the goods.

In the case of two of the four collection instructions, it is clear that the presenting bank forwarded the documents to the drawer (cases C and D). No information on the fate of documents for cases A and B was given by the presenting bank. The facts given imply that the presenting bank did not return any of the documents.

Issue(s)

Whether the presenting bank was liable to pay the amount of the presented four sets of documents when it neither paid nor rejected the documents, as it accepted the terms and conditions of the collection as stipulated on the collection schedules and the application of URC 522 to which the collections were expressly subject to.

A. <u>Initiators' claim</u>

The Initiator claims that the presenting bank has failed to follow the collection instructions either:

a) by not remitting payment to the remitting bank; and/or

b) by releasing the collection documents to drawee without payment; and/or

c) by failing to return the collection documents to the remitting bank.

B. Reply of Respondent 1 (remitting bank)
The remitting bank stated that it informed the presenting bank of instructions on behalf of the Initiator regarding the dates of payment.

It further stated that it never authorized the presenting bank to deliver documents to the drawee without payment.

C. Respondents 2 and 3 (presenting bank and drawee)
No replies were received from Respondents 2 and 3

Documents submitted by the parties
A. Documents submitted by Initiator (principal)
Request from Initiator of 25 May 2010 to ICC International Centre for Expertise, Paris, requesting a DOCDEX Decision in accordance with ICC DOCDEX Rules, ICC Publication no. 811, stating inter alia
- that a copy of the request and all documentation was sent to the Respondents; and
- Initiator's summary of the dispute
- copies of four sets of documents (including 1/3 bill of lading for each set) forwarded for collection, including the relevant collection instructions;
- copies of SWIFT messages and letters between the remitting bank and the presenting bank.

B. Documents submitted by Respondent 1 (remitting bank)
Respondent's 1 answer to Initiator's request for a DOCDEX Decision

Analysis
Initiator has entrusted the remitting bank to handle various documentary collections.

The remitting bank presented the documents, accompanied by its collection instructions, to the presenting bank. The collection instructions clearly indicated that the collections were made subject to URC 522, and stated that documents were to be delivered to the drawee against payment.

Sub-article 1 (c) of URC 522 states: "If a bank elects, for any reason, not to handle a collection or any related instructions received by it, it must advise the party from whom it received the collection or the instructions by telecommunication or, if that is not possible, by other expeditious means, without delay."

There is no evidence in this case that the presenting bank sent such a message and/or returned the documents. Under sub-article 1 (a), therefore, the presenting bank is bound by URC 522 as a whole.

The information given by the Initiator to the presenting bank through the remitting bank, regarding acceptance of delayed and partial payments, cannot be seen to be an amendment in the instructions to deliver documents against payment. Article 19, which applies, does not allow release of documents without specific authorization; which was not given by the remitting bank.

The remitting bank stated that the information was not given by it, but solely on behalf of the Initiator, but it cannot be seen to make a difference.

It is not evident from the information given whether the presenting bank had released the bills of lading included in collections A and B to the drawee. However, it is clear that the presenting bank was not in a position to return any of the four sets of documents and that it endorsed one original bill of lading for each of the four shipments.

The experts wish to underline that the delivery of the documents presented makes the presenting bank liable for the payment thereof.

Conclusion

By accepting the collections received, the presenting bank has agreed to handle the collection in accordance with URC 522 and the conditions stated in the collection instructions.
Therefore, the presenting bank was only entitled to release documents against full payment.

As collection documents have not been returned (as required by URC 522), it cannot be determined whether the bills of lading endorsed by the presenting bank had been part of the collection documents or whether the originals accompanying the goods had been used.

By not returning the documents under collections A and B, and by releasing documents under collections C and D without having received full payment for each of the four collections, the presenting bank is in breach of URC 522 and responsible for payment.

Therefore, the presenting bank was only entitled to release documents against full payment. The fact that the Initiator informed the presenting bank (through the remitting bank) the acceptance of partial payments underlines that no amendment has ever occurred to the instructions to deliver the documents against full payment (sub-article 19 (b) of URC 522 applies).

The presenting bank has no reason to deny liability and must pay the claimed amounts.

The appointed Experts reached a unanimous Decision.

DOCDEX Decision No. 307

This Decision was withdrawn.

DOCDEX Decision No. 308

UCP 600 sub-articles 38 (i), (b) and (j), 4 (a), 12 (a), 10 (c), 14 (b) and 16 (f)

If it were proved there was fraud in a first beneficiary's invoice, which had nothing to do with the Initiator, was the Initiator (second beneficiary) entitled to be paid for its drawing under the transferred L/C? Is it up to a court to state whether the injunction addressed to a bank is to be considered as extended to another member of the same banking group? Did the issuing bank's obligation under the master L/C remain toward the first beneficiary? If there was a failure of the first beneficiary to substitute or to correct discrepant substituted documents, and the transferring bank decided to use the documents of a second beneficiary, would the undertaking of the issuing bank then extend to that second beneficiary?

Parties

Initiator:	Company A (Second Beneficiary)
Respondents:	Bank F (Respondent 1) (Issuing Bank)
	Bank E (Respondent 2)

Statement

Documents related to this decision have been submitted only by the Initiator. This Decision is rendered without the participation of Respondents 1 or 2.

Background

- Documentary credit subject to UCP 600, transferable and issued on 1 August 2008 by Respondent 1, authorizing Bank D, Country G (transferring bank) to transfer;
- Applicant: Company F, Country F;
- Beneficiary: Company C, Country G;
- Amount: EUR 4,451,500.00 +/- 10 %;
- Goods: Coils;
- Available with: transferring bank by deferred payment;
- Tenor: 60 days after transport document date;
- Place and date of expiry: Country G, 21 October 2008;
- Latest date of shipment: 30 September 2008;
- Period for presentation: 21 days;
- Confirmation instructions: "without".

Sumary of the case

On 7 August 2008, the transferring bank transferred the credit to the Initiator (second beneficiary). The advice was made through the Initiator's bank. The transferred credit is as follows.

- Amount: EUR 3,765,000 (+/- 10%) subsequently amended to EUR 3,124,900 (+/- 10%);
- Available with the transferring bank by deferred payment;
- Tenor: 45 days after date of transport document, subsequently amended to 60 days;
- Place and date of expiry: 16 October 2008, Country G;
- Latest date of shipment: 30 September 2008;
- Period of presentation: 16 days;
- In field 78 of the transferred credit, the transferring bank advises: "After the receipt of the full set of credit conform documents at our counters we will remit proceeds to you at maturity, but not until we will have received the same."
- On 12 September, the Initiator shipped the goods.
- On 13 September, the original amount of the transferred credit was amended to EUR 3,124,900 (+/- 10 %).
- On 22 September, the Initiator's bankers sent the documents to the transferring bank by DHL The drawing was made up of three shipments on the same vessel with the same on board date (12 September) totalling EUR 3,399,121.74 (within the amended credit amount of EUR 3,124,900+10%).

- On 24 September, the documents were received by the transferring bank according to a DHL report submitted by the Initiator. The substitution of invoices was duly made by the transferring bank. In the light of what has become clear afterwards, the Initiator reports that the first beneficiary substituted one of its invoices showing a unit price higher than that agreed in the contract with the buyer (Company F).
- On 10 October, the Initiator's bank forwarded to the Initiator a message received from the transferring bank stating: "Documents have been taken up by opening bank: due date: 11.11.2008. We will [not] effect payment until we have received proceeds from opening bank." No other message was received by the Initiator.
- On 30 October, the vessel arrived and the goods were delivered to the applicant.
- On 5 November, upon application of Company F, the Country F court enjoined Respondent 2, and not Respondent 1, from effecting payment under the master L/C.
- On 11 November, the Initiator did not receive any payment due to the court injunction.

Questions asked by the Initiator

1. Which is the issuing bank of the master L/C? Is it Respondent 1 or Respondent 2? If Respondent 1 is the issuing bank and it receives no court order to stop payment, is it obligated to immediately effect payment under the master L/C?

2. Does the issuing bank have a direct contractual relationship with the Initiator?

3. Would any defect or fraud solely contributed by Company C's (first beneficiary) documents automatically affect the Initiator's entitlement under the transferred L/C?

4. Even if it is proved that there was fraud in Company C's invoice, which had nothing to do with the Initiator, is the Initiator entitled to be paid for its drawing under the transferred L/C?

5. In a normal transferred L/C, would a second beneficiary have knowledge or control of the first beneficiary's documents?

6. If the Initiator took no issue with Company C's substituted documents under sub-article 38 (i), does it mean that Company C's presentation shall be deemed to be the Initiator's presentation so that Company C's fraud, if any, shall be deemed to be the Initiator's fraud?

7. Would the contractual dispute between the applicant and first beneficiary affect the Initiator's entitlement under the transferred L/C?

8. Will the contractual dispute between the applicant and the first beneficiary with regard to another second beneficiary's goods affect the Initiator's entitlement under its transferred L/C?

9. Is a proper and commercial practice for the applicant (Company F) to first accept the documents (with full knowledge of the alleged fraud), take delivery of the goods and then apply for a court order to stop payment under the master L/C?

Analysis

Country F court ruling

As per Article 1.1 of "ICC Rules for Documentary Instruments Dispute Resolution Expertise", the DOCDEX service "is available in connection with any dispute related to: a documentary credit incorporating the ICC Uniform Customs and Practice for Documentary Credits (UCP), and the application of the UCP and/or the ICC Uniform Rules for Bank-to-Bank Reimbursement under Documentary Credits (URR) [...]. Its objective is to provide an independent, impartial and prompt expert decision (DOCDEX Decision) on how the dispute should be resolved on the basis of the terms and conditions of the documentary credit [...] and the applicable ICC Rules [...]."

Therefore, this Panel cannot make any comment on the case currently pending before the court and will restrict itself to responding to the questions raised only with a view to explaining or clarifying specific items of documentary credit practice. This expertise cannot interfere with the principle of the court's independence of judgement.

This Panel would also point out, as a general statement, that a fraud, if established, means that the entire relationship is lacking of the essential requisite of good faith, whose absence, as a principle, nullifies any agreement. When a charge of fraud is pending, even the rights arising from side relationships (i.e., the documentary credit which is functional to the underlying commercial transaction) may be affected and stopped by the effects of the fraud, if it is established. However, it is for a court to make such a determination on a case-by-case basis.

This position affects all the opinions given in this expertise.

Question 1

The first page of attachment no. 1 shows the issuing bank's name in the beginning of the SWIFT MT700 as that of Respondent 1. The first page of attachment no. 8 is a confirmation letter to the applicant sent by the issuing bank of the master credit. It is headed with the name of Respondent 2 and is signed as part of a banking group. The four amendment messages in the same attachment no. 8 are signed in the same manner and mention the issuing bank in the transferred L/C as in attachment S1. It appears that Respondent 2 (full name appearing at the bottom of each page of the amendments) is part of a bank group which includes Respondent 1. In this situation, the relationship among banks which are part of the same group depends on the local law and the general agreement which covers the constitution of the group.

It is up to the court to state whether the injunction addressed to a bank is to be considered as extended to the other after an examination of their administrative and substantial relationship. Similarly, it is up to the court to state how much the fraud affects Respondent 1, if the fraud is established, even if Respondent 1 is stated to be a different entity.

Question 2

The master or original credit is issued by the issuing bank on the basis of a commercial relationship existing between the applicant and the seller. Therefore, the issuing bank gives an undertaking towards the first beneficiary. By issuing a transferable credit, the issuing bank accepts the possibility that the first beneficiary will transfer all or some of its rights to one or more second beneficiary(ies) under its own responsibility, with the agreement and assistance of the transferring bank (See UCP 600 sub-article 38 (b)).

At the request of the first beneficiary, Bank D, the bank authorized to effect the transfer, transferred the credit according to the instructions of the first beneficiary based on the first beneficiary's contractual relationship with the Initiator.

The issuing bank's obligation undertaken under the master L/C remains toward the first beneficiary as per the L/C terms and the provisions of UCP 600. However, this is subject to the first beneficiary providing substitute documents for those of a second beneficiary. In the event of no substitution, failure of the first beneficiary to substitute or failure of the first beneficiary to correct discrepant substituted documents, and the transferring bank's decision to use the documents of a second beneficiary, the undertaking of the issuing bank will then extend to that second beneficiary.

In this particular case, the transferred credit was not confirmed, and UCP 600 sub-article 38 (j) did not apply, i.e., the first beneficiary does not appear to have requested the transferring bank that honour or negotiation was to be effected to the second beneficiary at the place to which the credit was transferred. The Initiator relied upon a complying presentation including substituted documents of the first beneficiary being made to the issuing bank and the payment obligation that would arise as a result.

Given the facts of this transaction, the issuing bank has no direct relationship with the second beneficiary. Such a direct relationship is not a question of principle, but a situation arising from the analysis of each individual credit.

Finally, as the first beneficiary substituted the Initiator's invoice, and the transferring bank had not undertaken any commitment to honour or negotiate the documents presented by the second beneficiary, the situation provided for by UCP 600 sub-article 38 (i) does not allow the issuing bank to deal directly with or pay the Initiator.

Even if documents of the Initiator were presented and accepted, occurring one or both of the cases provided for under the aforesaid article of UCP 600, the issuing bank still has no direct relationship with the Initiator. Even if it knew that the transfer was effected, the issuing bank had been given no information about the amount and other clauses affecting the transfer agreed between the transferring bank and the first beneficiary, and will forward any payment to the transferring bank, which is entitled to process the subsequent payments according to transfer requests.

Bearing this in mind, the actual situation was that the first beneficiary presented its invoices in substitution of those presented by the Initiator, and hence the issuing bank could not have processed the Initiator's documents even if they were in accordance with the L/C terms and conditions.

Statement of the chair

The answer to question 2 is given as a majority view of the Panel. This answer does not affect the conclusion.

Question 3

Pending a charge of fraud it is up to the court to determine (see above).

Question 4

Same answer as in 3 above.

Question 5

In a normal transferred L/C, the second beneficiary has no knowledge of the content or control of the documents substituted by the first beneficiary. Although from a commercial point of view, it is expected that such substitution will be made fully in line with the terms and conditions of the contract between the first beneficiary and the applicant, a bank has no duty of care to ensure the conformity of the substituted documents with the terms and conditions of the commercial contract between such parties, as the contractual relationship they have with the applicant and beneficiary is separate from the underlying contract. (See the wording of UCP 600 sub-article 4(a)).

Any substitution not in line with the underlying contract is the entire responsibility of the first beneficiary. Moreover, the entire set of documents should be compliant with the terms and conditions of the master credit in order to allow payment by the issuing bank.

In this case, the master credit and the transferred credit are both available with Bank D (the nominated and transferring bank), and therefore both presentations are to be compliant respectively with the master credit (after any substitution) and the transferred credit (before any substitution).

Question 6

This question is out of the scope of the DOCDEX service as per Article 1 of the ICC DOCDEX Rules.

Question 7

In principle, disputes between parties concerning their commercial contract do not affect any entitlement of one or both parties under a documentary credit, which is a separate transaction. UCP 600 sub-article 4 (a) applies. However, the allegation of fraud freezes everything. See answer to question 3.

Question 8

See above.

Question 9

This question is out of the scope of the DOCDEX service, see # 6.

The documentary credit operation

- Transfer

  The transferred credit contains, in the third page of attachment S1, advice in field no. 78: "After receipt of the full set of credit conform documents at our counters we will remit proceeds to you at maturity, but not until we will have received same." The nominated/transferring bank has indicated that it opts not to act in the capacity of a nominated bank, even under a complying presentation, and will not undertake to make any payment to the second beneficiary unless already received. This option is allowed because a nomination "does not impose any obligation on that nominated bank to honour or negotiate" (see UCP 600 sub-article 12 (a)), and the nominated bank clearly confirmed its course of action to the second beneficiary, notwithstanding the supporting wording of the UCP.

- Amendments
  For the four amendments made to the credit there were no acceptance or refusal messages submitted. This means that they are deemed as accepted if the beneficiary presents documents conforming to those amendments, which appears to have happened (see UCP 600 sub-article 10 (c)).

- Presentation
  Based on the acceptance message of the issuing bank, the presentation was made in accordance with the terms and condition of the credit. Three separate invoices for the total amount of EUR 3,399,121.74 were within the amended credit amount (EUR 3,124,900 plus 10%). Three sets of B/Ls were presented with the same issuance date and on board notation date (12 September). Three packing lists, certificates of origin, declaration confirmations were also presented. The substituted documents have not been submitted. In any case, the compliance of the presentation was stated by the subsequent acceptance message of the issuing bank.

- Acceptance
  No document or question was submitted concerning the acceptance or refusal of documents within five banking days following the day of receipt of the presentation, on the part of the issuing bank (see UCP 600 sub-article 14 (b)). Documents were received by the issuing bank on 24 September (according to the submitted DHL report), but the acceptance message was received by the transferring bank on 10 October. UCP 600 sub-article 16 (f) would apply. Therefore, the issuing bank is deemed to have accepted the documents on 30 September (27 and 28 September were Saturday and Sunday) and not on 10 October. However, the determination of the due date for the deferred payment is not affected as it relates to the transport document date (12 September).

Conclusion

From a documentary credit perspective, this Panel holds that the issuing bank is obliged to pay the complying presentation by remitting EUR 3,399,121.74 to the transferring bank, which will be responsible for processing the payments according to the terms and conditions of the transfer. Having accepted the documents to mature for payment on 11 November 2008, the issuing bank must honour its commitment to pay the presenting bank. However, as reported, at the moment the issuing bank is prevented from doing so by a court injunction. The issuing bank is expected to honour its undertaking by effecting payment as soon as the injunction is lifted.

Statement of the Chair

This Decision is rendered unanimously.

DOCDEX Decision No. 309

UCP 600 article 10; sub-articles 10 (a) and 10 (d)

Whether or not the failure of the Initiator or advising bank to advise the Respondent of an amendment prior to the presentation of documents affected the Respondent's obligations as a confirming bank when the beneficiary had not accepted the amendment; whether article 10 of UCP 600 requires that an amendment must be advised to the confirming bank by the beneficiary or the advising bank prior to the presentation of documents; whether the re-presentation of documents amounted to an acceptance by the Initiator of all the discrepancies stated in the First Refusal Notice

Parties

Initiator: Company B
Respondent: Bank S

Background and transaction

The chronology of events as stated by the Initiator was as follows:

(a) Bank I ("issuing bank") issued a letter of credit no: 23456 ("the L/C") by way of a SWIFT communication on 29 April 2010. The Initiator was named as the beneficiary under the L/C and the applicable rules were stated to be "UCP LATEST VERSION" (which is currently UCP 600).

(b) In the L/C, the following were the original descriptions in the respective SWIFT fields:

1) "41A: AVAILABLE WITH … BY BANK C (COUNTRY) H BY ACCEPTANCE"
2) "45A: DESCRIPTION OF GOODS AND/OR SERVICES 3500 MT PRIME ROLLED STEEL SHEET IN COIL GRADE: SS400 PRICE: USD 675.00 PER METRIC TONNE …"

(c) Bank C advised the L/C to the Initiator. Bank C in its advice stated that the L/C "was advised without engagement" on its part.

(d) The L/C was then amended 6 times between 29 April 2010 and 25 May 2010. In amendment #3, SWIFT field 41A was amended to replace the existing nominated bank with the Respondent's name and address and for the L/C to be available with it by negotiation.

(e) Arising from amendment #3, Bank C was requested by the issuing bank to advise the L/C and all the amendments to the Respondent, which would add its confirmation and advise the beneficiary.

(f) On 29 April 2010, Bank C had advised the Initiator of amendment #7, which sought to reduce the price stated in SWIFT field 45A to "USD 668.00 per metric tonne". The Initiator states it informed Bank C that it rejected Amendment #7.

(g) On 26 May 2010, Bank C advised the Respondent as follows: "Enclosed herewith LC and all amendments for you to add your confirmation as per amendment no. 3 dated 15/05/2010. …"

(h) On 14 June 2010, the Initiator states that the Respondent added its confirmation for the L/C. The documents submitted by the Initiator indicate an outward remittance advice in favour of the Respondent for confirmation charges.

(i) The Initiator states that on 25 June 2010 Bank C, on behalf of the Initiator, presented documents under the L/C to the Respondent. In the bill's presentation schedule of the same date, addressed to the Respondent, Bank C advised "beneficiary has rejected L/C amendment no. 7 dated 8 June 2010".

(j) On 5 July 2010, the Respondent issued a notice of refusal to Bank C ("First Refusal Notice") due to the following discrepancies:

"1. Issuance of amendment 7 not advised to the confirming bank (Respondent) prior to presentation of documents as per art. 10 of UCP 600.

2. Rejection of amendment no. 7 by the beneficiary not communicated to confirming bank. The confirming bank is unaware whether the rejection of amendment 7 has been communicated to issuing bank and whether the issuing bank is treating the amendment 7 as cancelled.

3. Beneficiary's signature on invoice, packing list and beneficiary's certificate not consistent with that on draft.

4. Vessel name on invoice and certificate of origin not consistent with that on bills of lading."

(k) The Initiator states that both it (the Initiator) and Bank C did not agree with the discrepancies stated in the First Refusal Notice, but Bank C re-presented the documents under the L/C on 6 July 2010. Again, in the bill's presentation schedule of the same date addressed to the Respondent, Bank C advised: "beneficiary has rejected L/C amendment no. 7 dated 8 June 2010." Bank C also sent a SWIFT message to the Respondent on 7 July 2010 to refute the purported discrepancies identified in the First Refusal Notice.

(l) The Respondent issued another notice of refusal to Bank C on 7 July 2010 ("Second Refusal Notice"). In the Second Refusal Notice, only two discrepancies were named, being the first and second discrepancies listed in the First Refusal Notice.

Issue

Whether the Respondent, as confirming bank, had a right to refuse documents for the reasons stated in the Second Refusal Notice

Documents submitted by the parties

A. Documents submitted by the Initiator

- Request for a DOCDEX Decision (8 pages) dated 30 September 2010;
- Attachment #1 (5 pages) – copy of advice from Bank C to the Initiator advising issue of the L/C dated 29 April 2010;
- Attachment #2 (9 pages) – copies of L/C amendments #1, 2, 3, 4, 5 & 6;
- Attachment #3 (1 page) – copy of advice from Bank C requesting the Respondent to add its confirmation dated 26 May 2010;
- Attachment #4 (1 page) – copy of L/C amendment #7 issued by the issuing bank dated 8 June 2010;
- Attachment #5 (2 pages) – copies of Bank C's advice of the Respondent's confirmation of the L/C dated 31 May 2010 and payment of confirmation charges to it;
- Attachment #6 (5 pages) – copies of documents presented by Bank C to the Respondent on 25 June 2010;
- Attachment #7 (1 page) – copy of Bank C's bills presentation schedule dated 25 June 2010, addressed to the Respondent;
- Attachment #8 (1 page) – copy of the Respondent's First Refusal Notice;
- Attachment #9 (1 page) – copy of Bank C's bills presentation schedule dated 6 July 2010 addressed to the Respondent;
- Attachment #10 (2 pages) – copy of SWIFT message from Bank C to the Respondent dated 7 July 2010;
- Attachment #11 (1 page) – copy of the Respondent's Second Refusal Notice;
- Attachment #12 (2 pages) – copy of Bank C's advices dated 16 July 2010 informing issuing bank and the Respondent that the Initiator has rejected amendment #7;
- Attachment #13 (2 pages) – copy of Bank C advice to the Initiator of receipt of payment from the issuing bank and computation of interest loss.

B. Documents submitted by the Respondent

Response to request for a DOCDEX Decision (3 pages) dated 15 October 2010.

Analysis

The L/C was issued subject to UCP 600 and was available by negotiation with the Respondent, which was the confirming bank (arising from the acceptance of amendment #3). On 25 June 2010, Bank C on behalf of the Initiator made a presentation of documents under the L/C to the Respondent. On 5 July 2010, the Respondent issued the First Refusal Notice listing four discrepancies. Bank C re-presented the documents under the L/C on 6 July 2010, and on 7 July 2010 the Respondent issued the Second Refusal Notice, repeating only the first and second discrepancies listed in the First Refusal Notice.

The issue is whether the two discrepancies justify the refusal to negotiate by the Respondent.

First Discrepancy
"The Respondent as confirming bank was not advised of issuance of amendment #7 prior to the presentation of documents."

Second Discrepancy
"Rejection of amendment #7 by beneficiary not communicated to the Respondent as confirming bank and the Respondent were unaware of whether rejection of amendment #7 was communicated to the issuing bank and whether the issuing bank treated amendment #7 as cancelled."

The Respondent asserts in the First Refusal Notice and Second Refusal Notice that it is entitled to be advised of the issuance of amendment #7 prior to the presentation of documents, referring to UCP 600 article 10.

In its answer to the Initiator's request dated 15 October 2010, the Respondent noted that amendment #7 was issued on 8 June 2010, and it had added its confirmation to the L/C and amendments #1-6 on 15 June 2010. The Respondent went on to assert in its reply that:

a. The fact that the documents were re-presented by the beneficiary (Initiator) through Bank C after the rectification of the third and fourth discrepancies mentioned under the First Refusal Notice establishes the fact that it had accepted the relevant discrepancies.

b. In accordance with amendment #3, the L/C and all amendments were to be advised to the Respondent as confirming bank. The Initiator and/or Bank C as the advising bank were duty-bound to advise amendment #7 (issued on 8 June 2010) to the Respondent before they added their confirmation on 15 June 2010.

c. Referring to UCP 600 sub-article 10 (d), which states: "A bank that advises an amendment should inform the bank from which it received the amendment of any notification of acceptance or rejection", the Respondent asserts that Bank C as advising bank was obliged to advise the rejection of any amendment to the issuing bank and that advising rejection to the confirming bank does not satisfy that requirement. Bank C only advised the issuing bank about the rejection of amendment #7 on 16 July 2010 (after presentation of documents to the Respondent).

d. In the circumstances, documents presented without complying with amendment #7 cannot be treated as complying documents.

Our Decision as the appointed Experts is as follows:

1. We find nothing in the L/C nor in UCP 600, in particular article 10, which requires that an amendment must be advised to the confirming bank by the beneficiary or the advising bank prior to the presentation of documents. However, as a general practice, it would be expected that an advising bank would either have forwarded a copy of amendment #7 to the Respondent and advised it of the rejection by the beneficiary, or that the advising bank would have made this statement at the time of sending a copy of the L/C and amendments #1-6 to the Respondent.

2. The governing principle as to amendments is stated in UCP 600 sub-article 10 (a), which provides that "... a credit can neither be amended nor cancelled without the agreement of the issuing bank, the confirming bank, if any, and the beneficiary."

3. Whether or not the Initiator had advised the Respondent of amendment #7 prior to the presentation of documents did not affect the Respondent's obligations as a confirming bank, as the amendment is considered rejected so long as the Initiator as the beneficiary has not accepted it.

4. Further, so long as the Initiator presented documents to the Respondent strictly in compliance with the L/C (including the accepted amendments #1-6), the Respondent as confirming bank was obligated to honour the drawing and, so long as the Respondent did not add its confirmation to amendment #7 (which it would not have done, not having known of its existence) and effected payment under the L/C (including the accepted amendments #1-6), the issuing bank was obligated to reimburse the Respondent. Even if the Respondent had added its confirmation to amendment #7, presentation of documents complying only with the L/C and amendments #1-6 would constitute sufficient documentary compliance by the beneficiary (which was entitled not to accept amendment #7). In any event, the bills presentation schedule of Bank C clearly indicated that amendment #7 had been rejected.

5. UCP 600 sub-article 10 (d) does not assist the Respondent as confirming bank. It clearly states that the advising bank's obligation to inform (with respect to the acceptance or rejection of amendments) is owed to the bank from which the advising bank received the amendment – which was not the Respondent. In the circumstances, it is irrelevant to this Decision as to what timeframe (if any) is available to an advising bank to discharge its sub-article 10 (d) obligation. In any case, the Respondent itself was duly advised by Bank C of the Initiator's rejection of amendment #7 at the time of presentation and re-presentation of documents.

6. The mere re-presentation does not, of itself, amount to an acceptance by the Initiator of the discrepancies stated in the First Refusal Notice.

Conclusion

The two discrepancies raised by the Respondent do not justify its refusal to negotiate. The Respondent had no reason to refuse the documents and not to negotiate and should compensate the Initiator for its losses suffered.

The appointed Experts reached a unanimous Decision.

DOCDEX Decision No. 310

UCP 600 article 18; sub-articles 14 (d) and 18 (d)

Was it a discrepancy that the invoice showed "17" in the "quantity" column while the "Description of Goods" column set forth the order numbers and serial numbers for sixteen items? Was it a discrepancy that the Loading Form included the order and serial number of the goods, but the invoice did not? Was the fact that neither the beneficiary nor the Initiator had raised any objections or comments regarding stated discrepancies a sign of agreement with the discrepancies and did this constitute a preclusion from refuting the discrepancies at a later date?

Parties

Initiator:	Bank C
Respondent 1:	Bank V
Respondent 2:	Bank R

Background and transaction

On 26 September 2008, the Initiator received a standby letter of credit ("SBLC") via SWIFT MT710 for an amount of USD 735,997.00 and advised it to a beneficiary located in City W, Country U. The SBLC was issued by Respondent 2, confirmed by Respondent 1, and available at the counters of Respondent 1 by payment on or before 14 March 2009. The SBLC was subject to UCP 600. The following documents were required by the SBLC:

1. Beneficiary's duly signed statement confirming that the applicant failed to pay the claimed amount within the period of 90 calendar days from the date of commercial invoice issued by the beneficiary to the applicant – 1 original.

2. Commercial invoice issued by the beneficiary (seller) to the applicant (purchaser) – 1 copy.

3. Seller's (beneficiary's) loading form proving units' availability at the date of invoice (indicating the applicant's name, number and date of the contract) – 1 copy.

Field 45A (description of goods) stated "case skid steer loaders supply contract No. SUPPLY CONTRACT NO 45678 dd 25.08.2008 agreement No. 2 dd 02.09.2008 EXW City K, Country U."

On 3 February 2009, the Initiator advised to the beneficiary an amendment received from Respondent 1, reducing the amount of the SBLC by USD 17,962.00 to USD 718,035.00 and extending the expiry date to 21 September 2009. The description of goods was also amended, so as to read "case skid steer loaders as per SUPPLY CONTRACT NO 45678 dd 25.08.08 amendment n 1 dd 28.11.08 to agreement n 2 dd 02.09.08 EXW City K, Country U".

On 14 September 2009, documents were presented to the Initiator by the beneficiary, and the Initiator forwarded the documents to Respondent 1, without examination, on the same day. The documents were refused by Respondent 1 on 17 September 2009. In its notice of refusal, Respondent 1 stated the following discrepancies:

"1) INVOICE
MODEL 430 SSL NA:
17 ITEMS ARE INVOICED (SUB-TOTAL USD 370,736.00) THOUGH 16 ITEMS ARE INDICATED (WOULD BE SUB-TOTAL USD 348,928.00).

2) SELLER'S (BENEFICIARY'S) LOADING FORM
MODEL 430 SSL NA:
'ORDER NO. Z789 SERIAL NO. N8M488858'ARE INDICATED THOUGH NOT REFLECTED IN THE INVOICE.'

The SBLC expired on 21 September 2009 at the counter of Respondent 1.

On 21 September 2009, the Initiator instructed Respondent 1, by SWIFT, to forward the documents to Respondent 2 for approval. On 25 September 2009, Respondent 1 notified the Initiator that it had received notice of refusal from Respondent 2 due to the following discrepancy:

"DESCRIPTION OF GOODS IN COMMERCIAL INVOICE DIFFERS FROM DESCRIPTION OF GOODS IN SELLER'S (BENEFICIARY'S) LOADING FORM (IN COMMERCIAL INVOICE NOT INDICATED ORDER NO. Z789 SERIAL NO. N8M488858 MODEL 430SSL NA)"

At the beneficiary's request, the Initiator sent a corrected invoice to Respondent 1 on 28 September 2009.

On 30 September 2009, Respondent 1 asked the Initiator for instructions regarding the corrected invoice and reminded it that the SBLC had expired. The Initiator replied on 2 October 2009, instructing Respondent 1 to forward the corrected invoice to Respondent 2 for approval.

On 7 October 2009, Respondent 1 informed the Initiator that Respondent 2 had rejected the corrected invoice, as the SBLC had expired and it had closed its files.

After a series of communications exchanged between the banks, the Initiator sent a SWIFT MT799 dated 10 March 2010 on behalf of the beneficiary arguing against the validity of the alleged discrepancies.

The Initiator stated that the presentation satisfied UCP 600 article 18 and the express requirements of the SBLC. In regard to discrepancy no. 2, the Initiator argued that the seller's (beneficiary's) Loading Form ("Loading Form") complied with the SBLC in all respects, and the fact that it contained one additional item, not mentioned in the invoice in question ("invoice"), did not make the document discrepant.

On 31 March 2010, Respondent 1 replied, reiterating its original position and claiming an additional discrepancy under UCP 600 sub-article 14 (d), namely that missing data on the invoice constituted an inconsistency with the data on the Loading Form. It also contended that neither the Initiator nor the beneficiary raised any objections to the original discrepancies cited, and that the Initiator instructed Respondent 1 to forward the documents to Respondent 2 for approval. Respondent 1 also stated that the beneficiary submitted corrected documents after the expiry date, which, it argued, indicated that the beneficiary had agreed with the noted discrepancies.

On 7 April 2010, the Initiator replied that there was no inconsistency based on the number of items described in the invoice as opposed to the Loading Form.

Issues

The Initiator submits that the documents were not discrepant. It claims that the presentation satisfied UCP 600 article 18 and complied with the SBLC in all respects.

Respondent 1 rejected the documents, as it claimed that the documents were discrepant and the missing data on the invoice constituted an inconsistency with the data on the Loading Form.

Question No. 1

Was it a discrepancy that the invoice showed "17" in the "quantity" column while the "Description of Goods" column set forth the order numbers and serial numbers for sixteen items?

Question No. 2

Was it a discrepancy that the Loading Form included the following item: "Order no. Z789 SERIAL NO. N8M488858 MODEL 430SSL NA)", but the invoice did not?

Question No. 3

Did the inclusion of "Order no. Z789 SERIAL NO. N8M488858" in the invoice coupled with the absence thereof in the Loading Form constitute a conflict within the meaning of UCP 600 sub-article 14 (d)?

Question No. 4

Was Respondent 1 precluded from raising as discrepancies the issues cited in its SWIFT messages of 31 March and 28 April 2010, namely that the documents were inconsistent and that the beneficiary had accepted Respondent 1's refusal by its conduct?

Question No. 5

Is the beneficiary precluded from refuting the original discrepancies cited by Respondent 1?

Documents submitted by the parties

A. Documents submitted by the Initiator:

(i) Photocopy of SWIFT MT710 SBLC from Respondent 1 dated 26 September 2008;
(ii) Photocopy of SWIFT MT707 SBLC Amendment dated 3 February 2009;
(iii) Photocopy of letter for presentation of documents under the SBLC from the beneficiary dated 8 September 2009;
(iv) Photocopy of the commercial invoice;
(v) Photocopy of the beneficiary's statement;
(vi) Photocopy of the seller's (beneficiary's) Loading Form;
(vii) Photocopy of SWIFT MT734 notice of refusal from Respondent 1 dated 17 September 2009;
(viii) Photocopies of SWIFT MT799 exchanged between the Initiator and Respondent 1 dated 21, 22, 23, 24, 25, 28, 30 September and 2, 6, 7, 8, 9 and 20 October 2009;
(ix) Photocopy of letter dated 28 September 2009 from the Initiator to Respondent 1; and
(x) Photocopies of SWIFT MT799 exchanged between the Initiator and Respondent 1 dated 10, 31 March and 7 and 28 April 2010.

B. Documents submitted by the Respondent 1:

(i) Photocopy of letter from Respondent 1 to Respondent 2 dated 14 February 2011.

Analysis

1. Was it a discrepancy that the invoice showed "17" in the "quantity" column while the "Description of Goods" column set forth the order numbers and serial numbers for sixteen items?

The SBLC dated 26 September 2008 required 1 copy of a commercial invoice issued by the beneficiary (seller) to the applicant (purchaser). In field 45A, description of goods, it was stated:
"CASE SKID STEER LOADERS
SUPPLY CONTRACT NO 45678 DD 25.08.2008
AGREEMENT NO 2 DD 02.09.2008
EXW CITY K, COUNTRY U"

The description of goods was amended by an amendment dated 3 February 2009 to read:
"CASE SKID STEER LOADERS AS PER SUPPLY CONTRACT 45678 DD 25.08.08 AMENDMENT N 1 DD 28.11.08 TO AGREEMENT N 2 DD 02.09.08. EXW CITY K, COUNTRY U".

The SBLC did not provide any other detailed descriptions of goods.

A copy of the commercial invoice presented by the beneficiary showed "CASE SKID STEER LOADERS AS PER SUPPLY CONTRACT 45678 DD 25.08.08 AMENDMENT N 1 DD 28.11.08 TO AGREEMENT N 2 DD 02.09.08. EXW CITY K, COUNTRY U", and this corresponded with the description of goods appearing in the amendment.

UCP 600 sub-article 18 (c) states: "The description of goods, services or performance in a commercial invoice must correspond with that appearing in the credit".

As the SBLC did not require or call for a more detailed description, must the bank examine the quantity and determine whether the quantity stated in the invoice is correctly calculated?

The invoice consisted of two pages with a long list of detailed descriptions not called for in the SBLC. It showed "17" in the "quantity" column of one of the items, but the "Description of Goods" column set forth the detailed order numbers and serial numbers, which, when counted, came to sixteen. The difference could only be found if the examiner performed a detailed calculation in the document.

Banks are not required to count the number of units or items not stipulated or required in a SBLC.

The majority view is that it is not necessary for a document examiner to check and individually count the number of items or orders as to whether they tally with the figure shown in the invoice.

The discrepancy cited by Respondent 1 is not valid.

2. Was it a discrepancy that the Loading Form included the following item: "Order no. Z789 SERIAL NO. N8M488858", but the invoice did not? Did the inclusion of "ORDER NO. Z789 SERIAL NO. N8M488858" in the invoice coupled with the absence thereof in the Loading Form constitute a conflict within the meaning of UCP 600 sub-article 14 (d)?

As questions 2 and 3 are related, we have put them together under one question – whether the Loading Form showing "ORDER NO. Z789 SERIAL NO. N8M488858" but not in the invoice constitutes a conflict within the meaning of UCP 600 sub-article 14 (d) and the document is discrepant.

UCP 600 sub-article 14 (d) states: "Data in a document, where read in context with the credit, the document itself and international standard banking practice, need not be identical to, but must not conflict with, data in the document, any other stipulated document or the credit".

The data in question was not provided in the SBLC. "ORDER NO. Z789 SERIAL NO. N8M488858" was shown in the Loading Form but not in the invoice. The data in the Loading Form was not something differing from and, therefore, in conflict with that of the invoice, as the Loading Form did provide a description of goods as per the requirement of the SBLC. Even if it could be seen as an omission in the invoice, the details were not required by the SBLC. The data in the Loading Form was not in conflict with that in the invoice.

In our opinion, a Loading Form including "ORDER NO. Z789 SERIAL NO. N8M488858" in its description of goods but not in the invoice did not make the document discrepant. It does not constitute a conflict within the meaning of UCP 600 sub-article 14 (d).

3. Was Respondent 1 precluded from raising as discrepancies the issues cited in its SWIFT messages of 31 March and 28 April 2010, namely that the documents were inconsistent and that the beneficiary had accepted Respondent 1's refusal by its conduct?

A notice of refusal, SWIFT MT734, was sent by Respondent 1 on 17 September 2009. Subsequent SWIFT messages of 31 March and 28 April 2010 from Respondent 1 were responses to the Initiator's SWIFT messages of 10 March and 7 April 2010. In the two messages from Respondent 1, it did not raise any additional discrepancy, but only reiterated its position on the two discrepancies raised in its notice of refusal dated 17 September 2009.

However, in replying to the Initiator's messages, Respondent 1 drew the attention of the Initiator to the fact that neither the beneficiary nor the Initiator had raised any objections or comments regarding the stated discrepancies. As a sign of agreement with the discrepancies, Respondent 1 was instructed by the Initiator to forward the documents to Respondent 2 for approval, without delay. Respondent 1 subsequently received a corrected invoice from the Initiator, after the expiration of the SBLC, and it claimed that this further evidenced the fact that the documents were discrepant.

Whether or not the beneficiary had, by its conduct, accepted Respondent 1's refusal notice would not change the fact that the discrepancies raised by Respondent 1 were invalid. The beneficiary could still reserve its right to take action, under the applicable law, against the confirming bank or issuing bank if its documents under an L/C were wrongfully dishonoured.

4. Is the beneficiary precluded from refuting the original discrepancies cited by Respondent 1?

Although the beneficiary requested that the documents be forwarded to Respondent 2 for approval, and later submitted a corrected invoice after Respondent 1 had notified its refusal to the Initiator, this did not give any expression that it agreed with the discrepancies raised by Respondent 1. The majority view is that the beneficiary could still refute the original discrepancies cited by Respondent 1.

Decision

In conclusion, the discrepancies cited by Respondent 1 were not valid, and the beneficiary is not precluded from refuting the discrepancies cited by Respondent 1 at any later date.

This is a majority Decision.

DOCDEX Decision No. 311

UCP 600 sub-articles 14 (d), 16 (a), (b), (c) (iii) (b) and (e); articles 7 and 8; ISBP paragraphs 27 and 9

Did the certificate of origin constitute a "complying presentation"?; Should additional data made on the back side of the certificate of origin have been authenticated by the issuer? Did the insertion of "freight prepaid" in a field labelled "freight payable at" constitute any conflict with or cause any doubt concerning the payment of freight?

Parties

Initiator: Company B
Respondent: Bank M

A summary of the representations relevant to the issues to be determined

Respondent issued an irrevocable documentary credit in favour of the Initiator on 12 December 2007 (credit no. ABC765). This credit was made available with Bank Z, Country S by payment and was governed by UCP 600. The credit was made fully operative by an authenticated SWIFT MT799 dated 27 December 2007.

The credit requested presentation of, among others, the following documents which are the subject of this Decision:

- full set clean on board FIATA multimodal transport B/L marked freight prepaid issued or endorsed to the Respondent´s order in 3 originals and 3 non-negotiable copies evidencing shipment effected by Country I truck ... (field 46A, (A))
- certificate of origin issued by a local chamber of commerce or any official trade organization confirming that goods are new brand and first hand and originated in Country S plus 3 copies (field 46A, (C)).

Documents were presented to Bank Z, Country S and then forwarded to the issuing bank (the Respondent). The Respondent refused the documents by SWIFT MT734 (Advice of Refusal) dated 13 November 2008, stating two discrepancies:

- in certificate of origin the phrase "we herewith confirm that goods are new brand and first hand" not evidencing that certified by local chamber of commerce
- in B/L the phrase "freight payable at" has not been omitted.

There is a dispute between the parties whether the presented documents constitute a complying presentation in the context of UCP 600 (i.e., whether the discrepancies claimed by the Respondent are valid or not).

Documents submitted by the parties

A. Documents submitted by the Initiator

Annex 4: Respondent´s SWIFT message dated 13 December 2007;
Annex 5: Respondent´s SWIFT message dated 27 December 2007;
Annex 6: Respondent´s SWIFT message dated 20 February 2008;
Annex 7: Initiator´s letter to the nominated bank dated 4 November 2008;
Annex 8: Bill of lading dated 28 October 2008;
Annex 9: Certificate of origin dated 30 October 2008;
Annex 10: SGS inspection certificate dated 30 October 2008;
Annex 11: Commercial invoice dated 27 October 2008;
Annex 12: Freight invoices dated 28 October 2008
Annex 13: Shipping company certificate dated 28 October 2008;
Annex 14: Packing list dated 27 October 2008;
Annex 15: Respondent´s SWIFT message dated 13 November 2008; and
Annex 16: Respondent´s SWIFT message dated 16 November 2008.

B. Documents submitted by the Respondent

The Respondent has not filed an answer or submitted any documents.

Questions submitted by the Initiator

1) Did the certificate of origin constitute a "complying presentation" in the sense of article 8 of UCP 600?

2) Did the bill of lading constitute a "complying presentation" in the sense of article 8 of UCP 600?

Analysis

Question No. 1: "Did the certificate of origin constitute a "complying presentation" in the sense of article 8 of UCP 600?"

The dispute concerns whether the phrase appearing on the back side of the certificate of origin: "we herewith confirm that goods are new brand and first hand and originated in Country S", which is certified by the beneficiary, must also be certified by the issuer of the certificate of origin, namely the City Z Chamber of Commerce.

The credit required: "Certificate of origin issued by a local chamber of commerce or any official trade organization confirming that goods are new brand and first hand and originated in Country S plus 3 copies".

The certificate of origin appears to have been issued on the standard form used by chambers of commerce in Country S (Country S Confederation). It certified the origin of goods as Country S, was dated, and stamped by the City Z Chamber of Commerce on its front side.

However, there is no mention of "goods are new brand and first hand" on the front side of the certificate of origin. Instead, there is a confirmation signed by the beneficiary (with indication of its name) on its back, stating that: "we herewith confirm that goods are new brand and first hand and originated in Country S."

The confirmation appearing on the back side of the document was apparently made by the beneficiary (Initiator) in order to meet the requirement of the credit. However, this data appears to be an addition to the data inserted on the certificate of origin by the City Z Chamber of Commerce. The data appears on the back side of the certificate of origin (otherwise blank) and was certified only by the beneficiary and not by the City Z Chamber of Commerce, the issuer of the certificate of origin.

The Initiator quotes part of paragraph 27 of ISBP Publication 681 in support of its position: "a signature may appear anywhere on a document unless the credit or the document itself indicates where the signature is to appear."

Paragraph 27 reads: "If a signature or endorsement is required to be on a document consisting of more than one page, the signature is normally placed on the first or last page of the document, but unless the credit or the document itself indicates where a signature or endorsement is to appear, the signature or endorsement may appear anywhere on the document."

Certainly, the above-mentioned provision must be interpreted according to individual circumstances. It is one of two paragraphs under the heading: "Multiple pages and attachments or riders". This provision deals with the situation where a document consists of more than one page (in this context the page means "a list", i.e., one piece of paper, not one side of a list of a paper). This provision does not state where the signature is to appear on the document in relation to data that is to be certified by its issuer.

The Initiator also claims that because neither the credit nor the certificate of origin itself prescribes where the signature has to appear on the certificate of origin, the statement: "We herewith confirm that goods are new brand and first hand and originated in Country S" and the signature of the City Z Chamber of Commerce do not necessarily have to be placed on the same side of the certificate of origin. Therefore, the signature of City Z Chamber of Commerce on the front side of the document must clearly be considered to relate also to the phrase on the back side of the document.

This argument, in the context of this particular case, is not supported by the Experts. The credit clearly requested: "Certificate of origin issued by a local chamber of commerce or any official trade organization confirming that goods are new brand and first hand and originated in Country S", which clearly means that the data stating: "goods are new brand and first hand" is to appear to be certified by the issuer of the certificate of origin.

The phrase, "We herewith confirm that goods are new brand and first hand and originated in Country S", was apparently made by the beneficiary, who certified it by its own signature. It is not international standard banking practice in all cases to consider a signature on one side of the page to relate to the data on the other side of that document unless its relevance is evident from the document itself: for instance, if the document so states or the data on one side (back side) constitutes continuance of the data provided on the other side (front side).

The data requested by the credit was to be confirmed on the certificate of the origin by its issuer, i.e., a local chamber of commerce or any official trade organization. The data requested was apparently made and certified only by the beneficiary and is additional to the data certified by the issuer on the front side of the document.

In the view of the Experts, the provision of the additional data on the back side of the certificate of origin constitutes an alteration of the information (data) in the certificate of origin. In line with paragraph 9 of ISBP Publication 681, the additional data made on the back side of the certificate of origin should have been authenticated by the issuer, i.e., the City Z Chamber of Commerce, or by a party authorized by the issuer to do so as to make the document compliant and acceptable under international standard banking practice. The confirmation made on the back side of the certificate was signed only by the beneficiary without showing in which capacity the authentication has been completed.

It is to be noted that the certificate of origin shows the description of goods as: "New packaging systems ... ", (which fully corresponds with the description of the goods stated in the credit) on its front side and certified by the City Z Chamber of Commerce. However, the Experts are of the opinion that this description of the goods, on its own, does not satisfy the requirement for "confirming that goods are new brand and first hand".

As a part of the same presentation, an SGS inspection certificate was also presented. The certificate, among other things, confirms "that goods are brand new and first hand". The certificate is signed by the SGS inspection company, and it also evidences confirmation by the City Z Chamber of Commerce that it has seen it. However, such a confirmation, with the stamp and signature of the City Z Chamber of Commerce, appearing in another document (i.e., a certificate of inspection) which indicates the same (requested) data, does not make the requirement for the certificate of origin to show the same data redundant.

Conclusion: the manner of issuance of the certificate of origin does not provide an indication that the data added to the back side of the document was apparent at the time of certification by the City Z Chamber of Commerce. The lack of certification to the data on the back side of the document constitutes a valid discrepancy, which can be raised by the Respondent in refusing the presented documents.

Question No. 2: "Did the bill of lading constitute a 'complying presentation' in the sense of article 8 of UCP 600?"

The dispute is whether the phrase "Freight payable at" had to be omitted or not.

The credit required the bill of lading to be marked "freight prepaid". The bill of lading presented clearly indicates "freight prepaid" in the field entitled "Freight payable at" and also in the centre of the document.

The discrepancy is not well described; however, it appears that the Respondent claims that the box with pre-printed text "Freight payable at" should have been left blank (or even deleted). The logic behind this claim might have been an argument that the box is to be completed only in case the freight is to be payable at destination. However, there is no indication of such a requirement in the document itself (multimodal bill of lading), UCP 600 or international standard banking practice.

Conclusion: such pre-printed wording does not constitute any conflict with or cause any doubt concerning the statement "freight prepaid". Therefore, in the context of sub-article 14 (d) the existence of "freight prepaid" in the field entitled "freight payable at" is not a valid discrepancy on which the Respondent could rely in refusing the presented documents.

Additional comments

Complying presentation in the sense of article 8

The two questions posed by the Initiator were stated to relate to UCP 600 article 8, i.e., whether the certificate of origin and bill of lading were compliant in the sense of UCP 600 article 8.

UCP 600 article 8 covers the confirming bank's undertaking. As the credit in question was not confirmed, the article is irrelevant to the case. We understand that what is actually requested here is to answer questions about whether the above-mentioned documents were complying with the credit terms and conditions, UCP 600 and international standard banking practice, and whether the issuing bank, according to UCP 600 article 7, must honour the presentation.

Late return of refused documents

The Initiator claims that the presented documents were returned by the Respondent only in August 2009, i.e., more than nine months after their presentation to it. It is evident from the Advice of Refusal, (SWIFT MT734) that the documents were held as per the option given in UCP 600 sub-article 16 (c) (iii) (b): "the issuing bank is holding the documents until it receives a waiver from the applicant and agrees to accept it, or receives further instructions from the presenter prior to agreeing to accept a waiver." Field 77B of the MT734 gave the following information: Disposal of documents stated: /NOTIFY/.)

From the papers available to the Experts, it is not known whether the Initiator requested the return of the refused documents earlier, or if there had been any other communication regarding the disposal of the refused documents.

If there was no clear instruction regarding the disposal of the refused documents from the presenter after they were refused, the issuing bank could return the documents to the presenter at any time. UCP 600 sub-article 16 (e) states: "A nominated bank acting on its nomination, a confirming bank, if any, or the issuing bank may, after providing notice required by sub-article 16 (c) (iii) (a) or (b), return the documents to the presenter at any time."

Decision

1) With respect to the first question, the discrepancy raised by the Respondent is valid.
2) With respect to the second question, the discrepancy raised by the Respondent is invalid.

The Decision of the DOCDEX Panel of Experts is unanimous.

DOCDEX Decision No. 312

UCP 600 sub-articles 20 (a) (i), 14 (a), 15 (a) and 14 (l); article 2

Where a carrier used an agent other than one that is normally used, and where this agent signed as an agent of the carrier and the documents were compliant, was the Initiator required to check with the company as to the agent's qualifications? When the L/C stated "Forwarders bill of lading not acceptable", did the Initiator have to check the status of the signing company to determine whether it was, or was not, a forwarder?

Parties

Initiator:	Bank B, Country S branch
Respondent:	Company A, Country S

Background and transaction

On 10 December 2008, Bank B, Country S branch (Initiator) issued a sight letter of credit in favour of Company M, Country T for USD 80,565.00.

The applicant was Company A, Country S (Respondent) and the nominated bank was Bank F. The letter of credit was available for negotiation with the nominated bank and was issued subject to Uniform Customs and Practice for Documentary Credits, ICC Publication No. 600 ("UCP 600").

The letter of credit required presentation of "Original full set of clean on board bill of lading issued by carrier or agent. (Forwarder BL not acceptable)".

On 12 January 2009, the Initiator received documents value USD 79,952.53 from the nominated bank, which indicated on its covering schedule: "We certify that the credit terms have been complied with." A SWIFT message sent by the nominated bank to the Initiator on 12 January 2009 also confirmed that it had negotiated a complying presentation.

The Respondent received copies of the documents by fax on 12 January 2009, and on 13 January 2009 informed the Initiator by email that it considered the documents to be discrepant due to the bill of lading being issued by a forwarder. The Initiator responded on 15 January 2009 that the documents were considered as compliant with the letter of credit.

On 15 January 2009, the Respondent informed the Initiator that the carrier, Company D, used another company, Company C, as its agent, and suggested that the Initiator should check with the office of Company D in Country S whether Mr C, who had signed the bill of lading as agent on behalf of the carrier, had been appointed as one of its agents. The Initiator maintained that the documents were in compliance with the terms of the letter of credit, and on 16 January 2009 the Respondent instructed the Initiator to accept the documents and to debit its account.

Issues

a) Whether the bill of lading was compliant with the requirements of the letter of credit; and

b) Whether the Initiator was obliged to investigate the Respondent's claims pertaining to the signature of the bill of lading by Mr C

Initiator's claim

i) The Initiator maintains that the bill of lading was compliant on its face with the requirements of the letter of credit.

(ii) The Initiator was not required to investigate the applicant's claims pertaining to Mr C's signature of the bill of lading.

Respondent's reply

The Respondent did not submit a reply in this matter.

Documents submitted by the Parties

Documents submitted by the Initiator

(i) a copy of the letter of credit;

(ii) a copy of the bill of lading;

(iii) a copy of the SWIFT MT 799 dated 12 January 2009 from the nominated bank to the Initiator certifying documents were in compliance; and

(iv) e-mail exchange between the Initiator and the Respondent regarding the bill of lading.

No answer and no other documents have been submitted by the Respondent.

Analysis

a) Whether the bill of lading was compliant with the requirements of the letter of credit

The letter of credit required presentation of "ORIGINAL FULL SET OF CLEAN ON BOARD BILL OF LADING ISSUED BY CARRIER OR AGENT (FORWARDER BL NOT ACCEPTABLE) … ".

Field 47A (Additional Conditions) stipulates:
Port of Loading: Any Country T Port
Port of Discharge: Port M, Country M

Accordingly, the bill of lading is to be examined against UCP 600 article 20, as the requirement is for presentation of a bill of lading covering transport by sea from one port to another.

(Reference should also be made to the ICC Banking Commission document titled "Recommendation of the Banking Commission in respect of the requirements for an On Board Notation" (Document 470/1128rev Final – 22 April 2010), which highlights the UCP 600 articles applicable for examination of bills of lading.)

UCP 600 sub-article 20(a) (i) states:

"a. A bill of lading, however named, must appear to:

i. indicate the name of the carrier and be signed by:

- the carrier or a named agent for or on behalf of the carrier, or
- the master or a named agent for or on behalf of the master.

Any signature by the carrier, master or agent must be identified as that of the carrier, master or agent.

Any signature by an agent must indicate whether the agent has signed for or on behalf of the carrier or for or on behalf of the master."

The bill of lading presented under the letter of credit was issued by Mr C, who signed "AS AGENT ON BEHALF OF THE CARRIER".

The bill of lading indicated the name of the carrier as Company D.

The bill of lading is, therefore, in compliance with the requirements of the letter of credit and UCP 600.

It is hereby noted that the nominated bank also considered the bill of lading to be compliant with the requirements of the letter of credit.

b) Whether the Initiator was obliged to investigate the Respondent's claims pertaining to the signature of the bill of lading by Mr C

The letter of credit included the clause "FORWARDER BL NOT ACCEPTABLE".

Under UCP 600 sub-article 14 (a) Standard for Examination of Documents, banks "must examine a presentation to determine, on the basis of the documents alone, whether or not the documents appear on their face to constitute a complying presentation" (emphasis added).

UCP 600 article 2 defines a Complying Presentation as "a presentation that is in accordance with the terms and conditions of the credit, the applicable provisions of these rules and international standard banking practice".

UCP 600 article 15 (a) states:
"When an issuing bank determines that a presentation is complying, it must honour".

Accordingly, there was no obligation for the Initiator to investigate Mr C's status as signatory on the bill of lading.

In respect of both issues a) and b), reference is also made to ICC Official Opinion TA727rev ("Opinion") that was approved by the ICC Banking Commission in March 2011 concerning the meaning of the above clause in terms of UCP 600. Although issued after the events of this case, the position of the ICC expressed in the Opinion would have equal effect in 2009. In the analysis of this Opinion, it was decided that in the context of UCP 600 and letters of credit, the term "freight forwarder bills of lading" has no meaning – whether in respect of them being allowed or not allowed. The clause does not specifically exclude sub-article 14 (l).

A document examiner is not expected to determine the status of the signing company.

Conclusion

a. With respect to the first question, the bill of lading was compliant with the requirements of the letter of credit.

b. With respect to the second question, the Initiator was not obliged to investigate the Respondent's claims pertaining to the signing of the bill of lading by Mr C.

The Panel of Experts was unanimous in its Decision in this case.

DOCDEX Decision No. 313

This Decision was withdrawn.

DOCDEX Decision No. 314

UCP 600 articles 4, 5 and 7

Whether an issuing bank presented with a decision from a court freezing the amount payable under a credit at the issuing bank can ignore such freezing order if the issuing bank's obligation has been established due to a complying presentation being made and regardless of whether the issuing bank has previously accepted its obligation to pay

Parties

Initiator (beneficiary):	Company H
Respondent 1 (applicant):	Company I
and	
Respondent 2 (issuing bank):	Bank V

Background and transaction

The Initiator is the beneficiary of irrevocable documentary credit number 12345 that was issued on 26 February 2010 by Respondent 2. The applicant is Respondent 1.

The credit was issued via SWIFT MT700 and made subject to UCP 600, as it included the wording "UCP LATEST VERSION" in field 40E.

The credit was issued for USD 1,232,397 and was available with any bank by negotiation six months from the date of the bill of lading, pertaining to the last shipment.

The amount of the credit represents 90 per cent of the contract amount. Ten per cent was settled outside the credit.

The credit was amended twice, extending the latest date of shipment to 30 April 2010, and then 21 May 2010.

Issues

The summary below is based on the request from the Initiator (dated 26 July 2011), as well as responses from Respondent 2 dated 29 August 2011 and 22 September 2011.

- On or before 28 May 2010, the documents were presented to a nominated bank and forwarded to the issuing bank under a covering letter dated 28 May 2010.

- On 18 June 2010, the issuing bank accepted to pay USD 1,232,397 at the maturity date (12 November 2010) and informed the nominated bank accordingly.

- On 1 November 2010, the issuing bank informed the nominated bank that in its covering letter, which the issuing bank acted upon, the nominated bank misrepresented the tenor and miscalculated the maturity date (calculated 180 days from the date of bill of lading, where it should be – according to the credit terms – six months from the date of bill of lading). Thus, the issuing bank corrected the maturity date to be 17 November 2010.

- On 9 November 2010, the court in City H issued a decision on the application of provisional emergency measures according to which the amount payable under the credit was frozen at the issuing bank in order to ensure the enforcement of the arbitral award of Country X International Arbitration Centre at the Country X Chamber of Commerce and Industry (the "court decision").

- On 15 November 2010, the issuing bank informed the beneficiary about the court decision and the instruction of the court not to effect payment under the credit.

- The beneficiary protested against the court decision to the issuing bank and appealed to the court. The response from the court was to request the beneficiary to supplement additional documents in order for the court to address the appeal.

- On 16 August 2011, the issuing bank requested the court to consider the removal of the court decision by stating the following: "Therefore, we [Respondent 2] would request you – The Court to consider removing the Decision ... so that we can perform the engaged payment obligations towards the beneficiary in the spirit of UCP 600."

The Initiator requests the International Centre for Expertise to declare, pursuant to the ICC DOCDEX Rules, that:

1. The conditions for making the payment of USD 1,232,397 under credit number 12345 were fulfilled.

2. Payment of such credit cannot be barred by any claim or defence of the applicant resulting from the contract and raised in front of the Country X International Arbitration Centre.

3. The issuing bank should have sought lifting of the decision rendered by the court on 9 November 2010 on the basis of the principles of the UCP 600.

The Respondent 2 confirms that it:

1. formally requests a DOCDEX Decision pursuant to Article 3.2.2. of the DOCDEX rules;

2. wishes to participate in the proceeding of DOCDEX/314;

3. requests the Centre to submit their answer dated 29 August to the Expert Panel.

Respondent 2 underlines that the above request does not mean its agreement to be bound by the DOCDEX Decision.

Documents submitted by the Parties

Documents submitted by the Initiator

1. sale Contract dated 31 January 2010 (including addendum 1 to 3 and Annex 1);
2. documentary credit for the first purchase order for an amount of USD 1,232,397;
3. amendment to the documentary credit dated 15 April 2010;
4. amendment to the documentary credit dated 29 April 2010;
5. inward cable notification of the bank dated 21 June 2010 confirming acceptance of the documents;
6. amendment to the documentary credit dated 1 November 2010;
7. test report of the sample dated 27 April 2010;
8. inspection report dated 27 April 2010;
9. decision of the court on 9 November 2010;
10. inward cable notification of the bank dated 15 November 2010;
11. inward cable notification of the bank dated 17 December 2010;
12. letter from the beneficiary to the bank on 31 December 2010;
13. letter of Appeal dated 13 December 2010;
14. notice dated 21 December 2010 received from the chief justice of City H People's Court;
15. notice dated 15 February 2011 received from the chief justice of the court;
16. submitted documentary credit documents to the bank for shipment dated 15 May 2010;
17. submitted documentary credit documents to the bank for shipment dated 15 May 2010.

Documents submitted by Respondent 2

1. the Answer to DOCDEX/314;
2. sale contract dated 31 January 2010 (including addendum 1 to 3);
3. documentary credit for an amount of USD 1,232,397;
4. amendment to the documentary credit dated 15 April 2010;

5. amendment to the documentary credit dated 29 April 2010;
6. covering schedule from the Bank for USD 1,232,397 dated 28 May 2010;
7. covering schedule from the bank for USD 1,232,397 dated 11 June 2010 for additional documents;
8. submitted documents for shipment of 15 May 2010 and for shipment 17 May 2010;
9. SWIFT message of acceptance dated 18 June 2010 from the issuing bank;
10. SWIFT message dated 29 October 2010 from the issuing bank for amendment of maturity date;
11. the Decision for Temporary Emergency Measure Application of City H People's Court;
12. SWIFT message dated 12 November 2010 from the issuing bank informing the bank about the court's decision;
13. SWIFT message dated 15 November 2010 from the issuing bank providing the bank the content of the court's decision;
14. written proposal from the issuing bank to the court for the removal of the court's decision

Respondent 1 did not submit any documents.

Analysis and conclusion

UCP 600 includes the following provisions:
Article 4
"Credits v. Contracts
a. A credit by its nature is a separate transaction from the sale or other contract on which it may be based. Banks are in no way concerned with or bound by such contract, even if any reference whatsoever to it is included in the credit. Consequently, the undertaking of a bank to honour, to negotiate or to fulfil any other obligation under the credit is not subject to claims or defences by the applicant resulting from its relationships with the issuing bank or the beneficiary.

A beneficiary can in no case avail itself of the contractual relationships existing between banks or between the applicant and the issuing bank.

b. An issuing bank should discourage any attempt by the applicant to include, as an integral part of the credit, copies of the underlying contract, proforma invoice and the like."

Article 5

"Documents v. Goods, Services or Performance
Banks deal with documents and not with goods, services or performance to which the documents may relate."

Article 7

"Issuing Bank Undertaking

a. Provided that the stipulated documents are presented to the nominated bank or to the issuing bank and that they constitute a complying presentation, the issuing bank must honour if the credit is available by:
   i. sight payment, deferred payment or acceptance with the issuing bank;
   ii. sight payment with a nominated bank and that nominated bank does not pay;
   iii. deferred payment with a nominated bank and that nominated bank does not incur its deferred payment undertaking or, having incurred its deferred payment undertaking, does not pay at maturity;
   iv. acceptance with a nominated bank and that nominated bank does not accept a draft drawn on it or, having accepted a draft drawn on it, does not pay at maturity;
   v. negotiation with a nominated bank and that nominated bank does not negotiate.

b. An issuing bank is irrevocably bound to honour as of the time it issues the credit.

c. An issuing bank undertakes to reimburse a nominated bank that has honoured or negotiated a complying presentation and forwarded the documents to the issuing bank. Reimbursement for the amount of a complying presentation under a credit available by acceptance or deferred payment is due at maturity, whether or not the nominated bank prepaid or purchased before maturity. An issuing bank's undertaking to reimburse a nominated bank is independent of the issuing bank's undertaking to the beneficiary."

The ICC DOCDEX Rules, in effect from 15 March 2002, include the following provision:

Article 1
"(DOCDEX) [...] is available in connection with any dispute related to [...] a documentary credit incorporating the ICC Uniform Customs and Practice for Documentary Credits (UCP), and the application of the UCP [...] Its objective is to provide an independent, impartial and prompt expert decision (DOCDEX Decision) on how the dispute should be resolved on the basis of the terms and conditions of the documentary credit [...] and the applicable ICC Rules...".

In general it should be noted that:

- The issue of provisional emergency measures resulting in a freeze of issuing bank assets, freeze payment orders, stop payment orders, injunctions (or comparable court measures) is not covered by UCP 600, but is for the courts to consider.

- The independence principle of documentary credits (as reflected in UCP 600 articles 4 and 5) should be upheld to the fullest extent possible, i.e., any interference by a court that prevents a bank from fulfilling its obligation under a credit should be based on very strong arguments, for example, proof of beneficiary fraud.

- An issuing bank that is presented with a decision from a court freezing the amount payable under a credit at the issuing bank cannot ignore such freezing order. This applies even if the issuing bank's obligation has been established due to a complying presentation being made and regardless of whether the issuing bank has previously accepted its obligation to pay.

- Local law and its application by the local courts is superior to UCP 600. The question of whether an issuing bank is required to fulfil its payment obligation under a credit, where a court decision according to which the amount payable under the credit is frozen at the issuing bank, is not a matter covered by UCP 600 and has to be determined by a court of law.

As for the requests from the Initiator (see above):

The issuing bank has accepted to pay at maturity. Therefore, according to UCP 600 article 7 its obligation under the credit to honour, is clearly established. The issuing bank has not disputed this, but rather acknowledged its payment obligation. However, as noted, the issuing bank cannot ignore the court decision.

The issuing bank is liable to honour a complying presentation as from the time of issuance of the credit. The mere existence of a dispute between the applicant and the beneficiary, including any court or arbitration hearing that is in place, does not, by itself, constitute a reason for not honouring under the credit. The issuing bank, however, cannot ignore the court decision prohibiting it from paying or reimbursing. Therefore, the question here is not whether the payment can be barred by any defence raised in front of an arbitration body, but rather whether, with respect to the issuing bank's obligation, the payment may be barred by a court order, injunction or similar court action.

As previously stated, the actions of a court are not covered in the UCP. Accordingly, the possible claims or defences of the applicant and the liability of the issuing bank for having complied with the court decision is an issue outside the UCP and has to be determined by a court of law. Therefore, this Panel rejects the Initiator's Request No. 2 as the issues identified in Request No. 2 are outside the scope of the ICC DOCDEX Rules (refer to article 1).

According to the issuing bank's response to the Request for a DOCDEX Decision provided on 29 August 2011, the bank requested the court to consider removal of the court decision on 16 August 2011. However, whether and at what stage an issuing bank of a credit is required to seek lifting of any court order that prevents it from effecting payment is a matter outside UCP and outside the scope of consideration of the DOCDEX Panel of Experts.

This is a unanimous Decision.

DOCDEX Decision No. 315

UCP 222 General Provisions and Definitions

Where promissory notes are purportedly issued by the First Respondent and governed by the law of Country S, and each note refers to UCP 222, are DOCDEX Experts able to render a decision as to whether the Initiator can claim payment under the notes using documentary credit rules or the laws of Country S? Is the concept and the instrument in a promissory note conceptually and mechanically different from those in a documentary credit?

Parties

Initiator:	Citizen B
Respondents:	Country A Chamber of Finances and Bank J

Background and transaction

The Initiator is the holder of 11 promissory notes listed in the table below, purportedly issued by the First Respondent. Each note is stated to be governed by Country S law and refers to UCP 222. Details are as follows:

Promissory Note	Number	Maturity	Amount	Currency
1	No.11	30/12/1985	3,500,000	USD
2	No.31	30/05/1986	750,000	USD
3	No.32	30/06/1986	3,000,000	USD
4	No.32	30/12/1986	750,000	USD
5	No.34	30/12/1986	3,000,000	USD
6	No.36	30/06/1987	2,500,000	USD
7	No.37	30/09/1987	3,000,000	USD
8	No.38	30/12/1987	3,000,000	USD
9	No.39	30/03/1988	2,500,000	USD
10	No.41	30/09/1988	2,500,000	USD
11	No.42	30/12/1988	2,500,000	USD

1. The Second Respondent certified the validity and authenticity of the First Respondent's signature on each note, other than note 3 and note 4, which only carry a stamp "verified".

2. The notes were all issued on 30 May 1975 and matured on various dates between 30 December 1985 and 30 December 1988, as indicated in the table above.

3. The Initiator claimed payment under the notes by addressing on 26 June 2007 to the Respondents a summons to pay followed by a claim filed before a court in Country A on 7 October 2007.

4. On 24 June 2008, the court rejected the claim as being time-barred under Country A laws.

Issues

The Initiator seeks a DOCDEX decision to decide on the Initiator's right to obtain payment under the notes, whether from the First Respondent as issuer or the Second Respondent that is characterized in the Request as acting as guarantor.

Initiator's claim

In the Request dated 10 September 2011, the Initiator contends that:

1. the court of Country A has wrongfully applied its law leading to the rejection of the Initiator's claim when the notes in dispute are governed by UCP 222 and Country S law;

2. it is entitled to payment under the notes pursuant to the applicable law, UCP and article 48-2 of the Geneva Convention on bills of exchange of 7 June 1930 as integrated into Country S law; and

3. it is entitled to an interest rate of 6% from the maturity date;

4. if its claim against the issuer (the First Respondent) is denied, it is entitled to claim payment from the Second Respondent, purportedly acting as guarantor, for undue enrichment pursuant to articles 54 of the aforesaid Convention, article 1052 of the Country S Code of Obligations and article 1235 of the Country S Civil Code.

Respondents' Answers

Neither Respondent has answered the Request.

Documents submitted by the parties

Documents submitted by the Initiator (all of which are copies).

1. copies of the 11 notes in dispute;
2. free translation of the first instance Tribunal of Country A's judgment of 24 June 2008.

No documents were submitted by the Respondents.

Analysis

Article 1.1 of the DOCDEX Rules states that the rules are available in connection with any dispute related to a documentary credit incorporating UCP or URR, a collection incorporating URC or a demand guarantee incorporating URDG.

The same article provides that DOCDEX Experts are empowered to resolve disputes on the basis of the terms and conditions of the relevant instrument and the applicable ICC rules.

UCP 222, applicable to the case, defines in paragraph (b) of the General Provisions and Definitions, a documentary credit as any arrangement, however named or described, whereby a bank (the issuing bank), acting at the request and in accordance with the instructions of a customer (the applicant for the credit) is to make payment to or to the order of a third party (the beneficiary) or is to pay, accept or negotiate bills of exchange (drafts) drawn by the beneficiary, or authorizes such payments to be made or such drafts to be paid, accepted or negotiated by another bank against stipulated documents and compliance with stipulated terms and conditions.

The Experts find that the 11 notes in dispute are not a "documentary credit" as defined in UCP 222 (see paragraph 3 above). The reason for this finding is two-fold. First, the issuer of the notes in dispute is not a bank acting at the request and in accordance with the instructions of a customer as required in the definition of credit provided in UCP 222. Second, there is a fundamental difference between a documentary credit providing for payment by means of presentation by the beneficiary to the issuer of a negotiable instrument and the negotiable instrument itself. In the first case, the credit is not subsumed in the draft. The draft is accessory to the credit and constitutes merely the payment means of that credit. In the promissory notes in dispute, there is no credit other than the promissory notes themselves. They merge the credit and the payment means. While there is nothing wrong with that, the concept and the instrument in a promissory note are both conceptually and mechanically different from those in a documentary credit as defined in UCP 222. Accordingly, the rules stated in UCP 222 do not allow us to evidence any of the claims put forward by the Initiator.

Furthermore, as indicated above, a DOCDEX Panel is not empowered to go beyond the terms and conditions of the relevant credit, collection or guarantee and the applicable ICC rules to adjudicate the dispute. Specifically, the DOCDEX rules do not empower the Experts to examine legal issues under Country S law or Country A laws in order to accept or reject the Initiator's claims, whether the claim relates to the determination of the applicable law, the right of the holder to obtain payment under the notes from the issuer or the guarantor, the relevance or the correct application of the Country A statute of limitations, or award any interest due thereon. Legal issues of this nature are to be resolved before the court of law that is competent under the disputed notes.

Conclusion

The Panel of Experts unanimously makes the following Decision under the ICC DOCDEX Rules:

The Initiator's claims find no supporting evidence under UCP 222 and, as such, are denied in their totality.

DOCDEX Decision No. 316

UCP 600 articles 16, 4, 5, 14 and 15; sub-articles 16 (f) and (d) and 38 (h)
Whether issuing or confirming banks that did not issue a notice of refusal within five banking days were precluded from claiming that the presentation did not constitute a complying presentation; whether the DOCDEX Panel of Experts is empowered under the DOCDEX Rules to decide on issues that relate, not to the UCP alone, but to the applicable law, such as fraud or exchange regulations

Parties

Initiator:	Company I
Respondents:	Bank B (First Respondent)
	Bank C (Second Respondent)

Background and transaction

1. On 7 September 2009, Bank B issued an irrevocable documentary credit ref. C12345 for an amount of EUR 3,585,000 in favour of Company G (the "credit"). The credit was subsequently amended and made "transferable".

2. Bank C, acting as advising and confirming bank, transferred the credit for an amount of EUR 3,050,000 in favour of the Initiator through Bank K, acting as advising bank.

3. Relevant elements of this transfer, which were almost the same as the original credit, were:
   - subject to UCP latest version (i.e., UCP 600)
   - available with Bank C by payment

As per field 78 of the MT720, proceeds were stated to be remitted value 10 working days in Country A and Country G

- First beneficiary: Company G
- Second beneficiary: Company I

Documents required:

+ Commercial invoice, which must mention conformity to the proforma invoice.
+ Complete set of clean on board bills of lading (hereafter B/L) to order of Bank B, marked freight prepaid and notify the applicant of the original credit: Company S
+ packing list
+ weight list
+ EUR 1 document addressee Company S
+ certificate of origin
+ quality control certificate issued by a competent organization, other than the beneficiary.

4. All the documents required under the credit and listed above were presented by Company I to Bank C, which found the presentation to be complying.

5. On 13 January 2011, Bank C sent the documents to Bank B. Payment was due value 26 January 2011 for an amount of EUR 3,263,250.

6. Bank B did not reject the presentation as per UCP 600 article 16.

7. The first beneficiary, Company G, contended that there was fraud in the transaction and sought an injunction from the Country G courts enjoining the payment of the credit.

8. On 19 January 2011, an interlocutory court injunction reportedly enjoined Bank C from making any payment to Company I under the credit.

9. On 9 November 2011, the injunction was reportedly lifted.

4. Bank C continues to refuse payment on the basis of fraud and/or forged documents.

Issues

The Initiator seeks a DOCDEX decision to decide on the Initiator's right to obtain payment under the credit whether from the First Respondent as issuing bank or the Second Respondent as confirming bank.

A. Initiator's Claim

In the Request dated 25 January 2012, the Initiator contends that:

1. Presentation of documents was considered as complying by both the issuing and confirming banks. Company G substituted its own invoice as per UCP 600 sub-article 38 (h). The invoice confirmed the conformity of the goods with their proforma invoice.

2. Shipping of goods failed, since Bank B and Company S did not sign the "lettre d'Engagement", which is reportedly a document required for hazardous goods to be discharged under local regulation.

3. The interlocutory injunction enjoining payment was lifted on 9 November 2011 by abandonment of the action by Company G. The first interlocutory injunction was based on declarations concerning the shipment of the goods, which were allegedly false.

4. The presenting bank, Bank K, supported the claim of Company I by insisting on payment on the basis of UCP 600 article 4.

5. Company I insisted on the respect of the payment commitment as stated in UCP 600.

B. First Respondent's Answers

1. In its Answer, Bank B refutes the facts as represented by Company I. In summary, it provides its own narrative presentation of the facts in relation to the commercial contract, the amendment of the credit to make it transferable, the transmission of the documents by Bank C, the instructions by Company S that no payment should be made because of non-conforming delivery and the judicial actions taken in Country G to prevent payment. In addition, Bank B represents that its investigation showed that no goods have been shipped on the vessel referred to in the documents, which leads it to infer that the B/L is untrue. According to Bank B, those facts led it to reject the claim for payment and to consider the file as closed.

2. In addition, Bank B notes that Company G and Company S are not parties to this DOCDEX proceeding and submits that both Company G and Company S should intervene in order for the DOCDEX Decision to take into account their arguments. Referring to the underlying commercial contract and sub-contract, Bank B submits that Country A law and jurisdiction (country of Bank B) should apply.

3. Bank B further points out that it cannot effect payment because any such payment would be in breach of the Country A exchange and international trade regulations, which require that a customs certificate be provided to evidence the import of the goods. In the absence of such a document, Bank B cannot make any payment.

4. Bank B rejects the contention of Company I that it has aided Company S in preventing the shipment.

5. Furthermore, Bank B argues that Bank C did not inform Bank B, nor made any reservation as to the fact that the invoice was issued under the header of Company G, while it was Company I that shipped the goods and, accordingly, should have issued the invoice.

C. Second Respondent's Answers

1. Bank C challenges the competence of the appointed DOCDEX experts and submits that the dispute should be resolved by the courts applying Country G law (country of Bank C).

2. Bank C also represents that evidence shown in the legal proceedings indicate that the goods have never been shipped. This, according to Bank C, results in the bill of lading being false. Consequently, attempts to obtain payment under the credit are, according to Bank C, an abuse of rights or a fraud.

D. Voluntary submission by Bank K

1. On 14 January 2011, Bank C confirmed receipt of documents by MT 799 and promised to pay.

2. On 20 January 2011, Bank C informed Bank K about the interlocutory injunction preventing payment.

3. After the injunction was lifted, Bank K requested payment several times from Bank C to no avail up to 17 February 2012.

Documents submitted by the parties

A. Documents submitted by the Initiator (all of which are copies).

1. SWIFT MT 720 (date not specified), being the transfer of the documentary credit (C12345) by Bank C to Company I;
2. commercial invoice of the first beneficiary, Company G, issued on 7 January 2011 to the applicant, Company S, containing the mention that goods are in conformity with the related proforma invoice;
3. declaration under oath, date not legible, signed by Mr M as manager for Company S. The declaration is established in German and French and states that a shipment of goods has been received from Company I in Country A and that it is incomplete and does not match with the technical requirements;
4. declaration under oath, dated 18 January 2011, signed by Mr C as manager for Company G. The declaration is established only in German. In essence, it indicates that Company G will be held responsible for the wrong delivery of the goods to Company S. It also contains a long explanation as to why Company I cannot deliver the goods on the agreed terms;
5. letter of Company G dated 17 January 2011 towards Bank C in German (and French incomplete translation), wherein it is stated that there was a shipment not complying with the contractual conditions. Bank C is asked to block payment meanwhile;
6. SWIFT MT 999 dated 24 March 2011 from Bank K to Bank B, requesting immediate payment on the basis of UCP 600 article 4;
7. SWIFT MT 999 dated 12 April 2011 from Bank B to Bank K, stating that payment was not effected since Bank B and its customer were "subject to fraud case" and the falsification of the bill of lading;
8. SWIFT MT 999 dated 10 May 2011 from Bank K to Bank B, transmitting the position message of Company I claiming payment;
9. SWIFT MT 799 dated 25 November 2011 from Bank C to Bank K in German, stating that payment cannot be made due to presentation of a false B/L under the credit;
10. SWIFT MT 799 dated 5 December 2011 from Bank C to Bank K in German, from which it can be inferred that Company I is aware of the court decision since it took part in the proceedings;
11. letter dated 11 January 2012 from Bank K to Company I, requesting that future contact be made directly to Bank C.

B. Documents submitted by the Respondents (all of which are copies).

1. documents submitted by the First Respondent. This list is made on the basis of the actual presented enclosures, which in case (iii) and (iv) do not match with the description of the document given by Bank B. In such case, the actual presented enclosure is stated in "italics".
   - *(i)* documentary credit issued on 7 September 2009 by Bank B through Bank C (as advising and confirming bank) by order of applicant Company S in favour of Company G. Relevant characteristics mainly as stated under II.2 here above.
   - *(ii)* request of amendment dated 12 November 2009 by Company S to Bank B for making the credit transferable;
   - *(iii)* SWIFT relating to amendment of the credit. This document was not presented, but another document seems to be the relevant one: *SWIFT MT 720 with no specified date, being the transfer of the documentary credit by Bank C to Company I;*

(iv) SWIFT of Bank C to Bank B, acknowledging receipt of the amendment. This document was not presented, but another document seems to be the relevant one: *SWIFT MT 799 dated 19 January 2011, from Bank C to Bank B, whereby Bank C acknowledges receipt of a SWIFT of Bank B dated 18 January 2011 (unknown) and stating that it will contact the second beneficiary and will revert;*

(v) SWIFT MT 754 dated 13 January 2011 from Bank C, asking for cover payment of EUR 3,263,250 to Bank B under value 26 January 2011;

(vi) remittance letter (page 2 only) of presented documents dated 13 January 2011 from Bank C to Bank B;

(vii) letter dated 9 January 2011 from Company G to Company S, informing about short shipment and asking to suspend payment until regularization of the situation;

(viii) letter dated 12 January 2011 from Company S to Bank B, asking not to accept documents and opposing any payment for non-respect of the contractual obligations and because there is presentation of an invoice not corresponding to the shipped equipment;

(ix) letter dated 17 January 2011 from Company G to Bank C in German with incomplete French translation informing that the delivered goods do not correspond to the agreed volume (shortage of approximately 40% of goods) and the contractual obligations, and asking to block payment;

(x) letter dated 21 January 2011 from Company G to Company S, informing that it succeeded to stop payment under the credit by legal action, insisting to work together to find a solution to the issue "caused by the bank". Company G alleges that it seeks compensation from Company I for interest and damages;

(xi) SWIFT MT 799 dated 18 January 2011, from Bank B to Bank C, acknowledging receipt of the documents and asking to suspend the payment. As per Company S, the delivered goods are not as per contractual specifications. Reference is also made to letter quoted under (ix) here above;

(xii) letter dated 1 February 2011, from Bank B to Bank C. Reference is also made to the injunction from the court of City K not to make payment and to the fact that shipping company affirms that B/L presented is not a regularly issued document;

(xiii) SWIFT MT 799 dated 4 April 2011, from Bank B to Bank C, confirming its position (document xi), stressing that Company I has admitted that no shipment has ever been effected and that the B/L is a forgery. Bank B considers the credit file as closed;

(xiv) letter dated 26 January 2011 from Company S to the agent of the shipping Company N, asking to inform it about the accuracy of the shipment;

(xv) letter dated 30 January 2011from shipping Company N to Company S, informing that B/L is not regular and that its agent at City A confirms that related goods have not been shipped on the alleged vessel;

(xvi) French translation of the injunction rendered in German by the High Court of City K on 19 January 2011;

(xvii) Judgement in German of the Commercial Court of City K dated 18 February 2011;

(xviii) letter dated 10 March 2011, from Company I to Bank B, giving its overview of the facts and stating that Bank B has handled the case in breach of the UCP, since its non-payment is based on an incorrect allegation that goods are not conforming;

(xix) letter dated 29 March 2011 from Company I to Bank B, referring to its previous letter, which remained without response and renewing its request for payment. Furthermore, Company I requests Bank B to cooperate by issuing the required "lettre d'engagement" by 5 April 2011;

(xx) e-mail dated 17 May 2011 from Bank B to Company I (once again through their lawyers) with following enclosure as attachment:

(xxi) letter from Bank B to Company I (by mail), reiterating that the B/L is a forgery. The letter also contains allegations that other presented documents (such as the invoice) were not regular. Bank B further indicates that it considers the matter as closed;

(xxii) decision issued by the accusation chamber of City O dated 8 January 2012 in Arabic;

(xxiii) decision issued by the commercial/marine court of City O dated 5 October 2011 in Arabic;

(xxiv) injunction issued by the court (summary procedure) of City O dated 18 January 2012 in Arabic;

(xxv) judgement rendered by the commercial/marine court of City O dated 30 January 2012 in Arabic;

(xxvi) article 21 of the commercial contract between Company S and Company G;

(xxvii) country A regulations for current foreign transactions;

(xxviii) article 15 of the commercial contract and methods of payment between Company S and Company G;

(xxix) presented B/L;

(xxx) presented commercial invoice issued by Company G;

(xxxi) e-mail response dated 20 January 2011 from Agent I to Company S. Agent I is the agent of the ship owner and states not to know the presented B/L;

(xxxii) SWIFT MT 799 apparently dated 25 November 2011 issued by Bank C to Bank K (in German with a free French translation), informing that payment cannot occur due to presentation of a B/L with false contents, notwithstanding that court did not pronounce on that case for procedural reasons.

2. No documents or enclosures were submitted by the Second Respondent.

Analysis

1. Article 1.1 of the DOCDEX Rules states that the rules are available in connection with any dispute related to a documentary credit incorporating UCP or URR, a collection incorporating URC or a demand guarantee incorporating URDG.

2. The same article provides that the Panel of Experts empowered under the DOCDEX Rules to resolve disputes does so on the basis of the terms and conditions of the relevant instrument and the applicable ICC rules.

3. UCP 600, applicable to the case, provides in article 5 that banks deal with documents and not with goods, services or performance to which the documents may relate. Furthermore, article 14 provides that a nominated bank acting on its nomination, a confirming bank, if any, and the issuing bank must examine a presentation to determine, on the basis of the documents alone, whether or not the documents appear on their face to constitute a complying presentation. An issuing or confirming bank must determine within five banking days following the day of presentation if a presentation is complying. If it is, that bank must, according to article 15, honour (or negotiate). Failure to refuse a presentation within the period indicated in the UCP precludes an issuing or confirming bank from subsequently claiming that a presentation does not constitute a complying presentation (UCP 600 sub-article 16 (f)).

4. In the matter of a transferred credit, UCP 600 sub-article 38 (h) gives the right to the first beneficiary to substitute its own invoice and draft, if any, for those of the second beneficiary. In the matter of this case, the first beneficiary has used that right and its invoice can therefore not be rejected.

5. After examining the documents submitted in the case, the Panel of Experts determines that a complying presentation was made by the Initiator. No notice of refusal was issued by the confirming or issuing bank within the time limit set in the UCP. Accordingly, the First and Second Respondent are estopped from claiming discrepancies in the presentation and have the duty under UCP 600 to make payment under the credit.

6. However, in addition to having the duty to abide by the UCP which are incorporated in the credit, the banks are also under the obligation to abide by the mandatory laws applicable to them. Fraud, forgery and exchange regulation are generally considered to be a matter of mandatory laws. Mandatory laws supersede the UCP, which are a set of contractual rules.

7. The Panel of Experts is not empowered under the DOCDEX Rules to decide on issues that relate, not to the UCP alone, but to the applicable law such as fraud or exchange regulation. This includes both deciding on facts and adjudicating claims in relation to such issues.

Conclusion

The Panel of Experts unanimously makes the following decision under the ICC DOCDEX Rules:

The First and Second Respondent have the duty under UCP 600 to pay the value of a complying presentation under the credit where no refusal of the presentation was made within the time limit indicated in UCP 600 sub-article 16 (d). The Panel of Experts does not have the power under the rules applicable to this proceeding to, and in effect does not, express any opinion on whether a fraud can be identified in the circumstances of the case or its possible impact on the payment duty herein ordered under UCP 600.

DOCDEX Decision No. 317

UCP 600 articles 4, 5 and 7

Where there was a complying presentation and a court prohibited payment under the documentary credit with reference to a different transaction and a different documentary credit; where there was a claim that there was a deficiency in the quality of the goods; and whether, in these cases, the DOCDEX Experts, under UCP 600, have the authority to supersede a court injunction and also to make a judgment concerning the quality of the goods

Parties

Initiator:	Company C (hereafter "beneficiary" or the "Initiator")
Respondent :	Bank B (hereafter "issuing bank" or the "Respondent")
and	
Third party	Mr J (hereafter "applicant" or the "third party")

Background and transaction

1. The Initiator is the beneficiary of irrevocable documentary credit number CIL56789R issued on 12 December 2008 by the Respondent. The applicant is Mr J.
2. The credit was issued via SWIFT MT700 and made subject to UCP 600 by reference to "UCP LATEST VERSION" in field 40E.
3. The credit was issued for USD 31,950.00 and was available with any bank in Country C by deferred payment (90 days from bill of lading date). The credit was advised to the beneficiary through Bank C (advising bank).
4. The credit amount was subsequently increased by USD 47,240.00 to a total of USD 79,190.00.

Issues

The summary below is based upon the request from the Initiator (dated 18 December 2010), as well as documents pertaining to the case (see "Documents submitted by the parties"). There was no submission by the Respondent.

- On 27 November 2008, the Initiator and third party signed contract of sales No. HM-12345 for USD 31,950.00.
- On 12 December 2008, the Respondent issued documentary credit number CIL56789R for USD 31,950.00.
- On 16 December 2008, the Initiator and Third Party signed contract of sales No. HM-34567 for USD 47,240.00.
- On 29 December 2008, the credit was amended. The amount of the credit was increased by USD 47,240.00, making a total credit amount of USD 79,190.00.
- Contract HM-34567 was cancelled. It is not clear from the documents at hand when this contract was cancelled.
- A presentation under the documentary credit was made to the Respondent (through the advising bank). On 10 February 2009, the Respondent accepted to pay USD 49,359.37 on the maturity date i.e., 20 April 2009.
- From the case it is stated that in March 2009 the third party brought an action against the Initiator. It held that the goods delivered in another transaction between the commercial parties (in November 2008) did not conform to the quality standard stipulated in the contract, and applied (at a Country P court) for freezing the amount due under documentary credit number CIL56789R.
- On 6 April 2009, the Respondent informed the advising bank that it had received an injunction issued by a Country P court. The injunction ruled (according to the Respondent) that the Respondent must not proceed with the payment of USD 49,359.37 due in respect of documents presented under documentary credit number CIL56789R, and that such amount is to be arrested and held to the order of the court. Consequently, the Respondent stated it is prevented from settling the amount at maturity despite its prior engagement.
- On 10 October 2009, the advising bank pressed the Respondent for payment under the documentary credit.
- On 12 October 2009, the Respondent replied to the advising bank, informing it that there was no new notice from the court and therefore they still could not pay the amount.

The Initiator requests the International Centre for Expertise to declare, pursuant to the ICC DOCDEX Rules, that the Country P court, besides violating UCP regulations, violated the justice and fairness principle:

1. The Initiator was not notified by the Country P, court thereby being denied its counterplead rights.

2. The Initiator disputes that there is a quality problem with the goods delivered, and even if there had been it should be solved under the conditions that both parties are present and a third party is commissioned to carry out verification.

3. The Respondent is a large-scale operation that has the ability to undertake the responsibility for compensation caused from possible causes.

Based on the above, the Initiator requires that the Respondent pay USD 49,359.37 under documentary credit CIL56789R plus USD 3,000.00 in attorney's fees.

Documents submitted by the parties

Documents submitted by the Initiator

(i) a copy of contract for sale No. HM-12345;
(ii) a copy of contract for sale No. HM-34567;
(iii) documentary credit number CIL56789R for USD 31.950,00;
(iv) amendment to the documentary credit dated 29 December 2008;
(v) amendment to the documentary credit dated 19 January 2009;
(vi) acceptance document from the Respondent confirming acceptance of the documents;
(vii) the notice concerning the injunction received from the Respondent;
(viii) message from the advising bank pressing the Respondent for payment under the documentary credit;
(ix) a copy of the bill of lading presented under the documentary credit;
(x) a copy of the certificate of origin presented under the documentary credit;
(xi) a copy of the packing list presented under the documentary credit;
(xii) a copy of the invoice (for USD 49.359,37) presented under the documentary credit;
(xiii) verdict concerning the injunction of the Country P court.

Analysis

UCP 600 includes the following provisions:

Article 4

"Credits v. Contracts

a. A credit by its nature is a separate transaction from the sale or other contract on which it may be based. Banks are in no way concerned with or bound by such contract, even if any reference whatsoever to it is included in the credit. Consequently, the undertaking of a bank to honour, to negotiate or to fulfil any other obligation under the credit is not subject to claims or defences by the applicant resulting from its relationships with the issuing bank or the beneficiary. A beneficiary can in no case avail itself of the contractual relationships existing between banks or between the applicant and the issuing bank.

b. An issuing bank should discourage any attempt by the applicant to include, as an integral part of the credit, copies of the underlying contract, proforma invoice and the like."

Article 5

"Documents v. Goods, Services or Performance

Banks deal with documents and not with goods, services or performance to which the documents may relate."

Article 7

"Issuing Bank Undertaking

a. Provided that the stipulated documents are presented to the nominated bank or to the issuing bank and that they constitute a complying presentation, the issuing bank must honour if the credit is available by:
   i. sight payment, deferred payment or acceptance with the issuing bank;
   ii. sight payment with a nominated bank and that nominated bank does not pay;
   iii. deferred payment with a nominated bank and that nominated bank does not incur its deferred payment undertaking or, having incurred its deferred payment undertaking, does not pay at maturity;

iv. acceptance with a nominated bank and that nominated bank does not accept a draft drawn on it or, having accepted a draft drawn on it, does not pay at maturity;
v. negotiation with a nominated bank and that nominated bank does not negotiate.

b. An issuing bank is irrevocably bound to honour as of the time it issues the credit.

c. An issuing bank undertakes to reimburse a nominated bank that has honoured or negotiated a complying presentation and forwarded the documents to the issuing bank. Reimbursement for the amount of a complying presentation under a credit available by acceptance or deferred payment is due at maturity, whether or not the nominated bank prepaid or purchased before maturity. An issuing bank's undertaking to reimburse a nominated bank is independent of the issuing bank's undertaking to the beneficiary."

The ICC DOCDEX Rules, in effect from 15 March 2002, include the following provision:

Article 1

"(DOCDEX) [...] is available in connection with any dispute related to [...] a documentary credit incorporating the ICC Uniform Customs and Practice for Documentary Credits (UCP), and the application of the UCP [...] Its objective is to provide an independent, impartial and prompt expert decision (DOCDEX Decision) on how the dispute should be resolved on the basis of the terms and conditions of the documentary credit [...] and the applicable ICC Rules...".

In general it should be noted that:

- The issue of provisional emergency measures resulting in a freeze of issuing bank assets, freeze payment orders, stop payment orders, injunctions (or comparable court measures) is not covered by UCP 600 but is for the courts to consider. Under all circumstances, the court has notably prohibited payment under the documentary credit with reference to a different transaction and a different documentary credit, but presumably without any reference to an irregularity or unlawfulness regarding the transaction concerned.

- The independence principle of documentary credits (as reflected in UCP 600 articles 4 and 5) should be upheld to the fullest extent possible, i.e., any interference by a court that prevents a bank from fulfilling its obligation under a credit should be based on very strong arguments, for example, proof of beneficiary fraud. It must be added that it would at least be expected that any freezing order of the funds payable under a documentary credit is related to the transaction covered by that documentary credit. A freezing order of a payment under one documentary credit based on a delivery of goods under another documentary credit is highly unusual.

- An issuing bank that is presented with a decision from a court freezing the amount payable under a credit at the issuing bank cannot ignore such freezing order. This applies even if the issuing bank's obligation has been established due to a complying presentation being made and regardless of whether the issuing bank has previously accepted its obligation to pay.

- Local law and its application by the local courts is superior to UCP 600. The question of whether an issuing bank is required to fulfil its payment obligation under a credit, where a court decision according to which the amount payable under the credit is frozen at the issuing bank, is not a matter covered by UCP 600 and has to be determined by a court of law.

As for the requests from the Initiator (see above):

1. The handling of stop-payment orders by local courts is a matter of local law and consequently a matter outside UCP and outside the scope of consideration of the DOCDEX process and the Panel of Experts.

2. The issue of whether or not there is a quality problem with the goods and how such should be solved is a matter outside UCP and outside the scope of consideration of the DOCDEX Panel of Experts.

3. The issue of the size of the parties and their ability to undertake their responsibility for compensation caused from possible causes is a matter outside UCP and outside the scope of consideration of the DOCDEX Panel of Experts.

Conclusion

In conclusion, the issuing bank has accepted to pay at maturity. Therefore, according to UCP 600 article 7 its obligation under the credit, to honour, is clearly established. The issuing bank has not disputed this but rather acknowledged its payment obligation. However, as noted, the issuing bank cannot ignore the court decision. Likewise, the payment of attorney fees would be for a court to decide.

[This is a unanimous Decision.]

DOCDEX Decision No. 318

UCP 600 sub-articles 4 (a), 14 (a) (d) and (h), 7 (a)

Where there was a complying presentation, could the Respondent look behind the documents presented to the underlying contract as a basis for refusing payment; was the credit requirement that the SAT Certificate be completed before final payment carried out, and, if not, did this constitute a discrepancy?

Parties

Initiator:	Company W
Respondent:	Bank K

Background and transaction

1. In July 2010, the Initiator entered into a contract ("the Underlying Contract") with the XYZ Program Administration of Country S ("XYZ" "the applicant") to supply to XYZ an Aerostat System ("the commodity").

2. We are informed (by the respective law firms representing the Initiator and the Respondent) that, pursuant to the Underlying Contract, XYZ applied to the Respondent to issue a letter of credit in the amount of USD 6,150,000.00 (being the contract price under the Underlying Contract). It is common ground between the parties that:
   (i) a letter of credit ("the L/C") was issued on 3 August 2010, by the Respondent, through a SWIFT transmission;
   (ii) the L/C stated that it was issued with the applicable rules being "UCP latest version", which is currently UCP 600; and
   (iii) the L/C was notified by the Respondent to the Initiator (as beneficiary) through Bank J ("the advising bank").

3. The L/C description of goods and/or services was stated as follows in field 45A of the SWIFT transmission:

"ONE AEROSTAT SYSTEM (INCLUDING EQUIPMETNT, TOTAL SPARES, ACCESSORIES, TEST EQUIPMENT, INSTALLATION, SERVICES AND TRAINING)"
(Note: We assume that the word "EQUIPMETNT" is a mis-spelling of the word "equipment".)

4. A payment schedule of four instalments was stated in the L/C. The first instalment of USD 1,230,000.00 was paid by the Respondent after the Initiator presented documents on 18 October 2010 (through the advising bank).

5. On 27 December 2010, the instalment schedule was amended by the Respondent, via amendment No. 1, to provide for only two payments, in lieu of four, as follows:

   "PART I FOR THE FIRST PAYMENT SCHEDULE IN THE FIELD 47A .7
   1) ONE (1) ORIGINAL AND FOUR (4) COPIES OF BENEFICIARY'S SIGNED COMMERCIAL INVOICE
   2) ONE (1) ORIGINAL AND FOUR (4) COPIES REPAYMENT GUARANTEE
   3) ONE (1) ORIGINAL AND FOUR (4) COPIES PERFORMANCE BOND

   PART II FOR THE SECOND PAYMENT SCHEDULE 47A .7
   1) ONE (1) ORIGINAL AND FOUR (4) COPIES OF BENEFICIARY'S SIGNED CERTIFICATE OF SITE ACCEPTANCE TEST (SAT)
   2) ONE (1) ORIGINAL AND FOUR (4) COPIES OF BENEFICIARY'S SIGNED CERTIFICATE OF COMPLETION OF TRAINING
   3) ONE (1) ORIGINAL AND FOUR (4) COPIES OF BENEFICIARY'S SIGNED COMMERCIAL INVOICE
   4) ONE (1) ORIGINAL AND FOUR (4) COPIES OF BILL OF LADING AND/OR AIRWAY BILL FOR AEROSTAT SYSTEM TO COUNTRY S. I/O PREVIOUS."

6. At the same time, field 47A (additional conditions), of the L/C was also amended by the Respondent, via amendment No.1, to specify as follows:

"1)FIRST PAYMENT: 20 PCT OF THE TOTAL AMOUNT (USD 1,230,000.00) SHALL BE PAID UPON PRESENTATION REQUIRED DOCUMENTS (46A PART I) AFTER ESTABLISHMENT OF PERFORMANCE BOND AND REPAYMENT GUARANTEE.
2) FINAL PAYMENT: 80 PCT OF THE TOTAL AMOUNT (USD 4,920,000.00) SHALL BE PAID UPON PRESENTATION REQUIRED DOCUMENTS (46A PART II) AFTER SAT COMPLETION. I/O PREVIOUS" (emphasis added)

7. On 7 February 2012, the L/C was further amended by the Respondent, via amendment No.2, to extend the latest shipment date as follows:

"44C : LATEST DATE OF SHIPMENT : 120212".

8. On 17 February 2012, the advising bank, on behalf of the Initiator, presented documents to the Respondent to draw the final payment under the L/C. Apart from the covering letter from the Initiator dated 9 February 2012, these documents were:
1) certificate of completion of site acceptance test (SAT) signed by the Initiator's representative and dated 3 February 2012 (hereinafter referred to as "the SAT Certificate");
2) certificate of completion of training signed by the Initiator's representative and dated 3 February 2012 (hereinafter referred to as "the training certificate");
3) commercial invoice signed by the Initiator's representative and dated 9 February 2012 (hereinafter referred to as "the commercial invoice");
4) bill of lading issued by a carrier in respect of the shipment of the commodity from Los Angeles (the port of loading) to City B (the port of discharge) with the place and date of issue stated as "Norfolk, Feb. 03, 2012" and dated as of that same date (hereinafter referred to as "the bill of lading");
5) draft drawn by the Initiator on the Respondent for USD 4,920,000.00 dated 9 February 2012 (hereinafter referred to as "the 9 February 2012 Draft").

9. On 22 February 2012, the Respondent notified the Initiator, through the advising bank, that it was refusing the documents. The discrepancies were stated as being:
"SAT IS INCOMPLETION. (SEE 47A. 7.2))
PERFORMANCE BOND WAS NOT EXTENDED AND WAS NOT PRESENTED. "

10. On behalf of the Initiator, the advising bank informed the Respondent that the Initiator was contesting the noted discrepancies.

Issue

Whether the Respondent, as issuing bank of the L/C, was justified in refusing the documents presented to it on 17 February 2012 on account of the foregoing stated discrepancies.

A. Initiator's claim

1. The Initiator, through its lawyers, has asserted that the Respondent, as the issuing bank, is obliged to honour a documentary credit where the stipulated documents are presented and they constitute a complying presentation, citing UCP 600 sub-article 7 (a). The Initiator also asserts that the Respondent, as issuing bank, is not entitled to go behind the documents presented, nor can it look to any related contract between the Initiator (as beneficiary) and XYZ (as applicant) so as to refuse payment, citing UCP 600 sub-articles 4 (a) and 14 (a). It further asserts that where a documentary credit refers to a condition without specifying a document required to satisfy that condition, that condition will be disregarded, citing UCP 600 sub-article 14 (h).

2. The Initiator further asserts that the documents presented (i.e., the SAT Certificate, the training certificate, the commercial invoice and the bill of lading) on their face constitute a complying presentation.

B. Respondent's reply

1. The Respondent, through its lawyers, has asserted that the SAT Certificate is a forged document insofar as the SAT is the procedure established under the Underlying Contract and needs to be conducted by the Initiator and certified by inspectors designated by the end-user, the Country S Army. The Respondent asserts that it was clear that no SAT was conducted in accordance with the Underlying Contract. It is further asserted that whereas the SAT Certificate stated that the SAT was completed as of 3 February 2012, this could not have been so, as the commodity's delivery was not completed until later in February 2012, and concluded that the SAT Certificate was a patently false document.

Documents submitted by the parties

A. Documents submitted by the Initiator

1. copy of SWIFT MT700 received by the advising bank on 3 August 2010 containing the L/C (seven-pages), copy of amendment No.1 to the L/C received by the advising bank on 4 January 2011 (two-pages) and copy of amendment No. 2 to the L/C received by the advising bank on 7 February 2011 (one-page);
2. the Underlying Contract;
3. initiator's letter dated 9 February 2012 enclosing documents presented to the Respondent for the unpaid balance under the L/C;
4. respondent's SWIFT message dated 22 February 2012 received by the advising bank refusing the documents presented and stating discrepancies;
5. respondent's SWIFT message dated 23 February 2012 received by the advising bank stating that the guarantee (performance bond) had expired and stating that it should be extended;
6. advising bank's SWIFT message dated 23 February 2012, stating that it was contesting the discrepancies noted in the Respondent's notification dated 22 February 2012;
7. respondent's SWIFT message dated 27 February 2012 received by the advising bank referencing the Underlying Contract and alleging non-compliance therewith by the Initiator in failing to extend the guarantee (performance bond);
8. respondent's SWIFT message dated 29 February 2012 received by the advising bank relaying the applicant's allegation that the commodity had arrived in City P port, and City I airport and was currently undergoing customs clearance and that the submitted certificate of completion of SAT by the Initiator was a "false document";
9. advising bank's SWIFT message dated 1 March 2012, conveying Initiator's statement that the performance bond is not a required document for payment;
10. letter from Initiator's lawyers dated 12 March 2012 addressed to the Respondent, stating that the Respondent was obliged to honour the second payment under the L/C on the basis of the documents presented to it on 17 February 2012;
11. respondent's SWIFT message dated 21 March 2012 addressed to the Initiator, stating that the Respondent had received a legal decision for an injunction from a court and refusing the Initiator's documents;
12. letter from Initiator's lawyers dated 28 March 2012 addressed to the Respondent, stating that no injunction had been granted in respect of the matter (contrary to the Respondent's SWIFT message dated 21 March 2012) and reiterating that the Respondent had no legal basis to decline to honour the L/C;
13. letter from Initiator's lawyers dated 30 March 2012 addressed to the Respondent, stating that they would be submitting a request for a DOCDEX ruling under the DOCDEX Rules on behalf of the Initiator unless payment was received by 3 April 2012;
14. the SAT Certificate;
15. the training certificate;
16. the commercial invoice;
17. the bill of lading and the 9 February 2012 draft.

B. No documents were submitted by the Respondent

Analysis

1. The L/C was issued by the Respondent subject to UCP 600 and named the Initiator as the beneficiary thereunder. As the initial payment of 20% of the L/C amount was made without dispute, the issue before us relates solely to the presentation made by the advising bank on 17 February 2012 on behalf of the Initiator, and whether the Respondent was justified in refusing the documents on the two grounds as set out in its SWIFT message of 22 February 2012 to the advising bank.

2. We note that the Initiator does not question the formal correctness of the Respondent's refusal dated 22 February 2012, nor whether it was sent in time.

A. *First discrepancy*

1. The first discrepancy stated in the Respondent's SWIFT message of 22 February 2012 was stated to be: "SAT IS INCOMPLETION. (SEE 47A. 7.2) ".

2. Although grammatically incorrect, the meaning of "SAT IS INCOMPLETION" is clear, more so in view of its association in the same sentence with the reference "SEE 47A. 7.2", which unequivocally points to the requirement for completion of SAT prior to presentation of the documents required under the L/C as set out at field 47A (additional conditions), paragraph 7, item 2 in the L/C (as amended via amendment No.1, referred to above), which reads as follows: "Final payment 80 pct of the total amount (USD 4,920,000.00) shall be paid upon presentation required documents (46A part II) <u>after SAT completion</u>" (<u>emphasis added</u>).

3. Our decision as the appointed Experts in respect of the first discrepancy is as follows:

(i) Pursuant to UCP 600 sub-article 4 (a), we affirm that a documentary credit is a separate transaction from the Underlying Contract. Hence, a determination as to whether there is a complying presentation is to be based on the terms of the documentary credit, international standard banking practice and the UCP. We, therefore, do not think that any reference to the Underlying Contract is relevant.

(ii) Determination as to whether or not the documents presented to the Respondent were false or fraudulent falls outside the jurisdiction of the appointed Experts. Consequently, we do not make any finding in that regard.

(iii) Upon presentation of documents, the relevant bank is to determine, on the basis of the documents alone, whether or not the documents appear on their face to constitute a complying presentation: UCP 600 sub-article 14 (a).

(iv) Looking at the documents presented on behalf of the Initiator on 17 February 2012, we note that:

- the SAT Certificate states that the SAT was completed by 3 February 2012;
- the training certificate states that the training was completed by 3 February 2012; and
- the bill of lading states that the commodity was shipped on board on the same day, 3 February 2012, at Los Angeles (the port of loading) for City B (the port of discharge).

(v) We find that the data on the SAT Certificate and the training certificate contravene UCP 600 sub-article 14 (d), which states: "Data in a document, when read in the context of the credit, the document itself and international standard banking practice, need not be identical to, but must not conflict with, data in that document, any other stipulated document or the credit."), with regard to:

- as read in the context of the L/C, both the SAT Certificate and the training certificate presented conflicted with the L/C terms (as amended) which required "FINAL PAYMENT: 80 PCT OF THE TOTAL AMOUNT (USD 4,920,000.00) SHALL BE PAID UPON PRESENTATION REQUIRED DOCUMENTS (46A PART II) <u>AFTER SAT COMPLETION</u>." (<u>emphasis added</u>).
- it was materially impossible for the SAT to have been completed on or prior to 3 February 2012, as stated in the SAT Certificate presented, given that the bill of lading showed that the commodity was shipped on board the carrying vessel on that very same date. Nor would it have been possible for the "TEST EQUIPMENT", "INSTALLATION" and "TRAINING" (required under the description of the commodity in the L/C) to have been completed on that date. Accordingly, the commodity would necessarily have to arrive in the country of destination for the SAT to be completed, and the commodity could not have arrived on the date it was stated to have been shipped.

(vi)Therefore, we find that the conflicting data amounted to a discrepancy which justified the Respondent's rejection of the documents on account of the first discrepancy.

B. *The second discrepancy*

1. The second discrepancy stated in the Respondent's SWIFT message of 22 February 2012 was stated to be: "PERFORMANCE BOND WAS NOT EXTENDED AND WAS NOT PRESENTED."

2. The Initiator asserts that the validity or otherwise of the performance bond required under the Underlying Contract is not relevant to the Respondent's obligations under the L/C.

3. Our decision, as the appointed Experts, in respect of the second discrepancy is as follows:

   (i) The only reference to the performance bond in the L/C (as amended by Amendment 01) related to the first payment under the L/C. That reference is not relevant to the second payment which is the subject of this request.

   (ii) Whatever the merits, or lack of merit, of arguments that the performance bond needed to be extended under the terms of the Underlying Contract, we find (pursuant to UCP 600 sub-article 4 (a)) that they are not relevant to determining whether the Respondent is obliged to consider the 17 February 2012 presentation as a complying presentation.

   (iii) Further, (pursuant to UCP 600 sub-article 14 (h)), provided that a credit contains a condition without stipulating the document to indicate compliance therewith, banks are to deem such condition as not stated and to disregard it.

   (iv) Accordingly, we find that the second discrepancy was not valid.

Conclusion

We find that the first discrepancy asserted by the Respondent justifies its decision to treat the Initiator's 17 February 2012 presentation as a non-complying presentation. We do not find the second discrepancy asserted by the Respondent to be valid. Nevertheless, the validity of the first discrepancy justifies the Respondent's position.

The appointed Experts reached a unanimous Decision.

DOCDEX Decision No. 319

UCP 600 sub-article 14 (d)

Where, on a copy of an unpaid commercial invoice, there was a difference between the loading date and the B/L date, was this a discrepancy? Where the credit did not require a transport document, did the transport articles of UCP 600 apply?

Parties

Initiator:	Bank B (hereafter "issuing bank" or the "Initiator")
Respondent:	Company U (hereafter "beneficiary" or the "Respondent")

Note: The Respondent has not filed an answer.

Issues

Questions raised by the Initiator

1. Was the Initiator entitled to refuse the Respondent's claim under the standby letter of credit (SBLC) on grounds of discrepant documents?;

2. Following presentation of a revised document, was the Initiator again entitled to refuse the Respondent's claim on the grounds of discrepant documents?; and

3. Was the Initiator therefore entitled to refuse payment under the SLBC?

Background and transaction

1. Summary of representations: the SBLC was subject to UCP 600 and sent by the Initiator by SWIFT. The standby required presentation of three documents:

- "copy of an unpaid commercial invoice stating B/L date;
- beneficiary's signed statement; and
- either a copy of a notice of readiness and completion of discharge OR a copy of the beneficiary's Warranty of Title in the following format … ".

1. In the SBLC SWIFT message, Field 77C stated (in addition to other information not in question): "COVERING: THE SHIPMENT OF 425'000 BARRELS +/- 5 PCT OF QARUN CRUDE OIL DELIVERED DES TRIESTE BY VESSEL 'TBN' OR SUB LOADING DURING THE PERIOD FROM 18TH – 22ND DECEMBER 2011 (BOTH DATES INCLUDED)."

2. The commercial invoice for the first presentation of documents gave the following information (in addition to other information not in question):

VESSEL NAME:	XXX
B/L DATE:	23 DECEMBER 2011
LOADING PORT:	XXX
DISCHARGE PORT:	XXX
TERMS OF DELIVERY:	XXX
COMMODITY:	XXX
QUANTITY:	XXX
UNIT PRICE:	XXX

3. The Initiator timely dishonoured the first presentation, stating the following discrepancy and indicated it was holding the documents: "B/L DATE STATED ON THE INVOICE IS 23 DECEMBER 2011 WHEREAS LOADING DURING THE PERIOD FROM 18TH TO 22ND DECEMBER 2011 (LATE SHIPMENT)"

4. The Respondent disagreed with the discrepancy and presented arguments to the Initiator. The Initiator disagreed with Respondent's position and continued to dishonour the first presentation.

5. Respondent timely submitted a new invoice [the "Second Presentation"] showing the same information as above AND adding new information i.e., Loading Date (line 2 below):

VESSEL NAME:	XXX
LOADING DATE:	22 DECEMBER 2011
B/L DATE:	23 DECEMBER 2011
LOADING PORT:	XXX
DISCHARGE PORT:	XXX
TERMS OF DELIVERY:	XXX
COMMODITY:	XXX
QUANTITY:	XXX
UNIT PRICE:	XXX

6. Initiator timely dishonoured the second presentation, stating the following discrepancy and indicated it was holding the documents: "THE INVOICE SHOWS CONFLICTING DATA. LOADING DATE IS INDICATED AS 22 DECEMBER 2011 WHEREAS B/L DATE IS INDICATED AS 23 DECEMBER 2011. (ARTICLE 14D OF THE UCP 600 APPLIES)."

Documents submitted by the Initiator

1. SWIFT message sent by the Initiator setting out the terms of the SBLC;
2. SWIFT message from the Respondent acknowledging receipt;
3. documents of Presentation number 1 by the Respondent;
4. SWIFT message sent by the Initiator notifying dishonour of Presentation number 1;
5. SWIFT message sent by the Respondent disagreeing with discrepancy;
6. SWIFT message sent by the Initiator explaining its position on Presentation number 1;
7. SWIFT message sent by the Respondent stating beneficiary is re-submitting a new invoice and continuing to disagree with discrepancy in Presentation number 1 and requesting payment with interest;
8. remittance letter and Presentation number 2 invoice;
9. SWIFT message sent by the Respondent requesting payment status;
10. SWIFT message sent by the Initiator notifying dishonour of Presentation number 2.

Analysis

1. No transport document was required by the credit. The credit stipulated the requirement for the invoice to be: "copy of unpaid commercial invoice stating B/L date". The credit does not explicitly require that it state the loading period.

2. The only place a loading period was stipulated was under the heading "*covering*".

3. Presentation number 1: if one converts "covering" to the "*goods description required to appear on the invoice*", then the loading period is not stated in the goods description (emphasis added). However, the "discrepancy" raised by the Initiator does not refer to this; it simply states "B/L date stated on invoice is 23 December 2011 whereas loading during the period from 18th to 22nd December (late shipment)."

4. In ICC Banking Commission Opinion R 678, the issue is similar (inspection certificate stating loading 27 28 Jan. whilst B/L is dated 29 Jan.). Even though the bill of lading is dated one day after the last day of the loading period, this is not in conflict with the requirements of the credit.

5. Because no transport document is required for presentation, the transport articles of UCP 600 do not apply. The single issue is whether the data on the commercial invoice complies with the requirement of the credit. It complies. The Initiator should honour the presentation.

6. Presentation number 2: The single issue in the second presentation is whether the data on the commercial invoice is in conflict. Even if the credit required the invoice to state the loading date(s) between 18 – 22 December and also to state the bill of lading date, the second invoice does state "loading date 22 December 2011" and "B/L date 23 December 2011". The credit did not require the shipment date on the bill of lading to be within the period for the loading dates.

7. The loading of goods on a vessel is evidenced by proof of an on board date on the bill of lading. For this credit, there is no bill of lading, hence, there is no document other than the invoice to state a loading date. There is nothing unusual in a dated on board notation pre-dating the issuance date of the bill of lading. The date on which the goods have been loaded on board may be advised to the bill of lading issuing office, and an intervening weekend or pressure of work might cause the bill of lading to be issued and dated some days later, though also showing the actual, and earlier, date on which the goods have been loaded on board.

8. This is consistent with ICC Opinions R 678 and R 568, both of which addressed the issue of dates on a bill of lading, as follows:

1) R 678 addressed a query regarding possible inconsistency in bill of lading dates. Conclusion: Using the dates mentioned in the query, a charter party bill of lading that bears a pre-printed wording to the effect that the goods are on board the vessel on 29 January 2007, or bears an on board notation that is dated 29 January 2007, is not inconsistent with an inspection certificate stating that the loading period was 27 - 28 January 2007.

2) R 568 addressed a bill of lading with an on board date and a later date of issue date. Conclusion: For the purpose of fixing the maturity date of a draft to be drawn under a credit which stipulates such draft to be drawn "X days after B/L date", the date of the on board notation, if any, should be considered the "B/L date" irrespective of whether the date of the on board notation is later or earlier than the date of issuance of the bill of lading.

3) The 2nd presentation was not discrepant. The Initiator should honour the presentation.

Conclusion

1. Was the Initiator entitled to refuse the Respondent's claim under the SBLC on grounds of discrepant documents?
   Decision: No.

2. Following presentation of a revised copy of the unpaid commercial invoice, was the Initiator again entitled to refuse the Respondent's claim on grounds of discrepant documents?
   Decision: No.

3. Was the Initiator therefore entitled to refuse payment under the standby letter of credit?
   Decision: No.

The Initiator should honour the presentation.

This Decision is unanimous.

INDEX

by UCP, URC and URDG articles and ISBP paragraph numbers

INDEX
by UCP, URC 522, URDG 458, URDG 758 articles and ISBP 681 paragraph numbers

(Cases are organized depending on whether they refer to UCP 600, UCP 500, UCP 222, URC 522, URDG 458. ISBP paragraphs refer to ISBP 681, which accompanies UCP 600.)

APPENDICES

ICC DOCDEX Rules
(ICC Publication No. 811

ICC Uniform Customs and Practice for Documentary Credits
(ICC Publication No. 600)

International Standard Bank Practices for the Examination of Documents under Documentary Credits
(ICC Publication No. 681)

For more information about
the DOCDEX system, go to
the web site at
www.iccdocdex.org, or
contact:

ICC International Centre for Expertise
33–43, avenue du President Wilson 75116 Paris, France
Tel.: +33 1 49 53 30 53 Fax: +33 1 49 53
29 29 E-mail: docdex@iccwbo.org

The ICC DOCDEX Rules were originally issued in October 1997. The first revision was initially published in April 2002. Reprinted September 2002 (with grammatical and typographical corrections), October 2003, June 2004, October 2005 and May 2006.

Published by the International Chamber of Commerce

ICC Publication No. 811
ISBN-10: 92-842-1325-8
ISBN-13: 978-92-842-1325-2

ICC DOCDEX RULES

ICC Rules for Documentary Instruments Dispute Resolution Expertise

First revision
In effect from 15 March 2002

Article 1: Dispute Resolution Service

1.1 These rules concern a service called Documentary Instruments Dispute Resolution Expertise (DOCDEX) which is available in connection with any dispute related to:

- a documentary credit incorporating the ICC Uniform Customs and Practice for Documentary Credits (UCP), and the application of the UCP and/or of the ICC Uniform Rules for Bank-to-Bank Reimbursement under Documentary Credits (URR),
- a collection incorporating the ICC Uniform Rules for Collections (URC), and the application of the URC,
- a demand guarantee incorporating the ICC Uniform Rules for Demand Guarantees (URDG), and the application of the URDG.

Its objective is to provide an independent, impartial and prompt expert decision (DOCDEX Decision) on how the dispute should be resolved on the basis of the terms and conditions of the documentary credit, the collection instruction, or the demand guarantee and the applicable ICC Rules, be it the UCP, the URR, the URC or the URDG (ICC Rules).

Any reference to DOCDEX will be deemed to apply to the latest version of the DOCDEX Rules and the applicable version of the ICC Rules, unless otherwise stipulated in the documentary credit, the collection instruction or the demand guarantee.

1.2 DOCDEX is made available by the International Chamber of Commerce (ICC) through its Inter¬national Centre for Expertise (Centre) under the auspices of the ICC Commission on Banking Tech¬nique and Practice (Banking Commission).

1.3 When a dispute is submitted to the Centre in accordance with these rules, the Centre shall appoint three experts from a list of experts maintained by the Banking Commission. These three experts (Appointed Experts) shall make a decision which, after consul¬tation with the Technical Adviser of the Banking Commission, shall be issued by the Centre as a DOCDEX Decision in accordance with these rules. The DOCDEX Decision is not intended to conform with any legal requirements of an arbitration award.

1.4 Unless otherwise agreed, a DOCDEX Decision shall not be binding upon the parties.

1.5 In the DOCDEX procedure the communication with the Centre shall be conducted exclusively in writing, i.e. by communication received in a form that provides a complete record thereof, via teletransmission or other expeditious means.

Article 2: Request

2.1 The Initiator shall apply for a DOCDEX Decision by submission of a request (Request). The Initiator may be one of the parties to the dispute applying individu¬ally, or more or all parties to the dispute submitting jointly a single Request. The Request, including all documents annexed thereto, shall be supplied to the Centre in Paris, France, in four copies.

2.2 A Request shall be concise and contain all necess¬ary information clearly presented, in particular the following:

2.2.1 full name and address of the Initiator, clearly stating such Initiator's function(s) in connec¬tion with the documentary credit, the collection, or the demand guarantee, and

2.2.2 full name and address of any other party to the dispute (Respondent), clearly stating such Respondent's function(s) in connection with the documentary credit, the collection, or the demand guarantee, where the Request is not submitted jointly by all parties to the dispute, and

2.2.3 a statement of the Initiator formally requesting a DOCDEX Decision in accordance with the ICC DOCDEX Rules, ICC Publication No. 811, and

2.2.4 a summary of the dispute and of the Initiator's claims, clearly identifying all issues related to the documentary credit, the collection, or the demand guarantee and the applicable ICC Rules to be determined, and

2.2.15 copies of the documentary credit, the collec¬tion instruction, or the demand guarantee in dispute, all amendments thereto, and all documents deemed necessary to establish the relevant circumstances, and

2.2.6 a statement by the Initiator that a copy of such Request, including all documents annexed thereto, has been sent to each Respondent named in the Request.

2.3 The Request must be accompanied by the payment of the Standard Fee as per the Appendix hereto. No Request shall be processed unless accompanied by the requisite payment.

Article 3: Answer

3.1 The Respondent may submit an Answer to the Initiator's Request. The Respondent may be one or more of the parties to the dispute named in the Request as Respondent, each submitting an individual Answer or submitting jointly a single Answer. The Answer must be received by the Centre within the period stipulated in the Centre's Acknowledgement of the Request (see Article 5). The Answer, including all documents annexed thereto, shall be supplied to the Centre in Paris, France, in four copies.

3.2 An Answer shall be concise and contain all necess¬ary information clearly presented, in particular the following:

3.2.1 name and address of the Initiator, and

3.2.2 date of the relevant Request, and

3.2.3 a statement of the Respondent formally requesting a DOCDEX Decision in accord¬ance with the ICC DOCDEX Rules, ICC Publication No. 811, and

3.2.4 a summary of the Respondent's claims, clearly referring to all issues related to the documentary credit, the collection, or the demand guarantee and the applicable ICC Rules to be determined, and

3.2.5 copies of all additional documents deemed necessary to establish the relevant circumstances, and

3.2.6 a statement of the Respondent that a copy of such Answer, including all documents annexed thereto, has been sent in writing to the Initiator and to the other Respondent named in the Request.

3.3 If the Respondent does not provide a statement pursuant to Article 3.2.3, then the final DOCDEX Decision will not be made available to him.

Article 4: Supplements

4.1 Request, Answers and Supplements shall be final as received.

4.2 The Centre may ask the Initiator and Respondent, by way of an Invitation, to submit specific supplementary information, including copies of documents, relevant to the DOCDEX Decision (Supplement).

4.3 Supplements must be received by the Centre in four copies within the period stipulated in the Invitation.

The Supplement shall be concise and contain all necessary information clearly presented and include copies of relevant documents. It shall also contain:

4.3.1 date and reference as stated in the Invitation, and

4.3.2 name and address of the issuer of such Supplement, and

4.3.3 a statement of the issuer of such Supplement that a copy of the Supplement, including all documents annexed thereto, has been sent to the Initiator or Respondent.

4.4 Supplements shall only be submitted to the Centre upon and in accordance with an Invitation issued by the Centre.

Article 5: Acknowledgements and Rejections

5.1 The Centre shall confirm the receipt of Requests, Answers and Supplements to the Initiator and Respondent (Acknowledgement).

5.2 The Centre will stipulate a reasonable period of time within which each Answer or Supplement must be received by the Centre. The stipulated time should not exceed 30 days after the date of the Acknowledgement of the receipt of a Request or 14 days after the date of an Invitation to submit a Supplement.

5.3 Any Answer or Supplement received by the Centre after expiry of the period of time specified in the relevant Acknowledgement or Invitation, or any communication not solicited by the Centre, shall be disregarded.

5.4 By advice to the Initiator and Respondent, the Centre may reject at any time, before or after its Acknowledgement, any Request, Answer or Supplement, in whole or part,

5.4.1 where the Centre or Appointed Experts deem any issue to be determined to be unrelated to the applicable ICC Rules, or

5.4.2 which in other respects, in particular regarding form and/or substance, does not fulfil the requirements of these rules, or

5.4.3 in respect of which the Standard Fee has not been received by the Centre within 14 days after the date of the Request.

5.5 Periods of time specified in these rules or in any Acknowledgement or Invitation referring to days shall be deemed to refer to consecutive calendar days and shall start to run on the day following the date of issuance stated in the relevant Acknowledgement or Invitation. If the last day of the relevant period of time is, or any fixed day falls on, a non-business day in Paris, France, then the period of time shall expire at the end of the first following business day in Paris.

Article 6: Appointment of Experts

6.1 The Banking Commission will maintain internal lists of experts having profound experience and knowledge of the applicable ICC Rules.

6.2 Upon receipt of a Request, the Centre shall appoint three independent experts from the list. Each Appointed Expert shall declare his independence of the parties indicated in the Request. The Centre shall designate one of the three Appointed Experts to act as their Chair.

6.3 An Appointed Expert shall at all times keep strictly confidential all information and documents related to any DOCDEX case.

6.4 Where an Appointed Expert deems that he is unable to carry out his functions, he shall immediately give notice of termination to the Centre. Where the Centre deems that an Appointed Expert is unable to carry out his functions, it shall immediately give notice of termination to such Appointed Expert. In either case, such Appointed Expert shall immediately return to the Centre the Request, Answer(s) and Supplement(s) received, including all documents annexed thereto, and the Centre shall inform the other Appointed Experts of such termination.

6.5 The Centre shall, without delay, replace an Appointed Expert whose appointment is prematurely terminated pursuant to Article 6.4 of these rules and the Centre shall inform the other Appointed Experts accordingly.

Article 7: Appointed Experts' Procedure

7.1 The Centre shall submit to the Appointed Experts the Request, Answer(s) and Supplement(s) received in connection therewith.

7.2 The Appointed Experts shall render their decision impartially and exclusively on the basis of the Request, Answer(s) and Supplement(s) thereto, and the documentary credit and the UCP and/or URR, or the collection and the URC, or the demand guarantee and the URDG.

7.3 Where it is deemed necessary by the Appointed Experts, their Chair may ask the Centre to invite the Initiator and Respondent, pursuant to Article 4 of these rules, to provide additional information and/or copies of documents.

7.4 Within 30 days after they have received all informa¬tion and documents deemed by them to be necessary and appropriate to the issues to be determined, and provided that the Additional Fee as mentioned in Article 10.1 is paid, the Appointed Experts shall draft a decision and their Chair shall submit the decision to the Centre.

7.5 Neither the Initiator nor the Respondent shall

- seek an oral hearing in front of the Appointed Experts,
- request ICC to reveal the name of any Appointed Expert,
- seek to have an Appointed Expert or officer of the Banking Commission called as witness, expert or in any similar function to an arbitral tribunal or a court of law hearing the dispute in connection with which such Appointed Expert or officer of the Banking Commission participated by rendering a DOCDEX Decision.

Article 8: DOCDEX Decision

8.1 Upon receipt of the decision of the Appointed Experts, the Centre shall consult with the Technical Adviser of the Banking Commission or his nominated delegate, to ascertain that the DOCDEX Decision will be in line with the applicable ICC Rules and their interpretation by the Banking Commission. Amendments suggested by the Technical Adviser (or his delegate) shall be subject to the consent of the majority of the Appointed Experts.

8.2 Subject to Article 10.2 of these rules, the Centre will issue and make available the DOCDEX Decision without delay to

8.2.1 the Initiator and

8.2.2 the Respondent who has requested, pursuant to Article 3.2.3, a DOCDEX Decision in accord¬ance with the ICC DOCDEX Rules, ICC Publication No. 811.

8.3 The DOCDEX Decision shall be issued by the Centre in the English language, unless the Appointed Experts decide otherwise, and shall contain, inter alia, the following:

8.3.1 names of the Initiator and Respondent, and

8.3.2 summary of the representations relevant to the issues determined, and

8.3.3 determination of the issues and the decisions taken with succinctly stated reasons therefor, and

8.3.4 date of issuance and signature for and on behalf of the Centre.

8.4 The DOCDEX Decision shall be deemed to be made at Paris, France, and on the date of its issuance by the Centre.

Article 9: Deposit and publication of the DOCDEX Decision

9.1 An original of each DOCDEX Decision shall be deposited with the Centre and shall be kept there for 10 years.

9.2 ICC may publish any DOCDEX Decision, provided always the identities of the parties to the dispute are not disclosed.

Article 10: Costs of DOCDEX

10.1 The costs of the DOCDEX service shall be the Standard Fee set out in the Appendix. The Standard Fee shall not be recoverable. In exceptional circum¬stances, an Additional Fee may be payable which shall be fixed by the Centre at its discretion, taking into account the complexity of the issue and subject to the ceiling set out in the Appendix under 'Additional Fee'. Such Additional Fee shall be invoiced to the Initiator within a reasonable time, at the latest within 45 days after the date of the Acknowledgement of the Request. The Centre will fix a time limit for the payment of the Additional Fee. The Centre may stay the procedure at any time, and instruct the Appointed Experts to suspend their work on the case, until the Additional Fee is paid by the Initiator. No Additional Fee will be charged where the amount of the letter of credit, the collection, or the demand guarantee in dispute does not exceed the minimum amount stated in the Appendix.

10.2 The DOCDEX Decision shall not be issued until the Centre has received the Additional Fee, if invoiced. Article 11: General

Article 11: General

11.1 In all matters not expressly provided for in these rules, the Centre, experts, Appointed Experts, officers, officials and employees of ICC shall adhere to strict confidentiality and shall act in the spirit of these rules.

11.2 Appointed Experts, officers, officials and employees of ICC assume no liability or responsibility for the consequences arising out of delay and/or loss in transit of any message(s), letter(s) or document(s), or for delay, mutilation or other error(s) arising in the transmission of any telecommunication, or for errors in translation and/ or interpretation of technical terms.

11.3 Appointed Experts, officers, officials and employees of ICC assume no liability or responsibility for the discharge or purported discharge of their functions in connection with any DOCDEX Decision, unless the act or omission is shown not to have been in good faith.

Appendix to the ICC Rules for Documentary Instruments Dispute Resolution Expertise

1. Standard Fee

The Standard Fee, which includes administrative expenses and expert fees, is US$ 5000.

2. Additional Fee

Pursuant to Article 10.1 of these Rules the Centre may, if the amount of the letter of credit, of the collection, or of the demand guarantee exceeds US$ 500 000, charge an Additional Fee of up to 100% of the Standard Fee.

3. Payment

Any payment made towards such fees shall be made in United States dollars to the International Chamber of Commerce in Paris, clearly marked with the reference of DOCDEX

- by bank transfer to UBS SA 35, Rue des Noirettes
  P.O. Box 2600 CH-1211 Geneva 2 Switzerland Account No.: 240-224534.61R Swift code: UBSWCHZH12A IBAN: CH06 0024 0240 2245 3461 R
  or
- by cheque payable to the International Chamber of Commerce, or
- by Visa card stating

Expiry date ....
Visa card number ....
Name on card ....
Signature ....
Date ....

Any such payment shall be accompanied by an advice in writing to: International Chamber of Commerce
International Centre for Expertise
33–43, avenue du President Wilson 75116 Paris France Fax: +33 1 49 53 29 29 E-mail: docdex@iccwbo.org
stating the following
data:
Name: ....
Business title: ....
Company: ....
Address: ....
....
Code/postal code: ....
Date of Request: ....

– UCP 600 –
Uniform Customs and Practice for Documentary Credits (2007 Revision)

The Uniform Customs and Practice for Documentary Credits were first published by ICC in 1933. Revised versions were issued in 1951, 1962, 1974, 1983 and 1993.
This revision was adopted by the ICC Executive Board in November 2006 and first published as ICC Publication No. 600 in December 2006.
The English language version of the Uniform Customs and Practice for Documentary Credits provides the official text of the rules. The titles provided for the articles are for reference only.
The official French translation is also published by ICC SERVICES, Publications Department. Translations in other languages and bilingual versions may be available from ICC national committees. Please visit www.iccwbo.org for a full list of national committees.

This edition is published by arrangement with ICC Services, Publications Department.

ICC SERVICES
Publications Department
33–43, avenue du President Wilson
75116 Paris, France
www.storeiccwbo.org

ICC Publication No. 600
ISBN-10: 92-842-1257-X
ISBN-13: 978-92-842-1257-6

Foreword

This revision of the Uniform Customs and Practice for Documentary Credits (commonly called "UCP") is the sixth revision of the rules since they were first promulgated in 1933. It is the fruit of more than three years of work by the International Chamber of Commerce's (ICC) Commission on Banking Technique and Practice.

ICC, which was established in 1919, had as its primary objective facilitating the flow of international trade at a time when nationalism and protectionism posed serious threats to the world trading system. It was in that spirit that the UCP were first introduced – to alleviate the confusion caused by individual countries' promoting their own national rules on letter of credit practice. The objective, since attained, was to create a set of contractual rules that would establish uniformity in that practice, so that practitioners would not have to cope with a plethora of often conflicting national regulations. The universal acceptance of the UCP by practitioners in countries with widely divergent economic and judicial systems is a testament to the rules' success.

It is important to recall that the UCP represent the work of a private international organization, not a governmental body. Since its inception, ICC has insisted on the central role of self-regulation in business practice. These rules, formulated entirely by experts in the private sector, have validated that approach. The UCP remain the most successful set of private rules for trade ever developed.

A range of individuals and groups contributed to the current revision, which is entitled "UCP 600". These include the UCP Drafting Group, which sifted through more than 5000 individual comments before arriving at this consensus text; the UCP Consulting Group, consisting of members from more than 25 countries, which served as the advisory body reacting to and proposing changes to the various drafts; the more than 400 members of the ICC Commission on Banking Technique and Practice, who made pertinent suggestions for changes in the text; and ICC national committees worldwide, which took an active role in consolidating comments from their members. ICC also expresses its gratitude to practitioners in the transport and insurance industries, whose perceptive suggestions honed the final draft.

Guy Sebban
Secretary General
International Chamber of Commerce

Introduction

In May 2003, the International Chamber of Commerce authorized the ICC Commission on Banking Technique and Practice (Banking Commission) to begin a revision of the Uniform Customs and Practice for Documentary Credits, ICC Publication No. 500.

As with other revisions, the general objective was to address developments in the banking, transport and insurance industries. Additionally, there was a need to look at the language and style used in the UCP to remove wording that could lead to inconsistent application and interpretation.

When work on the revision started, a number of global surveys indicated that, because of discrepancies, approximately 70% of documents presented under letters of credit were being rejected on first presentation. This obviously had, and continues to have, a negative effect on the letter of credit being seen as a means of payment and, if unchecked, could have serious implications for maintaining or increasing its market share as a recognized means of settlement in international trade. The introduction by banks of a discrepancy fee has highlighted the importance of this issue, especially when the underlying discrepancies have been found to be dubious or unsound. Whilst the number of cases involving litigation has not grown during the lifetime of UCP 500, the introduction of the ICC's Documentary Credit Dispute Resolution Expertise Rules (DOCDEX) in October 1997 (subsequently revised in March 2002) has resulted in more than 60 cases being decided.

To address these and other concerns, the Banking Commission established a Drafting Group to revise UCP 500. It was also decided to create a second group, known as the Consulting Group, to review and advise on early drafts submitted by the Drafting Group. The Consulting Group, made up of over 40 individuals from 26 countries, consisted of banking and transport industry experts. Ably co-chaired by John Turnbull, Deputy General Manager, Sumitomo Mitsui Banking Corporation Europe Ltd, London and Carlo Di Ninni, Adviser, Italian Bankers Association, Rome, the Consulting Group provided valuable input to the Drafting Group prior to release of draft texts to ICC national committees.

The Drafting Group began the review process by analyzing the content of the official Opinions issued by the Banking Commission under UCP 500. Some 500 Opinions were reviewed to assess whether the issues involved warranted a change in, an addition to or a deletion of any UCP article. In addition, consideration was given to the content of the four Position Papers issued by the Commission in September 1994, the two Decisions issued by the Commission (concerning the introduction of the euro and the determination of what constituted an original document under UCP 500 sub-article 20(b)) and the Decisions issued in DOCDEX cases.

During the revision process, notice was taken of the considerable work that had been completed in creating the International Standard Banking Practice for the Examination of Documents under Documentary Credits (ISBP), ICC Publication No. 645. This publication has evolved into a necessary companion to the UCP for determining compliance of documents with the terms of letters of credit. It is the expectation of the Drafting Group and the Banking Commission that the application of the principles contained in the ISBP, including subsequent revisions thereof, will continue during the time UCP 600 is in force. At the time UCP 600 is implemented, there will be an updated version of the ISBP to bring its contents in line with the substance and style of the new rules.

The four Position Papers issued in September 1994 were issued subject to their application under UCP 500; therefore, they will not be applicable under UCP 600. The essence of the Decision covering the determination of an original document has been incorporated into the text of UCP 600. The outcome of the DOCDEX cases were invariably based on existing ICC Banking Commission Opinions and therefore contained no specific issues that required addressing in these rules.

One of the structural changes to the UCP is the introduction of articles covering definitions (article 2) and interpretations (article 3). In providing definitions of roles played by banks and the meaning of specific terms and events, UCP 600 avoids the necessity of repetitive text to explain their interpretation and application. Similarly, the article covering interpretations aims to take the ambiguity out of vague or unclear language that appears in letters of credit and to provide a definitive elucidation of other characteristics of the UCP or the credit.

During the course of the last three years, ICC national committees were canvassed on a range of issues to determine their preferences on alternative texts submitted by the Drafting Group. The results of this exercise and the considerable input from national committees on individual items in the text is reflected in the content of UCP 600. The Drafting Group considered, not only the current practice relative to the documentary credit, but also tried to envisage the future evolution of that practice.

This revision of the UCP represents the culmination of over three years of extensive analysis, review, debate and compromise amongst the various members of the Drafting Group, the members of the Banking Commission and the respective ICC national committees. Valuable comment has also been received from the ICC Commission on Transport and Logistics, the Commission on Commercial Law and Practice and the Committee on Insurance.

It is not appropriate for this publication to provide an explanation as to why an article has been worded in such a way or what is intended by its incorporation into the rules. For those interested in understanding the rationale and interpretation of the articles of UCP 600, this information will be found in the Commentary to the rules, ICC Publication No. 680, which represents the Drafting Group's views.

On behalf of the Drafting Group, I would like to extend our deep appreciation to the members of the Consulting Group, ICC national committees and members of the Banking Commission for their professional comments and their constructive participation in this process.

Special thanks are due to the members of the Drafting Group and their institutions, who are listed below in alphabetical order.
Nicole Keller – Vice President, Service International Products, Dresdner Bank AG, Frankfurt, Germany; Representative to the ICC Commission on Banking Technique and Practice;
Laurence Kooy – Legal Adviser, BNP Paribas, Paris, France; Representative to the ICC Commission on Banking Technique and Practice;
Katja Lehr – Business Manager, Trade Services Standards, SWIFT, La Hulpe, Belgium, then Vice President, Membership Representation, International Financial Services Association, New Jersey, USA; Representative to the ICC Commission on Banking Technique and Practice;
Ole Malmqvist – Vice President, Danske Bank, Copenhagen, Denmark; Representative to the ICC Commission on Banking Technique and Practice;
Paul Miserez – Head of Trade Finance Standards, SWIFT, La Hulpe, Belgium; Representative to the ICC Commission on Banking Technique and Practice;
René Mueller – Director, Credit Suisse, Zurich, Switzerland; Representative to the ICC Commission on Banking Technique and Practice;
Chee Seng Soh – Consultant, Association of Banks in Singapore, Singapore; Representative to the ICC Commission on Banking Technique and Practice;
Dan Taylor – President and CEO, International Financial Services Association, New Jersey, USA; Vice Chairman, ICC Commission on Banking Technique and Practice;
Alexander Zelenov – Director, Vnesheconombank, Moscow, Russia; Vice Chairman, ICC Commission on Banking Technique and Practice;
Ron Katz – Policy Manager, ICC Commission on Banking Technique and Practice, International Chamber of Commerce, Paris, France.
The undersigned had the pleasure of chairing the Drafting Group.
It was through the generous giving of their knowledge, time and energy that this revision was accomplished so successfully. As Chair of the Drafting Group, I would like to extend to them and to their institutions my gratitude for their contribution, for a job well done and for their friendship. I would also like to extend my sincere thanks to the management of ABN AMRO Bank N.V., for their understanding, patience and support during the course of this revision process.

Gary Collyer
Corporate Director,
ABN AMRO Bank N.V., London, UK
and Technical Adviser to the ICC Commission
on Banking Technique and Practice
November 2006

Uniform Customs and Practice for Documentary Credits (2007 Revision)

Article 1
Application of UCP

The Uniform Customs and Practice for Documentary Credits, 2007 Revision, ICC Publication No. 600 ("UCP") are rules that apply to any documentary credit ("credit") (including, to the extent to which they may be applicable, any standby letter of credit) when the text of the credit expressly indicates that it is subject to these rules. They are binding on all parties thereto unless expressly modified or excluded by the credit.

Article 2
Definitions

For the purpose of these rules:

Advising bank means the bank that advises the credit at the request of the issuing bank.

Applicant means the party on whose request the credit is issued.

Banking day means a day on which a bank is regularly open at the place at which an act subject to these rules is to be performed.

Beneficiary means the party in whose favour a credit is issued.

Complying presentation means a presentation that is in accordance with the terms and conditions of the credit, the applicable provisions of these rules and international standard banking practice.

Confirmation means a definite undertaking of the confirming bank, in addition to that of the issuing bank, to honour or negotiate a complying presentation.

Confirming bank means the bank that adds its confirmation to a credit upon the issuing bank's authorization or request.

Credit means any arrangement, however named or described, that is irrevocable and thereby constitutes a definite undertaking of the issuing bank to honour a complying presentation.

Honour means:

a. to pay at sight if the credit is available by sight payment.
b. to incur a deferred payment undertaking and pay at maturity if the credit is available by deferred payment.
c. to accept a bill of exchange ("draft") drawn by the beneficiary and pay at maturity if the credit is available by acceptance.

Issuing bank means the bank that issues a credit at the request of an applicant or on its own behalf.

Negotiation means the purchase by the nominated bank of drafts (drawn on a bank other than the nominated bank) and/or documents under a complying presentation, by advancing or agreeing to advance funds to the beneficiary on or before the banking day on which reimbursement is due to the nominated bank.

Nominated bank means the bank with which the credit is available or any bank in the case of a credit available with any bank.

Presentation means either the delivery of documents under a credit to the issuing bank or nominated bank or the documents so delivered.

Presenter means a beneficiary, bank or other party that makes a presentation.

Article 3
Interpretations

For the purpose of these rules:

Where applicable, words in the singular include the plural and in the plural include the singular.

A credit is irrevocable even if there is no indication to that effect.

A document may be signed by handwriting, facsimile signature, perforated signature, stamp, symbol or any other mechanical or electronic method of authentication.

A requirement for a document to be legalized, visaed, certified or similar will be satisfied by any signature, mark, stamp or label on the document which appears to satisfy that requirement.

Branches of a bank in different countries are considered to be separate banks.

Terms such as "first class", "well known", "qualified", "independent", "official", "competent" or "local" used to describe the issuer of a document allow any issuer except the beneficiary to issue that document.

Unless required to be used in a document, words such as "prompt", "immediately" or "as soon as possible" will be disregarded.

The expression "on or about" or similar will be interpreted as a stipulation that an event is to occur during a period of five calendar days before until five calendar days after the specified date, both start and end dates included.

The words "to", "until", "till", "from" and "between" when used to determine a period of shipment include the date or dates mentioned, and the words "before" and "after" exclude the date mentioned.

The words "from" and "after" when used to determine a maturity date exclude the date mentioned.

The terms "first half" and "second half" of a month shall be construed respectively as the 1st to the 15th and the 16th to the last day of the month, all dates inclusive.

The terms "beginning", "middle" and "end" of a month shall be construed respectively as the 1st to the 10th, the 11th to the 20th and the 21st to the last day of the month, all dates inclusive.

Article 4
Credits v. Contracts

a. A credit by its nature is a separate transaction from the sale or other contract on which it may be based. Banks are in no way concerned with or bound by such contract, even if any reference whatsoever to it is included in the credit. Consequently, the undertaking of a bank to honour, to negotiate or to fulfil any other obligation under the credit is not subject to claims or defences by the applicant resulting from its relationships with the issuing bank or the beneficiary. A beneficiary can in no case avail itself of the contractual relationships existing between banks or between the applicant and the issuing bank.

b. An issuing bank should discourage any attempt by the applicant to include, as an integral part of the credit, copies of the underlying contract, proforma invoice and the like.

Article 5
Documents v. Goods, Services or Performance

Banks deal with documents and not with goods, services or performance to which the documents may relate.

Article 6
Availability, Expiry Date and Place for Presentation

a. A credit must state the bank with which it is available or whether it is available with any bank. A credit available with a nominated bank is also available with the issuing bank.
b. A credit must state whether it is available by sight payment, deferred payment, acceptance or negotiation.
c. A credit must not be issued available by a draft drawn on the applicant.
d. i. A credit must state an expiry date for presentation. An expiry date stated for honour or negotiation will be deemed to be an expiry date for presentation.

ii. The place of the bank with which the credit is available is the place for presentation. The place for presentation under a credit available with any bank is that of any bank. A place for presentation other than that of the issuing bank is in addition to the place of the issuing bank.

e. Except as provided in sub-article 29 (a), a presentation by or on behalf of the beneficiary must be made on or before the expiry date.

Article 7
Issuing Bank Undertaking

a. Provided that the stipulated documents are presented to the nominated bank or to the issuing bank and that they constitute a complying presentation, the issuing bank must honour if the credit is available by:
  i. sight payment, deferred payment or acceptance with the issuing bank;
  ii. sight payment with a nominated bank and that nominated bank does not pay;
  iii. deferred payment with a nominated bank and that nominated bank does not incur its deferred payment undertaking or, having incurred its deferred payment undertaking, does not pay at maturity;
  iv. acceptance with a nominated bank and that nominated bank does not accept a draft drawn on it or, having accepted a draft drawn on it, does not pay at maturity;
  v. negotiation with a nominated bank and that nominated bank does not negotiate.

b. An issuing bank is irrevocably bound to honour as of the time it issues the credit.

c. An issuing bank undertakes to reimburse a nominated bank that has honoured or negotiated a complying presentation and forwarded the documents to the issuing bank. Reimbursement for the amount of a complying presentation under a credit available by acceptance or deferred payment is due at maturity, whether or not the nominated bank prepaid or purchased before maturity. An issuing bank's undertaking to reimburse a nominated bank is independent of the issuing bank's undertaking to the beneficiary.

Article 8
Confirming Bank Undertaking

a. Provided that the stipulated documents are presented to the confirming bank or to any other nominated bank and that they constitute a complying presentation, the confirming bank must:
  i. honour, if the credit is available by
    a) sight payment, deferred payment or acceptance with the confirming bank;
    b) sight payment with another nominated bank and that nominated bank does not pay;
    c) deferred payment with another nominated bank and that nominated bank does not incur its deferred payment undertaking or, having incurred its deferred payment undertaking, does not pay at maturity;
    d) acceptance with another nominated bank and that nominated bank does not accept a draft drawn on it or, having accepted a draft drawn on it, does not pay at maturity;

    e) negotiation with another nominated bank and that nominated bank does not negotiate.
  ii. negotiate, without recourse, if the credit is available by negotiation with the confirming bank.

b. A confirming bank is irrevocably bound to honour or negotiate as of the time it adds its confirmation to the credit.

c. A confirming bank undertakes to reimburse another nominated bank that has honoured or negotiated a complying presentation and forwarded the documents to the confirming bank. Reimbursement for the amount of a complying presentation under a credit available by acceptance or deferred payment is due at maturity, whether or not another nominated bank prepaid or purchased before maturity. A confirming bank's undertaking to reimburse another nominated bank is independent of the confirming bank's undertaking to the beneficiary.

d. If a bank is authorized or requested by the issuing bank to confirm a credit but is not prepared to do so, it must inform the issuing bank without delay and may advise the credit without confirmation.

Article 9
Advising of Credits and Amendments

a. A credit and any amendment may be advised to a beneficiary through an advising bank. An advising bank that is not a confirming bank advises the credit and any amendment without any undertaking to honour or negotiate.

b. By advising the credit or amendment, the advising bank signifies that it has satisfied itself as to the apparent authenticity of the credit or amendment and that the advice accurately reflects the terms and conditions of the credit or amendment received.

c. An advising bank may utilize the services of another bank ("second advising bank") to advise the credit and any amendment to the beneficiary. By advising the credit or amendment, the second advising bank signifies that it has satisfied itself as to the apparent authenticity of the advice it has received and that the advice accurately reflects the terms and conditions of the credit or amendment received.

d. A bank utilizing the services of an advising bank or second advising bank to advise a credit must use the same bank to advise any amendment thereto.

e. If a bank is requested to advise a credit or amendment but elects not to do so, it must so inform, without delay, the bank from which the credit, amendment or advice has been received.

f. If a bank is requested to advise a credit or amendment but cannot satisfy itself as to the apparent authenticity of the credit, the amendment or the advice, it must so inform, without delay, the bank from which the instructions appear to have been received. If the advising bank or second advising bank elects nonetheless to advise the credit or amendment, it must inform the beneficiary or second advising bank that it has not been able to satisfy itself as to the apparent authenticity of the credit, the amendment or the advice.

Article 10
Amendments

a. Except as otherwise provided by article 38, a credit can neither be amended nor cancelled without the agreement of the issuing bank, the confirming bank, if any, and the beneficiary.

b. An issuing bank is irrevocably bound by an amendment as of the time it issues the amendment. A confirming bank may extend its confirmation to an amendment and will be irrevocably bound as of the time it advises the amendment. A confirming bank may, however, choose to advise an amendment without extending its confirmation and, if so, it must inform the issuing bank without delay and inform the beneficiary in its advice.

c. The terms and conditions of the original credit (or a credit incorporating previously accepted amendments) will remain in force for the beneficiary until the beneficiary communicates its acceptance of the amendment to the bank that advised such amendment. The beneficiary should give notification of acceptance or rejection of an amendment. If the beneficiary fails to give such notification, a presentation that complies with the credit and to any not yet accepted amendment will be deemed to be notification of acceptance by the beneficiary of such amendment. As of that moment the credit will be amended.

d. A bank that advises an amendment should inform the bank from which it received the amendment of any notification of acceptance or rejection.

e. Partial acceptance of an amendment is not allowed and will be deemed to be notification of rejection of the amendment.

f. A provision in an amendment to the effect that the amendment shall enter into force unless rejected by the beneficiary within a certain time shall be disregarded.

Article 11
Teletransmitted and Pre-Advised Credits and Amendments

a. An authenticated teletransmission of a credit or amendment will be deemed to be the operative credit or amendment, and any subsequent mail confirmation shall be disregarded.
If a teletransmission states "full details to follow" (or words of similar effect), or states that the mail confirmation is to be the operative credit or amendment, then the teletransmission will not be deemed to be the operative credit or amendment. The issuing bank must then issue the operative credit or amendment without delay in terms not inconsistent with the teletransmission.

b. A preliminary advice of the issuance of a credit or amendment ("pre-advice") shall only be sent if the issuing bank is prepared to issue the operative credit or amendment. An issuing bank that sends a pre-advice is irrevocably committed to issue the operative credit or amendment, without delay, in terms not inconsistent with the pre-advice.

Article 12
Nomination

a. Unless a nominated bank is the confirming bank, an authorization to honour or negotiate does not impose any obligation on that nominated bank to honour or negotiate, except when expressly agreed to by that nominated bank and so communicated to the beneficiary.

b. By nominating a bank to accept a draft or incur a deferred payment undertaking, an issuing bank authorizes that nominated bank to prepay or purchase a draft accepted or a deferred payment undertaking incurred by that nominated bank.

c. Receipt or examination and forwarding of documents by a nominated bank that is not a confirming bank does not make that nominated bank liable to honour or negotiate, nor does it constitute honour or negotiation.

Article 13
Bank-to-Bank Reimbursement Arrangements

a. If a credit states that reimbursement is to be obtained by a nominated bank ("claiming bank") claiming on another party ("reimbursing bank"), the credit must state if the reimbursement is subject to the ICC rules for bank-to-bank reimbursements in effect on the date of issuance of the credit.

b. If a credit does not state that reimbursement is subject to the ICC rules for bank-to-bank reimbursements, the following apply:
   i. An issuing bank must provide a reimbursing bank with a reimbursement authorization that conforms with the availability stated in the credit. The reimbursement authorization should not be subject to an expiry date.
   ii. A claiming bank shall not be required to supply a reimbursing bank with a certificate of compliance with the terms and conditions of the credit.
   iii. An issuing bank will be responsible for any loss of interest, together with any expenses incurred, if reimbursement is not provided on first demand by a reimbursing bank in accordance with the terms and conditions of the credit.
   iv. A reimbursing bank's charges are for the account of the issuing bank. However, if the charges are for the account of the beneficiary, it is the responsibility of an issuing bank to so indicate in the credit and in the reimbursement authorization. If a reimbursing bank's charges are for the account of the beneficiary, they shall be deducted from the amount due to a claiming bank when reimbursement is made. If no reimbursement is made, the reimbursing bank's charges remain the obligation of the issuing bank.

c. An issuing bank is not relieved of any of its obligations to provide reimbursement if reimbursement is not made by a reimbursing bank on first demand.

Article 14
Standard for Examination of Documents

a. A nominated bank acting on its nomination, a confirming bank, if any, and the issuing bank must examine a presentation to determine, on the basis of the documents alone, whether or not the documents appear on their face to constitute a complying presentation.

b. A nominated bank acting on its nomination, a confirming bank, if any, and the issuing bank shall each have a maximum of five banking days following the day of presentation to determine if a presentation is complying. This period is not curtailed or otherwise affected by the occurrence on or after the date of presentation of any expiry date or last day for presentation.

c. A presentation including one or more original transport documents subject to articles 19, 20, 21, 22, 23, 24 or 25 must be made by or on behalf of the beneficiary not later than 21 calendar days after the date of shipment as described in these rules, but in any event not later than the expiry date of the credit.

d. Data in a document, when read in context with the credit, the document itself and international standard banking practice, need not be identical to, but must not conflict with, data in that document, any other stipulated document or the credit.

e. In documents other than the commercial invoice, the description of the goods, services or performance, if stated, may be in general terms not conflicting with their description in the credit.

f. If a credit requires presentation of a document other than a transport document, insurance document or commercial invoice, without stipulating by whom the document is to be issued or its data content, banks will accept the document as presented if its content appears to fulfil the function of the required document and otherwise complies with sub-article 14 (d).

g. A document presented but not required by the credit will be disregarded and may be returned to the presenter.

h. If a credit contains a condition without stipulating the document to indicate compliance with the condition, banks will deem such condition as not stated and will disregard it.

i. A document may be dated prior to the issuance date of the credit, but must not be dated later than its date of presentation.

j. When the addresses of the beneficiary and the applicant appear in any stipulated document, they need not be the same as those stated in the credit or in any other stipulated document, but must be within the same country as the respective addresses mentioned in the credit. Contact details (telefax, telephone, email and the like) stated as part of the beneficiary's and the applicant's address will be disregarded. However, when the address and contact details of the applicant appear as part of the consignee or notify party details on a transport document subject to articles 19, 20, 21, 22, 23, 24 or 25, they must be as stated in the credit.

k. The shipper or consignor of the goods indicated on any document need not be the beneficiary of the credit.

l. A transport document may be issued by any party other than a carrier, owner, master or charterer provided that the transport document meets the requirements of articles 19, 20, 21, 22, 23 or 24 of these rules.

Article 15
Complying Presentation

a. When an issuing bank determines that a presentation is complying, it must honour.

b. When a confirming bank determines that a presentation is complying, it must honour or negotiate and forward the documents to the issuing bank.

c. When a nominated bank determines that a presentation is complying and honours or negotiates, it must forward the documents to the confirming bank or issuing bank.

Article 16
Discrepant Documents, Waiver and Notice

a. When a nominated bank acting on its nomination, a confirming bank, if any, or the issuing bank determines that a presentation does not comply, it may refuse to honour or negotiate.

b. When an issuing bank determines that a presentation does not comply, it may in its sole judgement approach the applicant for a waiver of the discrepancies. This does not, however, extend the period mentioned in sub-article 14 (b).

c. When a nominated bank acting on its nomination, a confirming bank, if any, or the issuing bank decides to refuse to honour or negotiate, it must give a single notice to that effect to the presenter.
The notice must state:
   i. that the bank is refusing to honour or negotiate; and
   ii. each discrepancy in respect of which the bank refuses to honour or negotiate; and
      a) that the bank is holding the documents pending further instructions from the presenter; or
      b) that the issuing bank is holding the documents until it receives a waiver from the applicant and agrees to accept it, or receives further instructions from the presenter prior to agreeing to accept a waiver; or
      c) that the bank is returning the documents; or
      d) that the bank is acting in accordance with instructions previously received from the presenter.

d. The notice required in sub-article 16 (c) must be given by telecommunication or, if that is not possible, by other expeditious means no later than the close of the fifth banking day following the day of presentation.

e. A nominated bank acting on its nomination, a confirming bank, if any, or the issuing bank may, after providing notice required by sub-article 16 (c) (iii) (a) or (b), return the documents to the presenter at any time.

f. If an issuing bank or a confirming bank fails to act in accordance with the provisions of this article, it shall be precluded from claiming that the documents do not constitute a complying presentation.

g. When an issuing bank refuses to honour or a confirming bank refuses to honour or negotiate and has given notice to that effect in accordance with this article, it shall then be entitled to claim a refund, with interest, of any reimbursement made.

Article 17
Original Documents and Copies

a. At least one original of each document stipulated in the credit must be presented.

b. A bank shall treat as an original any document bearing an apparently original signature, mark, stamp, or label of the issuer of the document, unless the document itself indicates that it is not an original.

c. Unless a document indicates otherwise, a bank will also accept a document as original if it:
   i. appears to be written, typed, perforated or stamped by the document issuer's hand; or
   ii. appears to be on the document issuer's original stationery; or
   iii. states that it is original, unless the statement appears not to apply to the document presented.

d. If a credit requires presentation of copies of documents, presentation of either originals or copies is permitted.

e. If a credit requires presentation of multiple documents by using terms such as "in duplicate", "in two fold" or "in two copies", this will be satisfied by the presentation of at least one original and the remaining number in copies, except when the document itself indicates otherwise.

Article 18
Commercial Invoice

a. A commercial invoice:
   i. must appear to have been issued by the beneficiary (except as provided in article 38);
   ii. must be made out in the name of the applicant (except as provided in sub-article 38 (g));
   iii. must be made out in the same currency as the credit; and
   iv. need not be signed.

b. A nominated bank acting on its nomination, a confirming bank, if any, or the issuing bank may accept a commercial invoice issued for an amount in excess of the amount permitted by the credit, and its decision will be binding upon all parties, provided the bank in question has not honoured or negotiated for an amount in excess of that permitted by the credit.

c. The description of the goods, services or performance in a commercial invoice must correspond with that appearing in the credit.

Article 19
Transport Document Covering at Least Two Different Modes of Transport

a. A transport document covering at least two different modes of transport (multimodal or combined transport document), however named, must appear to:
   i. indicate the name of the carrier and be signed by:
      - the carrier or a named agent for or on behalf of the carrier, or
      - the master or a named agent for or on behalf of the master.

      Any signature by the carrier, master or agent must be identified as that of the carrier, master or agent.
      Any signature by an agent must indicate whether the agent has signed for or on behalf of the carrier or for or on behalf of the master.
   ii. indicate that the goods have been dispatched, taken in charge or shipped on board at the place stated in the credit, by:
      - pre-printed wording, or
      - a stamp or notation indicating the date on which the goods have been dispatched, taken in charge or shipped on board.

      The date of issuance of the transport document will be deemed to be the date of dispatch, taking in charge or shipped on board, and the date of shipment. However, if the transport document indicates, by stamp or notation, a date of dispatch, taking in charge or shipped on board, this date will be deemed to be the date of shipment.
   iii. indicate the place of dispatch, taking in charge or shipment, and the place of final destination stated in the credit, even if:

a) the transport document states, in addition, a different place of dispatch, taking in charge or shipment or place of final destination, or
b) the transport document contains the indication "intended" or similar qualification in relation to the vessel, port of loading or port of discharge.

iv. be the sole original transport document or, if issued in more than one original, be the full set as indicated on the transport document.
v. contain terms and conditions of carriage or make reference to another source containing the terms and conditions of carriage (short form or blank back transport document). Contents of terms and conditions of carriage will not be examined.
vi. contain no indication that it is subject to a charter party.

b. For the purpose of this article, transhipment means unloading from one means of conveyance and reloading to another means of conveyance (whether or not in different modes of transport) during the carriage from the place of dispatch, taking in charge or shipment to the place of final destination stated in the credit.

c. i. A transport document may indicate that the goods will or may be transhipped provided that the entire carriage is covered by one and the same transport document.
ii. A transport document indicating that transhipment will or may take place is acceptable, even if the credit prohibits transhipment.

Article 20
Bill of Lading

a. A bill of lading, however named, must appear to:
i. indicate the name of the carrier and be signed by:
- the carrier or a named agent for or on behalf of the carrier, or
- the master or a named agent for or on behalf of the master.

Any signature by the carrier, master or agent must be identified as that of the carrier, master or agent.
Any signature by an agent must indicate whether the agent has signed for or on behalf of the carrier or for or on behalf of the master.

ii. indicate that the goods have been shipped on board a named vessel at the port of loading stated in the credit by:
- pre-printed wording, or
- an on board notation indicating the date on which the goods have been shipped on board.

The date of issuance of the bill of lading will be deemed to be the date of shipment unless the bill of lading contains an on board notation indicating the date of shipment, in which case the date stated in the on board notation will be deemed to be the date of shipment.
If the bill of lading contains the indication "intended vessel" or similar qualification in relation to the name of the vessel, an on board notation indicating the date of shipment and the name of the actual vessel is required.

iii. indicate shipment from the port of loading to the port of discharge stated in the credit.
If the bill of lading does not indicate the port of loading stated in the credit as the port of loading, or if it contains the indication "intended" or similar qualification in relation to the port of loading, an on board notation indicating the port of loading as stated in the credit, the date of shipment and the name of the vessel is required. This provision applies even when loading on board or shipment on a named vessel is indicated by pre-printed wording on the bill of lading.
iv. be the sole original bill of lading or, if issued in more than one original, be the full set as indicated on the bill of lading.
v. contain terms and conditions of carriage or make reference to another source containing the terms and conditions of carriage (short form or blank back bill of lading). Contents of terms and conditions of carriage will not be examined.
vi. contain no indication that it is subject to a charter party.

b. For the purpose of this article, transhipment means unloading from one vessel and reloading to another vessel during the carriage from the port of loading to the port of discharge stated in the credit.

c. i. A bill of lading may indicate that the goods will or may be transhipped provided that the entire carriage is covered by one and the same bill of lading.
   ii. A bill of lading indicating that transhipment will or may take place is acceptable, even if the credit prohibits transhipment, if the goods have been shipped in a container, trailer or LASH barge as evidenced by the bill of lading.

d. Clauses in a bill of lading stating that the carrier reserves the right to tranship will be disregarded.

Article 21
Non-Negotiable Sea Waybill

a. A non-negotiable sea waybill, however named, must appear to:
   i. indicate the name of the carrier and be signed by:
      - the carrier or a named agent for or on behalf of the carrier, or
      - the master or a named agent for or on behalf of the master.

      Any signature by the carrier, master or agent must be identified as that of the carrier, master or agent.
      Any signature by an agent must indicate whether the agent has signed for or on behalf of the carrier or for or on behalf of the master.
   ii. indicate that the goods have been shipped on board a named vessel at the port of loading stated in the credit by:
      - pre-printed wording, or
      - an on board notation indicating the date on which the goods have been shipped on board.

      The date of issuance of the non-negotiable sea waybill will be deemed to be the date of shipment unless the non-negotiable sea waybill contains an on board notation indicating the date of shipment, in which case the date stated in the on board notation will be deemed to be the date of shipment.
      If the non-negotiable sea waybill contains the indication "intended vessel" or similar qualification in relation to the name of the vessel, an on board notation indicating the date of shipment and the name of the actual vessel is required.
   iii. indicate shipment from the port of loading to the port of discharge stated in the credit.
      If the non-negotiable sea waybill does not indicate the port of loading stated in the credit as the port of loading, or if it contains the indication "intended" or similar qualification in relation to the port of loading, an on board notation indicating the port of loading as stated in the credit, the date of shipment and the name of the vessel is required. This provision applies even when loading on board or shipment on a named vessel is indicated by pre-printed wording on the non-negotiable sea waybill.
   iv. be the sole original non-negotiable sea waybill or, if issued in more than one original, be the full set as indicated on the non-negotiable sea waybill.
   v. contain terms and conditions of carriage or make reference to another source containing the terms and conditions of carriage (short form or blank back non-negotiable sea waybill). Contents of terms and conditions of carriage will not be examined.
   vi. contain no indication that it is subject to a charter party.

b. For the purpose of this article, transhipment means unloading from one vessel and reloading to another vessel during the carriage from the port of loading to the port of discharge stated in the credit.

c. i. A non-negotiable sea waybill may indicate that the goods will or may be transhipped provided that the entire carriage is covered by one and the same non-negotiable sea waybill.
   ii. A non-negotiable sea waybill indicating that transhipment will or may take place is acceptable, even if the credit prohibits transhipment, if the goods have been shipped in a container, trailer or LASH barge as evidenced by the non-negotiable sea waybill.

d. Clauses in a non-negotiable sea waybill stating that the carrier reserves the right to tranship will be disregarded.

Article 22
Charter Party Bill of Lading

a. A bill of lading, however named, containing an indication that it is subject to a charter party (charter party bill of lading), must appear to:
   i. be signed by:
      - the master or a named agent for or on behalf of the master, or
      - the owner or a named agent for or on behalf of the owner, or
      - the charterer or a named agent for or on behalf of the charterer.

   Any signature by the master, owner, charterer or agent must be identified as that of the master, owner, charterer or agent.

   Any signature by an agent must indicate whether the agent has signed for or on behalf of the master, owner or charterer.

   An agent signing for or on behalf of the owner or charterer must indicate the name of the owner or charterer.

   ii. indicate that the goods have been shipped on board a named vessel at the port of loading stated in the credit by:
      - pre-printed wording, or
      - an on board notation indicating the date on which the goods have been shipped on board.

   The date of issuance of the charter party bill of lading will be deemed to be the date of shipment unless the charter party bill of lading contains an on board notation indicating the date of shipment, in which case the date stated in the on board notation will be deemed to be the date of shipment.

   iii. indicate shipment from the port of loading to the port of discharge stated in the credit. The port of discharge may also be shown as a range of ports or a geographical area, as stated in the credit.
   iv. be the sole original charter party bill of lading or, if issued in more than one original, be the full set as indicated on the charter party bill of lading.

b. A bank will not examine charter party contracts, even if they are required to be presented by the terms of the credit.

Article 23
Air Transport Document

a. An air transport document, however named, must appear to:
   i. indicate the name of the carrier and be signed by:
      - the carrier, or
      - a named agent for or on behalf of the carrier.

   Any signature by the carrier or agent must be identified as that of the carrier or agent.

   Any signature by an agent must indicate that the agent has signed for or on behalf of the carrier.

   ii. indicate that the goods have been accepted for carriage.
   iii. indicate the date of issuance. This date will be deemed to be the date of shipment unless the air transport document contains a specific notation of the actual date of shipment, in which case the date stated in the notation will be deemed to be the date of shipment.

   Any other information appearing on the air transport document relative to the flight number and date will not be considered in determining the date of shipment.

   iv. indicate the airport of departure and the airport of destination stated in the credit.
   v. be the original for consignor or shipper, even if the credit stipulates a full set of originals.
   vi. contain terms and conditions of carriage or make reference to another source containing the terms and conditions of carriage. Contents of terms and conditions of carriage will not be examined.

b. For the purpose of this article, transhipment means unloading from one aircraft and reloading to another aircraft during the carriage from the airport of departure to the airport of destination stated in the credit.

c. i. An air transport document may indicate that the goods will or may be transhipped, provided that the entire carriage is covered by one and the same air transport document.

ii. An air transport document indicating that transhipment will or may take place is acceptable, even if the credit prohibits transhipment.

Article 24
Road, Rail or Inland Waterway Transport Documents

a. A road, rail or inland waterway transport document, however named, must appear to:

i. indicate the name of the carrier and:

- be signed by the carrier or a named agent for or on behalf of the carrier, or
- indicate receipt of the goods by signature, stamp or notation by the carrier or a named agent for or on behalf of the carrier.

Any signature, stamp or notation of receipt of the goods by the carrier or agent must be identified as that of the carrier or agent.

Any signature, stamp or notation of receipt of the goods by the agent must indicate that the agent has signed or acted for or on behalf of the carrier.

If a rail transport document does not identify the carrier, any signature or stamp of the railway company will be accepted as evidence of the document being signed by the carrier.

ii. indicate the date of shipment or the date the goods have been received for shipment, dispatch or carriage at the place stated in the credit. Unless the transport document contains a dated reception stamp, an indication of the date of receipt or a date of shipment, the date of issuance of the transport document will be deemed to be the date of shipment.

iii. indicate the place of shipment and the place of destination stated in the credit.

b. i. A road transport document must appear to be the original for consignor or shipper or bear no marking indicating for whom the document has been prepared.

ii. A rail transport document marked "duplicate" will be accepted as an original.

iii. A rail or inland waterway transport document will be accepted as an original whether marked as an original or not.

c. In the absence of an indication on the transport document as to the number of originals issued, the number presented will be deemed to constitute a full set.

d. For the purpose of this article, transhipment means unloading from one means of conveyance and reloading to another means of conveyance, within the same mode of transport, during the carriage from the place of shipment, dispatch or carriage to the place of destination stated in the credit.

e. i. A road, rail or inland waterway transport document may indicate that the goods will or may be transhipped provided that the entire carriage is covered by one and the same transport document.

ii. A road, rail or inland waterway transport document indicating that transhipment will or may take place is acceptable, even if the credit prohibits transhipment.

Article 25
Courier Receipt, Post Receipt or Certificate of Posting

a. A courier receipt, however named, evidencing receipt of goods for transport, must appear to:

i. indicate the name of the courier service and be stamped or signed by the named courier service at the place from which the credit states the goods are to be shipped; and

ii. indicate a date of pickup or of receipt or wording to this effect. This date will be deemed to be the date of shipment.

b. A requirement that courier charges are to be paid or prepaid may be satisfied by a transport document issued by a courier service evidencing that courier charges are for the account of a party other than the consignee.

c. A post receipt or certificate of posting, however named, evidencing receipt of goods for transport, must appear to be stamped or signed and dated at the place from which the credit states the goods are to be shipped. This date will be deemed to be the date of shipment.

Article 26
"On Deck", "Shipper's Load and Count", "Said by Shipper to Contain" and Charges Additional to Freight

a. A transport document must not indicate that the goods are or will be loaded on deck. A clause on a transport document stating that the goods may be loaded on deck is acceptable.

b. A transport document bearing a clause such as "shipper's load and count" and "said by shipper to contain" is acceptable.

c. A transport document may bear a reference, by stamp or otherwise, to charges additional to the freight.

Article 27
Clean Transport Document

A bank will only accept a clean transport document. A clean transport document is one bearing no clause or notation expressly declaring a defective condition of the goods or their packaging. The word "clean" need not appear on a transport document, even if a credit has a requirement for that transport document to be "clean on board".

Article 28
Insurance Document and Coverage

a. An insurance document, such as an insurance policy, an insurance certificate or a declaration under an open cover, must appear to be issued and signed by an insurance company, an underwriter or their agents or their proxies.
Any signature by an agent or proxy must indicate whether the agent or proxy has signed for or on behalf of the insurance company or underwriter.

b. When the insurance document indicates that it has been issued in more than one original, all originals must be presented.

c. Cover notes will not be accepted.

d. An insurance policy is acceptable in lieu of an insurance certificate or a declaration under an open cover.

e. The date of the insurance document must be no later than the date of shipment, unless it appears from the insurance document that the cover is effective from a date not later than the date of shipment.

f. i. The insurance document must indicate the amount of insurance coverage and be in the same currency as the credit.
ii. A requirement in the credit for insurance coverage to be for a percentage of the value of the goods, of the invoice value or similar is deemed to be the minimum amount of coverage required.
If there is no indication in the credit of the insurance coverage required, the amount of insurance coverage must be at least 110% of the CIF or CIP value of the goods.
When the CIF or CIP value cannot be determined from the documents, the amount of insurance coverage must be calculated on the basis of the amount for which honour or negotiation is requested or the gross value of the goods as shown on the invoice, whichever is greater.
iii. The insurance document must indicate that risks are covered at least between the place of taking in charge or shipment and the place of discharge or final destination as stated in the credit.

g. A credit should state the type of insurance required and, if any, the additional risks to be covered. An insurance document will be accepted without regard to any risks that are not covered if the credit uses imprecise terms such as "usual risks" or "customary risks".

h. When a credit requires insurance against "all risks" and an insurance document is presented containing any "all risks" notation or clause, whether or not bearing the heading "all risks", the insurance document will be accepted without regard to any risks stated to be excluded.

i. An insurance document may contain reference to any exclusion clause.

j. An insurance document may indicate that the cover is subject to a franchise or excess (deductible).

Article 29
Extension of Expiry Date or Last Day for Presentation

a. If the expiry date of a credit or the last day for presentation falls on a day when the bank to which presentation is to be made is closed for reasons other than those referred to in article 36, the expiry date or the last day for presentation, as the case may be, will be extended to the first following banking day.

b. If presentation is made on the first following banking day, a nominated bank must provide the issuing bank or confirming bank with a statement on its covering schedule that the presentation was made within the time limits extended in accordance with sub-article 29 (a).

c. The latest date for shipment will not be extended as a result of sub-article 29 (a).

Article 30
Tolerance in Credit Amount, Quantity and Unit Prices

a. The words "about" or "approximately" used in connection with the amount of the credit or the quantity or the unit price stated in the credit are to be construed as allowing a tolerance not to exceed 10% more or 10% less than the amount, the quantity or the unit price to which they refer.

b. A tolerance not to exceed 5% more or 5% less than the quantity of the goods is allowed, provided the credit does not state the quantity in terms of a stipulated number of packing units or individual items and the total amount of the drawings does not exceed the amount of the credit.

c. Even when partial shipments are not allowed, a tolerance not to exceed 5% less than the amount of the credit is allowed, provided that the quantity of the goods, if stated in the credit, is shipped in full and a unit price, if stated in the credit, is not reduced or that sub-article 30 (b) is not applicable. This tolerance does not apply when the credit stipulates a specific tolerance or uses the expressions referred to in sub-article 30 (a).

Article 31
Partial Drawings or Shipments

a. Partial drawings or shipments are allowed.

b. A presentation consisting of more than one set of transport documents evidencing shipment commencing on the same means of conveyance and for the same journey, provided they indicate the same destination, will not be regarded as covering a partial shipment, even if they indicate different dates of shipment or different ports of loading, places of taking in charge or dispatch. If the presentation consists of more than one set of transport documents, the latest date of shipment as evidenced on any of the sets of transport documents will be regarded as the date of shipment.

A presentation consisting of one or more sets of transport documents evidencing shipment on more than one means of conveyance within the same mode of transport will be regarded as covering a partial shipment, even if the means of conveyance leave on the same day for the same destination.

c. A presentation consisting of more than one courier receipt, post receipt or certificate of posting will not be regarded as a partial shipment if the courier receipts, post receipts or certificates of posting appear to have been stamped or signed by the same courier or postal service at the same place and date and for the same destination.

Article 32
Instalment Drawings or Shipments

If a drawing or shipment by instalments within given periods is stipulated in the credit and any instalment is not drawn or shipped within the period allowed for that instalment, the credit ceases to be available for that and any subsequent instalment.

Article 33
Hours of Presentation

A bank has no obligation to accept a presentation outside of its banking hours.

Article 34
Disclaimer on Effectiveness of Documents

A bank assumes no liability or responsibility for the form, sufficiency, accuracy, genuineness, falsification or legal effect of any document, or for the general or particular conditions stipulated in a document or superimposed thereon; nor does it assume any liability or responsibility for the description, quantity, weight, quality, condition, packing, delivery, value or existence of the goods, services or other performance represented by any document, or for the good faith or acts or omissions, solvency, performance or standing of the consignor, the carrier, the forwarder, the consignee or the insurer of the goods or any other person.

Article 35
Disclaimer on Transmission and Translation

A bank assumes no liability or responsibility for the consequences arising out of delay, loss in transit, mutilation or other errors arising in the transmission of any messages or delivery of letters or documents, when such messages, letters or documents are transmitted or sent according to the requirements stated in the credit, or when the bank may have taken the initiative in the choice of the delivery service in the absence of such instructions in the credit. If a nominated bank determines that a presentation is complying and forwards the documents to the issuing bank or confirming bank, whether or not the nominated bank has honoured or negotiated, an issuing bank or confirming bank must honour or negotiate, or reimburse that nominated bank, even when the documents have been lost in transit between the nominated bank and the issuing bank or confirming bank, or between the confirming bank and the issuing bank.

A bank assumes no liability or responsibility for errors in translation or interpretation of technical terms and may transmit credit terms without translating them.

Article 36
Force Majeure

A bank assumes no liability or responsibility for the consequences arising out of the interruption of its business by Acts of God, riots, civil commotions, insurrections, wars, acts of terrorism, or by any strikes or lockouts or any other causes beyond its control.

A bank will not, upon resumption of its business, honour or negotiate under a credit that expired during such interruption of its business.

Article 37
Disclaimer for Acts of an Instructed Party

a. A bank utilizing the services of another bank for the purpose of giving effect to the instructions of the applicant does so for the account and at the risk of the applicant.

b. An issuing bank or advising bank assumes no liability or responsibility should the instructions it transmits to another bank not be carried out, even if it has taken the initiative in the choice of that other bank.

c. A bank instructing another bank to perform services is liable for any commissions, fees, costs or expenses ("charges") incurred by that bank in connection with its instructions.
If a credit states that charges are for the account of the beneficiary and charges cannot be collected or deducted from proceeds, the issuing bank remains liable for payment of charges.
A credit or amendment should not stipulate that the advising to a beneficiary is conditional upon the receipt by the advising bank or second advising bank of its charges.

d. The applicant shall be bound by and liable to indemnify a bank against all obligations and responsibilities imposed by foreign laws and usages.

Article 38
Transferable Credits

a. A bank is under no obligation to transfer a credit except to the extent and in the manner expressly consented to by that bank.

b. For the purpose of this article:
Transferable credit means a credit that specifically states it is "transferable". A transferable credit may be made available in whole or in part to another beneficiary ("second beneficiary") at the request of the beneficiary ("first beneficiary").
Transferring bank means a nominated bank that transfers the credit or, in a credit available with any bank, a bank that is specifically authorized by the issuing bank to transfer and that transfers the credit. An issuing bank may be a transferring bank.

Transferred credit means a credit that has been made available by the transferring bank to a second beneficiary.

c. Unless otherwise agreed at the time of transfer, all charges (such as commissions, fees, costs or expenses) incurred in respect of a transfer must be paid by the first beneficiary.

d. A credit may be transferred in part to more than one second beneficiary provided partial drawings or shipments are allowed.

A transferred credit cannot be transferred at the request of a second beneficiary to any subsequent beneficiary. The first beneficiary is not considered to be a subsequent beneficiary.

e. Any request for transfer must indicate if and under what conditions amendments may be advised to the second beneficiary. The transferred credit must clearly indicate those conditions.

f. If a credit is transferred to more than one second beneficiary, rejection of an amendment by one or more second beneficiary does not invalidate the acceptance by any other second beneficiary, with respect to which the transferred credit will be amended accordingly. For any second beneficiary that rejected the amendment, the transferred credit will remain unamended.

g. The transferred credit must accurately reflect the terms and conditions of the credit, including confirmation, if any, with the exception of:
   - the amount of the credit,
   - any unit price stated therein,
   - the expiry date,
   - the period for presentation, or
   - the latest shipment date or given period for shipment,

   any or all of which may be reduced or curtailed.

   The percentage for which insurance cover must be effected may be increased to provide the amount of cover stipulated in the credit or these articles.

   The name of the first beneficiary may be substituted for that of the applicant in the credit.

   If the name of the applicant is specifically required by the credit to appear in any document other than the invoice, such requirement must be reflected in the transferred credit.

h. The first beneficiary has the right to substitute its own invoice and draft, if any, for those of a second beneficiary for an amount not in excess of that stipulated in the credit, and upon such substitution the first beneficiary can draw under the credit for the difference, if any, between its invoice and the invoice of a second beneficiary.

i. If the first beneficiary is to present its own invoice and draft, if any, but fails to do so on first demand, or if the invoices presented by the first beneficiary create discrepancies that did not exist in the presentation made by the second beneficiary and the first beneficiary fails to correct them on first demand, the transferring bank has the right to present the documents as received from the second beneficiary to the issuing bank, without further responsibility to the first beneficiary.

j. The first beneficiary may, in its request for transfer, indicate that honour or negotiation is to be effected to a second beneficiary at the place to which the credit has been transferred, up to and including the expiry date of the credit. This is without prejudice to the right of the first beneficiary in accordance with sub-article 38 (h).

k. Presentation of documents by or on behalf of a second beneficiary must be made to the transferring bank.

Article 39
Assignment of Proceeds

The fact that a credit is not stated to be transferable shall not affect the right of the beneficiary to assign any proceeds to which it may be or may become entitled under the credit, in accordance with the provisions of applicable law. This article relates only to the assignment of proceeds and not to the assignment of the right to perform under the credit.

Supplement to the Uniform Customs and Practice for Documentary Credits for Electronic Presentation

Introduction

The official name for this publication is "Supplement to the Uniform Customs and Practice for Documentary Credits for Electronic Presentation (Version 1.1)". It uses the acronym "eUCP".

During the course of drafting UCP 600, ICC national committees indicated that, due to the limited usage of eUCP Version 1.0, the eUCP should remain as a supplement to the UCP. Version 1.1 has, therefore, been updated solely to reflect the changes made in UCP with regard to terminology and style of presentation.

The eUCP continues to provide definitions permitting UCP 600 terminology accommodating the electronic presentation of the equivalent of paper documents and providing necessary rules to allow both sets of rules to work together. The eUCP allows for presentation electronically or for a mixture of paper documents and electronic presentation.

It is important for the eUCP reader to understand that many articles of the UCP are not impacted by the presentation of the electronic equivalent of paper documents and do not require any changes to accommodate electronic presentation.

When read together, the UCP and the eUCP provide the necessary rules for electronic presentation and are broad enough to anticipate developing practice in this area. Where specific words or phrases used in the UCP are defined in the eUCP, these definitions, unless otherwise stated, apply wherever the terms appear in the UCP. eUCP Version 1.1 is specific to UCP 600 and, if necessary, may have to be revised as technologies develop, perhaps prior to the next revision of the UCP. For that purpose, the eUCP is issued in version numbers that will allow for a revision and subsequent version if the need arises.

The eUCP has been specifically drafted to be independent of specific technologies and developing electronic commerce systems, i.e., it does not address specific technologies or systems necessary to facilitate electronic presentation. These technologies are evolving, and it is left to the parties to the credit to agree on the technology or systems to be used for presentation of electronic records in compliance with the requirements of the eUCP.

Gary Collyer
Corporate Director,
ABN AMRO Bank N.V., London, UK
and Technical Adviser to the ICC Commission
on Banking Technique and Practice
November 2006

Article e1
Scope of the eUCP

a. The Supplement to the Uniform Customs and Practice for Documentary Credits for Electronic Presentation ("eUCP") supplements the Uniform Customs and Practice for Documentary Credits (2007 Revision ICC Publication No. 600) ("UCP") in order to accommodate presentation of electronic records alone or in combination with paper documents.
b. The eUCP shall apply as a supplement to the UCP where the credit indicates that it is subject to eUCP.
c. This version is Version 1.1. A credit must indicate the applicable version of the eUCP. If it does not do so, it is subject to the version in effect on the date the credit is issued or, if made subject to eUCP by an amendment accepted by the beneficiary, on the date of that amendment.

Article e2
Relationship of the eUCP to the UCP

a. A credit subject to the eUCP ("eUCP credit") is also subject to the UCP without express incorporation of the UCP.
b. Where the eUCP applies, its provisions shall prevail to the extent that they would produce a result different from the application of the UCP.
c. If an eUCP credit allows the beneficiary to choose between presentation of paper documents or electronic records and it chooses to present only paper documents, the UCP alone shall apply to that presentation. If only paper documents are permitted under an eUCP credit, the UCP alone shall apply.

Article e3
Definitions

a. Where the following terms are used in the UCP, for the purposes of applying the UCP to an electronic record presented under an eUCP credit, the term:
   i. appear on their face and the like shall apply to examination of the data content of an electronic record.
   ii. document shall include an electronic record.
   iii. place for presentation of electronic records means an electronic address.
   iv. sign and the like shall include an electronic signature.
   v. superimposed, notation or stamped means data content whose supplementary character is apparent in an electronic record.
b. The following terms used in the eUCP shall have the following meanings:
   i. electronic record means
      - data created, generated, sent, communicated, received or stored by electronic means
      - that is capable of being authenticated as to the apparent identity of a sender and the apparent source of the data contained in it, and as to whether it has remained complete and unaltered, and
      - is capable of being examined for compliance with the terms and conditions of the eUCP credit.
   ii. electronic signature means a data process attached to or logically associated with an electronic record and executed or adopted by a person in order to identify that person and to indicate that person's authentication of the electronic record.
   iii. format means the data organization in which the electronic record is expressed or to which it refers.
   iv. paper document means a document in a traditional paper form.
   v. received means the time when an electronic record enters the information system of the applicable recipient in a form capable of being accepted by that system. Any acknowledgement of receipt does not imply acceptance or refusal of the electronic record under an eUCP credit.

Article e4
Format

An eUCP credit must specify the formats in which electronic records are to be presented. If the format of the electronic record is not so specified, it may be presented in any format.

ARTICLE e5
Presentation

a. An eUCP credit allowing presentation of:
   i. electronic records must state a place for presentation of the electronic records.
   ii. both electronic records and paper documents must also state a place for presentation of the paper documents.

b. Electronic records may be presented separately and need not be presented at the same time.

c. If an eUCP credit allows for presentation of one or more electronic records, the beneficiary is responsible for providing a notice to the bank to which presentation is made signifying when the presentation is complete. The notice of completeness may be given as an electronic record or paper document and must identify the eUCP credit to which it relates. Presentation is deemed not to have been made if the beneficiary's notice is not received.

d. i. Each presentation of an electronic record and the presentation of paper documents under an eUCP credit must identify the eUCP credit under which it is presented.
   ii. A presentation not so identified may be treated as not received.

e. If the bank to which presentation is to be made is open but its system is unable to receive a transmitted electronic record on the stipulated expiry date and/or the last day of the period of time after the date of shipment for presentation, as the case may be, the bank will be deemed to be closed and the date for presentation and/or the expiry date shall be extended to the first following banking day on which such bank is able to receive an electronic record. If the only electronic record remaining to be presented is the notice of completeness, it may be given by telecommunications or by paper document and will be deemed timely, provided that it is sent before the bank is able to receive an electronic record.

f. An electronic record that cannot be authenticated is deemed not to have been presented.

ARTICLE e6
Examination

a. If an electronic record contains a hyperlink to an external system or a presentation indicates that the electronic record may be examined by reference to an external system, the electronic record at the hyperlink or the referenced system shall be deemed to be the electronic record to be examined. The failure of the indicated system to provide access to the required electronic record at the time of examination shall constitute a discrepancy.

b. The forwarding of electronic records by a nominated bank pursuant to its nomination signifies that it has satisfied itself as to the apparent authenticity of the electronic records.

c. The inability of the issuing bank, or confirming bank, if any, to examine an electronic record in a format required by the eUCP credit or, if no format is required, to examine it in the format presented is not a basis for refusal.

ARTICLE e7
Notice of Refusal

a. i. The time period for the examination of documents commences on the banking day following the banking day on which the beneficiary's notice of completeness is received.
   ii. If the time for presentation of documents or the notice of completeness is extended, the time for the examination of documents commences on the first following banking day on which the bank to which presentation is to be made is able to receive the notice of completeness.

b. If an issuing bank, the confirming bank, if any, or a nominated bank acting on their behalf, provides a notice of refusal of a presentation which includes electronic records and does not receive instructions from the party to which notice of refusal is given within 30 calendar days from the date the notice of refusal is given for the disposition of the electronic records, the bank shall return any paper documents not previously returned to the presenter but may dispose of the electronic records in any manner deemed appropriate without any responsibility.

Article e8
Originals and Copies

Any requirement of the UCP or an eUCP credit for presentation of one or more originals or copies of an electronic record is satisfied by the presentation of one electronic record.

Article e9
Date of Issuance

Unless an electronic record contains a specific date of issuance, the date on which it appears to have been sent by the issuer is deemed to be the date of issuance. The date of receipt will be deemed to be the date it was sent if no other date is apparent.

Article e10
Transport

If an electronic record evidencing transport does not indicate a date of shipment or dispatch, the date of issuance of the electronic record will be deemed to be the date of shipment or dispatch. However, if the electronic record bears a notation that evidences the date of shipment or dispatch, the date of the notation will be deemed to be the date of shipment or dispatch. A notation showing additional data content need not be separately signed or otherwise authenticated.

Article e11
Corruption of an Electronic Record After Presentation

a. If an electronic record that has been received by the issuing bank, confirming bank, or another nominated bank appears to have been corrupted, the bank may inform the presenter and may request that the electronic record be re-presented.
b. If the bank requests that an electronic record be re-presented:
   i. the time for examination is suspended and resumes when the presenter re-presents the electronic record; and
   ii. if the nominated bank is not the confirming bank, it must provide the issuing bank and any confirming bank with notice of the request for re-presentation and inform it of the suspension; but
   iii. if the same electronic record is not re-presented within thirty (30) calendar days, the bank may treat the electronic record as not presented, and
   iv. any deadlines are not extended.

Article e12
Additional Disclaimer of Liability for Presentation of Electronic Records under eUCP

By satisfying itself as to the apparent authenticity of an electronic record, banks assume no liability for the identity of the sender, source of the information or its complete and unaltered character other than that which is apparent in the electronic record received by the use of a commercially acceptable data process for the receipt, authentication and identification of electronic records.

Acknowledgements
ICC would like to express its appreciation to those members of ICC national committees who put in countless hours reviewing the drafts of the UCP. In addition, a special note of thanks is due to the UCP Consulting Group, which served as an advisory body to the UCP Drafting Group during the course of the UCP revision. The names of Consulting Group members are listed below.

UCP Consulting Group
Co-chairs
Carlo di Ninni, Associazione Bancaria Italiana, Italy;
John Turnbull, Sumitomo Mitsui Banking Corporation, UK.

Members
Georges Affaki, BNP Paribas, France;
Cveta Andjelkovic, ICC Serbia, Serbia;
Pavel Andrle, ICC Czech Republic, Czech Republic;
Ahsan Aziz, Standard Chartered Bank, Pakistan;
Laurence Bacon, Export Bureaux, Ireland;
Egil Bakken, DNB Nor Bank, Norway;
Rafaél Balbuena Tébar, Balbuena Lawyers, Spain;
James Barnes, Baker & McKenzie, USA;
Rolf J. Breisig, Commerzbank AG, Germany;
Mohammad M. Burjaq, ICC Jordan, Jordan;
James Byrne, Institute of International Banking Law & Practice, USA;
William Cameron, Owen Consulting, Canada;
Dong Heon Chae, Yoon Yang Kim Shin & Yu, Republic of Korea;
Kim Chalmer, A.P. Møller – Mærsk A/S, Denmark;
Gabriel Chami, Bank Audi SAL, Lebanon;
Jin Chen, Industrial and Commercial Bank of China, P.R. China;
Xavier Conti, FFSA, France;
Abdelmalek Dahmani, FIATA, Switzerland;
Charles Debattista, Institute of Maritime Faculty of Law, UK;
King Tak Fung, Dibb Lupton Alsop, Hong Kong;
K.S. Harshan, The Federal Bank Ltd, India;
Wolfgang Heiter, Deutsche Bank AG, Germany;
Heinz A. Hertl, ICC Austria (Advisor), Austria;
Reinhard Längerich, Nordea Trade Finance (Retired), Denmark;
T.O. Lee, T.O. Lee Consultants Ltd, Canada;
Haifeng Li, ICC China, P.R. China;
Angelo Luiz Lunardi, Edicoes Aduaneiras Ltd, Brazil;
Antonio Maximiano Nicoletti, Spot Training Consultoria e Treinamento Ltda, Brazil;
Dimitris Paleologos, National Bank of Greece, Greece;
Jorge Luis Riva, Raschi y Riva, Argentina;
Saul Daniel Rumeser, P.T. Iradat Consultant, Indonesia;
Marco A. Sangaletti, FIATA, Switzerland;
Donald Smith, Norman Technologies, USA;
Pradeep Taneja, BankMuscat International, Bahrain;
Hennie van Diemen, ING Nederland/Divisie Operations & IT/SC B&CM, Netherlands;
Luc Volkaert, Bolero International Ltd, UK;
Marianne Wabnik, SEB Merchant Banking, Sweden.

International Standard Banking Practice for the Examination of Documents under Documentary Credits subject to UCP 600 (ISBP)

CONTENTS

BILL OF LADING

- Application of UCP 600 article 20
- Full set of originals
- Signing of bills of lading
- On board notations
- Ports of loading and ports of discharge
- Consignee, order party, shipper and endorsement, notify party
- Transhipment and partial shipment
- Clean bills of lading
- Goods description
- Corrections and alterations
- Freight and additional costs
- Goods covered by more than one bill of lading

CHARTER PARTY BILL OF LADING

- Application of UCP 600 article 22
- Full set of originals
- Signing of charter party bills of lading
- On board notations
- Ports of loading and ports of discharge
- Consignee, order party, shipper and endorsement, notify party
- Partial shipment
- Clean charter party bills of lading
- Goods description
- Corrections and alterations
- Freight and additional costs

AIR TRANSPORT DOCUMENT

- Application of UCP 600 article 23
- Original air transport documents
- Signing of air transport documents
- Goods accepted for carriage, date of shipment, and requirement for an actual date of dispatch
- Airports of departure and destination
- Consignee, order party and notify party
- Transhipment and partial shipment
- Clean air transport documents
- Goods description
- Corrections and alterations
- Freight and additional costs

ROAD, RAIL OR INLAND WATERWAY TRANSPORT DOCUMENTS

- Application of UCP 600 article 24
- Original and duplicate of road, rail or inland waterway transport documents
- Carrier and signing of road, rail or inland waterway transport documents
- Order party and notify party
- Partial shipment
- Goods description
- Corrections and alterations
- Freight and additional costs

INSURANCE DOCUMENT AND COVERAGE

- Application of UCP 600 article 28
- Issuers of insurance documents

Risks to be covered
Dates
Currency and amount
Insured party and endorsement

CERTIFICATES OF ORIGIN
Basic requirements
Issuers of certificates of origin
Contents of certificates of origin

INTRODUCTION

Since the approval of International Standard Banking Practice (ISBP) by the ICC Banking Commission in 2002, ICC Publication 645 has become an invaluable aid to banks, corporates, logistics specialists and insurance companies alike, on a global basis. Participants in ICC seminars and workshops have indicated that rejection rates have dropped due to the application of the 200 practices that are detailed in ISBP.

However, there have also been comments that although the ISBP Publication 645 was approved by the Banking Commission its application had no relationship with UCP 500. With the approval of UCP 600 in October 2006, it has become necessary to provide an updated version of the ISBP. It is emphasized that this is an updated version as opposed to a revision of ICC Publication 645. Where it was felt appropriate, paragraphs that appeared in Publication 645 and that have now been covered in effectively the same text in UCP 600 have been removed from this updated version of ISBP.

As a means of creating a relationship between the UCP and ISBP, the introduction to UCP 600, states: "During the revision process, notice was taken of the considerable work that had been completed in creating the International Standard Banking Practice for the Examination of Documents under Documentary Credits (ISBP), ICC Publication 645. This publication has evolved into a necessary companion to the UCP for determining compliance of documents with the terms of letters of credit. It is the expectation of the Drafting Group and the Banking Commission that the application of the principles contained in the ISBP, including subsequent revisions thereof, will continue during the time UCP 600 is in force. At the time UCP 600 is implemented, there will be an updated version of the ISBP to bring its contents in line with the substance and style of the new rules."

The international standard banking practices documented in this publication are consistent with UCP 600 and the Opinions and Decisions of the ICC Banking Commission. This document does not amend UCP 600. It explains how the practices articulated in UCP 600 are applied by documentary practitioners. This publication and the UCP should be read in their entirety and not in isolation. It is, of course, recognized that the law in some countries may compel a different practice than those stated here.

No single publication can anticipate all the terms or the documents that may be used in connection with documentary credits or their interpretation under UCP 600 and the standard practice it reflects. However, the Task Force that prepared Publication 645 endeavoured to cover terms commonly seen on a day-to-day basis and the documents most often presented under documentary credits. The Drafting Group have reviewed and updated this publication to conform with UCP 600.

It should be noted that any term in a documentary credit which modifies or excludes the applicability of a provision of UCP 600 may also have an impact on international standard banking practice. Therefore, in considering the practices described in this publication, parties must take into account any term in a documentary credit that expressly modifies or excludes a rule contained in UCP 600. This principle is implicit throughout this publication. Where examples are given, these are solely for the purpose of illustration and are not exhaustive.

This publication reflects international standard banking practice for all parties to a documentary credit. Since applicants' obligations, rights and remedies depend upon their undertaking with the issuing bank, the performance of the underlying transaction and the timeliness of any objection under applicable law and practice, applicants should not assume that they may rely on these provisions in order to excuse their obligations to reimburse the issuing bank. The incorporation of this publication into the terms of a documentary credit should be discouraged, as the requirement to follow agreed practices is implicit in UCP 600.

PRELIMINARY CONSIDERATIONS

The application and issuance of the credit

1. The terms of a credit are independent of the underlying transaction even if a credit expressly refers to that transaction. To avoid unnecessary costs, delays, and disputes in the examination of documents, however, the applicant and beneficiary should carefully consider which documents should be required, by whom they should be produced and the time frame for presentation.

2. The applicant bears the risk of any ambiguity in its instructions to issue or amend a credit. Unless expressly stated otherwise, a request to issue or amend a credit authorizes an issuing bank to supplement or develop the terms in a manner necessary or desirable to permit the use of the credit.

3 The applicant should be aware that UCP 600 contains articles such as 3, 14, 19, 20, 21, 23, 24, 28(i), 30 and 31 that define terms in a manner that may produce unexpected results unless the applicant fully acquaints itself with these provisions. For example, a credit requiring presentation of a bill of lading and containing a prohibition against transhipment will, in most cases, have to exclude UCP 600 sub-article 20(c) to make the prohibition against transhipment effective.

4 A credit should not require presentation of documents that are to be issued or countersigned by the applicant. If a credit is issued including such terms, the beneficiary must either seek amendment or comply with them and bear the risk of failure to do so.

5 Many of the problems that arise at the examination stage could be avoided or resolved by careful attention to detail in the underlying transaction, the credit application, and issuance of the credit as discussed.

GENERAL PRINCIPLES

Abbreviations

6. The use of generally accepted abbreviations, for example "Ltd." instead of "Limited", "Int'l" instead of "International", "Co." instead of "Company", "kgs" or "kos." instead of "kilos", "Ind" instead of "Industry", "mfr" instead of "manufacturer" or "mt" instead of "metric tons" – or vice versa – does not make a document discrepant.

7. Virgules (slash marks "/") may have different meanings, and unless apparent in the context used, should not be used as a substitute for a word.

Certifications and declarations

8. A certification, declaration or the like may either be a separate document or contained within another document as required by the credit. If the certification or declaration appears in another document which is signed and dated, any certification or declaration appearing on that document does not require a separate signature or date if the certification or declaration appears to have been given by the same entity that issued and signed the document.

Corrections and alterations

9. Corrections and alterations of information or data in documents, other than documents created by the beneficiary, must appear to be authenticated by the party who issued the document or by a party authorized by the issuer to do so. Corrections and alterations in documents which have been legalized, visaed, certified or similar, must appear to be authenticated by the party who legalized, visaed, certified etc., the document. The authentication must show by whom the authentication has been made and include the signature or initials of that party. If the authentication appears to have been made by a party other than the issuer of the document, the authentication must clearly show in which capacity that party has authenticated the correction or alteration.

10. Corrections and alterations in documents issued by the beneficiary itself, except drafts, which have not been legalized, visaed, certified or similar, need not be authenticated. See also "Drafts and calculation of maturity date".

11. The use of multiple type styles or font sizes or handwriting in the same document does not, by itself, signify a correction or alteration.

12. Where a document contains more than one correction or alteration, either each correction must be authenticated separately or one authentication must be linked to all corrections in an appropriate way. For example, if the document shows three corrections numbered 1, 2 and 3, one statement such as "Correction numbers 1, 2 and 3 above authorized by XXX" or similar, will satisfy the requirement for authentication.

Dates

13. Drafts, transport documents and insurance documents must be dated even if a credit does not expressly so require. A requirement that a document, other than those mentioned above, be dated, may be satisfied by reference in the document to the date of another document forming part of the same presentation (e.g., where a shipping certificate is issued which states "date as per bill of lading number xxx" or similar terms). Although it is expected that a required certificate or declaration in a separate document be dated, its compliance will depend on the type of certification or declaration that has been requested, its required wording and the wording that appears within it. Whether other documents require dating will depend on the nature and content of the document in question.

14. Any document, including a certificate of analysis, inspection certificate and pre-shipment inspection certificate, may be dated after the date of shipment. However, if a credit requires a document evidencing a pre-shipment event (e.g., pre-shipment inspection certificate), the document must, either by its title or content, indicate that the event (e.g., inspection) took place prior to or on the date of shipment. A requirement for an "inspection certificate" does not constitute a requirement to evidence a pre-shipment event. Documents must not indicate that they were issued after the date they are presented.

15. A document indicating a date of preparation and a later date of signing is deemed to be issued on the date of signing.

16. Phrases often used to signify time on either side of a date or event:

a) "within 2 days after" indicates a period from the date of the event until 2 days after the event.
b) "not later than 2 days after" does not indicate a period, only a latest date. If an advice must not be dated prior to a specific date, the credit must so state.
c) "at least 2 days before" indicates that something must take place not later than 2 days before an event. There is no limit as to how early it may take place.
d) "within 2 days of" indicates a period 2 days prior to the event until 2 days after the event.

17. The term "within" when used in connection with a date excludes that date in the calculation of the period.

18. Dates may be expressed in different formats, e.g., the 12th of November 2007 could be expressed as 12 Nov 07, 12Nov07, 12.11.2007, 12.11.07, 2007.11.12, 11.12.07, 121107, etc. Provided that the date intended can be determined from the document or from other documents included in the presentation, any of these formats are acceptable. To avoid confusion it is recommended that the name of the month should be used instead of the number.

Documents for which the UCP 600 transport articles do not apply

19. Some documents commonly used in relation to the transportation of goods, e.g., Delivery Order, Forwarder's Certificate of Receipt, Forwarder's Certificate of Shipment, Forwarder's Certificate of Transport, Forwarder's Cargo Receipt and Mate's Receipt do not reflect a contract of carriage and are not transport documents as defined in UCP 600 articles 19 - 25. As such, UCP 600 sub-article 14(c) would not apply to these documents. Therefore, these documents will be examined in the same manner as other documents for which there are no specific provisions in UCP 600, i.e., under sub-article 14(f). In any event, documents must be presented not later than the expiry date for presentation as stated in the credit.

20. Copies of transport documents are not transport documents for the purpose of UCP 600 articles 19-25 and sub-article 14(c). The UCP 600 transport articles apply where there are original transport documents presented. Where a credit allows for the presentation of a copy transport document rather than an original, the credit must explicitly state the details to be shown. Where copies (non-negotiable) are presented, they need not evidence signature, dates, etc.

Expressions not defined in UCP 600

21. Expressions such as "shipping documents", "stale documents acceptable", "third party documents acceptable", and "exporting country" should not be used as they are not defined in UCP 600. If used in a credit, their meaning should be made apparent. If not, they have the following meaning under international standard banking practice:

a) "shipping documents" – all documents (not only transport documents), except drafts, required by the credit.

b) "stale documents acceptable" – documents presented later than 21 calendar days after the date of shipment are acceptable as long as they are presented no later than the expiry date for presentation as stated in the credit.

c) "third party documents acceptable" – all documents, excluding drafts but including invoices, may be issued by a party other than the beneficiary. If it is the intention of the issuing bank that the transport or other documents may show a shipper other than the beneficiary, the clause is not necessary because it is already permitted by sub-article 14(k).

d) "exporting country" – the country where the beneficiary is domiciled, or the country of origin of the goods, or the country of receipt by the carrier or the country from which shipment or dispatch is made.

Issuer of documents

22. If a credit indicates that a document is to be issued by a named person or entity, this condition is satisfied if the document appears to be issued by the named person or entity. It may appear to be issued by a named person or entity by use of its letterhead, or, if there is no letterhead, the document appears to have been completed or signed by, or on behalf of, the named person or entity.

Language

23. Under international standard banking practice, it is expected that documents issued by the beneficiary will be in the language of the credit. When a credit states that documents in two or more languages are acceptable, a nominated bank may, in its advice of the credit, limit the number of acceptable languages as a condition of its engagement in the credit.

Mathematical calculations

24. Detailed mathematical calculations in documents will not be checked by banks. Banks are only obliged to check total values against the credit and other required documents.

Misspellings or typing errors

25. A misspelling or typing error that does not affect the meaning of a word or the sentence in which it occurs, does not make a document discrepant. For example, a description of the merchandise as "mashine" instead of "machine", "fountan pen" instead of "fountain pen" or "modle" instead of "model" would not make the document discrepant. However, a description as "model 123" instead of "model 321" would not be regarded as a typing error and would constitute a discrepancy.

Multiple pages and attachments or riders

26. Unless the credit or a document provides otherwise, pages which are physically bound together, sequentially numbered or contain internal cross references, however named or entitled, are to be examined as one document, even if some of the pages are regarded as an attachment. Where a document consists of more than one page, it must be possible to determine that the pages are part of the same document.

27. If a signature or endorsement is required to be on a document consisting of more than one page, the signature is normally placed on the first or last page of the document, but unless the credit or the document itself indicates where a signature or endorsement is to appear, the signature or endorsement may appear anywhere on the document.

Originals and copies

28. Documents issued in more than one original may be marked "Original", "Duplicate", "Triplicate", "First Original", "Second Original", etc. None of these markings will disqualify a document as an original.

29. The number of originals to be presented must be at least the number required by the credit, the UCP 600, or, where the document itself states how many originals have been issued, the number stated on the document.

30. It can sometimes be difficult to determine from the wording of a credit whether it requires an original or a copy, and to determine whether that requirement is satisfied by an original or a copy.
For example, where the credit requires:

a) "Invoice", "One Invoice" or "Invoice in 1 copy", it will be understood to be a requirement for an original invoice.
b) "Invoice in 4 copies", it will be satisfied by the presentation of at least one original and the remaining number as copies of an invoice.
c) "One copy of Invoice", it will be satisfied by presentation of either a copy or an original of an invoice.

31. Where an original would not be accepted in lieu of a copy, the credit must prohibit an original, e.g., "photocopy of invoice – original document not acceptable in lieu of photocopy", or the like. Where a credit calls for a copy of a transport document and indicates the disposal instructions for the original of that transport document, an original transport document will not be acceptable.

32. Copies of documents need not be signed.

33. In addition to UCP 600 article 17, the ICC Banking Commission Policy Statement, document 470/871(Rev), titled "The determination of an "Original" document in the context of UCP 500 sub-Article 20(b)" is recommended for further guidance on originals and copies and remains valid under UCP 600. The content of the Policy Statement appears in the Appendix of this publication, for reference purposes.

Shipping marks

34. The purpose of a shipping mark is to enable identification of a box, bag or package. If a credit specifies the details of a shipping mark, the documents mentioning the marks must show these details, but additional information is acceptable provided it is not in conflict with the credit terms.

35. Shipping marks contained in some documents often include information in excess of what would normally be considered "shipping marks", and could include information such as the type of goods, warnings as to the handling of fragile goods, net and/or gross weight of the goods, etc. The fact that some documents show such additional information, while others do not, is not a discrepancy.

36. Transport documents covering containerized goods will sometimes only show a container number under the heading "Shipping marks". Other documents that show a detailed marking will not be considered to be in conflict for that reason.

Signatures

37. Even if not stated in the credit, drafts, certificates and declarations by their nature require a signature. Transport documents and insurance documents must be signed in accordance with the provisions of UCP 600.

38. The fact that a document has a box or space for a signature does not necessarily mean that such box or space must be completed with a signature. For example, banks do not require a signature in the area titled "Signature of shipper or their agent" or similar phrases, commonly found on transport documents such as air waybills or road transport documents. If the content of a document indicates that it requires a signature to establish its validity (e.g., "This document is not valid unless signed" or similar terms), it must be signed.

39. A signature need not be handwritten. Facsimile signatures, perforated signatures, stamps, symbols (such as chops) or any electronic or mechanical means of authentication are sufficient. However, a photocopy of a signed document does not qualify as a signed original document, nor does a signed document transmitted through a fax machine, absent an original signature. A requirement for a document to be "signed and stamped", or a similar requirement, is also fulfilled by a signature and the name of the party typed, or stamped, or handwritten, etc.

40. A signature on a company letterhead paper will be taken to be the signature of that company, unless otherwise stated. The company name need not be repeated next to the signature.

Title of documents and combined documents

41. Documents may be titled as called for in the credit, bear a similar title, or be untitled. For example, a credit requirement for a "Packing List" may also be satisfied by a document containing packing details whether titled "Packing Note", "Packing and Weight List", etc., or an untitled document. The content of a document must appear to fulfil the function of the required document.

42. Documents listed in a credit should be presented as separate documents. If a credit requires a packing list and a weight list, such requirement will be satisfied by presentation of two separate documents, or by presentation of two original copies of a combined packing and weight list, provided such document states both packing and weight details.

DRAFTS AND CALCULATION OF MATURITY DATE

Tenor

43. The tenor must be in accordance with the terms of the credit.

a) If a draft is drawn at a tenor other than sight, or other than a certain period after sight, it must be possible to establish the maturity date from the data in the draft itself.

b) As an example of where it is possible to establish a maturity date from the data in the draft, if a credit calls for drafts at a tenor 60 days after the bill of lading date, where the date of the bill of lading is 12 July 2007, the tenor could be indicated on the draft in one of the following ways:

   i. "60 days after bill of lading date 12 July 2007", or
   ii. "60 days after 12 July 2007", or
   iii. "60 days after bill of lading date" and elsewhere on the face of the draft state "bill of lading date 12 July 2007", or
   iv. "60 days date" on a draft dated the same day as the date of the bill of lading, or
   v. "10 September 2007", i.e. 60 days after the bill of lading date.

c) If the tenor refers to xxx days after the bill of lading date, the on board date is deemed to be the bill of lading date even if the on board date is prior to or later than the date of issuance of the bill of lading.

d) UCP 600 article 3 provides guidance that where the words "from" and "after" are used to determine maturity dates of drafts, the calculation of the maturity commences the day following the date of the document, shipment, or other event, i.e., 10 days after or from March 1 is March 11.

e) If a bill of lading showing more than one on board notation is presented under a credit which requires drafts to be drawn, for example, at 60 days after or from bill of lading date, and the goods according to both or all on board notations were shipped from ports within a permitted geographical area or region, the earliest of these on board dates will be used for calculation of the maturity date. Example: the credit requires shipment from European port, and the bill of lading evidences on board vessel "A" from Dublin August 16 and on board vessel "B" from Rotterdam August 18. The draft should reflect 60 days from the earliest on board date in a European port, i.e., August 16.

f) If a credit requires drafts to be drawn, for example, at 60 days after or from bill of lading date, and more than one set of bills of lading is presented under one draft, the date of the last bill of lading will be used for the calculation of the maturity date.

44. While the examples refer to bill of lading dates, the same principles apply to all transport documents.
Maturity date

45. If a draft states a maturity date by using an actual date, the date must have been calculated in accordance with the requirements of the credit.

46. For drafts drawn "at XXX days sight", the maturity date is established as follows:

a) in the case of complying documents, or in the case of non-complying documents where the drawee bank has not provided a notice of refusal, the maturity date will be XXX days after the date of receipt of documents by the drawee bank.

b) in the case of non-complying documents where the drawee bank has provided a notice of refusal and subsequent approval, at the latest XXX days after the date of acceptance of the draft by the drawee bank. The date of acceptance of the draft must be no later than the date the issuing bank accepts the waiver of the applicant.

47. In all cases the drawee bank must advise the maturity date to the presenter. The calculation of tenor and maturity dates, as shown above, would also apply to credits designated as being available by deferred payment, i.e., where there is no requirement for a draft to be presented by the beneficiary.

Banking days, grace days, delays in remittance

48. Payment must be available in immediately available funds on the due date at the place where the draft or documents are payable, provided such due date is a banking day in that place. If the due date is a non-banking day, payment will be due on the first banking day following the due date. Delays in the remittance of funds, such as grace days, the time it takes to remit funds, etc., must not be in addition to the stated or agreed due date as defined by the draft or documents.

Endorsement

49. The draft must be endorsed, if necessary.

Amounts

50. The amount in words must accurately reflect the amount in figures if both are shown, and indicate the currency, as stated in the credit.

51. The amount must agree with that of the invoice, unless as a result of UCP 600 sub-article 18(b).

How the draft is drawn

52. The draft must be drawn on the party stated in the credit.

53. The draft must be drawn by the beneficiary.

Drafts on the applicant

54. A credit may be issued requiring a draft drawn on the applicant as one of the required documents, but must not be issued available by drafts drawn on the applicant.

Corrections and alterations

55. Corrections and alterations on a draft, if any, must appear to have been authenticated by the drawer.

56. In some countries a draft showing corrections or alterations will not be acceptable even with the drawer's authentication. Issuing banks in such countries should make a statement in the credit to the effect that no correction or alteration must appear in the draft.

INVOICES

Definition of invoice

57. A credit requiring an "invoice" without further definition will be satisfied by any type of invoice presented (commercial invoice, customs invoice, tax invoice, final invoice, consular invoice, etc.). However, invoices identified as "provisional", "pro-forma" or the like are not acceptable. When a credit requires presentation of a commercial invoice, a document titled "invoice" will be acceptable.

Description of the goods, services or performance and other general issues related to invoices

58. The description of the goods, services or performance in the invoice must correspond with the description in the credit. There is no requirement for a mirror image. For example, details of the goods may be stated in a number of areas within the invoice which, when collated together, represents a description of the goods corresponding to that in the credit.

59. The description of goods, services or performance in an invoice must reflect what has actually been shipped or provided. For example, where there are two types of goods shown in the credit, such as 10 trucks and 5 tractors, an invoice that reflects only shipment of 4 trucks would be acceptable provided the credit does not prohibit partial shipment. An invoice showing the entire goods description as stated in the credit, then stating what has actually been shipped is also acceptable.

60. An invoice must evidence the value of the goods shipped or services or performance provided. Unit price(s), if any, and currency shown in the invoice must agree with that shown in the credit. The invoice must show any discounts or deductions required in the credit. The invoice may also show a deduction covering advance payment, discount, etc., not stated in the credit.

61. If a trade term is part of the goods description in the credit, or stated in connection with the amount, the invoice must state the trade term specified, and if the description provides the source of the trade term, the same source must be identified (e.g., a credit term "CIF Singapore Incoterms 2000" would not be satisfied by "CIF Singapore Incoterms"). Charges and costs must be included within the value shown against the stated trade term in the credit and invoice. Any charges and costs shown beyond this value are not allowed.

62. Unless required by the credit, an invoice need not be signed or dated.

63. The quantity of merchandise, weights and measurements shown on the invoice must not conflict with the same quantities appearing on other documents.

64. An invoice must not show:

a) over-shipment (except as provided in UCP 600 sub-article 30(b)), or

b) merchandise not called for in the credit (including samples, advertising materials, etc.) even if stated to be free of charge.

65. The quantity of the goods required in the credit may vary within a tolerance of +/- 5%. This does not apply if a credit states that the quantity must not be exceeded or reduced, or if a credit states the quantity in terms of a stipulated number of packing units or individual items. A variance of up to +5% in the goods quantity does not allow the amount of the drawing to exceed the amount of the credit.

66. Even when partial shipments are prohibited, a tolerance of 5% less in the credit amount is acceptable, provided that the quantity is shipped in full and that any unit price, if stated in the credit, has not been reduced. If no quantity is stated in the credit, the invoice will be considered to cover the full quantity.

67. If a credit calls for instalment shipments, each shipment must be in accordance with the instalment schedule.

TRANSPORT DOCUMENT COVERING AT LEAST TWO DIFFERENT MODES OF TRANSPORT

Application of UCP 600 article 19

68. If a credit requires presentation of a transport document covering transportation utilizing at least two modes of transport (multimodal or combined transport document), and if the transport document clearly shows that it covers a shipment from the place of taking in charge or port, airport or place of loading to the place of final destination mentioned in the credit, UCP 600 article 19 is applicable. In such circumstances, the transport document must not indicate that shipment or dispatch has been effected by only one mode of transport, but it may be silent regarding the modes of transport utilized.

69. In all places where the term "multimodal transport document" is used within this document, it also includes the term combined transport document. A document need not be titled "Multimodal transport document" or "Combined transport document" to be acceptable under UCP 600 article 19, even if such expressions are used in the credit.

Full set of originals

70. A UCP 600 article 19 transport document must indicate the number of originals that have been issued. Transport documents marked "First Original", "Second Original", "Third Original", "Original", "Duplicate", "Triplicate", etc., or similar expressions are all originals. Multimodal transport documents need not be marked "original" to be acceptable under a credit. In addition to UCP 600 article 17, the ICC Banking Commission Policy Statement, document 470/871(Rev), titled "The determination of an 'Original' document in the context of UCP 500 sub-Article 20(b)" is recommended for further guidance on originals and copies and remains valid under UCP 600. The content of the Policy Statement appears in the Appendix of this publication, for reference purposes.

Signing of multimodal transport documents

71. Original multimodal transport documents must be signed in the form described in UCP 600 sub-article 19(a)(i) and indicate the name of the carrier, identified as the carrier.

a. If an agent signs a multimodal transport document on behalf of the carrier, the agent must be identified as agent, and must identify on whose behalf it is signing, unless the carrier has been identified elsewhere on the multimodal transport document.

b. If the master (captain) signs the multimodal transport document, the signature of the master (captain) must be identified as "master" ("captain"). In this event, the name of the master (captain) need not be stated.

c. If an agent signs the multimodal transport document on behalf of the master (captain), the agent must be identified as agent. In this event, the name of the master (captain) need not be stated.

72. If a credit states "Freight Forwarder's Multimodal transport document is acceptable" or uses a similar phrase, then the multimodal transport document may be signed by a freight forwarder in the capacity of a freight forwarder, without the need to identify itself as carrier or agent for the named carrier. In this event, it is not necessary to show the name of the carrier.

On board notations

73. The issuance date of a multimodal transport document will be deemed to be the date of dispatch, taking in charge or shipped on board unless it bears a separate dated notation evidencing dispatch, taking in charge or shipped on board from the location required by the credit, in which event the date of the notation will be deemed to be the date of shipment whether or not the date is before or after the issuance date of the document.

74. "Shipped in apparent good order", "Laden on board", "clean on board" or other phrases incorporating words such as "shipped" or "on board" have the same effect as "Shipped on board".

Place of taking in charge, dispatch, loading on board and destination

75. If a credit gives a geographical range for the place of taking in charge, dispatch, loading on board and destination (e.g., "Any European Port"), the multimodal transport document must indicate the actual place of taking in charge, dispatch, shipped on board and destination, which must be within the geographical area or range stated in the credit.

Consignee, order party, shipper and endorsement, notify party

76. If a credit requires a multimodal transport document to show that the goods are consigned to a named party, e.g., "consigned to Bank X" (a "straight" consignment), rather than "to order" or "to order of Bank X", the multimodal transport document must not contain words such as "to order" or "to order of" that precede the name of that named party, whether typed or pre-printed. Likewise, if a credit requires the goods to be consigned "to order" or "to order of" a named party, the multimodal transport document must not show that the goods are consigned straight to the named party.

77. If a multimodal transport document is issued to order or to order of the shipper, it must be endorsed by the shipper. An endorsement indicating that it is made for or on behalf of the shipper is acceptable.

78. If a credit does not stipulate a notify party, the respective field on the multimodal transport document may be left blank or completed in any manner.

Transhipment and partial shipment

79. In a multimodal transport, transhipment will occur, i.e., unloading from one means of conveyance and reloading to another means of conveyance (whether or not in different modes of transport) during the carriage from the place of dispatch, taking in charge or shipment to the place of final destination stated in the credit.

80. If a credit prohibits partial shipments and more than one set of original multimodal transport documents are presented covering shipment, dispatch or taking in charge from one or more points of origin (as specifically allowed, or within the geographical area or range stated in the credit), such documents are acceptable, provided that they cover the movement of goods on the same means of conveyance and same journey and are destined for the same destination. In the event that more than one set of multimodal transport documents are presented and if they incorporate different dates of shipment, dispatch or taking in charge, the latest of these dates will be taken for the calculation of any presentation period and such date must fall on or before any latest date of shipment, dispatch or taking in charge specified in the credit.

81. Shipment on more than one means of conveyance (more than one truck (lorry), vessel, aircraft, etc.) is a partial shipment, even if such means of conveyance leave on the same day for the same destination.

Clean multimodal transport documents

82. Clauses or notations on multimodal transport documents that expressly declare a defective condition of the goods or packaging are not acceptable. Clauses or notations that do not expressly declare a defective condition of the goods or packaging (e.g., "packaging may not be sufficient for the journey") do not constitute a discrepancy. A statement that the packaging "is not sufficient for the journey" would not be acceptable.

83. If the word "clean" appears on a multimodal transport document and has been deleted, the multimodal transport document will not be deemed to be claused or unclean unless it specifically bears a clause or notation declaring that the goods or packaging are defective.

Goods description

84. A goods description in the multimodal transport document may be shown in general terms not in conflict with that stated in the credit.

Corrections and alterations

85. Corrections and alterations on a multimodal transport document must be authenticated. Such authentication must appear to have been made by the carrier or master (captain) or any one of their agents who may be different from the agent that may have issued or signed it, provided they are identified as an agent of the carrier or master (captain).

86. Non-negotiable copies of multimodal transport documents do not need to include any signature on, or authentication of, any alterations or corrections that may have been made on the original.

Freight and additional costs

87. If a credit requires that a multimodal transport document show that freight has been paid or is payable at destination, the multimodal transport document must be marked accordingly.

88. Applicants and issuing banks should be specific in stating the requirements of documents to show whether freight is to be prepaid or collected.

89. If a credit states that costs additional to freight are not acceptable, a multimodal transport document must not indicate that costs additional to the freight have been or will be incurred. Such indication may be by express reference to additional costs or by the use of shipment terms which refer to costs associated with the loading or unloading of goods, such as Free In (FI), Free Out (FO), Free In and Out (FIO) and Free In and Out Stowed (FIOS). A reference in the transport document to costs which may be levied as a result of a delay in unloading the goods or after the goods have been unloaded e.g., costs covering the late return of containers, is not considered to be an indication of additional costs in this context.

Goods covered by more than one multimodal transport document

90. If a multimodal transport document states that the goods in a container are covered by that multimodal transport document plus one or more other multimodal transport documents, and the document states that all multimodal transport documents must be surrendered or words of similar effect, this means that all multimodal transport documents related to that container must be presented in order for the container to be released. Such a multimodal transport document is not acceptable unless all the multimodal transport documents form part of the same presentation under the same credit.

BILL OF LADING

Application of UCP 600 Article 20

91. If a credit requires presentation of a bill of lading ("marine", "ocean" or "port-to-port" or similar) covering sea shipment only, UCP 600 article 20 is applicable.

92. To comply with UCP 600 article 20, a bill of lading must appear to cover a port-to-port shipment but need not be titled "marine bill of lading", "ocean bill of lading", "port-to-port bill of lading" or similar.

Full set of originals

93. A UCP 600 article 20 transport document must indicate the number of originals that have been issued. Transport documents marked "First Original", "Second Original", "Third Original", "Original", "Duplicate", "Triplicate", etc., or similar expressions are all originals. Bills of lading need not be marked "original" to be acceptable as an original bill of lading. In addition to UCP 600 article 17, the ICC Banking Commission Policy Statement, document 470/871(Rev), titled "The determination of an 'Original' document in the context of UCP 500 sub-Article 20(b)" is recommended for further guidance on originals and copies and remains valid under UCP 600. The content of the Policy Statement appears in the Appendix of this publication, for reference purposes.

Signing of bills of lading

94. Original bills of lading must be signed in the form described in UCP 600 sub-article 20(a)(i) and indicate the name of the carrier, identified as the carrier.

d. If an agent signs a bill of lading on behalf of the carrier, the agent must be identified as agent and must identify on whose behalf it is signing, unless the carrier has been identified elsewhere on the bill of lading.

e. If the master (captain) signs the bill of lading, the signature of the master (captain) must be identified as "master" ("captain"). In this event, the name of the master (captain) need not be stated.

f. If an agent signs the bill of lading on behalf of the master (captain), the agent must be identified as agent. In this event, the name of the master (captain) need not be stated.

95. If a credit states "Freight Forwarder's Bill of Lading is acceptable" or uses a similar phrase, then the bill of lading may be signed by a freight forwarder in the capacity of a freight forwarder, without the need to identify itself as carrier or agent for the named carrier. In this event, it is not necessary to show the name of the carrier.

On board notations

96. If a pre-printed "Shipped on board" bill of lading is presented, its issuance date will be deemed to be the date of shipment unless it bears a separate dated on board notation, in which event the date of the on board notation will be deemed to be the date of shipment whether or not the on board date is before or after the issuance date of the bill of lading.

97. "Shipped in apparent good order", "Laden on board", "clean on board" or other phrases incorporating words such as "shipped" or "on board" have the same effect as "Shipped on board".

Ports of loading and ports of discharge

98. While the named port of loading, as required by the credit, should appear in the port of loading field within the bill of lading, it may instead be stated in the field headed "Place of receipt" or the like, if it is clear that the goods were transported from that place of receipt by vessel, and provided there is an on board notation evidencing that the goods were loaded on that vessel at the port stated under "Place of receipt" or like term.

99. While the named port of discharge, as required by the credit, should appear in the port of discharge field within the bill of lading, it may be stated in the field headed "Place of final destination" or the like if it is clear that the goods were to be transported to that place of final destination by vessel, and provided there is a notation evidencing that the port of discharge is that stated under "Place of final destination" or like term.

100. If a credit gives a geographical area or range of ports of loading or discharge (e.g., "Any European Port"), the bill of lading must indicate the actual port of loading or discharge, which must be within the geographical area or range stated in the credit.

Consignee, order party, shipper and endorsement, notify party

101. If a credit requires a bill of lading to show that the goods are consigned to a named party, e.g., "consigned to Bank X" (a "straight" bill of lading), rather than "to order" or "to order of Bank X", the bill of lading must not contain words such as "to order" or "to order of" that precede the name of that named party, whether typed or pre-printed. Likewise, if a credit requires the goods to be consigned "to order" or "to order of" a named party, the bill of lading must not show that the goods are consigned straight to the named party.

102. If a bill of lading is issued to order or to order of the shipper, it must be endorsed by the shipper. An endorsement indicating that it is made for or on behalf of the shipper is acceptable.

103. If a credit does not state a notify party, the respective field on the bill of lading may be left blank or completed in any manner.

Transhipment and partial shipment

104. Transhipment is the unloading from one vessel and reloading to another vessel during the carriage from the port of loading to the port of discharge stated in the credit. If it does not occur between these two ports, unloading and reloading is not considered to be transhipment.

105. If a credit prohibits partial shipments and more than one set of original bills of lading are presented covering shipment from one or more ports of loading (as specifically allowed, or within the geographical area or range stated in the credit), such documents are acceptable provided that they cover the shipment of goods on the same vessel and same journey and are destined for the same port of discharge. In the event that more than one set of bills of lading are presented and incorporate different dates of shipment, the latest of these dates of shipment will be taken for the calculation of any presentation period and must fall on or before the latest shipment date specified in the credit. Shipment on more than one vessel is a partial shipment, even if the vessels leave on the same day for the same destination.

Clean bills of lading

106. Clauses or notations on bills of lading which expressly declare a defective condition of the goods or packaging are not acceptable. Clauses or notations which do not expressly declare a defective condition of the goods or packaging (e.g., "packaging may not be sufficient for the sea journey") do not constitute a discrepancy. A statement that the packaging "is not sufficient for the sea journey" would not be acceptable.

107. If the word "clean" appears on a bill of lading and has been deleted, the bill of lading will not be deemed to be claused or unclean unless it specifically bears a clause or notation declaring that the goods or packaging are defective.

Goods description

108. A goods description in the bill of lading may be shown in general terms not in conflict with that stated in the credit.

Corrections and alterations

109. Corrections and alterations on a bill of lading must be authenticated. Such authentication must appear to have been made by the carrier, master (captain) or any of their agents (who may be different from the agent that may have issued or signed it), provided they are identified as an agent of the carrier or the master (captain).

110. Non-negotiable copies of bills of lading do not need to include any signature on, or authentication of, any alterations or corrections that may have been made on the original.

Freight and additional costs

111. If a credit requires that a bill of lading show that freight has been paid or is payable at destination, the bill of lading must be marked accordingly.

112. Applicants and issuing banks should be specific in stating the requirements of documents to show whether freight is to be prepaid or collected.

113. If a credit states that costs additional to freight are not acceptable, a bill of lading must not indicate that costs additional to the freight have been or will be incurred. Such indication may be by express reference to additional costs or by the use of shipment terms which refer to costs associated with the loading or unloading of goods, such as Free In (FI), Free Out (FO), Free In and Out (FIO) and Free In and Out Stowed (FIOS). A reference in the transport document to costs which may be levied as a result of a delay in unloading the goods or after the goods have been unloaded, e.g., costs covering the late return of containers, is not considered to be an indication of additional costs in this context.

Goods covered by more than one bill of lading

114. If a bill of lading states that the goods in a container are covered by that bill of lading plus one or more other bills of lading, and the bill of lading states that all bills of lading must be surrendered, or words of similar effect, this means that all bills of lading related to that container must be presented in order for the container to be released. Such a bill of lading is not acceptable unless all the bills of lading form part of the same presentation under the same credit.

CHARTER PARTY BILL OF LADING

Application of UCP 600 article 22

115. If a credit requires presentation of a charter party bill of lading or if a credit allows presentation of a charter party bill of lading and a charter party bill of lading is presented UCP 600 article 22 is applicable.

116. A transport document containing any indication that it is subject to a charter party is a charter party bill of lading under UCP 600 article 22. .

Full set of originals

117. A UCP 600 article 22 transport document must indicate the number of originals that have been issued. Transport documents marked "First Original", "Second Original", "Third Original", "Original", "Duplicate", "Triplicate", etc. or similar expressions are all originals. Charter party bills of lading need not be marked "original" to be acceptable under a credit. In addition to UCP 600 article 17, the ICC Banking Commission Policy Statement, document 470/871(Rev), titled "The determination of an 'Original' document in the context of UCP 500 sub-Article 20(b)" is recommended for further guidance on originals and copies and remains valid under UCP 600. The content of the Policy Statement appears in the Appendix of this publication, for reference purposes.

Signing of charter party bills of lading

118. Original charter party bills of lading must be signed in the form described in UCP 600 sub-article 22(a)(i).

a. If the master (captain), charterer or owner signs the charter party bill of lading, the signature of the master (captain), charterer or owner must be identified as "master" ("captain"), charterer or "owner".

b. If an agent signs the charter party bill of lading on behalf of the master (captain), charterer or owner, the agent must be identified as agent of the master (captain), charterer or owner. In this event, the name of the master (captain) need not be stated, but the name of the charterer or owner must appear.

On board notations

119. If a pre-printed "Shipped on board" charter party bill of lading is presented, its issuance date will be deemed to be the date of shipment unless it bears an on board notation, in which event the date of the on board notation will be deemed to be the date of shipment whether or not the on board date is before or after the issuance date of the document.

120. "Shipped in apparent good order", "Laden on board", "clean on board" or other phrases incorporating words such as "shipped" or "on board" have the same effect as "shipped on board".

Ports of loading and ports of discharge

121. If a credit gives a geographical area or range of ports of loading or discharge (e.g., "Any European Port"), the charter party bill of lading must indicate the actual port or ports of loading, which must be within the geographical area or range indicated but may show the geographical area or range of ports as the port of discharge.

Consignee, order party, shipper and endorsement, notify party

122. If a credit requires a charter party bill of lading to show that the goods are consigned to a named party, e.g., "consigned to Bank X" (a "straight" bill of lading), rather than "to order" or "to order of Bank X", the charter party bill of lading must not contain words such as "to order" or "to order of" that precede the name of that named party, whether typed or pre-printed. Likewise, if a credit requires the goods to be consigned "to order" or "to order of" a named party, the charter party bill of lading must not show that the goods are consigned straight to the named party.

123. If a charter party bill of lading is issued to order or to order of the shipper, it must be endorsed by the shipper. An endorsement indicating that it is made for or on behalf of the shipper is acceptable.

124. If a credit does not state a notify party, the respective field on the charter party bill of lading may be left blank or completed in any manner.

Partial shipment

125. If a credit prohibits partial shipments, and more than one set of original charter party bills of lading are presented covering shipment from one or more ports of loading (as specifically allowed, or within the geographical area or range stated in the credit), such documents are acceptable, provided that they cover the shipment of goods on the same vessel and same journey and are destined for the same port of discharge, range of ports or geographical area. In the event that more than one set of charter party bills of lading are presented and incorporate different dates of shipment, the latest of these dates of shipment will be taken for the calculation of any presentation period and must fall on or before the latest shipment date specified in the credit. Shipment on more than one vessel is a partial shipment, even if the vessels leave on the same day for the same destination.

Clean charter party bills of lading

126. Clauses or notations on charter party bills of lading which expressly declare a defective condition of the goods or packaging are not acceptable. Clauses or notations that do not expressly declare a defective condition of the goods or packaging (e.g., "packaging may not be sufficient for the sea journey") do not constitute a discrepancy. A statement that the packaging "is not sufficient for the sea journey" would not be acceptable.

127. If the word "clean" appears on a charter party bill of lading and has been deleted, the charter party bill of lading will not be deemed to be claused or unclean unless it specifically bears a clause or notation declaring that the goods or packaging are defective.

Goods description

128. A goods description in charter party bills of lading may be shown in general terms not in conflict with that stated in the credit.

Corrections and Alterations

129. Corrections and alterations on charter party bills of lading must be authenticated. Such authentication must appear to have been made by the owner, charterer, master (captain) or any of their agents (who may be different from the agent that may have issued or signed it), provided they are identified as an agent of the owner, charterer or the master (captain).

130. Non-negotiable copies of charter party bills of lading do not need to include any signature on, or authentication of, any alterations or corrections that may have been made on the original.

Freight and additional costs

131. If a credit requires that a charter party bill of lading show that freight has been paid or is payable at destination, the charter party bill of lading must be marked accordingly.

132. Applicants and issuing banks should be specific in stating the requirements of documents to show whether freight is to be prepaid or collected.

133. If a credit states that costs additional to freight are not acceptable, a charter party bill of lading must not indicate that costs additional to the freight have been or will be incurred. Such indication may be by express reference to additional costs or by the use of shipment terms which refer to costs associated with the loading or unloading of goods, such as Free In (FI), Free Out (FO), Free In and Out (FIO) and Free In and Out Stowed (FIOS). A reference in the transport document to costs which may be levied as a result of a delay in unloading the goods, or after the goods have been unloaded, is not considered to be an indication of additional costs in this context.

AIR TRANSPORT DOCUMENT

Application of UCP600 article 23

134. If a credit requires presentation of an air transport document covering an airport-to-airport shipment, UCP 600 article 23 is applicable.

135. If a credit requires presentation of an "air waybill", "air consignment note" or similar, UCP 600 article 23 applies. To comply with UCP 600 article 23, an air transport document must appear to cover an airport-to-airport shipment but need not be titled "air waybill", "air consignment note" or similar.

Original air transport document

136. The air transport document must appear to be the original for consignor or shipper. A requirement for a full set of originals is satisfied by the presentation of a document indicating that it is the original for consignor or shipper.

Signing of air transport documents

137. An original air transport document must be signed in the form described in UCP 600 sub-article 23(a)(i) and indicate the name of the carrier, identified as carrier. If an agent signs an air transport document on behalf of a carrier, the agent must be identified as agent and must identify on whose behalf it is signing, unless the carrier has been identified elsewhere on the air transport document.

138. If a credit states "House air waybill is acceptable" or "Freight Forwarder's air waybill is acceptable" or uses a similar phrase, then the air transport document may be signed by a freight forwarder in the capacity of a freight forwarder without the need to identify itself as a carrier or agent for a named carrier. In this event, it is not necessary to show the name of the carrier.

Goods accepted for carriage, date of shipment, and requirement for an actual date of dispatch

139. An air transport document must indicate that the goods have been accepted for carriage.

140. The date of issuance of an air transport document is deemed to be the date of shipment unless the document shows a separate notation of the flight date, in which case this will be deemed to be the date of shipment. Any other information appearing on the air transport document relative to the flight number and date will not be considered in determining the date of shipment.

Airports of departure and destination

141. An air transport document must indicate the airport of departure and airport of destination as stated in the credit. The identification of airports by the use of IATA codes instead of writing out the name in full (e.g., LHR instead of London Heathrow) is not a discrepancy.

142. If a credit gives a geographical area or range of airports of departure or destination (e.g., "Any European Airport"), the air transport document must indicate the actual airport of departure or destination, which must be within the geographical area or range stated in the credit.

Consignee, order party and notify party

143. An air transport document should not be issued "to order" or "to order of" a named party, because it is not a document of title. Even if a credit calls for an air transport document made out "to order" or "to order of" a named party, a document presented showing goods consigned to that party, without mention of "to order" or "to order of", is acceptable.

144. If a credit does not state a notify party, the respective field on the air transport document may be left blank or completed in any manner.

Transhipment and partial shipment

145. Transhipment is the unloading from one aircraft and reloading to another aircraft during the carriage from the airport of departure to the airport of destination stated in the credit. If it does not occur between these two airports, unloading and reloading is not considered to be transhipment.

146. If a credit prohibits partial shipments and more than one air transport document is presented covering dispatch from one or more airports of departure (as specifically allowed, or within the geographical area or range stated in the credit), such documents are acceptable, provided that they cover the dispatch of goods on the same aircraft and same flight and are destined for the same airport of destination. In the event that more than one air transport document is presented incorporating different dates of shipment, the latest of these dates of shipment will be taken for the calculation of any presentation period and must fall on or before the latest shipment date specified in the credit.

147. Shipment on more than one aircraft is a partial shipment, even if the aircraft leave on the same day for the same destination.

Clean air transport documents

148. Clauses or notations on an air transport document which expressly declare a defective condition of the goods or packaging are not acceptable. Clauses or notations on the air transport document which do not expressly declare a defective condition of the goods or packaging (e.g., "packaging may not be sufficient for the air journey") do not constitute a discrepancy. A statement that the packaging "is not sufficient for the air journey" would not be acceptable.

149. If the word "clean" appears on an air transport document and has been deleted, the air transport document will not be deemed to be claused or unclean unless it specifically bears a clause or notation declaring that the goods or packaging are defective.

Goods description

150. A goods description in an air transport document may be shown in general terms not in conflict with that stated in the credit.

Corrections and alterations

151. Corrections and alterations on air transport documents must be authenticated. Such authentication must appear to have been made by the carrier or any of its agents (who may be different from the agent that may have issued or signed it), provided it is identified as an agent of the carrier.

152. Copies of air transport documents do not need to include any signature of the carrier or agent (or shipper, even if required by the credit to appear on the original air transport document), nor any authentication of any alterations or corrections that may have been made on the original.

Freight and additional costs

153. If a credit requires that an air transport document show that freight has been paid or is payable at destination, the air transport document must be marked accordingly.

154. Applicants and issuing banks should be specific in stating the requirements of documents to show whether freight is to be prepaid or collected.

155. If a credit states that costs additional to freight are not acceptable, an air transport document must not indicate that costs additional to the freight have been or will be incurred. Such indication may be by express reference to additional costs or by the use of shipment terms that refer to costs associated with the loading or unloading of goods. A reference in the transport document to costs which may be levied as a result of a delay in unloading the goods or after the goods have been unloaded is not considered an indication of additional costs in this context.

156. Air transport documents often have separate boxes which, by their pre-printed headings, indicate that they are for freight charges "prepaid" and for freight charges "to collect", respectively. A requirement in a credit for an air transport document to show that freight has been prepaid will be fulfilled by a statement of the freight charges under the heading "Freight Prepaid" or a similar expression or indication, and a requirement that an air transport document show that freight has to be collected will be fulfilled by a statement of the freight charges under the heading "Freight to Collect" or a similar expression or indication.

ROAD, RAIL OR INLAND WATERWAY TRANSPORT DOCUMENTS

Application of UCP 600 article 24

157. If a credit requires presentation of a transport document covering movement by road, rail or inland waterway, UCP 600 article 24 is applicable.

Original and duplicate of road, rail or inland waterway transport documents

158. If a credit requires a rail or inland waterway transport document, the transport document presented will be accepted as an original whether or not it is marked as an original. A road transport document must appear to be the original for consignor or shipper or bear no marking indicating for whom the document has been prepared. With respect to rail waybills, the practice of many railway companies is to provide the shipper or consignor with only a duplicate (often a carbon copy) duly authenticated by the railway company's stamp. Such a duplicate will be accepted as an original.

Carrier and signing of road, rail or inland waterway transport documents

159. The term "carrier" need not appear at the signature line provided the transport document appears to be signed by the carrier or an agent on behalf of the carrier, if the carrier is otherwise identified as the "carrier" on the transport document. International standard banking practice is to accept a railway bill evidencing date stamp by the railway company or railway station of departure without showing the name of the carrier or a named agent signing for or on behalf of the carrier.

160. The term "carrier" used in UCP 600 article 24 includes terms in transport documents such as "issuing carrier", "actual carrier", "succeeding carrier" and "contracting carrier".

161. Any signature, stamp or notation of receipt on the transport document must appear to be made either by:

a. the carrier, identified as the carrier or

b. a named agent acting or signing for or on behalf of the carrier and indicating the name and capacity of the carrier on whose behalf that agent is acting or signing.

Order party and notify party

162. Transport documents which are not documents of title should not be issued "to order" or "to order of" a named party. Even if a credit calls for a transport document which is not a document of title to be made out "to order" or "to order of" a named party, such a document, showing goods consigned to that party, without mention of "to order" or "to order of", is acceptable.

163. If a credit does not stipulate a notify party, the respective field on the transport document may be left blank or completed in any manner.

Partial shipment

164. Shipment on more than one means of conveyance (more than one truck (lorry), train, vessel, etc.) is a partial shipment, even if such means of conveyance leave on the same day for the same destination.

Goods description

165. A goods description in the transport document may be shown in general terms not in conflict with that stated in the credit.

Corrections and alterations

166. Corrections and alterations on a UCP 600 article 24 transport document must be authenticated. Such authentication must appear to have been made by the carrier or any one of their named agents, who may be different from the agent that may have issued or signed it, provided they are identified as an agent of the carrier.

167. Copies of UCP 600 article 24 transport documents do not need to include any signature on, or authentication of, any alterations or corrections that may have been made on the original.

Freight and additional costs

168. If a credit requires that a UCP 600 article 24 transport document show that freight has been paid or is payable at destination, the transport document must be marked accordingly.

169. Applicants and issuing banks should be specific in stating the requirements of documents to show whether freight is to be prepaid or collected.

INSURANCE DOCUMENT AND COVERAGE

Application of UCP 600 article 28

170. If a credit requires presentation of an insurance document such as an insurance policy, insurance certificate or declaration under an open cover, UCP 600 article 28 is applicable.

Issuers of insurance documents

171. Insurance documents must appear to have been issued and signed by insurance companies or underwriters or their agents or proxies. If required by the insurance document or in accordance with the credit terms, all originals must appear to have been countersigned.

172. An insurance document is acceptable if issued on an insurance broker's stationery, provided the insurance document has been signed by an insurance company or its agent or proxy, or by an underwriter or its agent or proxy. A broker may sign as agent for the named insurance company or named underwriter.

Risks to be covered

173. An insurance document must cover the risks defined in the credit. Even though a credit may be explicit with regard to risks to be covered, there may be reference to exclusion clauses in the document. If a credit requires "all risks" coverage, this is satisfied by the presentation of an insurance document evidencing any "all risks" clause or notation, even if it is stated that certain risks are excluded. An insurance document indicating that it covers Institute Cargo Clauses (A) satisfies a condition in a credit calling for an "all risks" clause or notation.

174. Insurance covering the same risk for the same shipment must be covered under one document unless the insurance documents for partial cover each clearly reflect, by percentage or otherwise, the value of each insurer's cover and that each insurer will bear its share of the liability severally and without pre-conditions relating to any other insurance cover that may have been effected for that shipment.

Dates

175. An insurance document that incorporates an expiry date must clearly indicate that such expiry date relates to the latest date that loading on board or dispatch or taking in charge of the goods (as applicable) is to occur, as opposed to an expiry date for the presentation of any claims thereunder.

Percentage and amount

176. An insurance document must be issued in the currency of and, as a minimum, for the amount required by the credit. The UCP does not provide for any maximum percentage of insurance coverage.

177. If a credit requires the insurance cover to be irrespective of percentage, the insurance document must not contain a clause stating that the insurance cover is subject to a franchise or an excess deductible.

178. If it is apparent from the credit or from the documents that the final invoice amount only represents a certain part of the gross value of the goods (e.g., due to discounts, pre-payments or the like, or because part of the value of the goods is to be paid at a later date), the calculation of insurance cover must be based on the full gross value of the goods.

Insured party and endorsement

179. An insurance document must be in the form as required by the credit and, where necessary, be endorsed by the party to whose order claims are payable. A document issued to bearer is acceptable where the credit requires an insurance document endorsed in blank and vice versa.

180. If a credit is silent as to the insured party, an insurance document evidencing that claims are payable to the order of the shipper or beneficiary would not be acceptable unless endorsed. An insurance document should be issued or endorsed so that the right to receive payment under it passes upon, or prior to, the release of the documents.

CERTIFICATES OF ORIGIN

Basic requirement

181. A requirement for a certificate of origin will be satisfied by the presentation of a signed, dated document that certifies to the origin of the goods.

Issuers of certificates of origin

182. A certificate of origin must be issued by the party stated in the credit. However, if a credit requires a certificate of origin to be issued by the beneficiary, the exporter or the manufacturer, a document issued by a chamber of commerce will be deemed acceptable, provided it clearly identifies the beneficiary, the exporter or the manufacturer as the case may be. If a credit does not state who is to issue the certificate, then a document issued by any party, including the beneficiary, is acceptable.

Contents of certificates of origin

183. The certificate of origin must appear to relate to the invoiced goods. The goods description in the certificate of origin may be shown in general terms not in conflict with that stated in the credit or by any other reference indicating a relation to the goods in a required document.

184. Consignee information, if shown, must not be in conflict with the consignee information in the transport document. However, if a credit requires a transport document to be issued "to order", "to the order of shipper", "to order of the issuing bank" or "consigned to the issuing bank", the certificate of origin may show the applicant of the credit, or another party named therein, as consignee. If a credit has been transferred, the name of the first beneficiary as consignee would also be acceptable.

185. The certificate of origin may show the consignor or exporter as a party other than the beneficiary of the credit or the shipper on the transport document.

Afterword*

* The information contained in this Afterword is not part of the official ISBP publication or approved by the ICC Commission on Banking Technique and Practice. The information contained herein is intended to provide a historical perspective and is solely the work of the author.

Since the early days of letters of credit, bankers and banking groups have been collecting and documenting banking practices. The national rules established prior to the development of the first Uniform Customs and Practice for Documentary Credits ("UCP") were, in fact, collections of banking practice in a number of individual countries. These national documents, created in the early 1900s established basic rules for letters of credit in Argentina, Czechoslovakia, France, Germany, Italy, Sweden and the United States. The first paragraph of the Regulations Affecting Export Commercial Letters of Credit created in the United States in 1920 stated: "Payments under Export Commercial Credits advised to the undersigned are made in conformity with the following regulations, which are in accord with the standard practice adopted by the New York Bankers Commercial Credit Conference of 1920". Note the reference to "standard practice".

These rules and practices, distributed by banks to their correspondents throughout the world, were simply an articulation of how banks handled letters of credit and were intended to inform their correspondents of the practices they followed in their own countries. Ultimately, these practices were documented more formally and on a global scale in the first UCP, at the time entitled Uniform Customs and Practice for Commercial Documentary Credits. Even after this, it was not unusual for banks and banking groups to continue documenting banking practices in the form of checklists that were often used during the process of document examination.

After the revision of UCP 400 and the introduction of UCP 500 in 1993, banks in the United States decided to focus their attention on documenting the various banking practices in the US and Mexico to supplement those articulated in the UCP. With the introduction of UCP 500, these practices were highlighted in Article 13 in the sentence "Compliance of the stipulated documents on their face with the terms and conditions of the Credit shall be determined by international standard banking practice as reflected in these Articles." While this reference was restricted to the articles of the UCP, it was felt that standard banking practices were composed of many practices not specifically articulated in the UCP. In 1996, these practices were published in the Standard Banking Practices for the Examination of Letter of Credit Documents ("SBPED") by the US Council on International Banking (now the International Financial Services Association). Like the documents distributed in the early 1900s, the SBPED were distributed by banks to their correspondents worldwide.

In May 2000, a request was made for the International Chamber of Commerce to undertake a similar project on a more global scale. As a result, a working group was established to collect and document global banking practices that were not included in the UCP. The result of their work was the publication in January 2003 of the International Standard Banking Practice for the Examination of Documents under Documentary Credits ("ISBP"). This publication was updated in 2007 to bring it in line with the latest revision of the UCP, UCP 600.

Dan Taylor
President and CEO of the International Financial Services Association; and
Vice Chairman of the ICC Commission on Banking Technique and Practice.

The Determination of an "Original" Document in the Context of UCP 500 sub-Article 20(b)*

**Decision approved by the ICC Commission on Banking Technique and Practice and published on 12 July 1999*

1. Background

Over a period of several years there have been a number of queries raised with the ICC Banking Commission as to the determination, by banks, of what is an "original" document under a letter of credit and the necessity, if any, for such a document to be so marked.

For ease of reference the text of sub-Article 20(b) reads:

> "Unless otherwise stipulated in the Credit, banks will also accept as an original document(s), a document(s) produced or appearing to have been produced:
> i. by reprographic, automated or computerized systems;
> ii. as carbon copies;
> provided that it is marked as original and, where necessary, appears to be signed.
> A document may be signed by handwriting, by facsimile signature, by perforated signature, by stamp, by symbol, or by any other mechanical or electronic method of authentication."

2. Determination of Originality

In documentary credit operations, the document checker is faced with a number of issues pertaining to originality including:

Apparent Originality

Banks undertake to determine whether a document appears on its face to be an original document, as distinguished from a copy. Except as expressly required by a letter of credit including an incorporated term – such as UCP 500 sub-Articles 23(a)(iv) or 34(b) – banks do not undertake to determine whether an apparent original is the sole original. Banks rely on the apparent intent of the issuer of the document that it be treated as an original rather than a copy.

In this regard, a person sending a telefax or making a photocopy on plain paper or pressing through carbon paper presumably intends to produce a copy. On the other hand, a person printing a document on plain paper from a text that that person created and electronically stored presumably intends to produce an original. Accordingly, documents bearing facsimile signatures or printed in their entirety (even including the issuer's letterhead and/or signature) from electronically stored text are presumably intended by the document issuer to be original and in practice are accepted by banks as original.

Documents that Appear to be Original But Are Not

Banks do not undertake to determine whether a document is original in fact. Under UCP 500 Article 15, banks are not responsible for the genuineness or falsification of any document. If a document appears to be original or to have been marked as original but is in fact not original, then its presentation may give rise to exceptional defences, rights, or obligations under the law applicable to forged or fraudulent presentations and is beyond the scope of UCP 500.

UCP 500 Requirements

The UCP neither requires nor permits an examination beyond the face of a document to determine how the document was in fact produced, unless the document was produced by the bank, e.g. on a telefax, telex, e-mail, or other system that prints out messages received by the bank. The "produced or appearing to have been produced" language in sub-Article 20(b) does not override UCP 500 sub-Articles 13(a), 13(c), or 14(b), or other practice and law that prohibit issuers and confirmers from determining compliance on the basis of extrinsic facts.

As indicated by inclusion of the word "also" (" ... banks will also accept as original(s) ..."), sub-Article 20(b) is neither comprehensive nor exclusive in its provisions that distinguish originals from copies. For example, a document printed on plain paper from electronically stored text is acceptable, without regard to 20(b), if it appears to be an original.

Sub-Article 20(b) does not apply to documents that appear to be only partially produced by reprographic, automated, or computerized systems or as carbon copies. In this regard, a photocopy ceases to be "reprographically produced" within the meaning of sub-Article 20(b) when it is also manually stamped, dated, completed, or signed by the issuer of the document.

The "marked as original" proviso in sub-Article 20(b) is satisfied by any marking on a document or any recital in the text of a document that indicates that the issuer of the document intends it to be treated as an original rather than a copy. Accordingly, a document that appears to have been printed on plain paper from electronically stored text is "marked as original" under sub-Article 20(b) if it also states that it is original or includes letterhead or is hand marked.

Sub-Article 13(a) of UCP 500 refers to compliance of the presented documents being determined by international standard banking practice as defined in the articles of UCP. International standard banking practice in relation to determination of "original" documents could be described as follows:

3. Correct Interpretation of Sub-article 20(b)

General Approach

Banks examine documents presented under a letter of credit to determine, among other things, whether on their face they appear to be original. Banks treat as original any document bearing an apparently original signature, mark, stamp, or label of the issuer of the document, unless the document itself indicates that it is not original. Accordingly, unless a document indicates otherwise, it is treated as original if it:

(A) appears to be written, typed, perforated, or stamped by the document issuer's hand; or
(B) appears to be on the document issuer's original stationery; or
(C) states that it is original, unless the statement appears not to apply to the document presented (e.g. because it appears to be a photocopy of another document and the statement of originality appears to apply to that other document).

Hand Signed Documents

Consistent with sub-paragraph (A) above, banks treat as original any document that appears to be hand signed by the issuer of the document. For example, a hand signed draft or commercial invoice is treated as an original document, whether or not some or all other constituents of the document are preprinted, carbon copied, or produced by reprographic, automated, or computerized systems.

Facsimile Signed Documents

Banks treat a facsimile signature as the equivalent of a hand signature. Accordingly, a document that appears to bear the document issuer's facsimile signature is also treated as an original document.

Photocopies

Banks treat as non-original any document that appears to be a photocopy of another document. If, however, a photocopy appears to have been completed by the document issuer's hand marking the photocopy, then, consistent with sub-paragraph (A) above, the resulting document is treated as an original document unless it indicates otherwise. If a document appears to have been produced by photocopying text onto original stationery rather than onto blank paper, then, consistent with sub-paragraph (B) above, it is treated as an original document unless it indicates otherwise.

Telefaxed Presentation of Documents

Banks treat as non-original any document that is produced at the bank's telefax machine. A letter of credit that permits presentation by telefax waives any requirement for presentation of an original of any document presented by telefax.

Statements Indicating Originality

Consistent with either or both of sub-paragraphs (A) and (C) above, a document on which the word "original" has been stamped is treated as an original document. A statement in a document that it is a "duplicate original" or the "third of three" also indicates that it is original. Originality is also indicated by a statement in a document that it is void if another document of the same tenor and date is used.

Statements Indicating Non-originality

A statement in a document that it is a true copy of another document or that another document is the sole original indicates that it is not original. A statement in a document that it is the "customer's copy" or "shipper's copy" neither disclaims nor affirms its originality.

4. What is Not an "Original"?

A document indicates that it is not an original if it

i. appears to be produced on a telefax machine;
ii. appears to be a photocopy of another document which has not otherwise been completed by hand marking the photocopy or by photocopying it on what appears to be original stationery; or
iii. states in the document that it is a true copy of another document or that another document is the sole original.

5. Conclusion

Based upon the comments received from ICC national committees, members of the ICC Banking Commission and other interested parties, the statements in clauses 3 and 4 above reflect international standard banking practice in the correct interpretation of UCP 500 sub-Article 20(b).

THE INTERNATIONAL CHAMBER OF COMMERCE

ICC is the world business organization, a representative body that speaks with authority on behalf of enterprises from all sectors in every part of the world.

The fundamental mission of ICC is to promote open international trade and investment and help business meet the challenges and opportunities of globalization. Its conviction that trade is a powerful force for peace and prosperity dates from the organization's origins early in the 20th century. The small group of far-sighted business leaders who founded ICC called themselves "the merchants of peace".

ICC has three main activities: rule setting, dispute resolution, and policy advocacy. Because its member companies and associations are themselves engaged in international business, ICC has unrivalled authority in making rules that govern the conduct of business across borders. Although these rules are voluntary, they are observed in countless thousands of transactions every day and have become part of the fabric of international trade.

ICC also provides essential services, foremost among them the ICC International Court of Arbitration, the world's leading arbitral institution. Another service is the World Chambers Federation, ICC's worldwide network of chambers of commerce, fostering interaction and exchange of chamber best practice. ICC also offers specialized training and seminars and is an industry-leading publisher of practical and educational reference tools for international business, banking and arbitration.

Business leaders and experts drawn from the ICC membership establish the business stance on broad issues of trade and investment policy as well as on vital technical and sectoral subjects. These include anti-corruption, banking, the digital economy, telecommunications, marketing ethics, environment and energy, competition policy and intellectual property, among others.

ICC works closely with the United Nations, the World Trade Organization and other intergovernmental forums, including the G20.

ICC was founded in 1919. Today it groups hundreds of thousands of member companies and associations from over 120 countries. National committees work with ICC members in their countries to address their concerns and convey to their governments the business views formulated by ICC.

SOME ICC SPECIALIZED DIVISIONS

- ICC International Court of Arbitration
- ICC International Centre for Expertise
- ICC World Chambers Federation
- ICC Institute of World Business Law
- ICC Centre for Maritime bureau
- ICC Commercial Crime Services
- ICC Services

• Publications

ICC Publications Department is committed to offering the best resources on business and trade for the international community.

The content of ICC publications is derived from the work of ICC commissions, institutions and individual international experts. The specialized list covers a range of topics including international banking, international trade reference and terms (Incoterms), law and arbitration, counterfeiting and fraud, model commercial contracts and environmental issues.

Publications are available in both traditional paper and electronic formats from the ICC Business Bookstore.

• ICC Training and Conferences

ICC's programme of conferences and seminars is the essential channel for passing on the world business organization's expertise to a wider audience.

ICC Training and Conferences, a Department of ICC Services, spotlights policy issues of direct concern to business such as banking techniques and practices, e-business, IT and telecoms, piracy and counterfeiting.

ICC Training and Conferences also runs training courses on international arbitration and negotiating international contracts for business people, corporate counsel, lawyers and legal practitioners involved in international trade.national committee in your country are available at www.iccwbo.org.